"十三五"江苏省高等学校重点教材(编号：2018-2-149)

移动商务运营

主　编　罗晓东　吴洪贵　潘　峰
副主编　程玲云　李婵娟　冯宪伟
参　编　韦晓霞　刘轶宏　吴　荣
　　　　王　鹏　张强林　王　波

微信扫码
查看更多资源

南京大学出版社

章内容运营、第五章活动运营、第六章粉丝运营,从技术、工具应用层面教会学习者如何正确选择与拓展业务推广渠道,掌握渠道优化方法,重点帮助学习者深刻理解流量、内容、活动、粉丝运营的含义,让学习者能够综合策划与制订移动商务文案、微视频等内容,并利用抖音、微信、微博、头条号、百度等各种新媒体平台进行内容的分发与传播;帮助学习者利用优质内容打造爆款的技巧,掌握获取用户反馈信息的方法,最终把握用户需求,准确分析用户数据,制定用户规划并执行,发现、培养并维护核心用户。第七章运营效果的评估与优化,教会学习者根据企业实际进行运营效果分析、完成数据可视化分析,利用绩效评价指标对运营绩效进行初步评价,并对移动商务企业运营现状提出优化建议。第八章综合案例,选取能够反映行业最前沿思路方法工具模式的案例进行剖析,帮助学习者强化对前面几章学习内容的融会贯通,并帮助其在实践中应用。

  教材每章节前均设有知识、技能、素养三维学习目标和思维导图,对应涵盖移动商务运营岗位培养的知识、技能、素质要求。能够结合二十大相关精神指导,并辅以中国传统文化理念、精神内容进章节、进栏目。突出了移动商务在习近平新时代中国特色社会主义建设道路中的发展方向和具体要求。案例导入、思政园地、行业观察、学海启迪、拓展阅读、同步测试等栏目设定立足中国现代化经济发展要求,提升学生思考、调查、研究、实践等综合能力。

  本教材由江苏经贸职业技术学院罗晓东、吴洪贵,柳州职业技术学院潘峰担任主编,江苏经贸职业技术学院程玲云、李婵娟、冯宪伟担任副主编,柳州职业技术学院韦晓霞、刘轶宏,湖南达智科技有限公司吴荣参与编写,中教畅享(北京)科技有限公司王鹏、张强林,南京奥派信息产业股份公司王波提供了丰富的企业案例,也得到了高等教育出版社、南京大学出版社的精心指导和大力支持,在此对各位老师和朋友的辛勤工作表示衷心的感谢!

编 者

2024 年 2 月

目　录

第一章　移动商务的商业模式 ··· 001
　第一节　移动商务模式发展历程 ··· 003
　第二节　移动商务运营思维 ··· 010
　第三节　场景应用创新 ·· 013
　第四节　运营模式的创新 ·· 019
　第五节　盈利模式的创新 ·· 026

第二章　移动商务运营策划 ··· 037
　第一节　市场分析与定位 ·· 039
　第二节　运营策略制定 ·· 048

第三章　流量运营 ·· 059
　第一节　流量的内涵 ··· 063
　第二节　免费流量运营 ·· 067
　第三节　付费流量运营 ·· 081
　第四节　私域流量运营 ·· 093

第四章　内容运营 ·· 105
　第一节　内容定位 ··· 110
　第二节　内容管理 ··· 113
　第三节　内容分发 ··· 126

第四节　内容甄选 …………………………………………………………… 133

第五章　活动运营 …………………………………………………………… 142
第一节　活动运营认知 ……………………………………………………… 144
第二节　活动策划实施 ……………………………………………………… 156
第三节　活动运营工具 ……………………………………………………… 178

第六章　粉丝运营 …………………………………………………………… 183
第一节　用户拉新 …………………………………………………………… 187
第二节　粉丝留存 …………………………………………………………… 196
第三节　粉丝变现 …………………………………………………………… 208

第七章　运营效果的评估与优化 …………………………………………… 219
第一节　移动商务运营效果评估 …………………………………………… 221
第二节　移动商务运营效果优化 …………………………………………… 251

第一章 移动商务的商业模式

■ **知识目标**
1. 掌握移动商务模式概念；
2. 熟悉移动商务模式发展历程；
3. 掌握移动商务运营思维。

■ **技能目标**
1. 能够根据移动商务企业特点来设计移动商务运营模式；
2. 能够识别移动商务企业运营模式类型，熟知运营的基本工作内容；
3. 能够进行移动商务运营模式和盈利模式创新。

■ **素质目标**
1. 培养宏观系统思考问题的方法，具备行业、学科研究视角；
2. 培养探索精神，探讨适合时代变化的商业模式；
3. 培养使命担当、社会责任，把小我融入大我。

■ **内容结构**

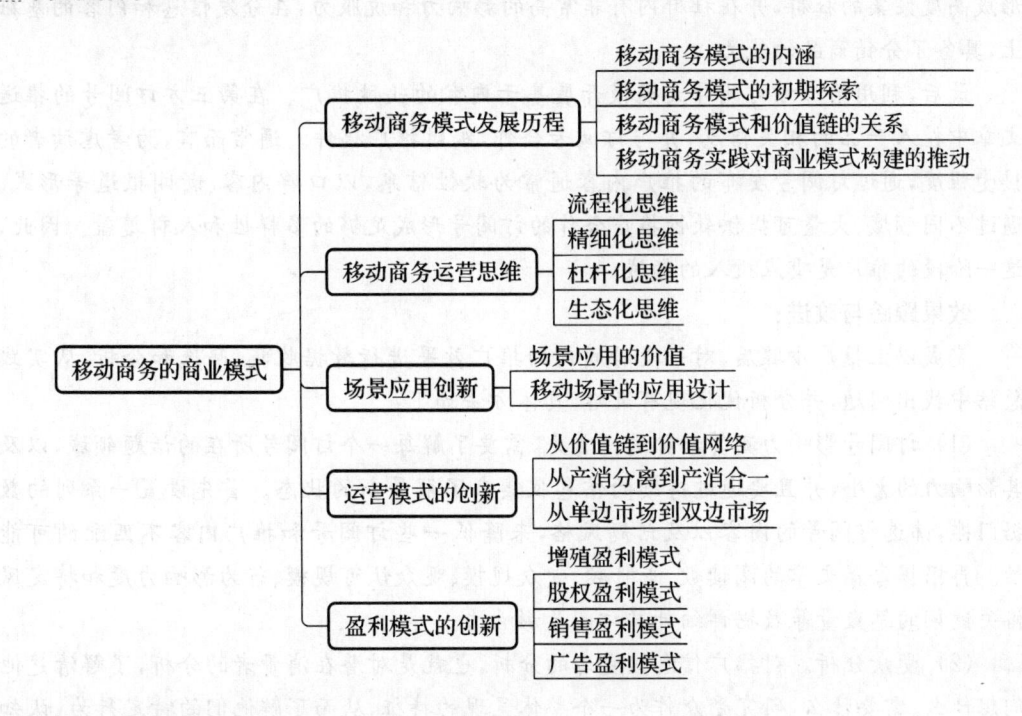

移动商务的商业模式
- 移动商务模式发展历程
  - 移动商务模式的内涵
  - 移动商务模式的初期探索
  - 移动商务模式和价值链的关系
  - 移动商务实践对商业模式构建的推动
- 移动商务运营思维
  - 流程化思维
  - 精细化思维
  - 杠杆化思维
  - 生态化思维
- 场景应用创新
  - 场景应用的价值
  - 移动场景的应用设计
- 运营模式的创新
  - 从价值链到价值网络
  - 从产消分离到产消合一
  - 从单边市场到双边市场
- 盈利模式的创新
  - 增殖盈利模式
  - 股权盈利模式
  - 销售盈利模式
  - 广告盈利模式

案例导入

第三方微信订阅号推广

一家以洗护产品为主要业务的快消品跨国公司,目前正在推广一款定位高端市场的洗发水。在进入国内市场前,主要面向海淘用户,多为有较强消费能力的年轻女性,因此进入国内市场后,企业选择在拥有较高相似人群集中的微信作为其移动社交网络的主要推广阵地。其中,在具体的环节中,通过订阅号合作进行的内容推广是很重要的一环。无论是公关活动、软性推广还是线上营销活动等具体的内容推广任务,都有通过与第三方微信订阅号合作扩大影响力和传播的需求。

推广方式:

企业通过微信订阅号推广,可通过订阅号分发的推广内容又有以下三类形式:广点通广告、社群合作、软性推广。根据企业和产品的实际情况,运营人员做出如下选择:

首先,使用标准化的广点通广告进行促销信息投放。广点通是微信订阅号平台提供的广告自动化撮合交易系统,订阅号开通后,在其推送的每篇消息的底部,将出现一个广告位,展示广告信息。通过广点通投放线上互动广告,经过腾讯平台的筛选和自动匹配,可以实现较为精准的投放,由于广告的位置位于文章底部,可展现内容有限,因此利用广点通进行电商促销的导流。

其次,通过社群合作建立用户粉丝社群。通过观察微信生态圈发现,很多订阅号被打造成具有很强意见领袖属性的角色,具有鲜明的个人魅力,从而与其粉丝群体密切互动,形成高度聚集的社群,并在社群内有非常高的影响力和说服力,在分发信息和内容的基础上,具备了分销商品的能力。

最后,利用第三方订阅号大规模开展基于内容的软性推广。在第三方订阅号的推送文章中植入产品的相关信息,并与订阅号合作,编辑推广稿件。通常而言,为考虑读者的接受程度,通过订阅号发布的推广内容通常为软性信息,以口碑内容、新闻报道等形式。通过不同领域、大量可提供软性推广合作的订阅号形成足够的多样性和人群覆盖。因此,这一阶段的推广是重点投入的领域。

效果跟踪与改进:

完成以上推广步骤后,对一段时间内的推广效果进行数据收集、筛选和分析,从实践总结中找出问题,并分析优化现有策略,具体方法如下:

(1) 订阅号影响力测算和筛选。首先,需要了解每一个订阅号所在的话题领域,以及其影响力的大小,并且要通过持续的信息收集来了解最新的状态。首先设置一系列的数据门槛,筛选订阅号的内容以及话题风格,来降低一些订阅号和推广内容不匹配的可能性。再根据每篇文章的阅读数、点赞数、受众规模、观众认可规模、行为影响力度和特定风格关键词的总数量等数据详细计算订阅号影响力。

(2) 受众分析。对推广信息接受者的分析,也就是对潜在消费者的分析,了解清楚他们想什么、需要什么,研究受众作为一个整体呈现的特征,从而了解他们的特定行为、认知背景和关注喜好等方面具有代表性的信息。以此制作出能够影响他们,并让他们感兴趣和关注的内容。

(3) 购买决策类型分析。洗发水属于有限决策品,在当前的市场环境下,消费者根据自己理解的头发质量或者具体需求选择对应的产品,通过数据跟踪和分析发现,影响他们决策的主要因素是上一次的购买品牌体验。因此,运营人员决定不断修改订阅号的发布内容,基于各种社交网络对消费者的使用反馈进行洞察研究,利用订阅号的推广软文、独特内容话题以及社群意见领袖,来引导消费者的购买决策。

案例启示

随着互联网的发展,产品与服务推广的方式发生了巨大的变化。商业模式是整合资源,形成实现顾客价值和企业愿景价值的逻辑体系,其本质是价值逻辑。商业模式属于战略层面内容,具体体现的是战略的"质";商业模式也包含营销战略部分,营销的本质是交换实现价值,或者说商业模式补充了营销战略中"质"的内容。虽然营销的方式在变,但核心不变,清晰的思路、正确的理念以及正确的商业模式和移动媒体结合,可以创造出不一样的移动商务运营效果。

第一节 移动商务模式发展历程

一、移动商务模式的内涵

(一) 商务模式的定义

1. 模式

"模式"(Model)是对所研究对象的一种简约性概括,是对客观事物的特征和变化规律的一种科学抽象。

"模式"一词来源于拉丁文 modus。最初只是指对操作过程的经验性的概括,后来上升到更抽象的意义,一般通用为"方式"。到了20世纪末,随着社会活动的多样化,人们又把"模式"从"方式"中分离出来,意指某种方式中的具体的定型化活动形式或活动结构。在现代汉语中,模式则指"某种事物的标准形式或使人可以照着做的标准样式"。

模式一词范围甚广,标志了物件之间隐藏的规律关系,而这些物件并不必然是图像、图案,也可以是数字、抽象的关系,甚至思维的方式。模式强调的是形式上的规律,而非实质上的规律,是前人积累的经验的抽象和升华。简单地说,就是从不断重复出现的事件中发现和抽象出的规律,似解决问题的经验的总结。只要是一再重复出现的事物,就可能存在某种模式。

建筑设计大师亚历山大(Alexander)最早提出模式是一条由三个部分组成的通用规则:它表示了一个特定环境、一类问题和一个解决方案之间的关系。每一个模式描述了一个不断重复发生的问题,以及该问题解决方案的核心设计。通过这种方式,你可以无数次地使用那些已有的解决方案,无须再重复相同的工作。模式有不同的领域,建筑领域有建筑模式,软件设计领域也有设计模式。当一个领域逐渐成熟的时候,自然会出现很多模式。

因此,模式是一种样式、方式,是具体事物的抽象化的本质形态,是某种事物运动的标准方式或使人可以照着做的标准样式。它包含以下含义:

(1) 模式作为一个概念,它的属概念应该是"标准形式"或"标准样式"。

(2) 模式的出现,从表层来看,是实践经验的积累;从深层来看,是事物内在规律的外在表现,是客观规律发生作用的结果。

(3) 模式的作用。模式"描述了该问题的解决方案的核心",也就是"解决某类问题的方法论"。

思政园地

模式的探索

模式作为事物的标准样式,早在中国古代就有很多归纳和提炼。《魏书·源子恭传》:"故尚书令、任城王臣澄按故司空臣冲所造明堂样,并连表诏答、两京模式,奏求营起。"宋朝张邦基《墨庄漫录》卷八:"闻先生之艺久矣,愿见笔法,以为模式。"清朝薛福成《代李伯相重锲洨滨遗书序》:"王君、夏君表章前哲,以为邦人士模式,可谓能勤其职矣。"

在历史的长河中,"模式"一词无论在实务界还是理论界都已经使用得相当广泛,但将其作为研究问题的一种新思路、新方法,仍然需要与时俱进,不断探索。

2. 商务模式

商务模式是一种关于企业产品流(服务流)、资金流、信息流及其价值创造过程的运行机制。商务模式主要包括三要素:一是商务参与者的状态及其作用;二是企业在商务运作中获得的利益和收入来源;三是企业在商务模式中创造和体现的价值。

理解商务模式从两点出发:

(1) 商务模式是一个整体的、系统的概念,包括许多要素,其中,价值是一个核心要素,它确定了一个企业的产品或服务如何满足客户的需求。

(2) 商务模式的组成部分之间必须有内在联系,这个内在联系把各组成部分有机地关联起来,使它们互相支持、共同作用,形成一个良性的循环。

从企业的角度来说,商务模式(也叫商业构思)是一种可以产生收入和利润的商业机制。一般来讲,是公司为其客户提供的服务计划,它包含战略的制定和执行。

(二) 移动商务模式的初期探索

1. 电子商务模式

回顾中国电子商务发展历程,中国商业网站在相当长的时间根据电子商务行为的参与者关系,延续了国外的 B2B、B2C、C2C 三种定型模式。中国电子商务发展的实践,很快就证明了这三种定型模式不够用,也并不能完全适合中国电子商务发展的情况和特点。

随着电子商务服务范畴延伸到生活的方方面面,因此中国电子商务开始了多种创新模式的探索:先后进行了教育、文化、旅游、娱乐、农产品等多维的行业模式发展探索;对接全部商务交易环节的全流程电子商务模式的探索;根据电商平台所经营商品品类不同,综合类电商和垂直类电商模式的探索;将 ASP 和 ERP 技术同步应用的多种资源整合的电子商务平台模式的探索;电子商务和电子政务整合运营模式的探索;网上支付企业进行的第三方支付的探索;线上和线下结合的模式探索。

这些探索表明,中国人开始建立适合中国国情的、创新的电子商务模式,开始在世界电子商务的进程中写下浓墨重彩的一笔。

电子商务模式就是指在网络环境和大数据环境中基于一定技术基础的商务运作方式和盈利模式。电子商务模式至少包括两大块内容:一是将商务模式实施到公司的组织结构(包括机构设置、工作流程和人力资源等)以及系统(包括 IT 架构和生产线等)中去,这可以称为商务运营模式;二是如何获取利润,这是盈利模式。运营模式可以和盈利模式一致,也可以不一致。

(1) 电子商务运营模式。

商务模式本质是关于企业做什么、怎么做,商务模式中的运营模式就是解决这个问题。电子商务运营模式是对电子商务经营方式的概括,具体指对企业经营过程的计划、组织、实施和控制,是与产品生产和服务创造密切相关的各项管理工作的总称。

企业运营设计、管理包括很多内容,从财务会计、技术、生产运营到人力资源管理,涉及企业的方方面面。企业的经营活动是这些方面有机联系的一个循环往复的过程,因此,商业模式中的运营模式实际上就是企业为了达到自身的经营目的,必须对企业业务运行的各方面进行统筹管理。

(2) 电子商务盈利模式。

盈利模式关心的如何赚钱的问题。设计盈利模式一般要考虑以下要素:

① 利润点。它是指企业可以获取利润的产品或服务。解决面向客户提供什么样的价值的问题。设计利润点必须明确客户的需求偏好,为构成利润源的客户创造价值,方能为企业创造利润。

② 利润对象。它是指企业提供的商品或服务的购买者和使用者群体。他们是企业利润的唯一源泉。解决的是向哪些顾客群提供产品和服务的问题。

③ 利润源。它是指企业的收入来源,即从哪些渠道获得利润。解决的是收入来源有哪些的问题。

④ 利润屏障。它是指企业为了防止竞争者掠夺本企业的利润而采取的防范措施。解决的是如何保持持久盈利的方法的问题。有效的利润屏障包括两个重要因素:建立企业核心竞争力和构建进入屏障。

⑤ 利润杠杆。它是指企业生产产品或服务以及吸引顾客购买和使用企业产品或服务的一系列业务活动。

2. 移动商务模式

移动商务是商务活动中以应用移动通信技术、使用移动终端为特征的一种创新商务模式。它是商务主体使用移动终端、在移动状态下运营和完成的,或通过无线终端再去整合有线网络资源,为顾客提供的一种或多种崭新的商务体验和增值服务的商业模式。它是与商务活动参与主体最贴近的,最具有动态化特征的一种商务模式。

这种商务模式无论是在理论上还是实践中,都对过去的商业模式提出了挑战。对已有的或正在进行的多种电子商务模式,提供了扩展的空间、延伸的可能,更提供了信息主体在移动状态中,进行更广泛的信息资源整合的现实可能性。

(三) 移动商务模式的类型

移动商务模式的发展,是随着信息技术和通信技术的迅猛发展和企业组织变革而不断发展起来的。伴随着移动终端设备的高速增长和人工智能、大数据技术的应用,人们对更加智能化和个性化的移动商务的依赖程度不断提高,移动电子商务正在成为数字经济时代发展规模增长迅速的商务模式,众多应用上的创新和增值业务也将会为企业带来无限商机。移动商务发展过程中,主要的移动商务模式有以下5类。

1. 移动门户网站模式

移动门户网站模式是指通过无线网络使移动用户从不同的移动运营商和内容提供商无线网站来获取服务,同时为移动客户提供服务和信息的模式。移动门户是用户接受无线网络的入口。移动门户模式的关键是通过建立灵活的平台,支持不同的标准、协议和终端,方便用户交易。通过在各个接触点收集和分析用户信息,移动门户还可以提供个性化、区域化服务。此外,通过建立一定规模的客户基础,移动门户可以吸引移动网络运营商和内容提供商加盟。移动门户主要收入来源于广告收入、交易收入和接入收入等,此外可通过吸引内容提供商做广告来收取费用。

2. 内容提供商模式

内容提供商模式是指企业直接地或通过移动门户网站间接地向客户提供信息和服务的模式。网络公司通过发布新闻消息等方式,以年、月等单位定期向接受信息和服务的客户收费,收费的金额可以是固定的,也可以根据该信息产品的被访问情况而确定。而战略联盟即移动门户的收益主要来源于最终消费者。通常按消费者浏览的内容或访问的页数收费。内容提供商成功的关键因素在于内容提供商把与移动用户有关的任务交给其战略联盟完成,而将主要精力专注于专业能力上。同时,还避免了在市场开拓、交易平台维护和管理方面耗费过多的资源。但内容提供商也有其缺陷,即过于依赖内容战略联盟来扩散内容。

3. 移动运营商模式

移动运营商模式是指提供一个范围广、使用方便的业务平台,为移动用户提供快捷方便的接入,并在安全、计费、支付等方面提供支持。移动用户、服务提供商和银行在此平台上交换信息。典型应用如早期中国移动的移动梦网,其服务提供商合作伙伴有上千家,提供了超过7万种业务。移动运营商模式的关键是通过控制移动网络平台,占有主动权,并自主选择内容提供商。作为移动价值链的枢纽,移动运营商确保参与者的交易信息安全。通过与内容提供商合作,也可以吸引移动用户,扩大客户群。在此模式中内容计费存在一定难度。传统的基于时长或数据流量的计费方法已不足以解决移动网络的计费需求。

4. 移动电子商务O2O模式

想看场电影,使用手机客户端登录团购网站在线购买,既快捷又实惠;在一个陌生商圈里想找家咖啡馆,打开手机客户端进行搜索就行,还能下载这家咖啡馆的优惠券获得消费折扣,既方便又省钱。这就是典型的O2O(即Online To Offline)应用场景,将线下商务机会与互联网结合在一起,让互联网成为线下交易的前台。O2O模式算是移动电子商务模式的典型代表。其把线下商务机会与移动互联网有机结合在一起,客户可以通过移动终端筛选服务,在线支付、结算,也可以先体验、再结算。O2O模式与传统的电商模式还有一个最大的区别就是"闭环",它可以全程跟踪用户的每一交易和满意程度,即时分析的数据,随时调整营销策略。随着模式越来越成熟,O2O将会为用户提供更好的体验和服务,将会促进移动电子商务的发展。

5. AI智能移动商务模式

AI智能移动商务系统同时融合了5G移动物联技术、智能移动终端、AI大数据、区块链认证、VR、AR等多种移动通信、信息处理和传感器等最新前沿技术,推动智慧零售、移动办公、无人驾驶、机器人配送等场景下的新商业生态系统的智能化发展,通过数据共享、合作共赢等方式,实现商业价值的最大化、产业链的协同和创新。例如,淘宝面向用户推出AI助手"淘宝问问",提供全新的交互体验和更精准的商品推荐;面向服饰商家推出"AI搭配"和"AI试衣间"两款AI产品;为所有商家提供包括"模特图智能生成""智能数据周报""官方客服机器人"等10款免费AI工具。京东基于大模型和数字人,上线言犀数字人短视频生成平台,利用5分钟和两位数制作成本,便可用数字分身来完成短视频创作,从商品文案自动生成,数字人形象、音色自动生成,到客服系统自动接单、提供智能导购咨询,支付系统可以做到营销的全自动、流水线化。

二、移动商务模式和价值链的关系

商务模式和价值链的关系问题既是一个理论问题,又是一个实践问题。价值链(Value Chain)概念首先由迈克尔·波特(Michael E.Porter)于1985年提出。波特认为,"每一个企业都是在设计、生产、销售、发送和辅助其产品的过程中进行种种活动的集合体。所有这些活动可以用一个价值链来表明。"企业要生存和发展,必须为企业的股东和其他利益集团(包括员工、顾客、供货商以及所在地区和相关行业等)创造价值。如果把"企业"这个"黑匣子"打开,我们可以把企业创造价值的过程分解为一系列互不相同但又相互关联的经济活动,或者称之为"增值活动",其总和即构成企业的"价值链"。

我们的很多电子商务模式,之所以没有明确的效果,一个重要的原因就是没有用心研究商务模式和价值链的关系,因此不是找不到明确的盈利点,就是价值链不能成为自己的商务模式的价值支撑。

在移动商务和价值链的关系中注重把握以下要点。

(一)价值链是构建移动商务模式的价值基础

目前国内市场上,随着互联网战略上升到国家战略层面,我国正在进行移动商务相关业务的厂商日益增多。中国互联网信息中心《第52次中国互联网络发展状况统计报告》数据显示,截至 2023 年 6 月,我国手机网民规模达到 10.79 亿,网民使用手机上网的比例为 99.7%。2023 年中国移动电商市场交易额规模达到 34.8 万亿元,移动端已经成为网络购物的主流渠道。

无论电子商务模式还是移动商务模式,价值链都是其构建和形成的基础。企业的价值创造是通过一系列活动构成的,这些活动可分为基本活动和辅助活动两类,基本活动包括内部后勤、生产作业、外部后勤、市场和销售、服务等;而辅助活动则包括采购、技术开发、人力资源管理和企业基础设施等。这些互不相同但又相互关联的生产经营活动,构成了一个创造价值的动态过程即价值链。移动商务是一个以信息产品为对象的价值增值链,是一条信息增值链,各个增值主体通过对信息的不断加工,如收集、整理、分类、储存、传输、交换等过程,向用户提供信息,实现信息的价值增值。

(二) 商务模式设计中要找到并激活价值活动中的"战略环节"

在大量的价值活动中,并不是每个环节都创造价值。实际上只有某些特定的价值活动才真正创造价值。这些真正创造价值的推广活动、营销活动往往就是价值链上的"战略环节"。

企业要保持竞争优势,就是要在价值链某些特定的战略环节上激活增值的可能性,并最大限度地开发其增值能力,创造出增值价值。

价值链上的"战略环节"的设计和寻找需要聚焦商业智慧,同时需要处理好"战略环节"和一般环节的关系。没有一般环节的资源汇集、能量汇集,就不会有"战略环节"的水到渠成和资源积聚。同样,没有商业智慧就不能顺利地找到价值链上的"战略环节",并激活这些环节,产生机制吸引力,形成价值引爆点,也就不会有健康而庞大的价值链基础。

(三) 从价值链和商业模式的相互作用中提升商务模式的价值

价值链是构建移动商务模式的价值基础。所以移动商务模式的发展是随着移动商务价值链的变化而变化的。

但是一个新的具有增值能力的移动商务模式的产生,又会推动、促进移动商务价值链的改变和调整。这两者的相互作用,必然要既受到移动技术的制约,又得到移动技术的支撑。例如,在 20 世纪 80 年代诞生的第一代蜂窝移动通信模拟系统,虽然该系统能为客户提供无线通信服务,但其弱点明显,移动设备复杂、费用较贵,业务种类受到了很大的限制,因而,当时其价值链并没有得到充分的发展。

只有当移动技术和移动商务服务发展到数字时代,基于新技术为客户提供的服务内容才会越来越丰富,新的 ISP(Internet Service Provider,互联网业务提供商)也才会应运而生,移动商务价值链也才会随之得到发展和变化,新的移动商务模式也才会从此诞生。

三、移动商务实践对商业模式构建的推动

在移动商务的发展进程中,经历了由以短信为主的低端应用,向以资源整合、功能延伸为主的高端应用的战略转变。移动商务模式构建理论,在这个转型期实践的推动下,得到了快速发展。这种理论的发展和创新,又反过来推动了移动商务实践的发展。

(一) 电信资源拥有商主控模式的弱化

移动运营资源,即电信部门历来是主体资源拥有者。这种资源的主控优势、市场的主

控地位,决定了无线网络运营商在初期的移动商务价值链中的主导地位。因此,我国移动商务市场的初期商务模式是一种以资源租用、资源占用为主的商业模式。

但是,随着移动应用的深化,范围的扩展,无线网络运营商的这种主导地位在逐渐弱化,其作用逐渐由决定性作用转变为支撑性作用。同时,内容提供商和软件功能开发商的作用在增强,并逐渐在移动商务价值链中显示了主导优势。例如,盛大等游戏软件服务商的崛起,就逐渐取得了在移动游戏市场的主控地位。创新软件开发商亿美软通的崛起,也逐渐在移动商务价值链中不仅占据了主导地位,而且形成了以自身为核心的新的价值链构架。

(二) 传统行业与移动商务的融合

与传统行业的逐渐融合是移动商务发展的一个特点。纵观移动商务的发展历程,可以看到,在移动商务作为一个新生事物来到我们的生活中的时候,物流等行业只是"静卧的雄狮"。但是,这些企业很快发现了移动商务对物流行业的推动和促进而展现出的勃勃生机,并不断地给用户推送"移动定位""移动追踪""移动侦察"等创新体验。随着这些创新体验的累加和增强,移动商务的商业模式也在随之发生着改变。

当高质量的移动网络遍布在世界的每一个角落的时候,移动商务将与传统的商业模式融为一体,一定会诞生出全新的商业环境和全新的商务模式。

这些变化表明:移动商务模式不是一成不变的,而是发展的,变化的。促成这种变化的驱动力不是概念,而是客户体验、市场效果。

(三) 创收资源在移动商务模式构建中的崛起

移动商务的动态变化性,很快就使这种以基本物质资源为主控资源的价值链搭建模式和移动商务运营模式发生了变化。人们认识到:发展移动商务仅有基础资源是不够的。就好比基础资源只能保证我们盖起百货大楼,但是,不能进楼以后,每一个货架都是空的。

这时,商务模式构建的主导因素就发生了变化,内容提供商就成为主导因素。从没有内容提供商,到内容提供商逐渐成为吸引客户主导创收资源,势必在移动商务模式中占据主导地位,相应的商务模式必然发生变化。

(四) 创新技术的冲击

基础技术是移动商务发展的技术支撑。近年来,移动商务技术发展很快,卫星通信技术、短频通信技术、移动视频技术、移动定位技术、移动嵌入式技术等的飞速发展,为移动商务模式的构建提供了新的机遇和可能。

因此,随着人们的不断探索,势必催生许多新的移动商务模式,为不同层次和需求的客户提供如移动支付、直播网购、移动社交、即时零售、智慧零售、智能导航、智能家居、视频会议、XR 虚拟会议、AI 智能推荐等众多新的业务体验。

---- 拓展阅读 ----

互联网商业模式

(1) 免费模式。QQ 由最开始的月租收费模式变为免费模式。免费模式下吸引大量用户,通过提供会员增值服务在增量的用户中产生盈利。王者荣耀游戏的免费模式就是通过用户额外购买道具获得增值体验。

(2) 产品捆绑。360安全卫士附加推荐安装360浏览器,而浏览器默认首页为360安全网址,安全网址中的搜索引擎可以为360拓展搜索广告业务。安全网址也能带来广告收入。

(3) 去中心化模式。微信公众号只提供接口功能,让用户自由开发所需功能,个性化不同用户的需求,从而形成每个商户的独特运营空间。

(4) 共享模式。滴滴打车将用车需方和用车供方通过互联网连接在一起,形成快速、资源利用最大化的平台。滴滴打车平台从中收取抽成获利。

(5) 平台生态。商家在天猫每笔销售的产品会被天猫抽取不同百分比的销售佣金,商家在天猫上进行付费推广(如开直通车),所支付的推广费用全部成为天猫平台的收入。

第二节　移动商务运营思维

人要获得成功,思维方式首先要正确,不然再忙也是瞎忙、白忙。运营是一个整体性、持续性的工作,牵一发而动全身;运营是以营利为目的,有明确思路和计划,围绕产品展开的一系列活动。任何一个移动商务运营活动,首先要有一个完整的思路去贯通,这个思路就是运营思维。运营思维是每个互联网人都要具备的一种思维方式,是指在运营工作中一套指导运营行为的系统程序。

学海启迪

思维方式影响决策

有一位秀才第三次进京赶考,住在一个经常住的店里。考试前两天他做了三个梦,第一个梦是梦到自己在墙上种白菜;第二个梦是下雨天,他戴了斗笠还打伞;第三个梦是梦到跟自己心爱的姑娘背靠背躺在一起。

这三个梦似乎有些深意,秀才第二天就赶紧去找算命先生解梦。算命先生一听,连拍大腿说:"你还是回家吧,你想想,高墙上种菜不是白费劲吗?戴斗笠打雨伞不是多此一举吗?与心爱的人背靠背睡在一起,不是没戏吗?"

秀才听了,心灰意冷,回店收拾包袱准备回家。店老板非常奇怪,问:"不是明天才考试吗,今天你怎么就走了?"

秀才如此这般说了一番,老板乐了,"哟,我也会解梦的。我倒觉得,你这次一定要留下来。你想想,墙上种菜,就是'高中'呀!戴斗笠打伞说明你这次是有备无患啊!跟心爱的人背靠背躺在一起,就是说你翻身的时候到了!"

秀才听了,觉得很有道理,于是精神振奋,留了下来参加考试,果然中了个探花。

从这个故事中我们可以看到,思维方式上的差异会导致完全不一样的决策方式和决策结果。同样地,作为一名优秀的移动商务运营专家,是不是与普通人之间存在一些不同的、特定的思维方式呢?答案是肯定的。我们发现,两者之间普遍存在四个思维层面的显著差异点,即流程化思维、精细化思维、杠杆化思维、生态化思维,下面将对这四种移动商务运营思维一一介绍。

一、流程化思维

一个优秀的运营和一个普通人之间会存在的一个核心差别,就是优秀的运营拿到一个问题后,会先回归到流程,先把整个问题的全流程梳理出来,然后再从流程中去寻找潜在解决方案。而对普通人来说,则更可能会直接拍脑袋给出解决方案。

流程化思维还体现在需要先完整描述用户参与的全部流程,并且针对流程中的每一个关键节点进行详细设计的思维方式。也可以说是客户化思维,想清楚客户的行为路径,从客户满意的角度设计流程。

例如,一个做营运的普通人现在想做一个面向 HR 的活动,想通过这个活动给他们的微信公众号带粉丝,这个事情他可能觉得在线下的活动现场签到的时候放个二维码就可以了。而一个优秀的运营人员却会是这样考虑:假如围绕着如何通过这个活动给微信公众号增加粉丝这个目的,那么可以先来梳理一下这个活动从前到后的整个流程。这个流程大致如下:活动宣传—用户报名—等待活动开始—活动进行—活动结束。

基于这个流程,我们可以来看一下在每一个环节,有哪些事情是要做和可做的。

第一个环节,活动宣传环节——我们要考虑的事情可能包括推送时间、推送频次、推送渠道、活动时间地点嘉宾等以及文案传播度等。但如果基于拉粉来考虑,其实这个环节我们最应该关注的,是活动的文案传播度和转化率到底怎么样。所以,如果是要做到极致,我们应该在这个地方着重去打磨出一篇传播度还不错的活动宣传文案。

第二个环节,用户报名环节——这个部分我们要考虑的事情可能包括活动名额和报名机制等。而围绕着拉新,可以关注的事情,可能就是报名机制了。举个简单的例子,要是把活动的参与机会变得更稀缺一点,然后转而让用户先完成一些任务,比如活动文案转发等,才能获得活动参与资格。

第三个环节,报完名后等待活动开始——在这个环节中,可能包括活动提醒、活动前的预热和互动等内容。其中我们可以考虑跟用户做一些互动的。例如,在这个环节中给每一个人都做一份看起来规格很高的电子邀请函,提高他们转发到朋友圈的概率。

第四个环节,活动进行环节——这里包括现场活动环节、现场互动机制设定等内容。这里除了活动的流程以外,还可以考虑设置一些可以促进传播的现场趣味互动小环节。例如,放个特别酷或者特别可爱的玩偶,然后所有人活动前可以跟这个玩偶一起拍照以特定句式发到朋友圈,然后活动结束后,看谁获得的点赞留言最多,谁就可以拿走一个大奖品。

对于一个优秀的运营来说,拿到某个具体问题后,一定会遵循以下三个步骤来思考和解决问题:

(1)界定清楚想要的目标和结果;

(2)梳理清楚,这个问题从开始到结束的全流程是怎样的,会经历哪些主要的环节;

(3) 在每一个环节上，我们可以做一些什么事情，给用户创造一些不同的体验，以有助于我们最终达成期望实现的结果。

假如做了一个活动效果不佳，需要去具体分析它的原因，也应该先把整个用户参与这个活动的流程梳理出来，再从具体每一个环节的数据去看问题到底都出在哪些环节，而不是单纯地评价"这个活动就是烂"。

关于"要先有流程，再有解决方案"这一点，其实不只是对运营，对于产品来说，也是一样的。甚至放大到更大的范畴内，比如一家公司的运营，也需要先梳理清楚大的业务流程和逻辑，然后再从中去看当下每一个环节的现状、问题，并制定相应策略和具体工作，这个道理都是相通的。

二、精细化思维

一个优秀的运营，绝大部分是通过大量的细节和琐碎的实务，最后堆砌出来一个神奇的产出。也正因为如此，想要成为一个优秀的运营，需要具备很强的精细化思维和精细化管理能力。换句话说，就是必须能够把自己关注的一个大问题拆解为无数细小的执行细节，并且要能够做到对于所有的这些小细节都拥有掌控力。

一位策划和创意能力都不是特别出众的微博运营经理，在短短3~4个月的时间里，为所运营的微博带来了十几万粉丝。这背后的秘密，是他列了一系列的表格。首先，他有一个自己工作的SOP(Standard Operation Procedure，标准工作步骤)。例如，在"微博营销SOP"这个表里面，关于这个微博要怎么运营，他把内容分成若干个栏目，然后清晰界定出每个栏目的内容定位和分析、典型的内容范例以及内容素材的渠道来源。

他还做了"微博排期表"，把一周内这个微博所有要发布的内容排期都已经全部做好了，发布时间精准到分钟。在"知识类微博素材"表里，他把自己收集到的所有知识类微博素材都放了进来，这里就成了他的"弹药库"。除此以外，他还有许多特别好的子表，比如"推广排期表""课程微博文案汇总""首页课程排期"等。

他基本上把自己要关注、要做的事情，已经拆解和精细化到了接近极致，也基本完整掌控住了自己微博运营工作中的全部细节。当他把工作的"精细化管理"做到这个程度时，他据此创造出来一些"神奇"的结果，并不是一件太出人意料的事情。

把这个思路套用到我们面向用户的运营过程中，其实也是一样的：我们的用户可以被分成哪些类别，对于每一类，在每一个体验点上我们可以使用哪些不同的运营策略和运营手段。当把诸如此类的这些事情切分和做到极致之后，我们的运营指标的拉升，其实是自然而然的结果。

三、杠杆化思维

好的运营，其实是有层次感的，需要先做好做足某一件事，再以此为一个核心杠杆点，去撬动更多的事情和成果发生。典型的比如：

方式一，先服务好一小群种子用户，给他们制造大量超出他们预期的体验，借此为杠杆，去撬动这群顾客进行品牌和产品传播的意愿。例如，小米的"米粉"。

方式二，要做一个活动，先集中火力搞定一个大佬，以此为杠杆点，去撬动更多人的参与意愿。

方式三，做一个活动，集中火力把这个活动的参与名额变得很有价值、很稀缺，借此为杠杆，去撬动用户的意愿，为了参加这个活动而去付出更多成本，如去完成几个所设定的任务。

甚至，这个思路，套用到做人上面，也是一样的——先花大量时间让自己具备一项不可替代的核心能力，以此为杠杆，去撬动大量的资源和机会向自己靠拢。

所以，一个优秀的运营，一定要时刻保持对于这个问题的思考：围绕想要达成的结果，思考当前可能有哪些东西可以成为杠杆点。

四、生态化思维

好的运营，无非就是不断"做局"和"破局"。而"做局"这件事，其实很多时候，就是在搭建一个生态。所谓生态，其实就是一个所有角色在其中都可以互为价值、和谐共存、共同驱动其发展和生长的一个大环境。一个几百人的微信群，要是大家在其中都很活跃，彼此也都能给其他人多少提供和创造一些价值，让这个群可以自然良性发展下去，它就已经是一个小生态了。并且，互联网运营与传统运营的一个很大差异点，就是会有更大的空间和机会，基于线上去搭建起来一个可良性循环的生态。

而能否成功搭建起来生态，最重要的事情，就是你要能够梳理清楚并理解一个生态间的各种价值关系，或者说，脑子里要先有一些生态的概念和模型。例如，从美丽说网站早期的站内用户生态图中，你会发现，美丽说把自己的用户分成了时尚达人、超级达人、活跃用户和需求大众4类，其中时尚达人承载品牌树立作用，超级达人主要生产和创造内容，活跃用户主要会加速优质内容的传播，而需求大众则主要是消费内容的。这当中，尤其在超级达人、活跃用户和需求大众之间，就存在很紧密的价值相互提供关系，而当所有的这些关系都被打通串联起来之后，这个用户生态也就形成了。

其实，在很多QQ群、微信群里，都存在类似的生态，都是会有少量的人扮演着核心内容生产者或服务提供者的角色，在群里发起话题，给大家提供帮助等，而更多的人，则是一个纯粹的消费者的角色，默默地在群里待着，偶尔插上几句话。因为他们之间基于这个群而结成了这种价值供给的关系，这个群也因此而成为一个小生态。

差别只在于，有的群管理员，可能根本对这些都没有什么概念，只是误打误撞地把这个群做了起来，但究竟这个群是怎么起来的，他根本说不出来个一二三。而有的群管理员，则是一开始就明确了这个群生态的大概逻辑和模型，且做的每一件事，都是为了让这个小生态最终能够成型。

第三节　场景应用创新

我们看到百度连接人与信息，京东连接人与商品，美团连接人与本地生活服务，微信连接人与人，河狸家连接人与手艺人，"逻辑思维"连接人与知识，腾讯负责连接一切。无论是实物、信息、视频还是图文,打动人心的场景成了商业的胜负手。很多时候,人们喜欢的不是产品本身,而是产品所处的场景,以及场景中自己浸润的情感。

当"场景"这个词被应用在互联网领域时,场景常常表现为与游戏、社交、购物等互联网行为相关的,通过支付完成闭环的应用场景。场景的本质是对时间的占有。拥有场景就拥有消费者时间,就会轻松占领消费者心智。从商业角度观察,没有场景,就没有社交状态的更新,没有互联网上分享的内容。

新的体验,伴随着新场景的创造;新的需求,伴随着对新场景的洞察;新的生活方式,也就是一种新场景的流行。未来的生活图谱将由场景定义,未来的商业生态也将由场景搭建。全新场景的定义模型和连接方法构成了其商业模式的核心,场景化成为商业模式最重要的建构方式。

移动端时代的来临给了新媒介更加广阔的平台,越来越多地影响着人们的生活时间、生活场景的分配与重构。

一方面,在从移动传播的角度进行的依托新媒介技术发展起来的场景分析中,对构成场景的空间与环境、用户实时状态、用户生活惯性、社交氛围四个基本要素进行逐一分析之后,可以发现场景分析的最终目标是提供特定场景下的适配信息或服务。移动传播的本质是基于场景的服务,即对场景的感知及信息(服务)适配。另一方面,基于新媒体技术发展的界面传播研究可以发现,互动界面正以前所未有的力量构建全新的传受关系,在新的传受关系中,媒介内容与受众之间产生互动并超越最基本的"刺激→反应"层面。互动界面的出现在媒介内容的传播者和接收者之间建立了直接的沟通渠道,正是新型界面的出现为新型传受关系的建立奠定了物质基础,使以界面为核心的新的传播形态得以确立,并产生了新的传播形式——界面传播。

不同于传统媒介单一的"传→受"模式,新媒介通过多向传播将信息渠道进一步拓宽,打破了传统媒介惯常"一对多""中心化"的传播格局,开启社会资本配置的新范式和网络重构社会连接之下新的关系赋权模式。场景尤其是依托于新媒体发展起来的场景,已不单是一种满足受众需求、适配信息和感知的手段,更成为重构社会关系、调整赋权模式的全新范式。

一、场景应用的价值

(一) 场景

场景,简单来说就是社会与个人双重作用下的被建立环境。场景的概念是 2014 年罗伯特·斯考伯和谢尔·伊斯雷尔在《即将到来的场景时代:移动、传感、数据和未来隐私》(*Age of Context: Mobile, Sensors, Data and the Future of Privacy*)中提出的,他们指出:大数据、移动设备、社交媒体、传感器、定位系统是与场景时代息息相关的五大要素,并认为:"五种原力正在改变你作为消费者、观众或者在线旅行者等角色的体验,他们同样改变着大大小小的企业。"

广义的场景包含情境,场景同时涵盖基于空间和基于行为与心理的环境氛围,决定人们的行为特点与需求特征,其构成基本要素包括空间与环境、用户实时状态、用户生活习惯以及社交氛围。

从技术层面上看,社会场景(Social Context)指的是不同用户相互关联的特征(Characteristics),如社会纽带(Social Tie)和群体行为(Group Behaviors)。

移动商务运营中的场景(Context)概念,与社会学中的情境(Situation)、电影学中的场面(Scene)、物理学中的场域(Field)、舞蹈学中的布景(Scenery)都有所不同,又在一定程度上有所关联。在当今的 Web 3.0 的媒介进化语境下,移动互联网对媒介生态格局正在产生巨大的影响。随着新旧媒体界限的逐渐模糊,受众对媒介特质的需求已不再满足于其提供的单向传播甚至产生双向互动,而更加强调媒介能够更好地与在地环境特征相结合,最大限度地提升受众的媒介需求,通过媒介接触满足受众的心理预期。

移动商务运营的场景指的是一种人为构设且"被建立"的环境(Built-environment),其生成要素包括社会条件、个人条件两个方面,受众行为意向的产生主要受到象征性要素、社会性要素的影响;其基本类型包括基于有形环境(Physical Environment)的现实场景、基于行为活动和心理氛围的虚拟场景、基于新媒介技术和虚拟环境创设的现实增强性场景,不同维度下有不同的类属划分。

(二) 场景类型

以场景的不同特征进行维度划分,可以有以下几种类型的场景划分。

1. 按照场景的界面形式划分

界面,指信息传播者和信息接收者之间关系赖以建立和维系的接触面,包括呈现信息的物质载体的硬件(硬界面)和支撑信息系统运行的软件(软界面)。将"场景"进行深入分析,它由"场"和"景"两部分组成。"场",即场所、场域,是物质承载和信息传递的依托界面,可以是现实界面也可以是虚拟界面,旨在通过特定的界面环境为受众搭建满足其心理需求、角色期待的特定场所。"景",即受众的一种内在模式,它基于个体的生活、教育、文化背景等,在某方面产生需求,从而衍生出一系列的信息交换。

按照界面形式划分,场景可以分为现实性场景、虚拟性场景、现实增强场景三个类型,相互之间存在依托界面的本质区别。

现实性场景是基于现实界面形成的建构于现实生活中的场景形态,包括电影院、车站、家庭、田野、教室、餐厅、咖啡馆、旅游景点等,可以为受众提供体验、交流、服务的社会公共空间、个人空间或私人空间等。

虚拟性场景是主要依托于新型科学衍生的新媒介技术,旨在通过互联网络的线上服务为受众提供满足其媒介预期的虚拟界面环境,包括线上聊天室、QQ Zone、朋友圈、微信等社交网络组成的虚拟网络空间,也可以是通过电影、戏剧、文字、音乐搭建出的虚拟传统界面。

现实增强性场景(Augmented Reality)是现实性场景与虚拟性场景相结合的产物,广泛应用于计算机视觉、计算机图形学领域,虚拟场景内容能够有效增强现实场景内容的表达强度与呈现效果,从而提升受众对现实场景的感知与认同。人工智能、AR、VR 等技术从人的感官的方方面面进一步精准复制前技术环境,推动虚拟和现实之间的融合,这将是下一波媒介进化的显著特征,人们将"深度沉浸"于媒介之中,在现实和虚拟之间自由穿梭,甚至无法明确区分现实和虚拟的界限,从逼近现实的虚幻之中寻找乐趣,排解孤独。现实增强性场景技术现已广泛应用于医疗、军事、教育、娱乐等领域,为人们的生产生活带来便利并拓展了新的认知空间。

2. 按照场景的功能划分

按照场景的功能划分,场景可以分为实用性功能场景、社会性功能场景。

根据马斯洛需求层次理论,将人类需求从低到高分为五个层次,依次是生理需求(Physiological Needs)、安全需求(Safety Needs)、社交需求(Love and Belonging)、尊重需求(Esteem)和自我实现需求(Self-actualization)(见图1-1)。实用主义强调生活、行动和效果,社会逻辑是指人作为社会动物的价值实现。将马斯洛提出的五个需求层次进行归类,一方面,能够满足受众生理需求、安全需求等基本生活需求的场景总结为实用功能场景;另一方面,满足受众社交需求、尊重需求、自我实现需求等更高层次需求的场景总结为社会性功能场景。

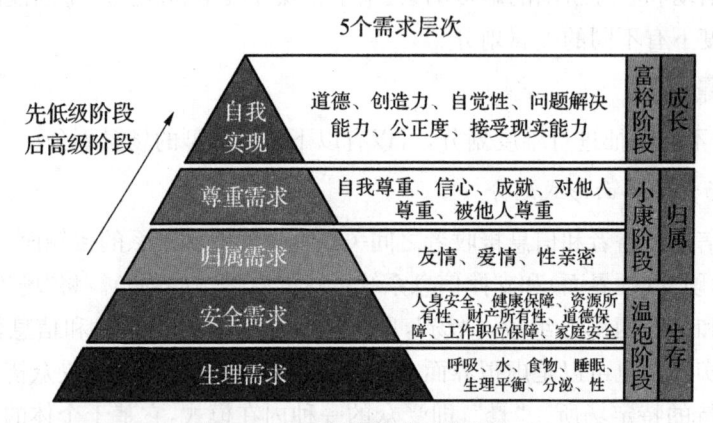

图1-1 马斯洛需求层次理论

实用功能场景旨在满足受众的生理需求、安全需求等基本生存需求,既可以是现实性实用功能场景,也可以是虚拟性实用功能场景、现实增强实用功能场景,如餐厅、酒店、家庭、线上支付平台、线上点餐系统等;社会性功能场景基于现实平台和虚拟平台,以满足受众的社交需求、尊重需求、自我实现需求等高层次需求为目的,包括酒吧、教堂、音乐会场、社交软件平台、网络聊天室等,技术的迅速发展使其在今天具有愈来愈重要的现实意义。

(三)场景的功能价值与未来走向

在Web 3.0时代的今天,场景尤其是依托于新媒体发展起来的场景,已不单是一种满足受众需求、适配信息和感知的手段,更成为重构社会关系、调整赋权模式的全新范式。

1. 场景的本质不仅是适配信息和提供服务,更是重构关系赋权模式的关键推手

互联网用"连接一切"的方式重构了社会,重构了市场,重构了传播形态。现如今,场景的依托要素已不仅涵括现实性场景,更有虚拟性场景和现实增强性场景等依托互联网络构建的多种形式。场景的本质已然不止于在微观层面上信息适配以及为受众提供服务,更在宏观层面上成为重构社会关系、开启新型关系赋权模式的重要力量和关键推手。

2. 影响场景的要素包括社会要素、象征要素两个方面

社会性服务场景研究中将场景的影响因素归结为社会要素和象征要素两个方面。其中,社会要素包括工作人员、其他用户、社会密度三个方面;象征要素包括图片、标志、符号、物体四个方面。

3. 界面形式和功能满足是场景类型划分的重要维度

界面形式是存在于信息传播者与信息接收者之间的以维系关系、建立联系的关键点,既可以是物质载体的硬件,也可以是维持信息系统正常运行的软件,是对场景类型进行划分的重要依据,伴随着信息技术的不断革新而时刻发生变化;基于马斯洛经典需求层次理论的功能类型,亦是对场景满足受众需求类型划分的关键指标,同时符合使用与满足理论中"媒介期待→媒介接触"的基础模型。

4. 基于新媒介形态的场景将成为未来发展的主流

目前,对于现实性场景、虚拟性场景的发展和研究已经到达一定的高度,随着社会经济发展水平的提升和各类基础设施设备的完善,为用户带来的服务与体验愈加全面。同时,虚拟性场景、现实增强性场景正处于发展上升期,尤其是近年来 VR、AR、AI 等技术的发展,实现了虚拟网络空间场景从二维空间向三维、四维空间的转变,正在给受众提供更加真实、丰富的参与式体验,也更加精准地满足了目标受众的心理需求和在场景中的角色期待。未来对于场景的研究,或许交叉学科研究将是一种趋势,从虚拟网络空间场景与用户交互性体验、虚拟网络空间场景产生的传播效果和用户信息接收习惯等方面着手,进行更深一步的实验和探讨。

二、移动场景的应用设计

随着移动互联网、物联网快速发展以及 AI、AR、数字孪生等新技术的出现,形成了更为开放、更加复杂的移动应用价值生态体系。数字时代,Z 世代成员(这里指 1995—2009 年出生的人群)成为移动场景应用的主力军。Gen Z(Generation Z),这里简称 Z 世代人,是真正的数字原住民。从刚一步入青春,就接触到了因特网,社交网络和移动系统,与前几代人相比,其消费能力更强,消费需求更多元,数字消费生产活动的参与度更高。新型的移动商务的应用场景设计,需要围绕用户群体多元化、个性化的需求导向,结合新的技术平台分层次设计创新,从传统的"卖货"转变为"货与数据"的双向流通,打造提供商品、服务、体验的开放共享共赢的生态,才能提高用户的体验度和满意度。下面介绍主流的 3 种场景。

(一) 线上引流线下体验场景设计

数字经济时代,传统电子商务和实体零售正从原来线上和线下相对独立、相互冲突逐渐转化为互为促进、彼此融合。通过线上线下互动融合的运营方式,将移动商务的经验和优势发挥到实体零售中,改善购物体验,提升流通效率,将质高价优、货真价实的产品卖到消费者手里,以此实现消费升级的创新零售模式是数字经济和实体经济融合发展的大趋势。

典型代表如小米之家智慧零售千店同开,改变"千店一面、千店同品"现状应用场景设计。线上,小米提供多款手机端 App 打造购物场景,如"米家有品""小米之家"提供科技

让生活更有品的移动购物场景;"小米直播"提供网络直播购物场景,小米穿戴 Lite 提供 VR 购物场景;小米智能家居 App 既是居家智能硬件管理平台,也是家居生活精品移商平台,方便消费者选购高品质智能硬件和家庭生活产品的同时,更能简单快捷地使用手机与智能家居互联互通,完成控制管理操作。线下:小米提供了店中店触屏购物场景、智能货架购物场景,进店扫一扫,购物照一照,出门看一看,已经成为很多的标配。

(二) AI 移动智慧生活生态场景设计

以大模型为代表的 AI 技术持续突破下,生成式 AI 技术也不断助力产品设计和开发、移动办公、提供个性化推荐等场景构建。"高效安全+移动影像"将为消费者带来更多便捷的商务体验。典型的有智能主播数据分析打造智能直播间;虚拟主播带来"永不打烊"的助播;AI 智能选品等等。新兴的应用场景集中在线上领域,这就为移动终端使用带来了更多的适用场景。

例如,移动办公场景普及各行各业,移动设备市场的需求痛点也随之改变,高端产品向商务定位的倾向性不断增强。折叠屏手机作为兼具大屏幕、便携性等特点的智能手机,极大地拓宽了在用机方式上的自由发挥空间,将场景创新的可能性提升到了新的维度。2023 年,OPPO 推出的 Find N3 即从安全、效率、影像等多角度为用户提供全方位智慧应用体验。首先,通过定制国密认证安全芯片实现一系列隐私保护芯片锁,保障个人、商务信息安全。其次,采用自研的超视野全景虚拟屏以及打破系统与设备壁垒的文件管理方式,实现文件随心开,无缝交互,配合文件任意门,使得用户在移动办公中能够更加高效地处理文件和信息,极大地提高了工作效率。最后,为折叠屏引入次世代传感器技术,采用的柔性 AMOLED 屏幕,实现了手机与平板功能的无缝切换,同时还拥有旗舰影像的光影与画质,为用户提供了更加清晰、细腻的拍照效果和更为真实的色彩表现。无论是日常随拍还是专业摄影,用户都能享受到高质量的成像效果,为用户提供移动办公行业领先的最佳影像、最优性能体验。

(三) 数字孪生实现实体数据虚拟化场景设计

数字孪生是以数字的方式为现实物体创建高度仿真的虚拟模型,数字虚体和物理实体共有一个大脑。一方面,物理世界的数据通过传感器感知并实时传输到数字虚体型;另一方面,数字孪生中的数字虚体,通过对物理实体的状态数据进行监视、分析推理可以提出对物理状态的优化和改进决策并反馈给物理实体。

例如,2022 年,家装零售商 Lowe's 推出了交互式零售数字孪生,并开放虚拟 3D 产品目录以配合这项新技术。Lowe's 的数字孪生由 NVIDIA Omniverse Enterprise 提供支持,该数字孪生是在 NVIDIA Omniverse 的环境中创建的实体家装店的虚拟复制品,将空间数据和 Lowe's 其他的数据,如产品位置和历史订单信息等结合,创建出一个可以在台式机、移动终端和 AR 头戴式设备等一系列设备上访问的可视化包。利用这样一款可视化工具,管理者和员工可以共同探索最佳布局、工作时间表、团队活动及访客互动。此外,数字孪生还能以多种方式增强客户体验,如帮助客户访问家装项目、核算所需材料与材料成本等。另外,数字孪生也可以帮助分析购物清单并据此设计店内行动轨迹,借此帮助客户快速便捷地完成到店购物之旅。

第四节 运营模式的创新

以互联网为代表的信息技术革命,不仅促进了传统产业的升级改造,更渗透到社会、经济、生活的各个角落;不仅改变了信息的传输、储存方式,更改变了人们沟通、信息获取和利用的方式;不仅改变了社会资源配置的方式,更推动了人类的经济和社会组织方式的变革;不仅创造了新的产业,更改变了财富创造的逻辑和经济增长的方式。

企业运营模式是价值传递、实现和获取的方式,其中传递的是价值流(或业务流),实现的是客户价值,获取的是企业价值。运营模式是商业模式的核心,但不是商业模式的全部。网络经济下,新的运营模式不断涌现,使得过去难以实现的资源配置和生产组织方式成为可能。

在传统的工业经济时代,价值创造除了依靠劳动最基本的生产要素外,还主要依靠土地、厂房、设备等资本要素和技术,拥有资本的资本家是利润的最大攫取者;国民财富增长的主要手段是劳动分工,而贸易自由化因拓展市场广度而解除了劳动分工的限制。引用钱德勒的话,规模经济和范围经济是工业资本主义的原动力。而在网络经济下,尽管资本的力量仍然发挥作用,但基于协作的价值网络、社交网络的不断扩展从而使不断在更大范围内创造财富成为可能,并日益成为价值创造的新方式。外部性经济或网络外部性是网络经济的内在经济动力。QQ、微信就是利用用户间的社交关系,构筑了强大的关系资源,成为商业王国。此外,个性化定制逐渐取代大规模制造、众包、产消合一、群体创造,使得消费者不再是被动的接受者,用户、供应商、合作伙伴等越来越多地参与到企业的价值创造活动中。随着海量数据沉淀,数字经济逐渐替代工业经济,成为一种新的经济形态。凡是直接或间接利用数据来引导资源发挥作用,推动生产力发展的经济形态都可以纳入其范畴。在技术层面,包括大数据、云计算、物联网、区块链、人工智能、5G通信等新兴技术。在应用层面,"新零售""新制造"等都是其典型代表。共创、共享、共赢,成为一种新的价值创造规则。

知识拓展

2021年5月27日,国家统计局发布了《数字经济及其核心产业统计分类(2021)》文件,将数字经济界定为"以数据资源作为关键生产要素、以现代信息网络作为重要载体、以信息通信技术的有效使用作为效率提升和经济结构优化的重要推动力的一系列经济活动。"这是对数字经济的最新定义。文件从"数字产业化"和"产业数字化"两个方面确定了数字经济的基本范围,将其分为数字产品制造业、数字产品服务业、数字技术应用业、数字要素驱动业、数字化效率提升业等5大类。

一、从价值链到价值网络

1980年代,迈克尔·波特的竞争战略研究开创了企业经营战略的崭新领域,并以竞争优势为中心将战略制定与战略实施有机地统一起来。波特认为，企业的价值创造是通过一系列活动构成的，所有这些活动构成一个价值链。每一个企业都是在设计、生产、销售、交付和辅助过程中各种活动的集合体。

在波特看来，竞争优势是任何战略的核心所在。一个企业与其竞争对手的价值链差异就代表着竞争优势的一种潜在来源。"企业正是通过比其竞争对手更廉价或更出色地开展这些重要的战略活动来赢得竞争优势的。"企业与企业的竞争，不只是某个环节的竞争，而是整个价值链的竞争，而整个价值链的综合竞争力决定企业的竞争力。实际上，只有某些特定的价值活动才真正创造价值，这些真正创造价值的经营活动，就是价值链上的"战略环节"。企业要保持竞争优势，就是在价值链某些特定的战略环节上建立优势，并优化整个价值链。一体化或专业化是竞争战略下两种常见的而又相对的运营模式。

价值链是大规模制造和大规模定制时代检视企业内部的所有活动及活动间的相互关系，分析竞争优势的重要工具。总体来看，价值链体现的是传统工业经济下的竞争战略思维。互联网使信息搜寻、沟通、协商谈判、支付等交易环节变得更加容易，显著降低了各种交易成本。同时，互联网聚合了群体创造的力量，用户、供应商、合作伙伴等越来越多地参与到企业的价值创造活动中。于是，在市场机制和企业机制之间，出现了"第三只手"——价值网络机制，即通过整合资源而不是一体化或简单交易，以开放、共享、互利、对等、协作，与合作伙伴形成利益共享的价值共同体，共同创造和分享价值。

价值网络是由利益相关者之间协作而形成的价值创造、实现、传递、交付、获取和分配的关系及其结构，其本质是协作经济。在专业化分工下，通过一定的价值传递机制，在相应的治理框架下，由具有某种专用资产或资源的企业及相关利益体组合在一起，共同为顾客创造价值。产品或服务的价值是由每个价值网络的成员创造并由价值网络整合而成的，每一个网络成员创造的价值都是最终价值的不可分割的一部分。价值网络提供了获取信息、资源、市场、技术的新的机制，发挥规模经济、范围经济和网络外部性经济，实现和交付客户价值的同时帮助企业实现战略目标。

数字经济是指以数字化为基础，以互联网、大数据、人工智能等为支撑，以创新为驱动，以提高生产效率和社会福利为目标的新型经济形态。数字经济已经成为全球经济增长的重要引擎，也是各国竞争力的关键因素。数字经济发展过程中，一个重要而核心的概念是数字经济价值链。数字经济价值链是指在数字化转型中，各种要素、活动、主体之间形成的价值创造、传递、分配、消费的网络关系。数字经济价值链不仅反映了数字经济的本质和特征，也决定了数字经济的效率和效果。

网络经济下，传统的运营模式正在悄然发生变化。基于价值链的一体化模式的效率和优势都大不如前，取而代之的是效率更高的价值网络。从价值链到价值网络，体现出从竞争到合作竞争、从交易成本最小化到交易价值最大化的转变。相对于价值链，价值网络的优势在于：

(1) 价值效应。通过对网络中各个合作伙伴在不同价值活动中的优势进行整合和系统优化，以协作方式发挥整个系统的优势，能够最大限度地满足客户的需求，为客户创造价值。

(2) 成本效应。首先，价值网络同时降低了企业的外部交易成本和内部管理成本。其次，单个企业各自的相对优势在合作竞争的条件下得到了更大程度的发挥，降低了企业的风险。

（3）外部性。企业通过合作制定行业技术标准，形成了格式系统，增强了网络的外部性。

（4）协同效应。价值网络扩大了企业的资源边界，不但充分利用了互补资源，而且提高了本企业资源的利用效率。通过资源和能力的互补，产生了 1+1>2 的协同效应，还发展和培育了可持续的商业生态系统。

（5）灵活性。价值网络降低了高沉没成本的风险，提高了企业战略的灵活性。

整合和分化是价值网络机制下两种相辅相成的运营模式。

（一）整合

整合，是价值网络机制的一种典型的运营模式。整合就是企业将不同来源、不同层次、不同结构、不同拥有者的资源或能力联结成共同体，按照合作竞争机制和协同规则进行识别与选择、汲取与配置、激活和有机融合，使其具有较强的柔性、系统性和价值性，并最终实现、获取、分配价值的一个复杂的动态过程。整合是系统的思维方式，就是要通过组织和协调把企业内部彼此相关但却彼此分离的职能，通过互利和契约把企业外部既参与共同的使命又拥有独立经济利益的合作伙伴，整合成一个为特定目标的价值创造系统。整合以客户价值为导向，紧紧抓住客户需求反向匹配资源，将各参与方的资源和能力快速地联结起来，在协同、互利的规则下实现价值的创造和传递。价值网络的中枢企业，是网络联结的组织者、规则制定者，通过开放信息和数据，吸引大量合作伙伴形成信息透明、利益共享的价值共同体。中国工业互联网研究院、国家工业信息安全发展研究中心组织公布的 2023 年度中小企业"链式"数字化转型典型案例名单中，美云智数"基于佛山汽车零部件产业打造具备行业属性的公共技术服务平台"即为整合的典型代表。

凭借美的集团全价值链数字化转型实践及美云智数在汽车零部件行业沉淀的丰富经验，美云智数打造纵向赋能汽车零部件产业，横向辐射多行业的公共技术服务平台。以 ITMS(Integrated Terminal Management System) 终端综合管理系统服务体系为主要抓手，从咨询诊断、方案建议、应用服务到 IT 运维等全流程阶段，持续为汽车零部件中小企业提供多方位全流程的数字化转型应用及服务。

美云智数通过积极整合行业协会、运营商、数字化服务商及金融机构等生态资源，为中小企业提供汽车资质认证、数字化人才培训、供应链金融、专精特新辅导等公共服务，助力汽车零部件中小企业向精细化、集成化、数智化运营加速迈进，高质量推进产业转型升级。

（二）分化

分化和整合相辅相成。外包、共享是两种基本的分化模式。

业务外包是企业根据自身的需要，将运营工作中的某一项或是几项外包出去，由专业的组织或机构进行运作，以减少人力投入、减少企业投资、降低成本，实现效率最大化。被外包的是企业的非核心业务，包括信息技术、人力资源、物业设施管理、房地产管理和会计。很多公司也外包客户支持、呼叫中心，以及工程和制造等业务。

把那些非核心的部门或业务外包给相应的专业公司，利用企业外部的资源为企业内部的生产和经营服务，其好处有三：① 企业将非核心业务转移出去，可以借助外部资源的优势来弥补和改善自己的弱势;② 企业将集中资源到核心业务上,提高资源利用率,降低运营成本;③ 业务外包最大限度地发挥了企业有限资源的作用,加速了企业对外部环境的反应能力,强化了组织的柔性和敏捷性,有助于节省运营成本和降低风险。

业务外包是虚拟企业经营采取的主要模式。虚拟企业中的每一团队,都位于自己价值链的"战略环节",追求自己核心功能的实现,而把自己的非核心功能虚拟出去。波音这个世界最大的飞机制造公司,只生产座舱和翼尖;全球最大的运动鞋制造公司耐克,却从未生产过一双鞋。在做外包决策时首先要确定企业的核心竞争优势,并把企业的能力和资源集中到那些具有核心优势的活动上,然后将剩余的其他企业活动外包给最好的专业公司。

共享服务是将公司(或集团)范围内的共用的职能/功能集中起来,高质量、低成本地向各个业务单元/部门提供标准化服务的运作模式。共享服务中心将组织内原来分散在各业务单元进行的事务性工作和专业服务工作(如行政后勤、维修支持、财务收支、应收账款清收、投诉处理、售后服务、物流配送、人力资源管理、IT 管理服务、法律事务等)从原业务单元中分离出来,成立专门的部门来运作,通过对人员、技术和流程的有效整合,实现组织内公共流程的标准化和精简化,实现了组织整合资源、提高效率、降低成本的目的。同时实现内部服务市场化,为内部客户提供统一、专业、标准化的高效服务。通过共享服务将日常性的非业务职能集中起来,也有助于业务部门更加专注于具有战略意义的业务经营活动。

数字经济时代,多种业态呈聚合式、生态化发展。移动商务平台建设商业环境继续朝着聚合式、生态化的方向发展。例如,智慧零售服务商就围绕社区消费需求,围绕服务消费需求,围绕零售巨头的业务需求,将金融、物流、咨询等一批功能更加细分、形成专业性更强的生产服务型企业,为实体零售企业提供共享的数字化转型前台、中台和后台服务。优质的平台呈生态化发展,大大提高了大型零售企业的经营效率,提升居民消费质量。

二、从产消分离到产消合一

工业革命以来,社会生产方式经历了三个阶段:第一个阶段是 20 世纪 10 年代开始的大规模制造阶段。得益于标准化作业流程和流水线,福特 T 型车得以大规模生产。选择权由厂商控制,"汽车只有一种颜色,那就是黑色"。由于规模经济和更快的生产速度,社会资源获得迅速积累和扩张。第二个阶段是始于 20 世纪 80 年代的大规模定制阶段。戴尔在线产品定制的出现,用户可以根据自身需要配置不同电脑,尽管这种组装的方式依然由戴尔在其工厂车间里实现。宝马、奥迪、奔驰、丰田等汽车厂家现在也提供定制服务。汽车厂家在标配车型的基础上提供一些增配选项,消费者可以根据自己的喜好从中选择,然后厂家进行定制生产。在大规模定制环节,用户开始有更多选择余地和更多的满足感。在企业与用户之间,也开始出现了互动。第三个阶段,称为个性化定制阶段。消费者更加追求个性化,大众市场被打碎,重新分化组合,呈现多品种、少批量、碎片化,消费者甚至DIY。个性化定制反映了消费者生活方式的不同。消费者通过度身定做这个过程,让自己的个性彰显无遗,更是对自我情感的一种倾诉。像宜家这样的家居公司,通过标准化组件的生产,产品的组装开始从工厂车间向外部转移,交由用户根据自己的喜好自行完成。

纵观生产方式转变的三个阶段,生产者和消费者的互动关系在悄然变化,消费者开始一步一步参与到产品价值创造的环节。在标准化的生产阶段,生产者和消费者是分离的,价值只是由企业向用户的转移。到了大规模定制阶段,用户有了更多可选择性,由此带来更多满意度,用户实际上部分参与了价值创造的过程。到个性化定制阶段,这种用户和合作伙伴参与价值创造过程的深度和广度,开始变得更加明显,甚至直接参与了价值的创造过程,出现了"产消合一"。银行自动柜员机、移动公司的空中充值、柯达自助式数码影像速印站,都是利用产消合一的例证。

聚合与众包,是产消合一的两种模式。其背后的经济逻辑都是利用网络的外部性产生价值。

（一）聚合

聚合是用户、产品、内容或数据等在空间上的集中所产生的外部性经济或成本降低的模式。聚合模式有两种优势。第一是网络效应或网络外部性。不管是有形的还是虚拟的,网络都有一个基本的经济特征:联结到一个网络的价值取决于已经联结到这个网络的其他人的数量,这就是网络效应,其背后是正反馈的力量在起作用。当年随着 Wintel 联盟在 PC 市场份额的增长,用户发现 Wintel 系统越来越具有吸引力,从而 Wintel 的份额越来越大。正反馈的力量使强者恒强,赢家通吃。第二是交易成本的降低。产品、内容或数据等在空间上的聚合,使交易费用大大降低,如搜寻产品和交易对象的费用。

电信网络、微信、QQ 等,是典型的用户聚合。网络的价值由于联结到网络或服务的用户增加呈指数级增加而非线性增加,网络上的用户越多,吸引越多的用户加入,给每个用户的价值也越大。农贸市场、专业市场、超市、购物中心等都是产品聚合模式。由于产品集中在同一地点,节省了客户搜寻和选择产品的时间和精力。门户网站、App 等是内容的聚合。搜索工具则通过对内容的加工提供附加值,节省了用户的交易成本。

大数据(Big Data)是聚合模式的价值升华。大数据一词越来越多地被提及,人们用它来描述和定义信息爆炸时代产生的海量数据,并命名与之相关的技术发展与创新。从运营模式角度,大数据是对聚合的大量数据有目的地进行处理、分析、挖掘和利用,提供特定附加价值的一种模式。比如对用户行为模式的挖掘和利用,为个性化推荐和更精准的营销提供可能。个性化技术可更广泛地应用在商业领域,如个性化电子商务、个性化搜索、个性化定价和促销、个性化广告、个性化团购、个性化超市、个性化新闻、个性化移动互联网、个性化社交网络、个性化微博、个性化交友、个性化求职与招聘等。大数据已经成为新发明和新服务的源泉,而更多的改变正蓄势待发。谷歌、微软、亚马逊、IBM、苹果、Facebook、Twitter、VISA 等大数据先锋们已经在创造最具价值的应用案例。

（二）众包

众包是以开放的平台,聚合用户、供应商、合作伙伴以及员工的智慧,发挥企业内部和外部群体创造的力量,共同创造价值的一种模式。众包的经济逻辑是间接外部经济性,其优势不仅仅在于经济效率,包括用户、合作伙伴在内的群体创造的作品往往更加出色。

互联网不仅是计算机的互联、人的互联、物的互联,更是思想和智慧的互联。来自不同头脑的思想和智慧相互碰撞、借鉴、补充和启发,从无序到有序,从散乱到集中,从微小到宏大,迸发出工业经济时代无法想象的力量。网络经济下,消费者已经不再是一个被动的接受者，不管你愿不愿意，事实上他们已经主动地融入你的企业，参与到产品创新、营销传播等价值活动中。况且，企业内部的知识和经验往往不足以解决全部问题。社交网络、视频分享、照片分享、知识分享、社区、论坛、微博、微信、博客和播客等都是 UGC（User Generated Content，用户生成内容）的主要应用形式。Facebook、开心网、人人网、YouTube、优酷网、土豆网、维基百科、百度百科、百度知道、大众点评、天涯社区等利用用户产生内容，都是众包。

IBM Jam 是典型的众包，也被称为"开放式创新"的新范式。IBM 每隔三年便有一次大型的不同主题的 Jam，各分公司大大小小的 Jam 不计其数。2006 年，以创新为主题的"Innovation Jam"，来自 104 个国家、67 家公司的近 15 万名员工参加了讨论，连 IBM 的客户也一同加入进来。在 Innovation Jam 的第一阶段，IBM 将议题明确限定在四方通达、金融与商业、医疗保健、为了一个更美好的地球这四个领域，并对每个领域的讨论方向做了具体说明。在第二阶段，IBM 启动专家小组，通过对第一阶段选出的 31 条优秀"点子"进行"权衡利弊"，最后筛选出"钻石点子"。当年 Jam 的成果是，IBM 成立了 10 个新的业务单元，投入种子基金 1 亿美元。如今，Jam 已经成为 IBM 必备的一个创新管理工具。Jam 的价值就在于每个人都有机会参与创新、参与决策，创造了一个畅所欲言的环境，鼓励人们相信协作的力量和彼此分享的乐趣。IBM 告诉员工，Jam 并不是让大家抱怨日常运营中的不足，而是让他们以积极的心态看看组织如何发展。

前互联网发展阶段，企业在生产经营中主要面临一体化还是外包的经济资源配置方式选择问题，交易效率的充分改进使传统外包替代一体化成为可能。在传统外包中，接包方与发包方主要通过电话等传统方式进行供求信息的匹配，与外包有关的运输、支付等服务则由双方共同承担。随着互联网平台的不断发展和应用，"＋互联网"驱动传统外包向网络外包转型。发包方通过互联网平台搜索和匹配接包方，外包供求匹配效率得以提升。当经济社会步入以 5G、大数据、云计算和移动互联网等新兴数字技术的应用为主要内容的数字经济阶段，网络外包逐渐向网络众包模式转型升级。发包方只需在网络众包平台上发布需求信息，大量的潜在众包者通过网络众包平台便可实现供求信息快速匹配，从而高效率接包和满足发包方需求。

除了外包形态的转变外，发包方与接包方的交互方式、供求信息匹配方式在这一过程中同样发生了本质改变。在传统外包关系中，发包方与接包方之间不需要通过第三方平台实现对接，因此双方可以直接互动。当进入网络外包关系中，发包方与接包方自动嵌入互联网平台，两者在互联网平台的协调下间接互动。在网络众包中，通过移动互联网、社群等实现社会化生态型交互，多角色、大规模、实时的社会化生态型交互则促进了众包网络的协同价值创造。

此外，外包数字化转型也是外包供求信息由自我搜寻匹配向快速平台型自动匹配升级的过程。在网络众包中，发包方能够通过众包平台的社会化协同效应与接包方实现供求信息的快速自动匹配，潜在接包方凭借自身接包能力通过（移动）互联网众包平台快速与发包方实现供求对接，在云计算、大数据等协同下甚至能够实现"秒接包"，由外包供求信息快速平台型自动匹配驱动的网络众包应运而生。

三、从单边市场到双边市场

通常的产品或服务的价值链是单项的、直线式的。试想一下,一位作者写出书稿,将书稿交给出版社。然后出版社从众多书稿中筛选出他们认为能获得市场青睐的作品,经过修改、编辑、封面设计后,送印刷厂印刷装订成书,之后由经营商运往各地零售书店销售。这种单项的、直线式的价值链中,前一个环节都在为讨好后一个环节而努力,每一位读者并不因读者群体(买方)的扩大而从中受益,买方群体和卖方群体之间也鲜有相互依赖和价值耦合。这就是通常的单边市场。

而专攻小说的起点中文网(见图1-2),让热衷于写作的人直接刊登各种故事,读者自由选择感兴趣的阅读。读者可以彼此分享阅读的感受,并影响创作内容的走向,作者和读者直接互动起来。这就产生了双边市场或双边平台。

平台模式是双边(多边)市场常见的模式。平台模式联结两个或两个以上的特定群体,为他们提供互动机制,满足所有群体的需求。在起点中文网,读者群是一边,每一个读者将自己的阅读感受在网上分享,会影响其他读者的点击阅读量;同时随着读者点击阅读量的增加,产生

图1-2 起点中文网

越来越多的阅读感受。作者群是另一边,读者群的增加,吸引更多的作者发表作品;作品的丰富又吸引更多的读者。

双边平台模式并非简单的渠道或中介,其精髓在于拥有独树一帜的精密规范和耦合机制,有效激励多方群体之间的互动,打造一个完善的、成长潜能强大的"生态圈"。一边群体因需求增加而壮大,另一边的需求也会随之增长。如此一来,一个良性循环机制便建立了。淘宝网、携程、大众点评网、京东商城、当当网等,无一不是平台模式。

平台模式利用了群体关系之间的网络外部性。网络效应这种增值力量是自然产生的,每个人使用平台的产品或服务时,或许并非怀着利他的心态,但实际结果往往是群体价值的提高,这就是外部性的力量。外部性表现在两个方面:一是某一边的同一群体间的直接网络效应;二是跨边不同群体之间存在间接网络效应。广告就是典型的跨边间接网络效应。两种网络效应的耦合,使平台不断壮大,形成强者恒强,赢家通吃。互联网上,百度垄断了信息入口,腾讯垄断了社交入口,阿里巴巴垄断了交易入口。平台往往既是客户聚合者,也是产品聚合者。

人们对平台模式总有一种误解,认为它是互联网企业的事儿,跟大多数传统产业毫不相干。其实平台模式已经存在很长时间,也不是互联网行业特有的。报刊连接了订户和广告主,Visa信用卡连接了持卡人和商家,微软Windows操作系统连接了硬件厂商、应用软件开发商和用户,任天堂家用游戏机连接了游戏开发商和玩家、证券交易所连接了上市公司和股民,商超连接了众多厂商和消费者……甚至农贸市场、城市综合体、CBD也是平台模式。

平台企业是价值网络的中枢,是围绕客户价值提供的资源整合者和规则制定者;平台

是多边市场的联结者,是商业生态系统的主导者。淘宝在平台发展中所恪守的一条原则是只提供基础设施,不是什么都自己做。淘宝带来的物流配送已形成每年几百亿元规模的产业,但是淘宝把这块业务开放给合作伙伴。这并不是一个姿态,而是一个合理的商业选择。如今的淘宝平台使用者已经不仅限于买家和卖家,消费者、零售商家、增值服务商、物流商、电子支付供应商、商品供应商、品牌持有者和自由职业者都能找到自己的商业价值,组成了一个丰富的商业生态系统。

平台往往是自发涌现、协同演化的过程,在考虑平台战略时应思考以下问题:如何激发正反馈产生网络效应,如何平衡开放和管制策略,如何设定付费方和被补贴方,如何锁定用户,如何设计盈利模式,如何建立可持续的不断增强的生态圈,以及平台生态圈之间的竞争,等等。

"人类被束缚在地球上,不是因为地球引力,而是缺乏创造力。"网络经济时代,挑战不仅来自外在的压力,更是我们自己的内心。我们唯一能做的是改造我们自己的思维方式,摆脱过去的惯例对想象力的束缚,打破常规,因时、因势创新运营模式,在商业实践中协同演化、迭代发展。

第五节 盈利模式的创新

盈利模式,是管理学的重要研究对象之一。虽然"盈利模式"经常被提及,但是迄今为止依然没有一个统一的概念。虽然盈利模式概念的表述方式有很多种,但多数人认可的观点是,盈利模式直接影响企业的利润来源和结构,其核心是价值创造。盈利模式是企业在生产经营过程中,把握市场动态,合理配置资源,利用其核心业务、销售渠道、客户关系和竞争优势来创造现金流,实现企业价值最大化的运行机制。同时,盈利模式也是企业按利益相关者划分收入结构、成本结构和相应的利润目标的方式。

先讨论一下网红的盈利模式。说到网红的盈利模式,相信大部分人都认为网红就是靠粉丝赠送礼品来达到盈利的。当然,这是一种主流盈利模式,也就是通过粉丝向平台购买礼品,然后平台抽取一定的佣金,剩余的款项网红即可提现,这是一种简单的盈利模式。除此之外,网红还有另外一种盈利模式,那就是我们所说的跟电商挂钩,也就是"网红+电商"的模式。先在电商平台生成一个链接或二维码,网红通过在视频中展示这个二维码或链接,用户在观看视频的时候,扫取二维码,跳转到对应的交易平台,成交之后网红也会获得这个产品的回报。一般情况下,网红通过这种电商模式有两种收益,第一种收益就是直接收取广告费;第二种就是网红在与粉丝互动中促成交易,通过交易的抽成来获得收益。

如何判断哪些收益是属于网红的呢?很多平台提供了识别接口,比如说淘宝中提供的佣金接口,最典型就是淘宝客,微信中也可以通过设定指定的二维码,比如链接二维码,或者是由一个带参数的二维码进来,可以获取渠道,再通过这些渠道来给网红返利。因此,网红的盈利模式不再仅仅是通过获取粉丝礼品,通过和电商平台连接,实现了盈利模式的创新。

管理大师德鲁克说过:"企业之间的竞争,已经不再是产品之间的竞争,而是利润模式之间的竞争。"在市场环境快速变化的情况下,很多企业都面临盈利模式转型问题,企业必须进行盈利模式创新。通俗地说,盈利模式创新就是指企业以新的有效方式赚钱。新引入的盈利模式,既可能在构成要素方面不同于已有盈利模式,也可能在要素间关系或者动力机制方面不同于已有盈利模式。

一、增值盈利模式

从会计学角度来讲,盈利可以用收入与成本的差额来表示:$TP=TR-TC=(P-V)\times Q-TC$($TP$:总利润;$TR$:总收入;$TC$:固定成本;$P$:单价;$V$:单位变动成本;$Q$:销售量)。盈利也可以用利润来代替,如果把视野放得更开阔一些,盈利还不仅仅表现为利润,对经营组织来说,它还包括品牌效应的获得、知名度的提升、竞争能力的增强和客户关系的建立等。

盈利模式是企业获利的方式,是对不同获利方式的一般性概括和总结。新经济的到来迅速改变了游戏规则,以客户关系和价值为基本内容的新的盈利模式将会在已经出现的网络经济中大行其道,企业关注的重点将是如何以更低的成本获取和利用更有效的资源,从而以更快的速度对市场需求做出响应,实现在投入产出比上质的提高。

随着全球 3G、4G 甚至 5G 商用的逐步推进,以移动互联网为代表的移动增值业务呈现出快速增长的势头。特别是近两年来,随着移动通信市场的日趋饱和以及市场竞争的不断加快,全球主流移动电信运营商都将移动互联网作为其业务发展的战略重点予以积极推进。

当前,有关移动增值业务的分类比较多,多数集中在通信、娱乐、商务、内容等几个方面。面对诸多移动增值业务,国内电信运营商期望以此类业务分类为基础进行拓展,提供一些创新应用来丰富客户的移动增值业务体验,由此带动消费者对移动数据流量的消费,获取更多的盈利。

业界有关移动增值业务分类有多种形式,但有代表性的两个组织对移动增值业务进行如下分类。

(一) WMIS 使用的移动增值业务分类

为了解跨国性的移动上网发展演变过程及使用状况,中国台湾、日本、韩国、中国香港、美国、芬兰及希腊等 7 个国家和地区在 2003 年达成合作协议,每年共同进行 WMIS(Worldwide Mobile Internet Survey,全球行动上网调查)活动。

依据 WMIS 的分类,移动增值业务可分为四大类型,分别是:移动通信(包括 SMS、MMS 和 E-mail 等交流性服务);移动娱乐(包括下载电子书、下载图铃、星座算命、下载影音信息和游戏等服务);移动内容(包括新闻气象、线上学习、地理定位服务等信息服务);移动商务服务(包含线上订票、预约、金融交易及股票买卖等与交易相关的服务)。

由于 WMIS 主要是针对个人消费市场来进行移动上网服务的调查,因此在此四大分类的基础上,需增加移动行业应用(含移动办公),一类面向行业客户的增值服务。

(二) CCSA 的移动增值业务分类

CCSA(中国通信标准化协会)在 2006 年对未来可能的移动增值业务进行了分类,其中从用户角度分类的结果见图1-3(阴影部分为国内已经开通的新业务)。事实上，CCSA分类与WMIS分类大致可以对应起来。譬如CCSA的沟通类对应WMIS的移动通信类,CCSA的信息获取和位置服务类对应WMIS的移动内容等。

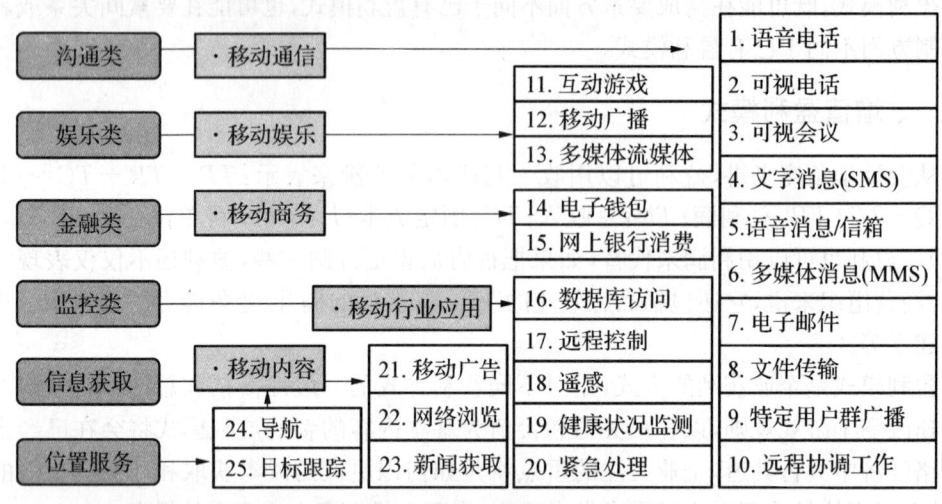

沟通类	·移动通信		1. 语音电话
娱乐类	·移动娱乐	11. 互动游戏 12. 移动广播 13. 多媒体流媒体	2. 可视电话 3. 可视会议 4. 文字消息(SMS)
金融类	·移动商务	14. 电子钱包 15. 网上银行消费	5. 语音消息/信箱 6. 多媒体消息(MMS)
监控类	·移动行业应用	16. 数据库访问 17. 远程控制	7. 电子邮件 8. 文件传输
信息获取	·移动内容	21. 移动广告 18. 遥感 22. 网络浏览 19. 健康状况监测	9. 特定用户群广播
位置服务		24. 导航 25. 目标跟踪 23. 新闻获取 20. 紧急处理	10. 远程协调工作

图1-3 CCSA的移动应用分类

(三)近期新兴的重点移动增值业务

目前在各类移动增值业务中,移动邮件和即时通信已经成为客户欢迎的新业务。手机用户可以随时与电脑互发电子邮件,部分还支持即时通信业务。可见,移动邮件和即时通信业务带动了相关产业的收益提升,尤其在融合了视讯影音功能之后,更能刺激市场与消费者需求。

移动影音内容也是近期新兴的重点移动增值业务。随着移动通信技术迭代更新高画质的影音与内容平台,包括体育类、电视节目、路况更新,以及由使用者自行生产的内容(UGC)在内的服务因此得到迅速发展,尤其是体育类及用户生产内容的服务发展会最快。其中,体育类的影音服务将会因为全球与地区性体育活动而盛行。然而,体育类移动影音的播映授权费用相当高,并且需要高品质与实时的内容。相对来说,UGC提供的社群应用机制获取成本较低,并且内容取得与更新的复杂度将降到最低。

移动娱乐是指音乐、游戏、电视、体育娱乐新闻等服务项目,其发展动力来自移动电视、多元的移动视讯应用服务以及在亚洲市场的蓬勃发展。未来预计会有愈来愈多的手机专属的应用服务出现,手机也将朝多功能配备方向发展。随着更多地区推出5G网络,各种精密的移动娱乐产品与相关服务打入一般大众市场,提供消费者随时随地都能享受的移动娱乐服务。

移动支付是互联网时代一种新型的支付方式,其主要表现形式为手机支付,具有时空限制小、方便管理、隐私度较高、综合度较高等特征。移动支付根据其支付金额的大小可分为小额支付和大额支付;根据其支付场景可分为现场支付和远程支付。早在2007年3月,全球移动通信系统协会(GSM Association,GSMA)与万事达卡组织(MasterCard)宣布合作推出手机跨国汇款试办计划,为海外工作者提供更便利、价格更合理的跨国汇款服务。随着智能手机广泛普及以及移动互联网的不断发展,我国手机网民规模也随之快速增长。据资料显示,截至2021年12月,我国手机网民规模达10.29亿,占整体网民的99.7%。移动支付以手机支付为主要表现形式,我国手机网民规模的增长,也将为行业发展带来强劲动力。

二、股权盈利模式

股权投资进行盈利的运作需要经过募集、投资和退出三个阶段,其中退出是股权投资的最终目标,也是实现盈利的重要环节。

(一) 最佳方式:首次公开发行(IPO)

首次公开发行股票(Initial Public Offering)是在被投资企业发展成熟以后,通过在证券市场挂牌上市使股权投资资金实现增值和退出的方式,是投资人和创业者最乐于见到的退出方式。由于证券市场的杠杆作用,公司一旦上市,股票价值就会得到巨大提升,投资人所持有的股票可以获得爆炸性的增值,一旦抛出即可获得高额的资本收益。对于创业者来说,IPO的优势还不局限于股票的增值,更重要的是企业进行IPO,表明了资本市场对企业良好经营业绩的认可,可以使企业获得在证券市场上持续融资的基础,取得企业进一步发展所需的大量资金。

在美国,成功IPO的公司中很多都有私募股权投资的支持,如苹果、微软、雅虎和美国在线等全球知名公司;国内的例子有分众传媒、携程网和如家快捷等。这些企业的上市都给投资者带来了巨额的回报。但同时,IPO退出有一定的局限性,在项目公司IPO之前的一两年,必须做大量的准备工作,要将公司的经营管理状况、财务状况和发展战略等信息向外公布,使广大投资者了解公司的真实情况,以期望得到积极的评价,避免由于信息不对称引起股价被低估。

相比其他退出方式,IPO的手续比较烦琐,退出费用较高,IPO之后存在禁售期,这加大了收益不能快速变现或推迟变现的风险。

(二) 中等方式:兼并与收购

兼并收购指一个企业或企业集团通过购买其他企业的全部或部分股权或资产,从而影响、控制其他企业的经营管理,其他企业保留或者消灭法人资格。

相对于受让方来说叫兼并收购,而相对于出让方来说叫股权出让。如果企业的业绩尚未得到资本市场的认可,或者投资人不愿接受IPO的种种烦琐手续和信息披露制度的约束,则可以采用并购的方式实现退出。尽管这种退出方式所得收益不及IPO,但投资人往往可以一次性实现所有股权的转让,在价格上也会有相当高的收益,深受投资人的喜爱。同时,这种退出方式的操作成本少,手续简单,被并购的企业也可以利用大公司的市场资源和先进技术,将外部成本内部化。对于被并购的中小企业来说,这是有益处的。而且并购者一般都是专业的风险投资机构,或者是该创业企业所在行业内发展较好的大公司。

(三) 保守方式:股权回购

股权回购是指按照投资协议的规定,在投资期限届满之后,由被投资企业购回投资人所持有的公司股权。

原则上来说,公司自身是不能进行回购的,最好由公司的创始人或实际控制人进行回购。相较于上述两种退出方式,股权回购的产权交易过程简单,节省了大量的时间和其他成本,风险较低,在让投资人的投资收益有所保障的同时,也可以让创业者在公司进入正常发展阶段后重新收回公司的所有权和控制权,保证企业的独立性。20世纪90年代以前,在美国风险投资的退出方式中,股份回购退出占比曾高达到20%左右。这种退出方式的收益率较低,并且存在变现周期加长的情况。回购的法律限制和操作限制越多,相对付出的时间和沟通成本也就越大。

三、销售盈利模式

销售盈利模式是销售商品与赚取商品之间的差价。商品差价模式是最常见的,此模式就是指卖货挣差价,产品销售收入扣除生产成本、销售费用和销售税金后的余额为利润,这是商品流通中最主要的盈利方式。此模式最核心的是要将自己的总成本做到更低,占领更多和更好的销售渠道,保障商品的稳定和及时供应,建立完整的供应链体系。在此模式基础上,创新了一些销售盈利模式,如捆绑销售、混合搭售、招徕销售等模式及其混合方式。

一位消费者被网上的一则"打折"信息所吸引,然后以一个非常便宜的价格购买了一个电子书阅读器。但是,事后发现,电子书阅读器里面只有两三本书。看完后,还要通过阅读器的联网功能进入网上商城去下载,而每下载一本书,需要花费8~10元钱。

商家是怎么盈利的呢?分析一下该电子书厂家。首先,他以一个低廉的价格卖出他的基础产品(电子书阅读器),通过基础产品占领消费者终端,消费者通过终端进入网上商城,挑选自己喜爱的书籍,并且付费下载。于是该厂家通过后续的产品(电子书下载)来获得盈利。电子书阅读器销售得越多,占领的消费者终端就越多,登录网上商城的流量也就越大,下载电子书的人也就越多,企业就能获取更多的利润。这种通过低利润的基础产品,拉动高利润的后续产品/耗材的盈利模式,属于销售盈利模式的一种。

这种销售盈利模式存在于各行各业当中。比如将打印机销售给客户,打印机并没有让企业获得利润,但是在客户以后每个月消耗的墨盒当中,企业获得了较大的利润。企业也可以通过低利润的方式销售豆浆机,然后通过持续地供给豆浆原料获得利润。乒乓球运动员,买一副乒乓球拍,可以用上几年,但是对于乒乓球的消耗量却很大,企业也可以用该利润模式来设计企业的盈利模式。还有卖饮用水的厂家,可以免费向顾客赠送饮水机,靠后续持续不断的"水"的供应来获取利润。在汽车行业中,所有车主都知道4S店的维修费用贵,但车主仍然对4S店欲罢不能。汽车主对4S店的这种技术性依赖造就了4S店售后的利润之源。随着新车价格不断下滑,售后已经取代销售成为4S店最大的利润来源,而伴随着保有客户的增多以及车辆使用年龄的增长,4S店的这种利润结构将进一步显现。据调查,售后服务的平均利润可以达到45%,有的品牌特别是一些销售高档车型的4S店可以做得更高。一辆小汽车进4S店维修一次的平均费用在700~800元,这个数字会因车辆的级别而上下浮动。而车龄达到2~3年后平均每次维修的费用将上升至1 000~1 500元。这些都是销售盈利模式的实践者,他们通过这样的模式获得了丰厚的回报。

这种销售盈利模式运作成功有两个关键要点:第一,基础产品对消费者来说,要具备价值感,从而获得较快的推广,占据消费者终端。比如原本顾客要花费高昂的费用来购买打印机,但是通过售后利润的模式,打印机就可以以成本价售出。那么,相对于竞争对手来说,低价的打印机对消费者来说,更具有价值感。第二,能够带动后续产品/耗材的销售。不同品牌间的墨盒是不兼容的,消费者购买了你的打印机,以后就要持续地向你购买墨盒。后续产品/耗材不能有替代品,否则,售后利润模式的售后利润环节就会被替代。假设不同品牌打印机的墨盒是兼容的,那么消费者购买了你成本价的打印机,同样会购买别人低价的墨盒,后续产品/耗材就无法获得盈利。

+—+—+ 行业观察 +—+—+

洗碗机的销售盈利模式

如果产品是洗碗机应该怎么销售,怎么卖?在几年前就有一个企业面临这样一个问题,它的洗碗机非常智能化,可以实现从洗涤、消毒到装柜的一系列功能。但是这样一个好产品却在销售中遇到了很尴尬的境遇,这是什么原因造成的?原来客户认为它的成本太高了,因为他的一台这样的机子要五六万块钱,而消费者一般不太愿意接受这么高的成本。那么消费者的痛点是什么呢?消费者是想偷懒,之所以买洗碗机是想减轻洗碗的压力,但是同时要考虑成本,考虑他们承受的代价。如果为了轻松而花费五六万块钱,这对于一般消费者而言是不太愿意接受的。

有没有其他方法来解除这种销售问题呢?他们发现有一个餐饮市场潜力很大,因为餐饮界也想解除这种洗碗的痛苦。餐饮界用人的成本太高,如果用洗碗机可以大大节约人工成本。但是有一个问题是酒店餐饮行业不太愿意接受新的事物。原因是他们不知道这种东西买回去能不能起作用,能不能真正解决问题。

了解这种心理之后,这家企业决定将自己的销售模式转变一下。既然消费者害怕接受新事物,害怕这种不确定性,那么我们就针对消费者把这种不确定性转换过去。怎么转换呢?针对目标人群——餐饮界,将销售模式由原来的销售转换成一种让他觉得绝对可靠的模式。

那么,绝对可靠的模式是什么?就是租赁模式。也就是由直接卖给它,变成销售权、经营权在我手上,但是我把使用权租给客户。酒店只需支付使用费,维护费由厂家负担,这就解决了酒店在购买这个产品时的所有顾虑了。

一台洗碗机的租赁费用是每个月两三千块钱,不到两年时间,它的成本就赚回来了,并且还可以持续盈利。

对酒店而言,人工成本节省了,可靠性更有保障了。原来动不动员工就离职的现象经常发生,经常招人,人力资源部门的招聘风险和不确定性的出现更让企业不安。这样的模式完美地解决了企业的尴尬境地。

四、广告盈利模式

广告盈利模式指通过在店铺内或网站上投放广告来获取利润。广告变现是通过用户在平台看广告而获得收入。广告主向广告平台投放广告,而开发者向广告平台请求广告从而展示给用户看。过程中需要关注广告的投放效果和广告主的信誉。不同的广告形式适用于不同的推广需求,广告主在进行推广时需要根据自身的产品、目标用户、推广预算等因素选择合适的广告形式,同时,需要结合数据分析和优化手段来不断优化推广效果,提高广告点击率和转化率。

(一)广告盈利模式的类型

1. 传统广告投放盈利模式

CPM(Cost Per Mille)模式,按展示次数计费,广告主根据所需广告曝光量向媒体平台支付费用,适合大规模曝光推广,但转化率较低。在这种模式下,广告主按照广告在网站或平台上每展示1 000次的价格来支付费用。这种模式适用于那些旨在提高品牌曝光率和知名度的广告目标。CPM模式的主要优势在于其成本相对较低,并且能够覆盖广泛的受众,带来大量的曝光。然而,它的劣势在于广告的精准度相对较低,对广告创意的要求较高,并且可能会导致广告浪费。

CPC(Cost Per Click)模式,按点击次数计费,广告主仅在用户每次点击广告时才需要支付费用,而不是广告的显示次数。这种模式可以避免只展示不点击的风险,适合需要增加网站流量和提高品牌知名度的广告活动,但用户可能仅点击而不进行购买;该模式衍生的模式有OCPC(Optimized Cost Per Click),基于CPC的进阶版,通过对用户行为和兴趣的深入分析,优化广告投放策略,可提高点击率和转化率;eCPC(点击出价系数):增强模式出价,是传统CPC点击出价的智能强化版。这种模式下,系统能够基于账户设置的点击出价,并结合用户的转化预期,对出价进行智能微调,带来更多的转化量,eCPC模式下,点击成本可能会在一定区间内浮动。这类推广模式需要人为地进行成本控制,系统出价差异较大,推广数据也需要周期核算。

CPA(Cost Per Action)模式,按实际购买行为计费,广告主根据自身需求设定一定的推广目标,比如获取多少用户注册、多少订单成交等。而推广渠道则根据广告主设定的目标,通过渠道的推广手段和资源,将目标用户引导到广告主的网站或APP进行注册或购买等行为。当用户完成了预设行为后,广告主需要给推广渠道支付相应的费用。这种模式的优势是有两点:① 可以根据广告主的需求,将广告投放给真正有兴趣和需求的目标用户,提高了广告的转化率;② 按照广告主设定的目标进行付费,广告主只需要为实际带来的效果进行支付,对于成本控制非常有利。CPA推广方式适合需要增加销售量和提高转化率的广告活动,但需要进行充分的筛选和测试。

CPS(Cost Per Sale)模式,按照销售额计费。广告主根据销售效果向推广者支付费用。具体来说,每当通过推广者的推广行为产生实际销售时,广告主会按照事先约定的比例,将销售额的一部分作为佣金支付给推广者。以实际销售产品数量来计算广告费用,是最直接的效果营销广告。CPS模式的运作机制相对简单直接。广告主与推广者签订合作协议,明确双方的权利和义务;推广者通过各种渠道和方式,如社交媒体、博客、广告平台等,进行产品或服务的推广;当消费者通过推广链接或推广码完成购买时,销售数据会被跟踪记录;根据销售数据和约定的佣金比例,广告主向推广者支付相应的佣金。CPS模式具有多个显著优势。实现了广告主与推广者的利益共享,有效激励推广者投入更多精力进行推广;该模式按效果付费,广告主只需为实际销售结果买单,降低了营销成本;CPS分成模式有助于提升品牌形象和市场知名度,通过口碑传播和精准定位,吸引更多潜在客户。CPS模式适用于各种线上和线下销售场景。例如,电商平台、应用程序、游戏产品等都可以采用这种模式进行推广。特别是对于那些具有高附加值、高利润空间的产品或服务,CPS分成模式更能发挥其优势。

CPT(Cost Per Time)按照时间段计费模式。这种模式主要是移动应用渠道营销平台按用户使用时长或使用周期计费。这种方式的特点是,可以从根本上杜绝刷流量、激活作弊等问题。CPT更多使用在App移动应用营销方面,尤其适合手机游戏、社交移动应用、工具类移动应用。

2. 新兴广告投放盈利模式

Native Ads原生广告模式,是一种以原生内容的形式呈现广告的投放模式。广告与媒体内容融为一体,使用户在浏览内容时不易察觉到广告的存在,提高用户体验和曝光度;这种模式适合需要提高用户体验和增加广告曝光度的广告活动,但其缺点是用户可能会对广告产生抵触情绪,影响形象。

Influencer Marketing博主营销网红营销影响者营销模式,是一种通过与社交媒体上的影响者合作,进行推广的广告投放模式。该模式根据其粉丝群体的特点和兴趣,将广告内容进行个性化定制和传播。这种模式适合需要针对特定目标人群进行精准推广的广告活动,其缺点是需要与影响者建立长期合作关系,并保持内容的创新和新鲜度。

Programmatic Advertising程序化广告模式,是一种通过机器学习和人工智能技术,自动化购买和投放广告的模式。利用技术手段进行广告交易和管理。广告主可以程序化采购媒体资源,并利用算法和技术自动实现精准的目标受众定向,只把广告投放给对的人。媒体可以程序化售卖跨媒体、跨终端(电脑、手机、平板、互联网电视等)的媒体资源,并利用技术实现广告流量的分级,进行差异化定价(如一线城市的价格高于二、三线城市、黄金时段的价格高于其他时间段)。因此,程序化广告可以定义为:以人为本的精准广告定向;媒体资源的自动化、数字化售卖与采购。通过机器学习和人工智能技术自动化购买和投放广告,适合需要实时监控和调整广告效果的广告活动,但需要技术和数据分析能力。

(二) 对移动互联网广告的三个看法

TMT(Technology,Media,Telecom,数字媒体产业)一直都是创业的热门,特别是互联网+行动以来,很多公司都要付出巨大的推广成本,尤其是在移动互联网广告的投放上。随着史上最严的《互联网广告管理暂行办法》出台,延续多年的百度推广信息改成了"广告",一些自媒体大V的公关软文自觉标注上"广告"声明。

用户反感的是不相关的、强迫推销式、无感的、伪装的广告。而广告本身也是一种信息、一种内容,行业监管的收紧是移动广告发展的分水岭。

1. 算法推荐提升广告投放的ROI(回报率)

以往PC时代的定向广告是用浏览器的cookie跟踪浏览历史记录投放广告,而移动互联网的广告投放有与大数据、人工智能(AI)密切结合的倾向,所有的精准营销都必须把用户"标签化",而这是通过人工算法或机器学习得到的。

随着深度学习能力的加强,广告推送还会更智能化。比如在今日头条中,系统会根据用户阅读记录、点赞、收藏行为形成兴趣标签,继而推荐相关的广告信息。电商广告引入"千人千面",如当前淘宝及京东根据用户搜索和购买信息推荐同类产品,这开始让过往"买首页位置"曝光策略失灵。

2. 广告嵌入在视频内容中,渐成内容营销主导

短视频和直播让视频内容生产门槛大大降低,未来 20 年可能互联网 80% 的都是视频内容,而视频内容更直观、真实、易记忆,特别适合大众消费品类产品曝光,主播展示和表演广告也将成为他们的主要收入来源。目前直播、短视频的大 V 已经养成,广告主的议价机会越来越少。

3. 广告社交化以利益刺激用户参与并分享

口碑推荐永远是最有效的活广告,微商是最早把朋友圈当作社会化媒体的模式,现在很多公关公司或者广告主也开始设计和推广朋友圈图片及小视频广告。利用社交关系做好友信任背书的拼多多,组团者免费实际上与广告主推广费打了平手;京东的京享街、美团大众点评等都鼓励分享下单也是走社交广告化路线,推荐者在跟随者下单后也会得到一定优惠。

盈利模式是商业模式的本质,互联网有其普惠、免费的一面,在面向 C 端用户付费还很艰难的情况下,互联网公司要摆脱毛利低、靠融资输血的弊端,走广告模式向 B 端(大客户)收费不失为明智的选择,国内外很多巨头都是以广告为主要盈利模式。而如何在保证产品质量前提下,抓住移动互联网广告崛起的特点和趋势,把广告费用花在"刀刃"上,让广告看起来更畅快,是所有企业以及市场人都会面对的挑战。

同步测试

一、单选题

1. 企业的信息战略是( )技术核心。
A. 运营设计　　B. 战略设计　　C. 运营战略　　D. 绩效

2. 所有移动商务模式中取得成功的先决条件是( )。
A. 服务形式　　B. 安全性　　C. 先进性　　D. 盈利性

3. ( )决定了商务活动的范围和内容。
A. 顾客爱好　　B. 价值特征　　C. 技术特征　　D. 业务发展目标

4. 对一个优秀的运营来说,拿到某个具体问题后,首先会遵循哪个步骤来思考和解决问题?( )。
A. 界定清楚我想要的目标和结束
B. 梳理清楚,这个问题从起始开始到结束的全流程是怎样的
C. 整个过程会经历哪些主要的环节
D. 在每一个环节上,我们可以做一些什么事情,给用户创造一些不同的体验

5. 下列不属于场景类型的是( )。
A. 现实性场景　　B. 虚拟性场景　　C. 现实增强性场景　　D. 虚拟增强场景

二、多选题

1. 移动商务将( )结合起来,进行基本的管理活动。
A. 无线技术　　　B. 电子商务　　　C. 有线技术　　　D. 以上都不是

2. 商务模式主要包括( )三要素。
A. 商务参与者的状态及其作用
B. 商务运营中所使用的平台
C. 企业在商务运作中获得的利益和收入来源
D. 企业在商务模式中创造和体现的价值

3. 关于微博营销,以下正确的是( )。
A. 传播性强
B. 互动性高
C. 成本低,效果明显
D. 便利性

4. 下列哪项免费模式能够附加收益?( )。
A. 免费玩游戏,道具收费
B. 免费看报纸,广告盈收
C. 免费吃饭,停车收费
D. 免费试玩2分钟游戏,后面收费

5. 主要的移动商务运营思维包括( )。
A. 流程化思维　　B. 精细化思维　　C. 杠杆化思维　　D. 生态化思维

三、简答题

1. 试述模式的概念。
2. 什么是盈利模式?设计盈利模式要考虑哪些要素?
3. 移动商务运营需要具备的基本思维有哪些?
4. 什么是场景?构成场景的基本要素有哪些?
5. 阐述场景的分类标准及类型。

项目实训

1. 实训目标

通过实训,掌握移动商务模式运营思维及创新。能根据案例分析企业在场景、运营模式及盈利模式上的创新,以商业模式画布展示。

2. 实训任务
(1) 选择一款小组熟悉的企业App或平台型App;
(2) 阐述其目标用户、产品和服务;
(3) 分析该App商业模式的创新点。

3. 实训环境:多媒体实训室。

4. 实训组织
(1) 指导教师介绍本次实训的目的和要求,协助学生分组并确定组长人选;
(2) 组长负责拟定实训计划和方案,并完成组内成员的任务分工;
(3) 组长负责小组成员之间的协调,并负责最终成果的汇总;
(4) 教师对各个小组的最终成果进行点评。

5. 实训要求

(1) 组长应为小组成员合理分配任务,做到每个成员都有具体任务;

(2) 组内每个成员都必须积极参与,分工合作、相互配合;

(3) 参照"商业模式画布"的写作表现方式,小组完成"移动商务模式分析表",提交并上传至本课程在线课程相应任务中;

表 1-1 移动商务模式分析表

重要合作	关键业务	价值服务	客户关系	客户群体
	核心资源		渠道通路	
成本结构				收入来源

(4) 团队安排一名成员到讲台上进行汇报,向其他团队展示小组成果。

第二章
移动商务运营策划

■【知识目标】
1. 掌握移动商务运营中市场分析与定位的原则及方法；
2. 熟悉运营策略制定的要求；
3. 掌握运营规划撰写基本流程。

■【技能目标】
1. 能够制定移动商务企业的市场运营策略；
2. 能够合理选择产品策略、用户策略、信息沟通策略等；
3. 能够根据移动商务企业运营目标，完成运营规划。

■【素质目标】
1. 培养产品思维、用户思维和竞争思维；
2. 树立民族自信心，探索中国品牌运营策划；
3. 培养移动商务运营者法制意识。

■【内容结构】

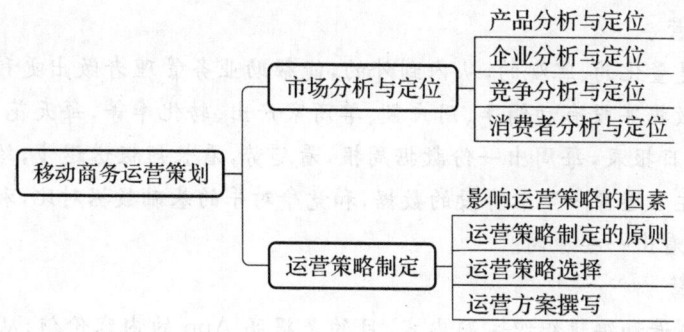

```
                          ┌─ 产品分析与定位
              ┌ 市场分析与定位 ┼─ 企业分析与定位
              │               ├─ 竞争分析与定位
移动商务运营策划 ┤               └─ 消费者分析与定位
              │               ┌─ 影响运营策略的因素
              └ 运营策略制定  ├─ 运营策略制定的原则
                              ├─ 运营策略选择
                              └─ 运营方案撰写
```

案例导入

我在阿里做运营

新浪微博@盘谷的盘

阿里在O2O上布局一个从餐饮切入的垂直业务，意图从餐饮行业出发，把与"吃"有关的业务全面互联网化。从餐饮切入有好处也有难度，有好处是因为是一个用户有刚需和高频的行业；有难度是因为这是一个十分复杂，很难被互联网化的传统行业，一家餐厅的选址租房、厨师小工、原料采购、菜品口味都是极难被标准化的，同时还有强大的竞争对手。

那么，从哪里切入这个行业呢？餐厅的本质还是饮食的质量和服务的质量，在质量之外，商家最在意的是节约成本、提升效率。所有人都知道，阿里系最不缺的就是流量，所以数据＋工具，是我们的切入点。流量＋工具＝数据；工具＋数据＝营销；数据＋营销＝用户。这3个公式可以跟商家讲一个完整的精彩的故事，这个业务，等于再造一个餐饮淘宝，让商家运用流量、工具、数据，自己在平台上开店做营销，想象空间真是不可限量。

那落到执行层面，作为一个运营，他有哪些职责呢？

1. 分析客户

（1）为业务同事提供决策参考＋风险预警。

一线同事专业是BD（Business Development，商务拓展）技巧，谈判能力，线下资源整合，那么对他们来说，如果有我们的商户在整个城市的覆盖率、品类结构，哪些品类、地段、客单价的商户表现最佳等数据，对他们的工作是如虎添翼的。抓流量、商户运营、用户、品类、营销活动效果等数据，能为他们提供决策上的数据支持，风险点的预警。

（2）为商户提供资源整合＋内容策划。策划活动，并申请push、App banner资源，能创作出让他们惊喜的内容，能帮助他们整合营销资源。比如shopping mall里的商户，可以策划一个活动，让他们抱团打天下，共享资源服务消费者；比如天气热了，为小龙虾品类的商户策划活动，给予资源，引爆热点；比如有营销意识的商家，新菜上架需要推广，为他们提供流量方案。

（3）为用户提供决策参考＋节约成本。用户有什么理由在我们的App上进行消费？理由有很多，优惠大、找餐厅方便、推荐精准、有意思的活动……对用户来说，能获得"有利＋有趣"的信息就够了。根据数据申请补贴的力度，给他们爱的餐厅策划线上线下的主题活动，对C端进行集中的补贴，给他们带来更大优惠；能根据需求和热点做内容推荐，给他们决策的参考。

2. 数据运营

数据分析是量化的、客观的，从内到外的，能帮助业务管理者做出更科学的决策。面对比较重要的数据字段有动销率、用户数、单商家产出、转化率等，每天花30～40分钟处理关键字段，做日报表，每周出一份数据周报，看趋势，看长短板进退步，给业务同事反映现象。一个月左右思考一下本阶段的数据，和竞争对手的基础数据对比，和兄弟城市的数据对比，往往能看出一些原因。

3. 内容运营

做内容是创造和编辑组织主题内容，目的是提高App的内容价值，从而增强用户黏度和转化。同时用内容配上资源，在恰当的节点推出，可以最大化内容的作用。

（1）营销活动：偏信息选择，做一些主题推荐类、热点推荐类、优惠推荐类、shoppingmall推荐类的活动，如"西风响，蟹脚痒，来一发大闸蟹？""水游城餐厅招牌菜0元领""啤酒和龙虾"等。

（2）内容推荐：偏专栏，化身为一个编辑，写出和吃有关的故事，让用户看到他们看不到的背后，如"有故事的人，大厨访谈录""独一味的鱼生，南京最有情怀推荐"等。和很多餐厅老板、厨师交流，听到了很多故事，也了解到一道菜背后他们付出的努力，常常让人感动。

（3）线下活动：在shoppingmall、高校、写字楼做一些简单玩法。

（4）异业合作：单打独斗没有出路，整合多方资源玩法才多元，和其他品牌找到一个合作切入点，达到双赢是终极目标，比如成功合作的格瓦拉、王老吉、快的打车等。

4. 资源运营

营销资源是个很宝贵的东西，在互联网行业有很多烧钱补贴大战，烧的就是营销资源，怎么烧呢？除了业务管理者在战略上会有思考外，运营也起到了很关键的作用，因为需要在策略下把资源合理科学地"烧掉"，所以"商户分层＋资源匹配"策略是一项相当重要的工作。怎么做？

1. 分层

（1）时间分层：资源预算这种东西一定是不够花的，根据数据运营的结论，会很清楚每个月的自然峰谷节点，根据内容运营的结论，会很清楚每个月的活动峰谷节点，根据城市的指标压力，资源要有侧重地分配到时间点，要能冲锋的时候冲起来，并且要平稳地度过整个月。

（2）商户分层：根据商户的线下流水和在平台上的流水，对消费者的复购率等数据给出一个标准，把商户分层，A、B、C 不同类的商户匹配不同的资源；A 类商户适合放放手，因为能教他给他的都已经给过了，他自己已经可以在规则下运营；B 类商户是重点扶持对象，因为他们有动力有冲劲，可是方法不足、资源不足，用资源引导他们成长；C 类商户基数大，无方法，甚至没有动力，通过复盘会、培训会，用线下的方式聚集商家，用一个个方案和案例让他们明白思路决定出路，在此基础上，把资源投向他们，帮扶上路。

（3）区域分层：资源向高产出的区域倾斜，比如 shoppingmall、热点街区、餐饮消费习惯性高的社区。

2. 赛马

赛马是阿里内部的一句土话，意思是在同一规则下的资源竞赛，优秀者得。分层的目的是让我们更了解商户，但资源永远是需要竞争获取，所以有一个赛马规则很重要，同一规则下，运用得更好的商户得到资源，进入良性循环。一般会根据核心指标的排名、增长率排名等数据制定，会权衡发展和健康的比例，激发动力又不要揠苗助长最佳。

案例启示

运营策划本质就是一场攻坚战，营造乐趣，创造卖点，留下用户，攻占用户有限的时间和有限的手机屏幕。首先你要研究的就是你的用户是谁，比如年龄、性别、爱好等，了解了用户之后才能进一步分析用户的消费行为习惯和弱点。

运营策划人员需要视野广阔，从行业态势、竞争对手和合作伙伴等高度理解业务，从数据运营、内容运营、资源运营多维度出发，始终数据运营至上，在此基础上才能创造锚点，用好工具，服务客户，做好运营。

第一节　市场分析与定位

市场分析是每个企业运营必备的技能。市场分析是什么？简单来说，产品能不能赚钱？产品够不够吸引用户？这两句话包含了市场分析的核心，归根结底就是产品能不能获得用户的喜爱，从而获利。影响市场分析核心的因素有三大方面：行业、用户和产品本身。行业指的是宏观经济、行业背景、行业的竞争情况和行业的技术预测；用户指的是用户行为、用户需求、用户期望；产品本身指的是产品的优势和劣势以及面临的挑战。

因此，市场分析和定位主要包括以下维度：① 行业背景，站在这个宏观角度，对整个行业有个大致的分析；② 竞争情况，你的竞品有多少同行，各自有多少用户，未来发展方向如何；③ 行业技术和预测，按照用户需求、数据和趋势进行预测；④ 用户需求洞察，在市场分析中，多做用户特征分析，做出用户画像，用一些特征来区分用户的年龄、性别、职业；⑤ 产品自身，企业的优势是什么，企业的劣势是什么，还有哪些机会，哪些对企业产生了威胁。

一、产品分析与定位

顾客凭什么买你的产品？其实就是觉得你的产品值得购买。每一个产品都必须满足两个功能：一是解决某个问题；二是满足某种需求（无论是精神上还是功能上）。可能是你的产品值得购买，可能是你的服务值得购买，可能是你的包装值得顾客购买支持，可能是某一方面比竞争者更好。怎么让顾客感知到产品的价值？怎么提高顾客对我们产品衡量的价值？我们要学会挖掘产品的卖点。一个产品如果没有任何特点，就会走向平庸，而一个有独特卖点的产品，更容易形成独特的竞争力。

首先考虑卖点，产品卖点是营销的前哨战，是营销的突破口。卖点，在市场经济环境里，早已是一个热点词汇，对于卖点的概念，也有无数的学者给了无数的定义。

所谓卖点是指商品具备前所未有或与众不同的特色、特点，其实就是一个消费理由，最佳的卖点即为最强有力的消费理由。对消费者来说，卖点是满足目标受众的需求点。而对于产品自身来说，卖点是产品自身存在于市场的理由。通过营销策划，将卖点转化为消费者能够接受、认同的利益点和效用，达到产品畅销、建立品牌的目的。

总结一句话，卖点就是需要向消费者传递一个独特、单一、有销售力的产品。功能主张和卖点，对应着产品、用户和竞争三个层面。在产品层面，你要有独特利益卖点；在用户层面，你要能足够吸引购买；在竞争层面，你要独一无二，比别人更优秀。

我们常见的卖点有材质卖点，比如是镀金的还是镀锌的，是皮革的还是真皮的。还有产品的功能卖点，比如手机具备指纹识别功能、语音识别功能，并且拍照摄像非常清晰。有价格卖点，比如同样的产品，别人卖 3 999 元，我只卖 2 899 元。还有设计卖点，如苹果公司的每款产品都设计得非常的精巧。

+--+ 学海启迪 +--+

产品卖点理论发展

产品卖点是在营销管理的发展中逐渐形成和产生的，学习过程中不仅要了解产品卖点这一知识点，更要了解它的来龙去脉，从而能够开拓视野，对该部分知识有更深刻的理解。

20 世纪 40 年代，罗瑟·瑞夫斯首次提出了 USP(Unique Selling Proposition)理论：独特的销售卖点。这是广告发展历史上最早提出的一个具有广泛深远影响的广告创意理论。

在菲利普·科特勒提出"STP+4P"营销理论之前,商业市场仍处于以产品为导向阶段,广告人关注的点依然是产品侧问题,如何在日益丰富的产品市场中,找到能胜出竞争对手的主要优势,也就是"你的产品有没有比同类型对手更好或做出区别"。在这种背景下,罗瑟·瑞夫斯提出了更看重于对产品的聚焦的 USP 理论。

一个 USP 必须符合 3 项要件:

- 每则广告都必须为消费者提供一个卖点。每则广告都必须说:"买了这个产品之后,你就可以获得这样的好处。"

- 每个卖点都必须是竞争对手所没有,或无法提供的。这就是独特销售卖点的精髓所在。光是提供益处并不够,你还得让产品有别于其他同类产品。

- 产品的卖点一定要够吸引人,才能让众多新顾客投向你的产品怀抱。所以你的产品不能只是在小地方做出区隔,这个独特的卖点必须是足够重要的。

第二个要考虑的就应该是消费者的痛点,也就是消费者凭什么接受你的卖点。比如天气冷了,我们要穿衣服,要保暖,寒冷就是消费者的痛点。比如说我们要想出行,自己开车太麻烦,就是消费者的痛点。要喝酒,车怎么开走,就是消费者的痛点。为解决用户喝酒后把车开回家的痛点,于是,滴滴代驾就出现了。

行业观察

荣耀 30 系列手机提炼卖点的角度

2020 年 4 月 21 日,荣耀 30 系列线上全平台正式开售,此次全网销售包括荣耀 30、荣耀 30Pro 和荣耀 Pro30+三款手机,1 分钟全网销售额破 3 亿元,销量 65 台。

荣耀 30 系列吸引消费者的卖点到底是什么,又是怎么向消费者传达这些卖点的?

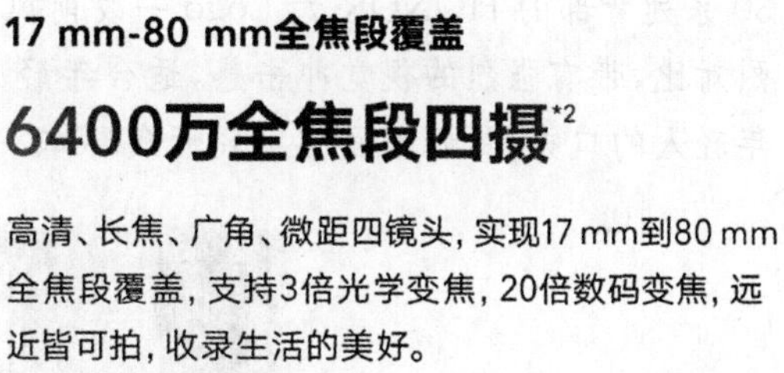

荣耀 30 系列全球新品发布会宣传海报用了"捕捉更多细致之美",发布会用了"超级变焦,超越你所见"等描述,天猫荣耀官方旗舰店该系列手机标题用了"50 倍超稳远摄拍照"关键词,详情页如图 2-1 所示。荣耀 30 系列的线上平台京东以及天猫,消费者对荣耀 30 系列评价极佳,京东好评率高达 98%、天猫更是拥有接近满分的 4.9,荣耀在京东平台的评价中,其中点赞极致 50 倍长焦功能的超过 30%。第一批上手用户表示,拍照功能十分强大,还可以当望远镜使用,拍建筑、风景以及野生动物都有不错表现。

长焦镜头可以超越人眼局限,将远处的景物拉近,这与年轻用户群乐于探索新事物的个性不谋而合。长焦镜头抓拍远距离,能够轻松捕捉到被摄人物更自然的瞬间,让我们了解远方,洞察更多前所未见的细节,为生活留下更多美好瞬间。

极致的体验,自然也包括了强劲的性能。荣耀 30S 内置了新一代"神 U"麒麟 820 5G SoC,其 CPU 性能和 GPU 性能相比上代产品分别提升 21.3%、38%,而相比同代竞品骁

17 mm-80 mm全焦段覆盖

6400万全焦段四摄[2]

高清、长焦、广角、微距四镜头,实现17 mm到80 mm全焦段覆盖,支持3倍光学变焦,20倍数码变焦,远近皆可拍,收录生活的美好。

图 2-1

龙765G、三星猎户座980，则提升20%以上。这样强劲而不容易记忆的性能用"美由'芯'生"生动形象地表达出来，如图2-2所示。并且荣耀30数字系列均搭载麒麟990 5G芯片，采用自研达芬奇架构NPU旗舰级芯片，切合了华为自立自强"中华有作为"的品牌形象，满足了消费者更多的爱国情怀。

图2-2

而且此次荣耀手机的设计与日前的Logo设计风格大不相同，如图2-3所示。荣耀30系列背部的HONOR大Logo一改前风，与之前在手机底部或背面的小Logo形成强烈对比，带有强烈的视觉冲击感，适合年轻人张扬的风格，此次设计估计也是为了更适合年轻人的口味，更好地面向年轻大众群体。

图2-3

第三点就要考虑用户愿意为痛点付出的代价。站在用户角度思考他们是否会为了解决这个痛点付出代价,能付出多少代价。

举个简单例子,如果为了下火去喝凉茶,而这个凉茶很苦,比用户能承受的苦要大很多,那么这就提升了用户解决痛点的代价。比如用户想去旅行,坐出租车或滴滴,如果成本很高,比用户想象的高得多,那么用户也会考虑这个代价要不要承受。

所以综上所述,我们应该考虑这用户、痛点、代价三者之间的关系,这样我们的产品分析才能够成立。

二、企业分析与定位

一般情况下企业有两种定位,一种是企业的职能定位,也就是它在市场中间的角色定位;第二种是企业品牌定位,也就是在消费者心中的品牌印象。

什么是企业的职能定位呢?我们知道企业有生产型和销售型,有一些生产型企业,它的销售能力如果很弱的话,那么它就是生产型企业。比如某企业是受托厂商,按来样厂商之需求与授权,按照厂家特定的条件而生产,完全依照来样厂商的设计图的设计来进行制造加工,也就是OEM(Original Equipment Manufacturer,原始设备制造商)。那该企业在宣传中或者在推广中,就要把自己定位为OEM(代加工生产),要体现出OEM生产优势,要突出生产这块的优势,包括生产的场地、团队、生产的设备。同时推广也就是以批发加工、代加工这些为主。找准定位之后,那么它的生产、它的未来发展也就不再茫然。

还有一种定位是企业品牌定位。企业品牌定位也就是消费者的品牌印象。比如说有些品牌是针对老年人的,有的品牌是针对年轻人的,有些品牌一听就知道是运动品牌,有些品牌一听就知道是男装品牌,这就是品牌印象。打造品牌印象就要非常注重消费者的体验,要针对目标人群进行体验改进。比如说从VI设计这块就要着手。也就是从视觉系统这块,比如包装、店铺、产品都要做统一的视觉体验。这就是一个整体的品牌定位。

品牌是基于物质产品(或服务)、消费者体验感知、符号体系及象征意义等要素的系统生产、互动沟通、利益消费而形成的独特的利益载体、价值系统与信用体系。品牌可以促成企业与消费者两端的共赢,通过品牌的连接作用,企业获取更多的市场份额、更高的利润空间,而消费者获取更好的消费体验与附加的情感价值。

品牌是一个复杂的生态系统,它由多种不同层次的复杂要素构成,各项要素之间通过直接或间接的关系产生相互作用与影响。品牌体系的构建不但受品牌主体内部要素的影响,也受到诸多外部因素如自然资源、产业发展、政策法规、经济环境、国际关系环境等影响。根据各项构建要素与品牌构建最终效果的远近关系,品牌体系构建有五层架构。

第一层:效果层,即品牌构建最终要达到的效果。从品牌与消费者关系角度,一般可将其按效果程度分为认知度、美誉度、忠诚度三个评价要素。

第二层:建设层,即品牌构建的表层过程,反映品牌从无到有、从弱势到强势的直接关联活动。一般可将其按先后次序分为品牌战略规划、品牌定位、品牌形象塑造、品牌推广传播、品牌运营维护五个过程要素。

第三层:直接支撑层,即与品牌建设层直接相关的、能直接触达消费者的相关因素。主要包含产品、渠道、客户服务三个要素。

第四层(从企业主体角度):间接支撑层,即与直接支撑层直接相关,对直接支撑层提升产生决定影响的企业内部各个价值链。

第五层:外部环境层,即影响品牌构建的不受品牌主体自主控制的关联要素。主要包含自然环境、产业环境、政治环境、经济环境、国际环境等要素。

思政园地

通过对改革开放以来中国宏观政治经济环境变迁、消费市场变化情况、企业发展情况、品牌传播特点、营销特点的综合研究考量,结合关键历史节点时间线,国内品牌发展大致可以划分为四个相互区别但又紧密联系的历史阶段,即觉醒孕育期(1978—1991年)、成长发展期(1992—2001年)、繁荣发展期(2002—2012年)、转型突破期(2013年至今)。

2014年,习近平同志提出"中国产品向中国品牌转变"。中国品牌进入以数字化、高端化和年轻化/个性化为主题的转型时期。自主品牌逐渐压倒外资品牌,新消费品牌崛起。转型突破期,国内从生产制造到电商行业等各行各业涌现出一批国货新品,吉利、比亚迪、小米、华为、京东、盒马鲜生、波司登、回力等成为国内代表品牌。

在移动互联和生活方式转变的背景下,这一阶段的品牌必须紧跟时代的脚步,深入了解消费者的需求和行为,积极拥抱技术、创新营销方式和产品设计,不断寻求突破和发展机会。同时,品牌也需要拥抱全球化趋势,加强国际市场的开拓与合作,以实现在国际舞台上的竞争优势和品牌价值的提升。以拼多多(海外品牌名称:Temu)为例,这个中国消费方式品牌迅速崛起,在全球范围内赢得了巨大的用户基础和市场份额,让全人类都加入了"拼团购物"的行列,正在逐步向全人类输送一种新的生活方式,这样的品牌力量在过去是不可思议的。

移动商务时代,品牌运营呈现如下新趋势:

(1) 高性价比产品借助社媒弯道超车,加速攻占下沉市场。

新社交平台持续攻占下沉市场,新国货迎来机遇。Quest Mobile 的数据显示,下沉市场正成为短视频增长的主要引擎,下沉市场潜力尚未充分挖掘。下沉市场消费者价格敏感度较高,因此具备极致性价比优势的新国货品牌有望受益于短视频营销红利。

(2) 数字化运营+供应链快速响应,保障爆品持续推出。

强数据驱动的公司,更易于从新崛起的社交媒体中受益。数据挖掘能够帮助品牌洞察消费者需求,以三只松鼠为例,公司通过深耕数据发现用户负面评价集中在夏威夷果难开口问题,所以开创性地研发了弧形锯,极大地提升了用户体验。

快速响应柔性供应链提高行业效率,适应社媒节奏。三只松鼠自建云中央品控平台实现全批次、全项检、全链路、全数据、全平台质量检测,缩短从产品生产企业到消费者的链路,将时间周期压缩到20天。通过数据检测倒逼上游生产改善,提高行业效率,适应新一代社媒爆品打造速度。

(3) 电商环境日趋复杂化,代运营企业价值凸显。

新营销方式崛起,代运营企业价值凸显。KOL 营销逐渐向精细化发展,不同平台和 KOL 的特征和受众各不相同,如何选择与品牌契合的 KOL、定制个性化营销内容,成为新形势下品牌内容营销的关键问题。深度洞察消费者需求,拥有强大的内容创造和大数据分析能力将成为重要竞争力。

甄别与品牌调性相符的头部网红,代运营公司打造现象级营销。代运营公司提供的内容服务包括为产品或活动提供营销策划方案,寻找适合品牌的带货达人,实现品牌影响力的扩大与销售达成。

网红经济崛起、直播短视频等改变了传统营销方式,MCN 受益上下游红利,短期业绩爆发高弹性。流量和营销方式变迁有望为新国货再度创造发展机遇。内容营销对美妆品牌的重要性日益加强。具备较强内容营销能力的代运营企业和品牌公司竞争优势将逐步凸显。

三、竞争分析与定位

随着智能终端技术的创新,智能手机和平板电脑的普及,上网流量资费的降低,大量移动商务平台的创建,移动电商购物平台发展迅速,为消费者提供了更多便利的购物选择。移动商务购物良好的消费体验,如比实体店更低的价格、丰富的产品选择、简便的购物流程、安全的支付系统、快捷的物流配送等,都为移动商务市场规模的扩大创造了条件。艾媒咨询分析师认为,移动端一直作为电商平台发展的重要渠道,随着近年直播电商市场爆发,移动电商交易规模继续升级,竞争加剧。

市场竞争是指在同一目标市场范围内,能对其他企业的营销活动产生影响的一种市场行为;竞争的基础是企业的产品相互具有替代性;市场竞争指所有参与方都在争取市场需求的变化是朝有利于本企业的交换目标实现转化。

分析竞争对手的目的是为了解对手,洞悉对手的市场策略等。企业确定了竞争对手并收集到足够数据后,就要对竞争对手进行深度分析了。能准确地确定竞争对手,这是竞争分析的最低层次;能分析出对手状况则是第二层次;最高层次是通过竞争分析制定策略后,能够引导对手的市场行为。

目前,各家移动电商平台间竞争加剧,形成了以阿里系和腾讯系王者争霸的局面,综合来看,各方面数据由阿里系暂时领先,但腾讯系电商平台具备更大的发展潜力。2019年,天猫通过产品的孵化和升级吸引新客户,成为新的获客突破口。京东则从入口、物流、运营等方面进行数字化改造。2021 年 1 月,从活跃用户数来看,拼多多用户活跃量 7.19 亿人位列榜首,手机天猫、京东唯品会紧随其后,天猫、咸鱼、苏宁易购分别位列第 5~7位。综合来看,腾讯系电商平台活跃用户规模更胜一筹。

电商平台间的竞争,主要体现在流量入口与品牌商资源两个方面。其中,流量是对消费者注意力的直接争夺,有流量才有消费者进来,才能吸引更多的商家入驻。除了入股京东,腾讯还分别与拼多多、唯品会甚至蘑菇街达成了合作,其中最重要的部分就是腾讯的流量输血。对以社交电商起家的拼多多而言,腾讯的流量可以成为一个增长动力的源泉。

四、消费者分析与定位

移动电商围绕"人"展开,那么新环境下用户在哪儿?移动互联网的典型特征就是"碎片化",碎片化的情况下,用户是分散的、时间是分散的。国内和国外移动互联网发展时间和环境的差异化促使用户使用移动设备的习惯不同。从国内看,用户偏好使用 App,而不是移动 Web。用户集中于一些超级 App，比如社交类 App 微信、微博、手机 QQ、空间、陌陌等；视频类 App 腾讯视频、百度视频、爱奇艺、优酷土豆等；此外，女生常用美图类 App；不同行业的人士使用 App 也带有一定行业属性，比如从事媒体行业的小编喜欢看新闻类 App。另外，从购物入口看，目前消费者习惯于去平台类，如手机淘宝、微信电商；同时，针对专业化需求比较高的一些品类，也去一些垂直类电商 App，比如京东、当当、美丽说、蘑菇街等。

卖家也根据用户的消费行为变化，将经营阵地向移动端迁移。以淘宝卖家为例，不管是品牌商家还是大小 C 店，他们除了做好淘宝平台上的销量，也在大力拓展微信平台的微店抑或在朋友圈卖货，有的开通口袋购物的旺铺、京东商铺等。大品牌商家在玩转核心的几大平台，如手机淘宝、手机天猫、微信平台和京东商铺后，还会开发自己独立电商 App。渠道多，有利有弊，商家需权衡，将自己有限的精力分配好，掌握发力的主渠道、次渠道。而对于不同的商家，主渠道和次渠道的选择不一样。例如，女装类商家和电器类商家，他们的主渠道选择必须有所不同，女装类主渠道在淘宝天猫，而电器类可能就是京东。

(一) 确定目标市场

目标市场是企业深刻了解该细分市场的需求特点，采用合适的产品、价格、渠道和促销策略，从而获得强有力的市场地位和良好的声誉。企业划分出细分市场之后，要结合产品的特点、资源状况和细分市场状况确定企业将进入哪个或哪些细分市场。这些被选定的细分市场的详细划分就称之为目标市场。理想的细分市场有如下特征。

1. 可以衡量

简单说，就是细分市场是有明确的用户边界的，形象一点说，就是需要说明在什么样的一个范围内的用户是我们的目标用户。比如福特汽车的福克斯这个品牌，其目标用户大致有这几个特征：年轻(25～28 岁)，单身，男性，喜欢运动，富有激情，刚刚参加工作，薪资中等(涵盖不同地区)等。通过这几个特征，我们就大致能够确定出目标用户是什么样子的，这就是可以衡量。通俗一点说，就是当你把细分市场的特征说出来后，听众能够在头脑中马上浮现出一类人群的形象。

2. 具有价值

细分市场一定是有经济价值的，简单地说，就是企业在向某个细分市场投入必要的资源后，这些资源是能够产出符合企业期望的经济收益的。

3. 能够接近

目标细分市场是可以通过一系列的营销手段来实现最终的市场价值交换的。比方说，为什么在 A 级车市场上所有的乘用车企业都在抢夺自己的一席之地，其中非常重要的一个原因就是这个市场中的消费者具有非常清晰和强烈的用户诉求，如价格要在十万元左右，外观要时尚，配置要高，安全性要好等，只要车企把这几点做到了，基本上多少都能分一杯羹的。这个指标强调的就是一个细分市场的用户诉求一定是清晰的，只有这样，才能知道做什么样的产品来满足这些诉求。

4. 独特性

简单来说，就是所确定的不同细分市场之间的差异性一定要明显，只有这样，才能让产品团队中的相关业务部门做好自己的工作。比方说,同样是 A 级车市场,就可以细分为"运动"和"家用"两个市场,那么,作为某车企的推广人员,在制定推广方案的时候,就必须基于这两个细分来考虑如何打动目标消费者。因此,细分市场的独特性很大程度上决定了产品的特征。

5. 一致性

理论上,每个细分市场中的消费者在需求上应该都能保持一致,但事实上,这很难做到,只能是无限地去接近这个目标。换句话说,就是在一个细分市场中,一定会存在某些个体的需求具有特殊性,比如在 A 级车的"运动"这个细分市场中,有一些目标消费者还希望空间能够达到 B 级车的标准,那么,这个时候,就要分析有这样需求的消费者的比例是多少。如果比例不大,可以放弃这个需求的消费者,如果比例很大,那只能说明细分是有问题的。简单来说,就是在你确定的细分市场中,有需求差异是肯定的,但是一定要保证个体的差异小于群体差异。

6. 稳定性

就是所确定的细分市场在一个较长的时间内一定是稳定的,而不是经常变化的。比方说,A 级轿车,多年来,它的增速就保持在 12%~15%。当然,在一些特殊的月份,增长会有高有低,但总体增速是比较稳定的。如果是经常变化的细分市场,企业就会感到很茫然。因此,细分市场的稳定性也是我们需要重点考虑的。

(二) 用户行为分析

用户行为分析由最简单的五个元素构成:时间、地点、人物、交互、交互的内容。比如用户搜索是一个事件,在什么时间、什么平台上、哪一个 ID 进行了搜索、搜索的内容是什么,也是对用户行为的一个定义。

目前,互联网行业主要从三个方面重新定义用户行为分析:一是分析用户行为,先确定用户群体特征。二是了解用户对产品的使用率,移动应用产品主要体现在下载量、使用频率、使用模块上等。三是用户使用产品的时间,比如用户基本是每天中的什么时候使用产品。

综合以上几点,用户行为分析就是对用户使用产品过程中的所有数据(包括下载量、使用频率、访问量、访问率、留存时间等)进行收集、整理、统计,分析用户使用产品的规律,为产品的后续发展、优化或者开展营销等活动提供有力的数据支撑。

只有做了用户行为分析才能知道用户画像,才能知道用户在网站上各种浏览、点击、购买背后的商业真相。分析的主要方式就是关注流失,帮助分析用户怎么流失、为什么流失、在哪里流失。比如最简单的一个搜索行为:某一个 ID 什么时间搜索了关键词、看了哪一页、哪几个结果,同时这个 ID 在哪个时间下单购买了,这个整个行为都是非常重要的。如果中间他对搜索结果不满意,他肯定会再搜一次,把关键词换成别的,然后才能够搜索到结果。

用户行为分析的侧重点主要有以下几点:

(1) 网站数据分析的侧重点:数据监测、挖掘、收集、整理、统计。

(2) 用户基本动作分析侧重点:统计用户基本信息,比如性别、年龄、地域,分析用户

群体;

(3) 关联分析侧重点:分析数据为精准营销提供数据支撑;

(4) 用户活跃度侧重点:主要是对用户的使用频率进行分析,可以得出为什么用户喜欢使用这个产品的这个功能。

数据本身是客观的,但被解读出来的数据一定是主观的。如何利用这些数据在运营中发挥作用?

(1) 通过各项数据展示网站运营情况,调整网站的运营策略;

(2) 通过用户操作的习惯,分析优化产品功能(让用户用得更舒心,即用户体验更好);

(3) 通过关联分析,拓展产品,挖掘产品价值(最大化地释放用户欲望或需求),即运营推广、用户体验和个性化挖掘;

(4) 通过追踪码,记录每一个用户的渠道来源,根据用户量和渠道成本进行计算,选择效果最优渠道并优化投放;根据用户的特征属性(如年龄、性别、地域、职业等)选择对应的投放渠道。

第二节 运营策略制定

策略是解决问题时切入的方向和遵循的标准。回到运营做决策的场景里,就是当企业面对一个问题时,选择以什么方向来切入,并且根据目标定出我们所做的事情要符合什么标准。切入的方向即解决问题的方式,能够指向运营目标的解决方式有多种,并不是只有一种答案,策略制定就是选择最合适的一个方式。遵循的标准就是企业根据目标制定出所做出的事情要符合什么标准。

一、影响运营策略的因素

(一) 环境因素

往大一点来说包含政治、经济、社会、技术层面,也就是我们通常所说的 PEST 模型。往小一点来说就是企业所依赖的平台目前的发展趋势和变化。平台会根据当前所处的生命周期进行阶段性的战略调整,在不同的时间窗口会有不同的导向。比如 2012 年的公众号、2015 年的社群、2019 年的裂变、2020 年的直播带货、2021 年的短视频、2022 年的精细化运营。

+-+-+-+ 行业观察 +-+

"网易严选"利用 PEST 模型制定运营策略

品质电商行业是区别于传统卖货型的电商,传统的电商行业是将供应商的商品通过网络平台提供给需求方,而品质电商是渗透到上游的供应商和供应链管理,减少中间环节,强调平台自主选品,依赖于大数据技术提高供给端对于市场需求变化的响应速度,全面提升商品品质,为消费者提供高品质、高性价比的电商模式,是电商的新型模式。网易严选是这个电商新型模式的典型突出代表,网易严选通过行业环境分析确定其私域运营策略。

在政治层面,国家对于电子商务行业的发展是秉持着支持的态度,我国在电子商务领域开始走上了快车道,得到了极大的发展。在未来的国家政策层面上将会继续大力鼓励电子商务的发展,但是也将在法律法规层面上对电子商务进行进一步的规范,以满足消费者对于电子商务的品质要求。

在经济层面,人均可支配收入的稳定且持续提高,消费者将更有意愿且更有能力追求更美好的生活品质、更好的消费体验。品牌电商其实质上有别于臃肿的传统电商,其优质的品牌价值、更加精确的营销、更好的创新能力、更棒的设计能力将会获得更多的消费者。

在社会层面,消费者在进行消费决策中关注的因素愈加多元化,除掉品牌的知名度之外,消费者不仅关注产品的实用性,还精于研究产品的成分、原产地等,在品质升级的同时,消费者始终在追求"性价比"的平衡,有88.1%的消费者即使富有,也希望把钱花在"刀刃上"。

在技术层面,技术的不断发展与进步为品牌电商行业带来了诸多改变。一个商品从生产再到消费者的手中,大数据营销是企业与消费者之间的一个新的交流渠道,企业通过大数据能够快速地了解并响应用户的需求;而用户自身需求的变化也会马上能通过大数据反映给企业。利用二维码、声波以及生物身份信息识别等技术,可以降低消费者消费的复杂性,提高效率。仓储机器人、移动计算、库存规划等技术可以减少库存积压,提高灵活性,减少企业仓储成本。装载分析技术、货运材积数等技术可以有效提高物流效率,让消费品更快、更好、更便捷地送到客户手中,提高用户体验。

以上各种因素推进了这几年的品牌电商的发展,也使得品牌电商不断地深入人心。再结合消费者痛点分析,网易严选提出了解决方案:为消费者提供优质且性价比极高的商品,选择ODM(原始设计制造商)的业务模式,制定了引流和转化策略。

(二) 企业的因素

企业内对策略制定的影响主要有以下几个方面:

(1) 当前企业发展阶段。企业在不同发展阶段对策略制定的侧重点都会有所不同。探索阶段,倾向于小成本,看重可行性,需快速拿到可被验证的结论;种子阶段,倾向于单点突破,看重可能性,能够进行最大痛点验证;发展阶段,不计较成本,但对产出要求较高,整体策略会比较激进;成熟阶段,看重ROI,对成本效益比较关注,整体策略会比较保守。

(2) 数字化程度高低。数字化程度低,获取内部数据以及所需决策的信息难度较高,需要协调多个部门,周期长,效率低。数字化程度高,能够快速地获取所需要数据和决策信息,通过简单的沟通和工具的使用就能搞定,周期短,效率快。

(3) 企业内部氛围。企业氛围开放,则能够快速推进,能够快速找到协作伙伴;企业氛围封闭,则需要较长的流程,多数策略很难取得对应的支持。

（4）制定者个人因素。个人对策略制定的影响因素主要包括风险偏好和个人能力。

二、运营策略制定的原则

在制定运营策略时,首先得清楚营销环境和自身发展目标,在遵循以下原则的基础上制定满意的运营策略。

（一）针对性原则

这是首要原则,就是针对营销环境和自身的发展需要,并与之相协调。针对性要注重市场导向、客户导向、竞争导向、目标导向和问题导向。在环境中找准机遇,制定发展策略;在环境中认清风险,做到化险为夷;针对目标,策划好实施的方法。没有针对性的运营策略,只会导致劳民伤财的瞎忙,不会有好的结果。

（二）系统性原则

运营策略是由众多因素构成的,是一个结构体系,共同作用于市场和客户。各因素简单地相加起不到应有的作用,要有系统性思维,对运营策略整体谋划,首先要构建运营策略主体框架,在系统整体与部分之间的相互依赖、互相制约的关系中进行系统综合分析、设计,并且要与外部环境和自身条件协调起来,使之合理组合,追求整体组合效应最大化,才能在市场上产生好的营销效果。

（三）可行性原则

营销策略是营销的计策或方法,必须考虑执行的可行性。可通过以下三个问题来检验营销策略的可行性:市场可不可行？靠自身能力是否能做到？效果会怎样？如果市场不可行,自身能力又做不到,这种运营策略就只是无法实现的梦想;如果评估效果不好,那就没有实施的必要。所以,对运营策略要进行可行性论证。

（四）规范性原则

运营策略要符合国家相关法律规定,符合企业的相关规章制度,符合企业运营要求,这是避免营销风险的需要。

（五）应变性原则

应变性原则也就是实施动态运营策略。所谓动态运营策略,就是要根据营销环境、企业内部条件和需要的变化不断地调整营销思路,改进措施,使运营策略适应各种变化。

（六）竞争性原则

竞争性原则。市场充满竞争,所以,营销策略要有竞争性,不能老是跟在竞争对手后面跑,这样很被动,要先发制人,做到营销策略领先。针对竞争对手的挑战,需要采取相应措施,创造差异化竞争优势,出奇制胜。

（七）创新性原则

创新性原则。运营策略的制定强调的就是创新,不能完全照搬照抄市场流行的东西。要分析营销环境,发现新的商机,创新更好的运营策略,引领市场。重点在产品、服务、营销模式等方面创新。

(八) 效益性原则

效益性原则。追求效益是企业发展的需要,不计成本的、可能会给企业带来利益损失的运营策略,是不可取的。

总之,要想在瞬息万变的环境中求得生存,不进行运营策略谋划是万万不能的,这关系到企业的生存与发展。企业要主动地去适应营销环境,应对运营环境的变化,及时调整营销策略,从而提升销售业绩,扩大市场份额,在复杂的环境和激烈的竞争中立于不败之地。

三、运营策略选择

(一) 流量运营策略

由于移动互联网的快速爆发,流量成为这个行业炙手可热的资源,因为周期短、见效快、清晰可衡量,让很多公司迅速崛起。但其实"流量"这个资源既被高估了,也被低估了。高估表现在有的开发者认为只要流量玩好了产品就基本立于不败之地了,占领绝对的市场份额,屹立不倒。低估表现在有的开发者认为流量就是帮我们尽可能地拿到用户,仅此而已。从某种程度上来讲这种思路也没问题,但是对"流量"的认知太浅薄。

流量的本质是做用户,做产品,在产品不同阶段获取有效用户。什么是有效用户？有效用户可能是喜马拉雅订阅用户,可能是COC(跑团模式)游戏付费用户,可能是给主播送礼物的用户,也可能是将货品添加至购物车的用户。总结来讲,有效用户是为公司产生商业价值的用户。

如何获取流量？通过广告投放是获取精准有效流量的方法之一,在更多的地方、让更多目标消费者看到自己的商品。商家投放广告分为站内、站外,以手机淘宝商家为例,站内核心流量如手机淘宝首页各种banner广告,以及各频道页资源,不管是通过直通车也好还是钻展,都设有移动端和PC端的选择项,同时分站内和站外。普遍以CPC(点击付费)、CPA(转化付费)、CPM(千次展示计费)模式计费。

站外的移动流量获取,目前主要依赖于移动广告平台,如行业口碑较好的点入广告,支持banner、插屏、全屏和积分墙广告投放。可以通过移动广告平台,将产品广告投放至各类选定的App上,行业称Ad Network模式。比如商家A,指定需要多少的点击、转化,通过点入广告平台,做全案策划,可重点投放一些跟商家A目标客户比较吻合的App媒体。通过多种广告模式进行产品的多种表达,同时可在广告平台上有效控制投放次数等。目前来说,手游媒体资源、门户的WAP站和视频广告这三大类,对于移动电商广告投放来说是比较不错的选择。另外,对于拥有独立品牌App的商家,可以选择点入广告的积分墙产品,通过奖励用户获取App下载量,从而提高应用排行榜名次,获得更多有效用户和优质流量。

在免费流量获取或者低投入高产出流量获取方面,社会化营销占有很大的优势,做好内容,引爆话题,同时以产品为核心,打造社交媒体上的口碑。未来每一个商家都需要通过社会化渠道跟消费者沟通,建立一个纯渠道。那么,首先要有自己会员管理体系,会员等级、客户消费趋势预测等,需要有自己全网动销管理控制机制。未来一定不是只在淘宝卖东西,特别是移动电商时代,一家独大局面有所改变,需要建立统一定价、统一订单处理、统一售后服务跟踪系统。商家需建立跟消费者连接的渠道,所有这些,是一个完整的营销中心。微信、微博、豆瓣、人人、Facebook、推特这些社交渠道和客户关系管理以及客户营销系统融为一体才会发现整个链条能转起来,不只是一个卖货的,或者不只是一个走货的,这才是真正零售商或者真正零售品牌未来应该做的事情。

行业观察

品牌小程序拉新

元气森林是近两年发展非常快速的新一代国潮品牌之一,产品主打无糖、健康。如今,顾客的特点是对无糖的需求超越价格,但是对价格又不是真正完全不在意。所以添加公众号后第一条通知就是送上一张好友券,是对新人用户的友好体验。

公众号的自动回复中核心要点为:送券,如何用券,老用户再领券,加群福利,然后再附上一张大海报点题重申专属券总价值,群内福利核心内容,成功吸引了用户的关注和兴趣。

用户先领取5元好友优惠券,加群后再领取20元加群优惠券,第二个诱饵远高于第一个,这不仅能提升用户加群的概率,还能增加用户对品牌的信任背书,比直接给用户25元优惠券的效果更显著。在用户的每一个动作中都设置了较好的诱饵及简单的操作动作。

当用户领取红包时,会自动弹出账号绑定页面。这比让用户先绑定账号再领取优惠券成功率更高(已经有很多其他App改为此种先体验后登录的方式)。而绑定账号的时候,不仅仅是使用第三方账号登录就可以,而是一定要绑定手机号,这一步看似多余,但对品牌自身收集用户信息、降低平台合作间风险有较大的好处。

加群以后群内会自动弹出提示信息,核心点为:20元优惠券领取,优惠券使用方法,优惠券使用范围,老用户领券方法,群内优惠内容。这些点看似与关注公众号内容没有什么太大的差别,但是再次给到了用户核心问题的各种解决方案,为用户操作提供了很好的引导;其次,元气森林对于老用户也是很友好的,老用户只要想下单,就可以一直重新私信客服领券。

当领完券去购物的时候,优惠券领取页面商品只有五款(社群专享),包含最为热门的两款气泡水和元气森林乳茶在内,这样三款热门去掉,其他的只剩下了两种选择,且订单的最低实付金额(使用优惠券后)接近50元。我们都知道,越是量大成熟的产品,成本相对越容易降低,所以元气森林在保证用户用优惠券购物的前提下,提升了下单概率(热门产品为锚),又能最高限度地保证利益,可谓是一举两得。

(二)数据运营策略

如今,不论是商家会员管理、运营管理、产品管理还是营销管理,数据发挥的作用越来越大,数据成为强大的"内核"。如何积累数据,如何将数据规模做大以便更好地维护老用户,挖掘新用户,是移动电商时代必须重视的问题。

在数据方面,商家需懂得如何使用多方数据,去做大自有数据。有效融合这三方数据,包括第一方数据(商家自有的沉淀数据)、第二方数据(媒体方的网站行为数据)以及规模最大的第三方数据(第三方数据公司、监测公司提供的数据),将自己的数据规模做大,用户做精。

一个商家远不止在一个平台卖货,不管是在淘宝、天猫,还是京东或者垂直类平台美丽说,再或是自有的独立电商 App,需要将各大不同的平台数据打通,从而更好地了解消费者的兴趣、爱好、消费习惯等。为什么说"跨屏"?消费者活跃的终端远不止一个屏,虽然消费者在移动屏上消耗的时间越来越多,但同时消费者也穿梭在 PC、iPad、智能电视等多屏终端,未来,营销必须做"跨屏"打通。

商家需不断加强内功的修炼和专业度。实现营销的多平台、跨屏打通,同时打通产品系统、运营系统的数据。比如以服务电商客户为主的聚效平台,他们通过利用 360 设备 ID 的技术,将 PC 数据资产平移至移动端,丰富移动平台的数据,同时还能精确识别多设备终端背后的单个用户,这样可实现广告资源的高效管理,也避免了广告资源的浪费。比如一般一个用户,对他投放 3~5 次广告最宜,之前因为无法做到跨屏,可能一个用户在 PC 上看了 3~5 次,在移动上也看到 3~5 次,而这样的现象不在少数。频次太多,容易导致消费者对广告反感,但跨屏打通后,就能监测到同一个用户观看广告的次数,比如这个用户在 PC 上看到了一个产品的广告 2 次,那么在移动端,我们可以控制其投放最多 3 次,并且优化创意表达形式,这样,广告转化效果更好。

(三) 粉丝运营策略

新媒体最大的特点就是分享传播,新媒体把这种人与人之间的传播变得非常简单,只要动动手指,转发微博,分享到微信朋友圈,就可以形成之前的人与人之间的口碑传播。粉丝是一群特殊的用户"关注"行为,经营粉丝,就是进行"用户管理",无论是虚拟的网络还是实体,经营道理相通。

运营粉丝平台,利用精准引流系统,导入海量的商户和粉丝资源,利用强大的业务分析模型,真正实现基于用户的精准投放,实现成本可控、效果可观、智能投放。为企业自有流量池提供更好的聚合粉丝、多号管理、精准营销、效果监测、数据分析等功能支撑,有效提升私域运营管理能力。

运营粉丝传播,快速地让粉丝主动传播。网络粉丝社群的主要成员是青年群体。这批互联网的"原住民"能够使用 QQ、微博、贴吧、微信等多种平台对粉丝群体进行有序组织,熟练利用网络媒介来生产文化内容、获得互动空间,构建其独有社群。詹金斯曾说:粉丝是所有新媒介技术的最早使用者和推广者之一,能够利用大众文化材料生产出来的产品,用对媒介的共同兴趣作为讨论和友谊的基础。在偶像的兴趣驱动下,粉丝积极使用新媒介去产出文化内容用于内部讨论交流和外部输出展示。

(四) 渠道运营策略

未来移动电商运营要全渠道、全媒体、全融合的营销。产品通过哪些渠道到达用户?例如,用户可能在两天之内既通过 A 渠道又通过 B 渠道到达网站,是按照先来的还是后来的渠道统计？为了解决这一问题需要给渠道做好标志，捋清统计逻辑。向渠道支付的推广费用是否安全高效？能否识别真实流量和虚假流量？哪些渠道是企业愿意长期合作的？通常20%渠道带来80%流量，未来头部效应可能会越来越明显。

应用商店是目前移动商务运营主要渠道之一，打开手机，一般在首页面，就会看到手机自带的应用商店，我们可以在这里下载所需要的各类App。可以说，应用商店就像是一个售卖App的超市，当然这里面既有免费的App，也会有收费的App。一个好的应用商店，就是一个具备高流量和App存储空间的主流渠道，它的基本功能是满足用户迅速找到自己所需App的需求，同时提供一个良好的用户下载和浏览体验。另一方面，应用商店也是帮助不同的App运营商和开发商在不同流量渠道获取到更多目标用户的地方，进而使得产品在整个生命周期内实现良性循环成长。可以说，应用商店是一个链接App这类手机产品和用户之间流通路线的渠道。

应用商店是如何将App产品与目标用户链接起来的呢？首先来看一下用户触达产品的基本逻辑：用户访问（应用商店）—看到应用商店内的展示位或者通过应用商店内的搜索引擎或者通过App分类来寻找相关App—用户进入App基本信息页，看到产品展示（包括文案、图片、下载量、评论、标签等其他信息）—用户对比选择，下载安装并激活。

我们必须首先了解了应用商店的类型和分类，才能够顺利地掌握App在应用商店进行推广的基本技能。从发展历程看，App在应用商店推广从早期的单一形式发展到现在，逐步呈现出多元化的趋势，并且方法也在不断创新。虽然渠道各有不同，方法不一，但应用商店推广的本质只有一个，就是位置和展示，一切优化的目的都是为了产品有更好的曝光展示，获得更好的展示位置。

在这些应用商店之中，除了流量的大小、渠道用户活跃度不同之外，渠道流量来源也不同，渠道用户属性也各不相同。例如，腾讯应用宝的用户主要依托于其自身强大的社交平台，用户分布更广，属性也更加丰富；小米应用商店的用户依托小米不同定位手机的出货量，用户更偏向年轻、极客、多层次。从这些方面我们也可以看出应用商店仅用户属性就存在着不同的差异点，而这些差异也一定程度上影响着后续推广过程中对渠道的不同侧重点。

（五）内容营销策略

随着KOL对舆论的影响力和内容营销的吸引力日益增强，粉丝经济和内容营销也成了品牌营销的制胜点，品牌需要结合粉丝经济与内容营销来继续扩大品牌优势。在此策略中，品牌社会化营销中还要注重用户的体验和感受，用户至上，才能赢得认可和信任。这就要求品牌产出接地气、具有趣味性以及和用户息息相关的内容，以满足用户的真实需求和喜好。

因此，在未来的社会化营销布局中，要评估和量化KOL对粉丝的影响，与品牌互动效果的提升作用需要进行匹配，挖掘对品牌有效营销的精准KOL，为品牌聚拢精准粉丝，创造满足目标群体真实需求的优质内容，吸引受众的眼球和兴趣，增强黏性，从而提升品牌调性，带来大量的高质量精准流量。

四、运营方案撰写

运营方案是围绕工作中的运营目标制定策略、展现思路和获取资源的报告。撰写运营方案有两方面的价值：一是帮助理清思路，从而提升运营动作的成功率；二是赋予阅读者以确定性。

为什么撰写运营方案会提升运营动作的成功率呢？因为在撰写方案的过程中，应当已经完成了相关信息的收集，也模拟了方案落地的过程，因此对整个方案胸有成竹。

赋予阅读者确定性主要有几点：给老板看，是要老板认可，从而争取方案落地所需要的资源；给合作伙伴看，是为了让对方心中有数，从而帮助推进进度往前走；给同事看，是为了尽可能让信息透明，从而获取他们的支持，方便调度资源；给自己看，是为了明确方案中对应的路线，保障整个方案有序落地。

（一）运营方案撰写流程

一份运营方案一般按照如下的流程来编写，如图 2-4 所示。

明确目的 → 确认目标 → 收集信息 → 处理分析 → 规划路径 → 填充方案 → 完成设计

图 2-4 运营方案撰写流程

（1）做什么——明确目的。
（2）做到啥程度——确认目标。
（3）如何去做——收集信息、处理分析、规划路径、填充方案。
（4）方案审核——完成设计，等待审核。

所谓目标，是目的具象化阶段性的体现。对于目标的思考中，要包含三部分内容：① 可能性，这个目标行不行；② 可行性，如何才能行；③ 可靠性，怎样确保实现。比如说老板天天喊，我们要加油，做到一年前三，三年第一！其实老板是想说，我们怎么才能做成这件事儿。所以，我们就要去分解一下，按照时间顺序，肯定先做"一年前三"，我们就得去思考"一年前三"针对的是什么样的规模，把这个规模变成一个具体的数值，落实在我们的方案中。就"一年前三"这件事儿来说，我们首先得知道市场容量有多大，然后知道前三规模要达到何种程度，最后来看我们之前做过哪些事儿，有什么效果，从而判断是否有机会能做成这件事儿，这是可能性。现在有哪些资源，我们可以用这些资源在既定时间内做到什么程度，是否能够达成"一年前三"的目标，如果不能，还需要引入哪些资源，这是可行性。要达成这样的目标，要分成哪些阶段来推进，有没有预案，可以有几条路径、几种选择，请领导来决策，这是可靠性。

所谓的收集信息，其实是收集方案所需的落地相关动作的信息。包括企业自己的、竞争对手的、行业的……信息渠道有很多，包括公开的信息（譬如竞争对手已经上市，有财报）、私人关系获取的信息，以及估算。

做完所有的信息收集之后，就应该去处理信息，不要想着把所有内容都堆到方案中，尤其是 PPT，更应该多使用图片与图表。

实践方案可能会有很多条路径,但你可能会优先考虑其中一条,你需要讲清楚的是,为什么你选择这一条。碰到任何需要决策的问题,优先级如下:第一优先级,有数据,数据优先;第二优先级,没有数据,逻辑优先。放到方案审核中,就是:有数据,呈现数据;没有数据,讲清楚逻辑;二者都没有,那么给出你的建议,让决策者拍板。

以上这些都有了,就应该去具体填充方案了。尽可能去遵循参与回路的设计,保证完整与清晰。

(二) 运营方案评价标准

评价一份运营方案做得好不好,可以使用 OGSM(目的、目标、策略、效果)模型,如图 2-5 所示。简单地说,只要目的明确、目标清晰、策略明晰,并且效果可以评价,那就是一份好的方案。其中一点没有做到,可能就说明方案还有优化的空间。

图 2-5 OGSM 模型

让我们举例说明目的和目标表述问题:

(1) 我做了一个方案,希望通过这个方案完成从新渠道为公司获取公众号粉丝这一行为的可行性测试。我计划在30天内通过这个方案,利用知乎为公众号导流1 000个新粉丝。

(2) 我做了一个方案,来增加用户规模。我计划为公众号新增一定数量的粉丝。

前者目的明确,目标清晰;后者目的不明确,目标不清晰。为什么说这么写是不明确的?因为增加用户规模的方法和渠道有很多,如果是一个提纲挈领的战略层面的方案,这样写没问题,因为还需要拆分才能具体落地;如果是具体可执行的战术层面的方案,这么写就会有问题。所以不管是目的还是目标,都需要做到:时间限定、数值明确、细节完备。只有这样,在落地过程中才能有明确的方向,不会走偏。

提到策略的明晰,又必须往下一层,策略分为业务策略和组织策略。业务策略要明晰:仗怎么打?有什么里程碑?分解动作怎么做?组织策略要明晰:人、财、物要如何保障?如果有任意一个策略是缺乏的,那可能就需要补充上去,否则就不完整。所以,对于策略明晰的要求是:业务策略和组织策略要齐全不能少;策略对应事项的节点要清楚,预案要完整。

接下来就是效果可评价了。在可评价之前,还必须做到两点:效果可描述,这个效果是可以讲出来、看得到的;效果可量化,这个效果是可以被衡量的。效果可评价,这个效果是可以通过检验,可以被评价的。OGSM 的核心要点,其实是思路清晰,因为只有清晰,所有这些要求才能有效落实。

同步测试

一、单选题

1. 企业的(　　),也就是它在市场中间的角色定位。

A. 形象定位　　B. 职能定位　　C. 运营定位　　D. 渠道定位

2. 品牌(　　)构建的是表层过程,反映品牌从无到有、从弱势到强势的直接关联活动。一般可将其按先后次序分为品牌战略规划、品牌定位、品牌形象塑造、品牌推广传播、品牌运营维护五个过程要素。

  A. 建设层   B. 效果层   C. 支撑层   D. 环境层

3. 企业的(　　)，也就是在消费者中的品牌印象。

  A. 形象定位 B. 职能定位 C. 品牌定位 D. 渠道定位

4. 在制定运营策略时，首先得弄清楚营销环境和自身发展目标，首要遵循的原则是(　　)。

  A. 可行性原则 B. 系统性原则 C. 规范性原则 D. 针对性原则

5. 下列不属于运营策略的是(　　)。

  A. 流量运营 B. 粉丝运营 C. 渠道运营 D. 诚信运营

二、多选题

1. 影响市场分析核心的因素有(　　)三大方面。

  A. 行业   B. 用户   C. 产品本身 D. 利润

2. 每一个产品都必须满足(　　)两个功能。

  A. 独特卖点 B. 解决某个问题 C. 满足某种需求 D. 独特竞争力

3. 一般情况下企业分(　　)两种定位。

  A. 职能定位 B. 形象定位 C. 品牌定位 D. 竞争定位

4. 下列哪些是用户行为的分析方式？(　　)。

  A. 网站数据分析   B. 用户基本动作分析

  C. 关联调查数据分析   D. 用户属性和习惯分析

5. 环境分析经常通过PEST模型，包括哪几个层面？(　　)。

  A. 政治   B. 经济   C. 社会   D. 技术

三、简答题

1. 什么是产品卖点？

2. 什么叫企业品牌定位？

3. 理想的细分市场有哪些特征？

4. 运营方案撰写流程有哪些？

5. 企业内对策略制定的影响有哪些方面？

项目实训

1. 实训目标

通过实训，强化对市场定位原则和方法的理解，利用产品卖点、消费者痛点对案例企业产品进行分析和定位。

2. 实训任务

某企业是一家生产小型家具的乡镇企业，现在有一款"折叠床"商品，其定价为89元，包装体积为105 cm×20 cm×20 cm，支撑架构材质为钢；床面材质为复合面料，商品展示图如图2-6所示。该商品属于功能型商品，主要满足大部分上班族午休需求。

图 2-6 折叠床展示

（1）提炼该产品卖点；

（2）挖掘出目标群体需求痛点；

（3）为企业这款折叠床进行产品定位。

3. 实训环境：多媒体实训室。

4. 实训要求：

（1）组长应为小组成员合理分配任务，做到每个成员都有具体任务；

（2）组内每个成员都必须积极参与，分工合作、相互配合；

（3）团队从寻找和分析竞品，对比产品特点，找出自身产品的卖点，挖掘办公人群午休痛点，进行产品分析和定位；

（4）团队安排一名成员到讲台上进行 PPT 汇报，向其他团队成员展示。

第三章 流量运营

■【知识目标】

1. 掌握流量的定义、作用和类型；
2. 熟悉自然流量获取方法；
3. 熟悉付费流量获取方法；
4. 熟悉私域流量特点及获取方法。

■【技能目标】

1. 具备全渠道获客蓄流量的思维；
2. 能够设计不同流量获取方案；
3. 能够评估流量运营效果。

■【素质目标】

1. 培养互联网时代的流量化思维，从全局视角看待和解决问题；
2. 了解商业模型的创新，善于分析和了解商业问题；
3. 紧跟时代潮流趋势，掌握最新的流量运营方法。

■【内容结构】

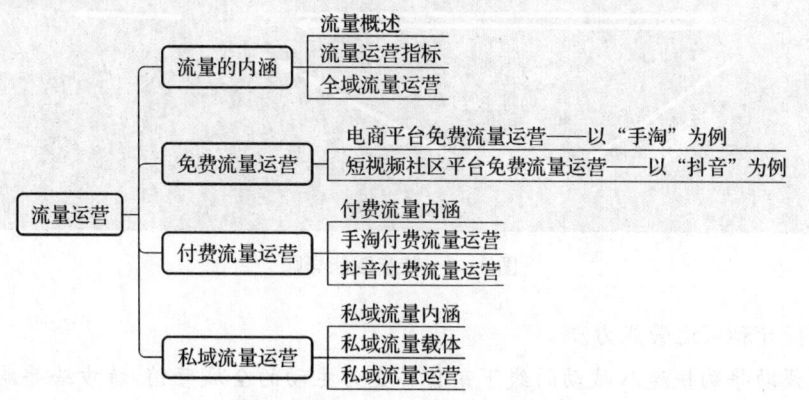

```
                    ┌── 流量概述
        流量的内涵 ──┼── 流量运营指标
                    └── 全域流量运营

                    ┌── 电商平台免费流量运营——以"手淘"为例
        免费流量运营─┤
                    └── 短视频社区平台免费流量运营——以"抖音"为例
流量运营
                    ┌── 付费流量内涵
        付费流量运营─┼── 手淘付费流量运营
                    └── 抖音付费流量运营

                    ┌── 私域流量内涵
        私域流量运营─┼── 私域流量载体
                    └── 私域流量运营
```

案例导入

特步挖掘导购价值赋能私域成交转化

乔一

2020年，在大量门店关闭的情况下，特步赋能导购，通过"导购激活＋小程序＋社

| 059 |

群+直播+企业微信"的模式组合,做到了单日 GMV800 万,社群成交转化率最高超 16%。特步在特殊时期盘活私域人、场、货的具体做法是怎样的?

一、人:充分赋能导购

商业的本质是价值交换,流量是永恒话题,导购就是待开发的一个流量资源。在特步的私域运营中,最重要的一点就是将导购变为营销的触点,聚合并转化导购们可以触达到的流量资源。如果一家企业有 2 000 家门店,每个门店差不多 4 个导购,加起来就是 8 万人,每一个导购都有自己的微信体系和其他社群体系,如果他有 100 个好友,能够触达的潜在的流量对象就有 800 万人。特步是怎样赋能导购的?

1. 导购激活

如何激活导购,让导购有意愿执行在私域里运营客户的动作,成为特步在私域里首要解决的问题。同为"打工人",稍微换位思考一下,你就知道员工虽然也会按要求完成任务,但很可能不会全力以赴。特步及时发现了这一点,很快做出了调整:将线上私域的业绩算入本店的店效考核里,小程序的成交量也和他们的 KPI 挂钩,直接增强员工推广小程序并促成交易的动力。特步通过实际奖励和营造浓烈的竞争氛围,刺激全体导购参与到私域运营项目。

2. 导购赋能

赋能导购,让导购得到多维能力提升,是特步在私域里的关键点(见图 3-1)。

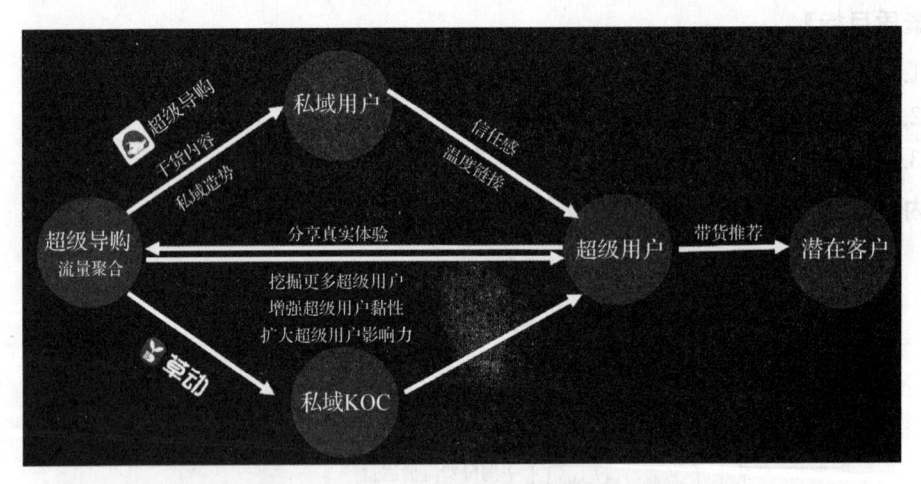

图 3-1 特步赋能导购

(1)提升私域运营能力。

为了帮助导购快速从被动的线下销售转变为主动的全域营销,特步给导购开设了微信营销课程,培训了超一万名一线员工。课程内容围绕私域运营技巧,包括如何引流建群、如何做营销活动、社群沟通技巧、线上成交技能、社群运营方法、小程序专项能力培训等,让导购开始熟悉,并逐渐掌握线上营销方式。

(2)提升内容营销能力。

对于特步来说,导购在私域呈现出的内容也与品牌定位及品牌形象息息相关,为了打造统一 IP,同时避免员工只会一味地输出广告,特步甚至"下场"教导购如何包装朋友圈,总部统一管理输出素材,包含文章、图文、海报、小视频等多种形式。特步也为此做了自媒体计划。为了能更好地把导购打造为"自媒体",特步在员工里挖掘了KOC,选择了一批有代表性的导购,让他们成了朋友圈素材输出的主要窗口,再将信息汇总为素材库(见图3-2)。

图3-2 特步KOC导购示例

(3) 差异化社群运营。

针对不同的消费客群,特步在建群过程中将社群划分成不同种类。对于选购品牌时对价格和优惠活动更加敏感的客户,围绕线上"业绩爆破"活动进行社群经营,策划"周期性的活动＋商品购买链接"去推动他们转化。对于爱好体育运动的客户,特步则打造了专业性跑步社群,运营内容包括步态分析、新品试穿、跑团聚会、跑步训练营、马拉松赛事等。以精品内容为主要输出方向,再配合产品优惠信息进行转化。

一方面,能够非常有效地传递特步品牌的专业性,强化消费者对品牌的认知;另一方面,通过社群交互产生大量产品改进和创新思路,推动研发迭代,对产品、销售等环节产生推动力。就这样特步搭建起百万数量级的私域流量池,2020年整个2月,单纯通过微信社群就为特步贡献了4 000多万元的销售额。以门店为经营单元开展社群营销时,最高社群成交转化率能够达到16%。

二、场:小程序＋企微

当越来越多的导购加入私域流量运营,以微信社群来完成客户关系的维护与销售转化后,随着社群成员的不断增加,导购一对一进行收款的方式未免不够便捷和正式。察觉到这个情况后,特步的门店小程序迅速上线了,小程序涵盖特步的数千家的门店,但每个门店都拥有独立的页面,赋能门店独立运营小程序商城,真正实现了千店千面的差异化营销。

(1) 千店千面的小程序(见图3-3)。

门店和导购作为品牌企业离消费者最近的触点,掌握着消费者个性化信息,将商城释放到门店和导购,能够快速构建符合消费者期望的货品匹配,同时可以结合区域和人群特点针对性打造小程序商城。

图 3-3　千店千面的特步小程序

每个门店都有自己的专属小程序,以门店为单位提供在线服务、社群分享、会员管理、导购管理等经营功能,业绩自动计入门店和员工个人销售。让员工工作链路、消费者服务链路、商品交易链路数字化,激发员工的销售热情和店长的管理热情。

(2) 企业微信。

在成功构建员工私域流量模式后,为了避免导购流失带来的客户资产丢失,特步引入了企业微信。

传统零售行业导购流失率高,一旦导购流失,新导购重新加客户一方面会造成新一轮骚扰,不利于用户体验和品牌形象维护;另一方面,客户的通过率会相对较低,不利于企业私域客户的留存。将客户引流到特步的企业微信中,员工离职后企业通过获取离职成员客户列表,就能将其重新分配给其他员工,防止客户丢失,有效留存客户的同时,管理者对于用户增量的统计也变得便捷。

三、货:导购跨界直播带货

特步给导购开展了一系列直播相关的培训,比如"特步运动+"小程序的直播功能怎么用、直播需要哪些设备、直播有哪些流程、有哪些商品适合直播等。在此基础上特步重庆、湖南、四川等分公司纷纷在线下开设店铺直播,通过直播的方式,在疫情时期增加了品牌店铺与客户的黏性,帮助品牌活跃私域流量的同时进行带货转化。为店面创收的同时,每位店员也能为自己创收。

在门店直播之外,小程序直播的应用场景在不断延伸。以"特步321跑步节"为例,在总部小程序上进行全国联播,100款商品上线直播端口,直播嫁接到每个店的独立小程序。在导购转发的直播链接里产生的交易归属于导购的个人销售收入,也绑定到导购所属分公司的销售收入。

2020年6月特步"消费者回馈日全国爆破"活动,3.5天的时间内,商城爆破销售额

1 031万元,导购开单数占整体 24%,人均转化订单 1.39。通过商城共发放 7.5 万张"1元购 120 元"卡包,实际核销 2.68 万张,卡包核销带来的销售额占比总流水 49%(见图3-4)。

图 3-4 特步引流业绩

案例启示

特步案例背后的关键词,是充分挖掘导购价值,最重要的两点就是赋能和激励。通过全体导购参与,将星星之火变成燎原之势,一瞬之间全面铺开,帮助品牌盘活私域。

在组织中,所有导购都会和企业共同成长。换句话说,企业应该追求的不是创造一个头部主播,而是培养无数个小头部主播。实际上直播和运营做得好的导购不会超过30%,但为什么还是要让所有的导购一起做?特步搭建出了一个学习型组织,总部统一进行导购培训,围绕利益驱动、名誉激励和赋能成长三个方面,让导购不断学习实战知识,以实现自我认同和驱动,形成良性循环。

第一节 流量的内涵

一、流量概述

流量在传统概念中是指规定期间内通过一指定点的车辆或行人数量。在互联网时代,流量是指在一定时间内打开网站或者查看内容的人数,也可称之为访问量。商业的本质是流量,流量的大小意味着关注人群体量的大小,商业价值也随之变化,流量的量变可以带来质变。

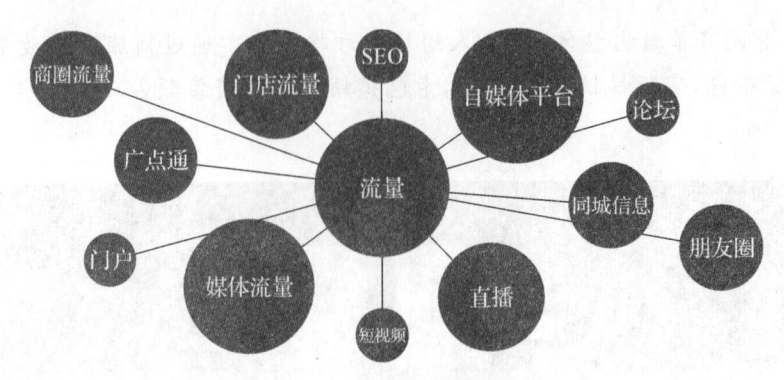

图 3-5 互联网时代的流量

那么,流量怎么分类呢?如果按入口区分,有线上流量和线下流量,还有社群的入口、内容平台的入口。如果按成本区分,有付费流量和免费流量。付费流量,就是花钱的流量。按相关性区分,有精准流量和泛流量。精准流量就是能明确知道是哪些潜在消费者,能在他们身上找到商机,有变现的机会,这些叫作精准流量。按影响范围分,有公域流量和私域流量,这也是近年比较主流的分类方法。在公域流量里也有付费的部分,那就和付费流量有重合部分。

我们关注的流量是网上的流量,网上的流量都是由人来触发的。所以我们要关注流量,就要关注这几个问题:访问流量的主体是谁?他们有什么特征?他们的需求是什么?他们的访问时间在什么时候?访问的访问频率怎样?访问时长怎样?在哪里访问的?什么样的环境?他们是通过什么设备,怎么访问的,线上还是线下?他们是怎么被吸引的,如何接触到他们,信息如何曝光的?

流量的本质是用户关注度。当我们的平台源源不断地受到关注时,它便成为一个"窗口",流量会转为商业价值。这是一个"信息过剩的时代",也是一个"注意力分散的时代",如何在"有限的信息"中摘取"有限的注意力"是互联网经济时代的核心命题。

二、流量运营指标

流量数据是运营范畴中非常核心的数据,包括浏览量(PV)、访客数(UV)、登录时间、在线时长等,其他还有人均流量、人均浏览时长等,是从以上指标衍生出来的。

浏览量:PV(Page View),用户访问页面的总数,用户每访问一个页面就算一个访问量,同一页面刷新多次也算一个访问量。

访客数:UV(Unique Visitor),独立访客,即一台电脑为一个独立的访问人数。一般以天为单位来统计 24 小时内的 UV 总数,一天内重复访问的只算一次。访客数又分为新访客数和回访客数。新访客数是指客户首次访问页面的用户数,回访客数就是非首次访问的用户数。

当前在线人数:指定时间(如 30 分钟)内在线的访客数。

平均在线时间:平均每个 UV 访问网页停留的时间。停留时间是指用户打开网站最后一个页面的时间点减去打开第一个页面的时间点。只访问一页的用户的停留时间无法获取。

平均访问量:用户每次浏览的页面平均值,即平均每个 UV 访问了多少个 PV。

日均流量：日均 UV 或日均 PV。

跳出率：就是只浏览了一个页面就离开的访问次数除以该页面的全部访问次数。分为首页跳出率，关键页面跳出率，具体产品页面跳出率等。找到用户跳出的原因是关键。

> **行业观察**
>
> ### TikTok 每日活跃用户占比安装量的 29%，全球下载量超过 35 亿次
>
> TikTok 是字节跳动旗下短视频社交平台，于 2017 年 5 月上线，愿景是"激发创造，带来愉悦"(Inspire Creativity and Bring Joy)。
>
> TikTok 曾多次登上美国、印度、德国、法国、日本、印尼和俄罗斯等地 App Store 或 Google Play 总榜的首位。TikTok 在全球各地设有办公室，包括洛杉矶、纽约、伦敦、巴黎、柏林、迪拜、孟买、新加坡、雅加达、首尔和东京等。
>
> 截至 2021 年 12 月 23 日，TikTok 是 2021 年世界上访问量最大的互联网网站。
>
> TikTok 包括国内的 ios 上的抖音，在 2022 年上半年全球下载量最大、收入最高的非游戏应用，同时还拥有社交网络应用程序中参与度最高的用户群之一，成为第一个在全球安装量达到 30 亿的非 Meta 应用程序。将近三分之一的 TikTok 用户每天都会使用，是仅次于 Instagram 的第二高参与度的应用程序。
>
> 根据 Power User Curve(Sensor Tower 消费者智能分析工具包中的最新功能)的数据，与竞争对手相比，TikTok 拥有第二大参与度最高的用户群，其全球活跃 Google Play 安装量中有 29%，在 2022 年第二季度每月每天打开该应用程序。Instagram 大约 39% 的安装量是上个季度每天都使用第一的应用程序。
>
> Meta 旗下的社交平台 Facebook 排名接近第三，其 27% 的安装反映了高级用户行为，Snapchat 紧随其后为 26%。Twitter 以大约 18% 的比率落后。TikTok 的使用平均每天超过 1.5 小时。
>
> 虽然 Instagram 在 2022 年第二季度每天打开其应用程序的平均用户数量名列前茅，但是在花费时间方面上 TikTok 就处于领先地位。在全球范围内，上个季度每天平均有 95 分钟花费在 TikTok 上。这是在 Snapchat 上花费的平均持续时间(21 分钟)的四倍多，在 Twitter 上花费的时间(29 分钟)的三倍多，几乎是 Facebook(49 分钟)和 Instagram(51 分钟)的两倍。
>
> TikTok 应用程序现状概述：
>
> TikTok 全球下载：超过 35 亿次；
>
> TikTok 季度日活跃用户：10 亿人以上；
>
> TikTok 用户平均每天使用时间：95 分钟；
>
> TikTok 用户年龄：全球用户中，34 岁以下的人口约为 50%。
>
> TikTok 用户性别统计：女性用户比例比男性用户约多 60%。(女性用户占比越大，商业潜力就越大。毕竟女性的消费力可是男性的 2 到 3 倍数，甚至更多。)
>
> TikTok 覆盖的国家和地区：覆盖全球 150 个市场、75 种语言。
>
> TikTok 各国下载：美国、日本、俄罗斯等国家下载量均居首位。

三、全域流量运营

如今流量越来越贵,运营人要有"全域思维",目光不能只着眼于拉新、留存、转化和复购的某一个环节,而应该放眼全域,明确各环节之间的逻辑关系和最佳实践,才能在运营成长之路上取得事半功倍的效果。

全域包含公域和私域,即公域引流,私域承接和转化,二者结合,就是全域。这并不是公域和私域的简单叠加,利用全域思维进行增长,就是要求我们梳理好用户整个生命周期的链路。因为不同的模块,面对的是同一批用户,现在的工作现状可能是,我们只负责用户整个生命周期的一个环节,每个部门负责一个模块,不同的部门好像是在拼积木一样,把公域和私域的玩法搭起来。但是,这样的积木式的拼接,很容易给用户一种割裂的感觉。

用户从公域被引流到私域,肯定有什么东西戳到了他,但是,当企业私域需要换一拨人负责用户承接的时候,这个戳到他的东西,后续的运营人员是否有能力继续保留延续?如果不保留,那对用户流量池就是一种浪费。

因此应从引流、承接、转化的角度,搭建好用户拉新、裂变、变现、留存的运营体系(见图3-6):

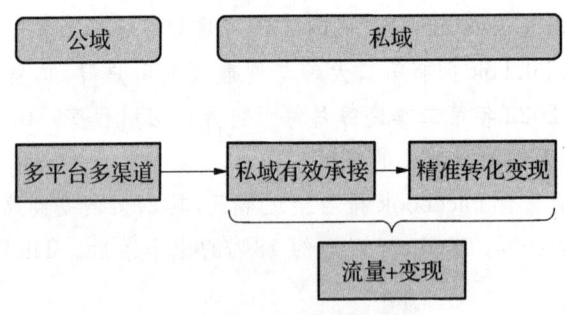

图3-6 全域流量运营

(1) 公域:搭建从多平台引流至私域的流量体系。

(2) 私域:做好流量的有效承接,对用户进行精准转化,实现最大限度的用户留存与变现。

全域运营势在必行的原因有如下几个方面:

(1) 获客越来越难。

公域触达用户的成本实在是太高了,随着市场竞争加剧,可能获客成本达上千元。

如今,你去任何一个实体店,都会有店员加你微信,你会被拉进一个群,群里经常有秒杀的活动,甚至还有添加微信或者关注服务号可以免费送礼品的,这些其实都是企业转向私域运营的迹象。企业会在群里做什么?做秒杀、拼团、活动,目的是,让你留下,然后贡献GMV。

(2) 只做私域也会陷入瓶颈。

如果一个企业只有公域,那用户留存环节就容易被忽视,需要不断靠较高的成本拉新用户来提高GMV,获客成本居高不下;如果一个企业只做私域,对私域用户精细化运营,留存做上去了,但是在仍有用户流失的前提下,用户总量会变少。

所以说,只做公域和只做私域都会让企业的发展陷入瓶颈。在目前市场现状下,我们该怎么办?需要我们把公域和私域相结合,不是简单叠加:公域多渠道多内容投放,进行提效;私域对用户进行精细化运营,做精。

做全域运营必须遵循的3个准则:

(1)针对性定制用户策略。

在了解了我们的产品之后,还要去了解我们的用户:用户的基础属性是什么?需求属性又是什么?我们的产品能否满足用户的诉求?用户的诉求是什么?了解用户,就是在了解我们的产品对用户创造了什么价值。

(2)建立标准化运营体系,打造自动化引擎。

运营动作一定要标准化,可执行可复制。即使我们现在的用户体量很小,也要有这个意识,通过各项数据,逐步优化自己的 SOP(Standard Operating Procedure,标准作业程序)。标准化运营体系,可以先有再精,先搭建基础版,再根据每次的结果,逐步优化企业的 SOP。

(3)搭建数据驱动的运营体系。

根据企业的目标进行拆分,根据用户链路和转化链路拆分不同环节的数据指标。如果企业可以将业务数据进行详尽的拆分,就可以通过每一个环节的数据,分析和定位问题,并形成针对问题的具体迭代优化方案。

第二节 免费流量运营

流量按照成本可以划分为免费流量和付费流量。免费流量就是无须通过任何渠道或者是任何的付费模式做的流量,也叫自然流量。因为免费流量是不需要成本的,依靠的是对产品或者服务有需求的用户的关注度。免费流量是通过产品、服务或内容本身吸引到公开平台的用户的关注、点击和收藏等,所以几乎所有商家都想要。免费流量吸引的一般都是对产品本身有需求的客户。

一、电商平台免费流量运营——以"手淘"为例

手机淘宝已经占据淘宝店铺流量的 90% 了,手淘 App 的流量是非常大的,现在每天的活跃用户数超过 1 亿人,成为商家必争的流量入口。淘宝目前的流量渠道来源分为免费流量和付费流量。免费流量主要有手淘搜索、手淘猜你喜欢、淘内免费其他、手淘淘金币、手淘拍立淘等。手淘强调的是,让用户更快捷方便地找到并购买自己想要的产品。手淘的流量大致分成这几个板块:

(1)搜索板块。这是手淘免费流量的最大入口,也是商家流量争夺的最大阵地之一。2023 年第三方数据服务商 Quest mobile 发布的数据显示手淘平均每天有 3.779 亿用户,比拼多多用户多出了 2 630 万人,仍然稳坐中国电商头把交椅。与电脑端逻辑差不多,用户进入手淘首页,通过关键词搜索商品,系统给用户匹配对应关键词的商品。

（2）关注板块。淘宝平台中，很多的自然流量基本都是从关注淘宝店铺得到了，如果店铺或者是热销宝贝的关注人数较多，那么店铺的权重也就会随之增加。用户关注店铺后就会收到一些有关该店铺的信息推送，比如上新、打折、正在直播和买过的店等信息。店铺关注类似关注微信公众号，可以自动接收店铺发出来的微淘消息和文章，相当于利用内容吸引用户，转化为私域流量运营。

（3）淘宝推荐板块。推荐板块是非常好的创新，也是现如今很多卖家在抢的流量入口。其中包括每日好店、猜你喜欢、有好货、生活研究所、必买清单等。猜你喜欢作为中小卖家获得流量的重要入口，通过对用户的浏览、收藏、加购等行动来判断用户后续将会需要什么产品，并且进一步推荐。

手淘推荐流量就是手机淘宝首页各个入口进入到店铺的流量。推荐流量，顾名思义就是平台根据你的产品或内容推荐给喜欢该定位产品的客户产生的流量。和用户刷头条、刷抖音类似，相同的问题看多了，推荐给他的内容就都是相似的内容。推荐流量的特点是流量大，点击率低，转化率低。客户不知道要买什么东西的时候，只是在商城逛，看到喜欢的才会进去，随机性比较大，这时候平台给用户进行推荐，比如手淘的"猜你喜欢"（见图3-7），就会实时给用户推荐最合适的宝贝。

如果有一天淘宝给了企业很多的手淘推荐流量，其实就代表着淘宝认为企业的这个产品有很多的潜在客户。因为每个人的搜索习惯、消费水平、偏向风格不同，每个买家都会被打上标签，只有宝贝和买家标签相符才能进行转化。

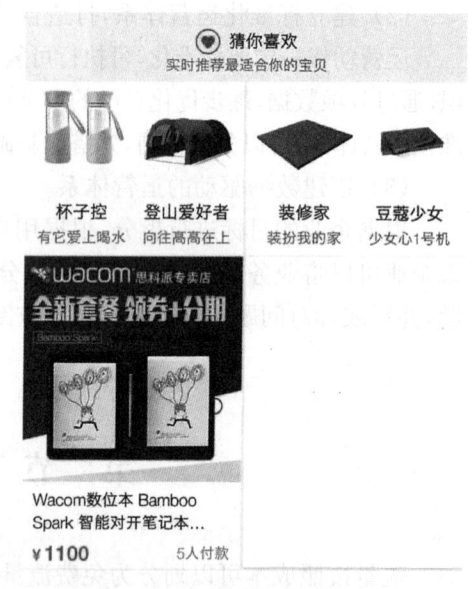

图3-7 手淘"猜你喜欢"

站在淘宝的角度来说，平台在帮企业通过标签提高销售额，只要企业接得住，那就会不停地推荐流量。那么，什么样的产品才能获得推荐流量？产品在做自然搜索的时候，是不是有卖点标签、人群标签和价位段？我们的账号也有基本属性及标签。所以想获得推荐流量，重要的一点是要有一个明确的标签。平台就会把这种类型的客户以推荐流量的形式给到企业。

比如说，客户想买一件外套，他浏览了很多件风格类似的外套，加入购物车，但始终没有购买，那么在他后期再打开淘宝，猜你喜欢板块就会出现一些外套推荐。手淘推荐的核心就是：如果客户在搜索过程中没有发现心仪的产品，那么就会在首页给推荐他搜索的周边产品，增加他购买的可能性。猜你喜欢的流量展现原理就围绕"人群标签""产品标签""店铺标签"这三个方面。如果企业想被手机淘宝个性推荐，那么就需要企业有精准化的店铺标签和产品标签。店铺标签和产品标签，与消费人群标签匹配度越高，手淘给企业匹配的这类个性化推荐流量就会越多。

手淘中影响免费（自然）流量的因素主要有以下几点：

（一）基础的 SEO(标题优化、属性优化、上下架等)

首先,宝贝上下架时间:宝贝的上下架就是指越接近下架的商品,权重越高,排名越靠前,宝贝上下架是 7 天一个周期,比如今天上了一款宝贝,那七天后的那天下架前流量肯定是非常多的,所以应该好好安排上下架时间,尽量避开有竞争优势的同行的上下架时间,让自己的宝贝获得更多的机会。

其次,标题优化:对于新手卖家来说,标题也是一个问题,在找词的时候我们要找与宝贝相关的关键词,一些无流量词、低转化词、无含义词不要添加了,而且标题优化也不是说一次写好就终身使用,需要不断调整。

不同阶段标题优化的侧重点也不一样,前期标题优化侧重做长尾词,避开同行竞争,到中后期,爆款基本形成,宝贝销量和评价上来了,就要抢一些大流量词,对标题再进行优化。不要一次优化后好长时间不再管它,淘宝每个时间段每个数据都会发生变化,所以我们在优化标题的时候一般会先判断标题关键词的流量,如果下滑就要及时去找到原因进行优化。

（二）销量(流量少、转化率低)

流量少怎么做?引流的方式有很多,比如最常见的直通车引流、钻展、活动引流、淘客及直播/达人推广等。

我们都知道直通车的目的就是给店铺引流,虽然是付费流量,但用最低的成本来引更多的精准流量,从而带动整个店铺的自然流量,能给店铺一个高的转化。转化越好,综合质量分也在上升,进一步打破流量瓶颈。

转化率太低也会影响到自然流量的分发,影响因素自然是直通车引流人群不精准,关键词不精准,以及价格、款式、评价、详情页质量不高等。比如什么是一个好的详情页?首先,详情页一定要有设计布局规划以及好的文案。因为查看详情页的用户基本是有购买意向,那就要把这款宝贝所有的卖点去通过这个详情介绍到位。消费者看不到产品实物,只能通过详情去了解,所以图片大小、清晰度、宝贝细节、实物图、有什么利益、有什么卖点、售后是什么情况都要介绍清楚,做一个好的布局,促成用户下单转化成真正用户。

短视频风已经很流行,淘宝流量肯定会更倾向优质的内容,如果别人都做了短视频,你没做,那留给你的机会也就少,因此也要去做短视频,这是一个加权项,可以大大促进产品的转化。可能有的商家上传了视频还是没效果,那就是短视频不够优质,没有把产品的卖点表现出来,这点一定要做到"人格化,真实感,专业性",并不是简单收藏加购拿几个图片来做成视频。

（三）收藏加购

宝贝受不受欢迎,看收藏加购数据,一般情况下,10%是最基础的,15%算及格,20%是优秀,收藏加购数据越高,系统就默认你的宝贝潜力很大,从而给你分发更多的自然流量。

（四）店铺层级

店铺的层级越高,拿到的流量也就越多,因为第一层级的店铺数量永远要小于第二层级的店铺数量,层级越高,店铺的数量越少,分配到的类目流量比例也会越高。

不同的层级,平台分发不同的流量,所以最重要的一点就是突破店铺层级。想要提升店铺层级就需要系统化地去调整优化店铺,因为影响层级的是店铺成交额,做好整体的引流规划和长远的运营策划,店铺才能平稳地做起来。

(五)动销率

动销率一般是 30 天为一个周期,也就是有销量的宝贝数量与全部宝贝数量的比值。如果店铺宝贝不足十个,那就在权重上吃点亏,因为只有发布十个宝贝以上才计算动销的权重。

其实动销也很好理解,就是宝贝有成交,如果是滞销,建议删除不符合市场、一个月没有什么销量的宝贝,也可以删除链接重新上新。如果是一个新店铺,这样做还有一个好处,重新获取新品标志,得到扶持,优化的时候必须全面,包括详情,还有主图、价格、标题都要看数据去调整。

(六)店铺动态评分

淘宝 DSR 动态评分是买家购买店铺宝贝后最终的一个体验描述,针对宝贝质量、物流,以及整体的购物体验进行描述,这也是淘宝对每个店铺宝贝和服务的一个考核。如果你想要更多的流量,就要为买家提供质量好的产品,做更细致的服务,因为店铺的宝贝得到更多的消费者认可,店铺才能得到淘宝更多的支持。DSR 影响着访客行为,影响着转化,数据维度不同,权重也会受到影响。

+---+ 行业观察 +---+

淘宝 App 的发展轨迹与趋势

国内主流的移动电商平台,从传统的阿里系、京东系到后起之秀小红书种草、抖音短视频带货、拼多多、微店等,占据了广大用户使用手机多半的时间和注意力。认真研究这些 App,都有类似的板块功能,如"足迹""收藏""购物车""优惠券"等,其底层逻辑最早都可追溯到当年的手机淘宝移动用户体验改造。

2013 年 10 月,手机淘宝上线,当时 3G 刚刚上马,手机存在屏幕小、网速慢等问题,这导致手淘 App 的运行速度很慢,手淘的功能包括搜索、购买、查询物流等,基本借鉴了 PC 端的架构,几乎就是网站商品和店铺陈列显示的微缩版,操作完整的一单需要 25 秒。

2014 年,阿里发力手机淘宝改进,为了淘宝能够真正适应手机端,聚焦移动端用户体验提升,针对传统"货架电商"的界面和底层逻辑并不适用于移动端的问题进行改革。首先缩短下单操作时长,针对 IOS 系统从 25 秒缩短到 7 秒,安卓系统缩短到 9 秒;其次考虑围绕商品和店铺特性方向做拓展,推出了"有好货"和"爱逛家"两个产品,针对商品导购的方向开展内容拓展,出现了关键词优化,另外一个很重要的工作就是将商家进行迁移,有效提升用户体验。

2015 年,侧重社区化形成,开始强化咨询型内容,做淘宝头条,重新定义微淘,逐渐形成内容矩阵,重新改造社区以及清晰的基于达人的粉丝化传播导向和正在构建的社群化营销模型。首先,淘宝和天猫的定位坚持消费升级的方向,手机淘宝活动模块依据定位进行整合,取消首页淘抢购和天天特价的入口,整合到聚划算的内部,活动资源集中到了聚划算和百亿补贴,淘抢购和天天特价活动被弱化,低客单的用户成交引导到"淘宝特价版"去成交。其次,"有好货"的入口通过买家的推荐值和产品的口碑来选择入池的宝贝,然后通过千人千面的机制展现给有需求的用户。给到真正做品质,拥有好的产品体验的商家更多的展现机会,这也是平台在对待产品品质和用户体验上所透露出来的一个核心的信息。最后,重点强化买家之间的互动,让交易更具温度和情感,开始在千人千面个性化的交易环节中诞生出信任加权。

2016年开始内容化方向调整。上线直播频道、视频。从文案分享内容转变成为短视频和直播之内容分享。视频化的趋势内容包含两个方面:一是首页直播入口是平台的一个重点,从后来所有的直播平台的业绩对比来看,淘宝带货量依然居带货平台的首位,而且差距非常的大。从专业主播到商家自播,平台鼓励更多的商家可以做到自播。二是短视频,平台最初引入哇哦视频,后来根据发展改版取消入口,但是视频被嵌入首页列表里面,并增加了视频内容在整个首页的展现比率,基本上可以达到1/3的比率。引导商家如果想获取到更多的首页流量,就需要不停地去产生短视频的内容。作为内容升级以及多维度用户体验度提升的营销工具,直播创新了引导用户消费的另一种形态。

拐点出现在2017年,随着三大运营商纷纷降低流量资费,移动互联网的用户数量逼近10亿,硬件更新换代,开放存储空间,集社交、娱乐、办公等功能于一体,智能手机发生了从通信工具到微型电脑的角色转变。QuestMobile数据显示,以移动互联网流量红利见顶为背景,截至2018年上半年,我国市场上的App数量超过406万个,从用户角度上看,35个App已经能够满足大部分需求,从抢占市场到争夺流量,App的体积也快速膨胀起来。随着App市场数量和体积上的双重爆发,手机淘宝与京东App、拼多多App等通过竞争互促互进,不断融合进大平台的内容化、社区化,形成了众多商家依附的主流移动零售平台。

2021年5月27日,APP"手机淘宝"改名为"淘宝",依托淘宝网强大的自身优势,整合旗下团购产品聚划算、淘宝商城为一体,提供给用户每日最新的购物信息;更具有搜索比价、订单查询、购买、收藏、管理、导航等功能,为用户带来更方便快捷的手机购物新体验。2023年7月,淘宝APP上线了AI创作小助手功能,支持用户通过AI创作不同风格的自画像,并且可以用作淘宝账号头像。2024年,淘宝开放微信支付,淘特商家和商品有序迁回淘宝。

未来的移动商务进入存量竞争时代,全平台布局已成行业共识,工具、方法、体系还将不断升级发展。

二、短视频社区平台免费流量运营——以"抖音"为例

抖音是一个短视频、直播社区平台,现如今是流量最大的渠道之一。要理解渠道,就得看懂有流量渠道背后的规则,看得懂规则,才能知道如何用好渠道。在抖音中每一次的下滑动作触发的短视频推荐,就是根据用户的历史行为数据进行自动推送,可以理解为是平台的自然流量。自然流量它有一个特性,如果运营体系完善,那么粉丝会逐渐建立起黏性,也就是对账号有了忠诚度和认可度,以后长期都可以去经营它、使用它,实现商业价值。

(一)抖音智能流量分发机制

抖音的算法是抖音成功的大功臣之一。它使抖音变得更加特别并充满吸引力。因为抖音的流量在算法的分配下是去中心化的,这和现在大多火爆的社交平台的流量分配是相反的,这样更能留住用户,并不断吸引更多优质的新用户的加入。对使用者而

言,它精准的标签划分、千人千面能投其所好推荐视频,满足了大家的喜好,抓住了用户的心。抖音会根据算法给每一个人分配一个流量池,这样抖音的所有用户,只要发布了视频就一定会有几十到上千不等的播放。之后抖音再根据你的视频在这个流量池里的表现,决定是把你的作品放入更高级的流量池,还是就此打住。

1. 推荐流程

整个流程总共分三部分,分别是给内容贴标签,给用户贴标,按照标签智能个性化推送,具体就是划分内容类目→给内容贴标签→给用户贴标签→得出用户画像→智能标签推送。划分内容类目以及给内容贴标签相对简单,由人工或机器操作。其中给用户贴标签较为复杂,受用户行为动态影响较大。平台根据用户在 App 的使用习惯分析用户行为路径,先进行贴标签,然后根据用户行为变化和信息传递效果再继续优化标签,这个过程都是实时的机器算法。标签采集的渠道,包括个人资料的填写,浏览得比较多的类目视频,关键词搜索的记录,点赞视频数据,评论数据,通讯录的圈子关系等。用户画像也就是在不断地标签优化升级后呈现出来的用户标签。如果作品被平台贴上标签,那么就会分流到对应标签的流量池。如果标签模糊无法贴标签,那么就会零散推荐,无法进行精准推送,就会失去获得流量的机会。

2. 抖音算法原理

上传的作品内容皆为抖音审核员(或机审)所见,具体排列顺序依照账号资料完善度、账号认证情况、推荐基数、视频播放量、点赞数、评论数、分享数量、发布时间等进行权重计分,高得分视频排序靠前优先审核。推荐基数是根据实际浏览人数、时长、点赞比例、评论比例等设置的一个基础值。图 3-8 为抖音号权重排名与算法关系。

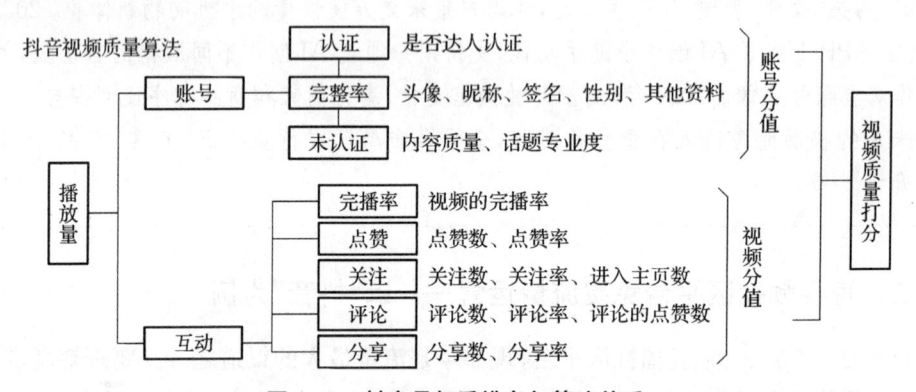

图 3-8 抖音号权重排名与算法关系

(1) 账号设置。

个人主页的设置,包括头像、昵称、简介、背景,通过个人的信息设置,不仅可以加深新用户对企业的认知,同时也可以往企业的私域进行引流。可以让用户对企业的定位有更深刻的认知,加深信任程度。

① 头像设置:

真人形象照(见图 3-9),有利于塑造号主的个人形象和 IP,通过真人照片可以更好地建立一种信任感。

图 3-9　账号设置——头像设置 1

产品图（见图 3-10），用户通过产品图的引导，可以清晰了解账号业务类型，从而更好地定位到有需求的精准粉丝用户。

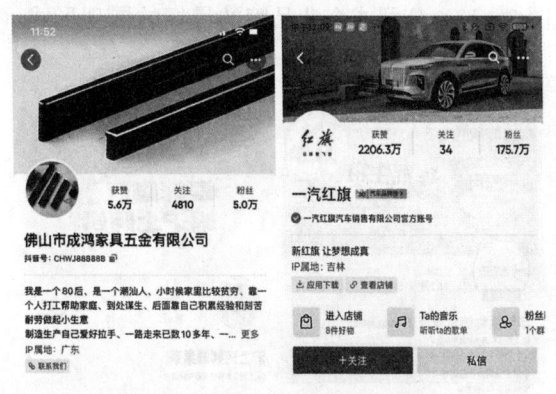

图 3-10　账号设置——头像设置 2

文字引导图（见图 3-11），配合文字说明的顶部壁纸设计，更加直观，同时也可以引导用户做出企业希望的动作引导。

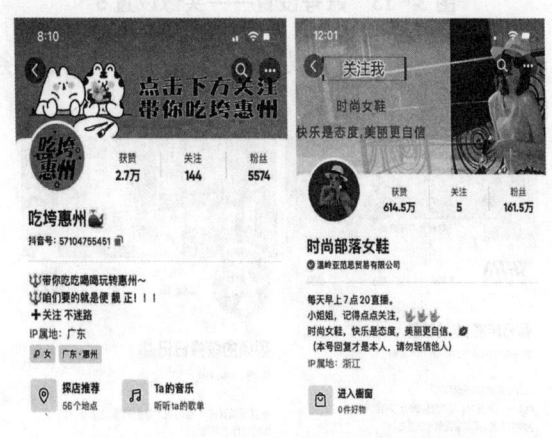

图 3-11　账号设置——头像设置 3

文字引流图＋形象照（见图 3-12），以个人的专业知识和形象为背景，给人可信度很高的感觉,同时描述这个号的核心定位点。

图3-12 账号设置——头像设置4

Logo/品牌照(见图3-13),公司或企业品牌的最好的展现形式,可信度高,更多的是品牌形象的传达。

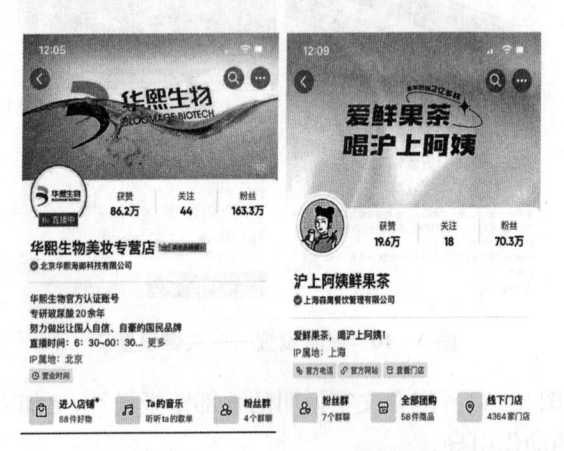

图3-13 账号设置——头像设置5

产品图+文字引流(见图3-14),通过专业的产品,或优质的服务来引导用户,主要适用于企业或工作类型的账号。

图3-14 账号设置——头像设置6

② 账号名称设置：

地区＋产品＋IP 名字，如图 3-15 所示。

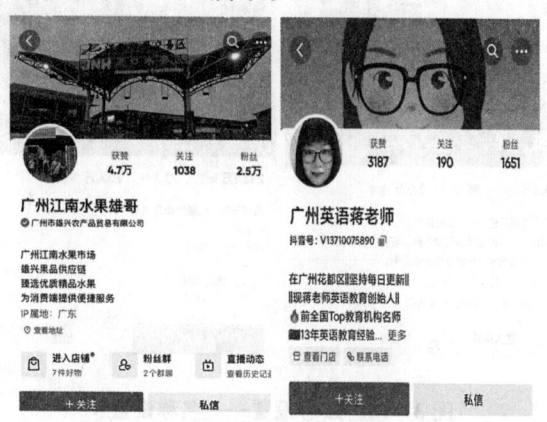

图 3-15 账号设置——名称设置 1

地区＋品牌词＋IP 名字，如图 3-16 所示。

图 3-16 账号设置——名称设置 2

行业类目＋IP 名字，如图 3-17 所示。

图 3-17 账号设置——名称设置 3

IP名字+产品词,如图3-18所示。

图3-18 账号设置——名称设置4

套近乎起名模型,如图3-19所示。

图3-19 账号设置——名称设置5

③ 个性签名设置:

引导类个性签名,如图3-20所示。

图3-20 账号设置——个性签名设置1

带货类个性签名，如图3-21所示。

图3-21 账号设置——个性签名设置2

业务类个性签名，如图3-22所示。

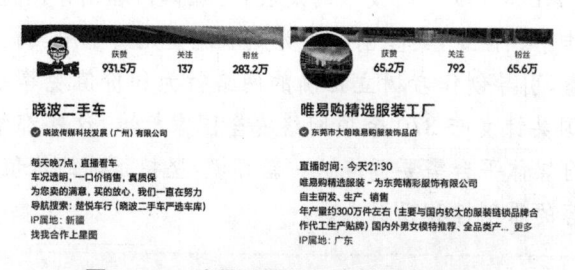

图3-22 账号设置——个性签名设置3

（2）用户互动和行为，反映用户互动和行为指标数据主要有以下几个方面：

① 完播率，不仅仅是视频的播放完成率，还有用户多次播放的数据，重复播放次数也会加入基数分值。

② 点赞率，用户的点赞数量和播放数的占比，影响推荐，点赞是源自用户对内容的认可、犒赏、收藏的表达方式。

③ 评论率，不仅包含用户评论数量，还包含用户查看评论数量、评论点赞数量。

④ 转发率，不同渠道的转发，包含是否在评论里面@好友。

⑤ 粉丝量，包含现有粉丝量、新增关注粉丝量及去关粉丝量几种分值算法。

⑥ 进入主页，通过作品进入用户主页也有加分。预览其他作品数量及次数，还有额外关系账号权重。

因此通过优质短视频能获取流量，尤其是做优质的短视频内容。在运营的工作中主要通过人设打造，发布符合账号定位的一些优质的视频，吸引用户去观看，从而提高视频的播放量和点赞量等。比如控制视频的长度，其实15秒的视频权重一般情况下会大于60秒视频的权重，也就是新手账号与大号在同一起跑线时，新手号作品基数分值会比大号更高，因为很多60秒的作品在完播率这块就加分很少，15秒一瞬而过反而会导致观众意犹未尽重复观看，那么15秒作品＝完播率＋重复播放率，所以前期账号不建议做大于60秒的中长视频。

思政园地

网络不是法外之地

随着自媒体平台的普及,我们身边遭受网络暴力的人越来越多,网暴案例也是层出不穷,一些所谓的"键盘侠"可以躲在屏幕背后肆意妄为,那么这些网友的行为是否合法?遇到网络暴力我们又该怎么办?

网暴是一种暴力借助网络特殊媒体的表现形式。从法律的角度来看,网络暴力是一种违反法律法规和社会公序良俗的行为方式。具体来说,有以下两个方面:

一方面是民事责任:侵权责任。这是指个体或群体在网络空间中,故意或过失地侵犯他人合法权益,造成他人损害的行为方式。法律侵权可以分为名誉侵权、隐私侵权、肖像权侵权、著作权侵权等类型。另一方面是刑事责任:法律犯罪。这是指个体或群体在网络空间中,故意地违反刑法规定,危害国家安全、社会秩序和公共利益的行为方式。网暴行为可能涉及侮辱、诽谤、恐吓等罪名,视情节轻重可能构成违法行为,需承担相应刑事责任。

案例启示:随着 AI 和 5G 等新技术的发展,自媒体内容创作门槛降低,使更多人有机会投身于自媒体创作中。但是,某些创作者为赢取流量无所不用其极,自媒体的发展也面临如何提高内容质量,引导创作者树立正确的网络行为和价值观等新的要求和挑战。截至 2023 年 8 月,我国共计发布 370 余项网络安全国家标准,这些都给互联网发展划定了"底线"和"红线"。自媒体平台需要适应这一新环境,坚持正确的价值导向,也需要在遵守法规的同时保持内容的原创性和吸引力。

3. 流量分配

根据作品从上传到热门优质流量池状态路径划分为 3 个阶段:

(1) 启动阶段。小于 1 000 播放量时,这个时候 1 000 播放量就是你的作品的种子用户,那么这个时候可利用作品的黄金 3 秒、精彩前置等手段保证初始种子用户留存从而进入下个阶段。

(2) 小爆阶段。通过多个实验组的送量测试后,作品进入高展状态,1 万到 10 万播放量,这个时候作品影响力数据的细节,包含用户引导,开发式问题留给大家去评论,激发二次沟通意愿。如果你的作品依然通过小爆炸阶段,将会进入优质流量池状态,也可称为王者流量池,它是一个大爆炸的阶段。

(3) 大爆炸阶段。进入这个阶段,你的作品已经进入优质池状态,已经上热门了。抖音会给到 100 万以上的播放量,这时的播放量到底有多少转化为你的粉丝,就是营销功底的一个累积过程。

(二) 抖音直播引流

1. 直播展现算法

抖音流量池路径有三个:第一个是大流量池(免费流量池),也就是用户刷短视频的流量池;第二个是直播流量池(直播信息流);第三个是付费流量池。不论是哪个流量池,抖音都只负责把"内容"展现出来,而运营的责任,是让用户点击头像或内容,并且进入直播间,只有用户点击了,直播间里面才会看到"有一个人进来了",才是一个流量。

抖音的算法是把内容推荐给和账号有相同标签的人。当主播一点开播,直播间账号就进入了流量展现池抢排名,每个流量池里面的直播间,排名的规则是按照(预期点击率×预期转化率×出价)的指标来排名的。

直播间预期点击率和转化率,是上一场直播的最后5分钟的点击率和转化率,以及上一场的"热度"。所以有些企业常常利用"卡黄线"的玩法,就是在直播间最热的时候下播,"锁住"前场直播间比较好的排名,从而保证在下场直播开始,能有比较好的流量推荐。如果下播后立即开播,抖音会自动锁定刚才下播前的在场用户,让他们立刻刷到你,这个时候"排名＋有效用户互动",就排到了流量池的前面,展现量就大了。这就是抖音直播间流量排名原理。

想要提高展现排名,就需要提高点击率和转化率。点击率很好理解,即用户从直播广场进入你直播间的数据。转化率都包括什么呢？从抖音算法来说,一个用户,只要做了下面几件事情,都算转化(不同维度上的转化):用户的停留时长(用户愿意停留在你的直播间);跟主播进行互动(打"666",回答你说的话,打"我要我要",互动率);加粉丝团,特别喜欢你,愿意掏出1抖币(转粉率);打开你的橱窗(商品展现率);下单(下单率);付款(成单率)。这些指标就是我们要想方设法在直播间内去运营的核心。

2. 提高展现排名

(1) 提升搜索流量。

如今抖音已经是一个全民使用的App,很多用户都形成了一种新的习惯,那就是当人们有需要信息或者有哪方面疑问的时候,除了习惯在百度上搜索信息,现在很多人都直接在抖音里搜。比如在家里要做饭,但是不知道西红柿炒蛋怎么做,在抖音就可以找到质量非常高的视频。

抖音的搜索流量非常多,为了提高直播间的转换,获取更多的流量,创作者应该重视对搜索栏的运营。可以从以下四个方面着手：

第一,设置昵称。

可以设置一些个性化的、唯一的,而且容易被检索到的昵称。比如做零食直播电商的,可以在名字中既有品牌名,又有零食这两个字,这样用户一搜就能找到账号。

第二,设置直播的话题。

每次开播的时候,对直播间封面进行设置,选择精准的话题,用户可以通过按钮进入直播间。比如女装话题,有了这个话题之后,用户在搜索栏里搜女装的时候,用户就可以搜到创作者,一点搜索下面的直播就能进入直播间。

第三,设置相关直播标题。

直播标题要包含创作者的行业或者领域。跟产品相关性越高,用户搜索相关内容的时候就越可能搜到创作者。实际运营中,和账号短视频相配合,在日常运营短视频的时候,创作者可以通过短视频的标题和话题的设置来匹配整个账号的定位。比如美妆产品的,平时发的短视频里面就多一些和美妆相关各种产品,带上美妆这些产品的话题和标题的关键词,这样当用户搜索一些美妆的视频的时候,就能进入到我们直播间。

(2) 直播管理。

每天需要固定的时间、固定的时长,最好直播5个小时以上,这样方便让平台检测到直播;提高主播的亢奋度,不管直播间当前有多少人气,主播都要有一个很好的状态。必须有一个亢奋的状态,比如说因为人气比较低,主播有气无力,相对地观众也留不住,那直播间的人气就很难起来了;关注数据,就是把控数据,用一些低价的产品提高成交量、转化率、客户停留时长等,平台会根据数据的好坏去适当地增加人气给到直播间。

(3)粉丝运营。

一般来说,通过长期的运营,创作者慢慢能够取得一些流量。抖音平台是一个社交平台,创作者有了粉丝,就能够把这些粉丝沉淀下来。在直播的时候引导用户加入粉丝群,在日常去运营粉丝群,让粉丝的黏性活跃度维持在比较活跃的水平。同时在个人的主页设置中告诉大家如何加入粉丝群,辅以能够获取什么福利、进入粉丝群有什么好处。

3. 影响直播流量的因素

如果直播间流量长期低迷,或者是陡然下降,可以对着下面4个因素进行检查:

(1)产品长时间不更新。

一个店铺如果超过2个月时间不进行产品更新,会失去行业竞争力。不管是秒杀品、爆款、新款又或者是你的营销策略没有变化,对老粉的吸引力就会下降、复购率会降低,粉丝流失率提高,直接导致自然流量的占比下降。

(2)没有抓住新号流量扶持期。

抖音平台对新号都有流量扶持。这也是为什么商家总是起新号的原因之一。一般每个新号在开播前两周,会有较大的平台流量扶持,目的就是为了激发优秀的直播间快速成长。如果错过了这两周的新号流量扶持期,会拉长直播冷启动期。

(3)违规。

如果直播间多次存在疑似诈骗、广告极限词、利益诱导等行为,账号就有可能被关闭购物车、商品橱窗功能,或者是无法投放抖店随心推、千川等付费流量。违规严重时还有可能导致永久封号。

+--+--+ 思政园地 +--+--+

关于内容低质画风的治理

抖音电商发布《关于"内容低质画风"的专项治理公告》(以下简称"公告")。公告称,平台将开展对电商低质画风的专项治理行动,重点打击演戏炒作卖货、卖惨营销等扰乱平台秩序的行为。对于违反相关规定的直播间,抖音电商将按照平台相关规定给予封禁开播权限、扣除用户信用分、扣除保证金等处罚。

公告称,直播电商"内容低质画风"行为主要有三种:

一是上演"团队冲突",增加砍价戏码。商家宣称不愿让利后,达人制造冲突强迫商家或自己擅改低价,以此夸大商品的价格优势,带动直播间气氛,砍价期间常出现叫喊、争吵、摔东西甚至肢体冲突等影响用户体验的过激表现。

二是通过"家庭矛盾"吸引眼球。前期宣扬丈夫家暴,准备离婚,为筹钱给孩子看病,到其开办的工厂低价售卖商品;或妻子声称家中进货的商品滞销,准备亏本甩卖,引来丈夫责骂败家。

三是通过扮演弱势群体"卖惨"。直播者假扮老农、老人,欺骗用户因农产品滞销产生生计困难,诱导用户购买;或是利用自残自伤、假装生病受伤等行为,博取用户同情,乞讨式卖货。

抖音电商在公告中提示商家和达人,这些行为不仅不会起到正面作用,反而会造成严重违规的后果。直播中的表演炒作带有欺骗性质,充满嘲讽、挑衅、谩骂等不友善内容,违背直播行为规范,影响达人和商家形象。

公告中,抖音电商表示对此类内容坚决抵制、绝不姑息。平台将升级电商内容审核机制,严格规范售卖行为和商品质量,并持续加大对此类违规行为的打击力度。

(4) DSR 评分低。

商品质量、物流服务和商家服务这三大板块的综合评分,持续下滑到 4.6 分,会受到商业流量的限制。低于 4 分无法再进行付费流量投放。

第三节 付费流量运营

一、付费流量内涵

相对于免费流量,付费流量是指通过付费推广产品或服务,提高产品或服务的曝光,从而获取更多的流量。简单来说就是在各大平台花钱投流,强调 ROI(投入产出比)。

获得付费流量的主流平台有很多,包括各大自媒体平台的信息流、各大浏览器的竞价,知乎、抖音、小红书、B站、微博、公众号等都有付费推广产品和服务不同的产品,在不同的平台投放,效果必然是不一样的。每个平台的主流人群和产品都有各自的特点,根据自己的产品选择适合自己的平台。如果不会做付费投放,可以直接看同行在投放什么渠道,是否稳定投放,模仿是最高效的方式。

付费流量非常考验流动资金。所以做付费流量的话,一定要有优质的投手,有过千万级的经验;其次就是有能承接销售转化的团队。必须重视 ROI 投产比,粉丝的真实性和留存率,避免花了钱买假粉的情况。

二、手淘付费流量运营

(一) 手淘付费流量种类

以手机淘宝为例,付费流量主要有三类:

(1) 直通车。直通车是为淘宝和天猫卖家量身定制的,按点击付费的效果营销工具,为卖家实现宝贝的精准推广。每个商品可以设置多个关键字,卖家可以针对每个竞价词自由竞价,根据设置的关键词商品进行排名展示,并按实际点击次数进行扣费。

(2) 钻石展位。钻石展位是面向全网精准流量实时竞价的展现推广平台,支持按展现收费和按点击收费,以精准定向为核心,提供精准定向、创意策略、效果监测、数据分析等一站式全网推广投放解决方案,帮助客户实现更高效、更精准的全网数字营销。

(3)淘宝客。淘宝客推广是一种按照成交计费的推广模式。简单说,淘宝客就是指帮助卖家推广商品并获取佣金的人。他们在淘宝联盟中找到卖家发布的产品,并且推广出去,当有买家通过自己的推广链接成交后,那么就能够赚到卖家所提供的佣金。

三种方式各有优劣,卖家依据需求和资金推行预算来选择。付费流量的占比不宜过高。那么,付费流量占比多少是属于可控范围呢?

新店铺初期,这个没有特定的比例,假如没有其他起量的方法,全靠付费广告的话,付费流量占比到90%以上都是有可能的,但这种状况肯定不能不断持续下去的。

在店铺有了一定的销量和淘宝搜索流量后,付费流量占比会逐步下滑,店铺正常销售时期,普遍以不超越40%的付费流量占比为合理的,当然有些类目由于利润率高加上竞争激烈,付费流量占比终年高达80%以上也是有的。

店铺付费、免费流量比例是否健康,不是看流量占比多少,而是应该看广告费用在全店销售额的占比,大多数店铺都应该控制广告费用占比在10%左右,利润率高的类目可以提高广告费用占比。

付费流量占比并不需要去控制,需要控制的是广告费用占比,同样的广告费用占比,降低了CPC,付费流量占比反而会上升,所以做店铺需要控制的是广告费用占比而不是付费流量占比。

(二)直通车

直通车是淘宝提供的付费引流工具,是卖家使用频率最高的推广工具。直通车是一种花钱买流量,符合平台基本门槛基础上,不管你产品销量如何,转化率如何,只要出的价格够高,都有一定概率展示在你想要的位置的付费推广工具。简单来说,新品刚上架时的权重是微乎其微的,想靠免费流量还是比较难,花钱买展现机会,用这种手段来做推广。谁的权重高,排名就靠前一些,获取的流量就大一些。直通车能不能卖出商品主要还是看商品本身和客户的购买意向。直通车给我们带来的收益有两种,一种是直接转化,另外一种是收藏加购以及认知种草。

直通车有如下特点:

(1)直通车带来的流量是精准流量。

直通车最重要的就是"关键词推广"。顾名思义,就是花钱去买搜索某个关键词的这部分流量。它会将你的商品展示在PC端和手淘搜索,和那些免费的自然搜索位混在一起,自然也就会有流量进入你的宝贝详情页了。

(2)直通车的操作是可以控制的。

就像我们开小汽车一样,有手动挡也有自动挡。淘宝的直通车,还可以控制你的"里程数",也就是可以设置日限额。比如你今天的预算就100元,那么你可以设置100元。花完的话计划就自动暂停了。关键词也是可以自由选择的,你要投放哪个词,不投放哪个词,可以自行设置。另外,像投放的时间段、投放的省份、出价的多少等各方面,都可以自由设置。

直通车的运营步骤需要大家注意先后顺序,首先需要把宝贝包括图片准备好,第二步就是选择竞价关键词,定向人群等。在开直通车前期,主要的目标是把点击率提升上去,投入资金的目的就是希望能够让点击量增加,在后期就需要考虑直通车的ROI值了。

主要注意事项如下：

(1) 主图及详情页图。

主图是吸引买家点击的主要因素之一，详情页是影响买家转化的主要因素之一，这两者结合就是买家能不能进入店铺中，进入之后，能不能引发买家的购买欲望或是下单操作。因此需要通过不断测试完善推广创意，不断提升创意的点击率。

(2) 设置好投放时间及区域。

一般情况下，合理设置投放时间。例如，在流量的高峰期，早上8点到9点，中午12点到1点，晚上6点到10点之间进行选择性的设置与投放。设置好投放时间能大大增加曝光次数及点击率。合理设置投放区域，如在测一款羽绒服时，可以设置东北比较寒冷的城市，因为那里的客户要购买羽绒服进行保暖的需求较高，所以，用户点击、购买的欲望也就会强。

(3) 关键词相关性。

一是关键词与宝贝类目的相关性，产品发布的类目和关键词的类目要一致。二是关键词与宝贝属性的相关性，在发布宝贝时选择的属性要跟关键词的一致，一定要填写符合自己宝贝特征的属性，不然会导致转化低，而且会出现与宝贝不符的售后问题。

三、抖音付费流量运营

(一) 抖音付费流量种类

(1) 抖音信息流广告。

在刷抖音的时候经常给用户弹出来一些有"广告"两个字样的视频。这种一般是以获取用户信息的表单形式进行收费。

(2) 抖音的竞价广告。

在抖音搜索框去搜索某个关键词的时候，你会发现搜索结果就有抖音的这个竞价搜索广告。有三种计费方式：CPC(按照点击计费)、CPM(按照千次展示计费)、CPT(按照投放时间计费)。

(3) 达人网红推广。

比如品牌商找达人做星图广告，每个网红收费的方式都不一样。

(4) 抖音 DOU+。

DOU+是一款视频/直播间加热工具，可为短视频或直播间提高曝光量及互动量。注册了抖音的用户均可以投放 DOU+，可以自投，也可以代投(帮其他人投放)。

(5) 抖音巨量千川。

抖音巨量千川融合了原有的巨量引擎和 DOU+ 两大投放场景。为满足抖音商家对电商营销场景的投放要求，巨量千川一共分为"小店随心推、PC 极速推广、PC 专业推广"三个版本，操作难度也逐级递增，商家可根据自身要求进行选择。

(二) 抖加 DOU+ 和千川主要有以下区别：

(1) 投放方向不同。

抖音巨量千川偏向"强营销弱内容"的推广，而 DOU+ 偏向"强内容弱营销"。若是没有带货目的，纯粹想要推广发布的短视频或直播，则推荐使用 DOU+。

(2) 投放限制不同。

若是视频/直播间中没有挂商品的小黄车,才能用DOU+进行推广。而抖音巨量千川只能推广挂有商品的视频/直播间。只要是卖货,都不能投放DOU+,可以用"小店随心推"。

(3) 投放操作不同。

抖音巨量千川的短视频推广支持手动出价,商家可以出高价更快触达精准用户,也可以出低价控制投放成本,这样的投放方式更加灵活。而DOU+只能选择想要的投放目标,系统自动出价。

(4) 投放效果不同。

对电商用户来说,抖音巨量千川带来的流量精准度更高,目标人群精准性更强,他的优化目标可以选择商品购买、直播间商品点击、直播间带货等,系统会根据你选择的目标把短视频或者直播间推送给极有可能产生这些行为的用户。而DOU+是提升内容热度,只能通过提升视频/直播间流量间接提高带货效果。另外,投放抖音巨量千川,系统会提供分析,帮助商家决策更优质的投放策略。

(三) 小店随心推操作

相当于移动版的千川,也可以理解为DOU+的电商版。直接在手机端使用,打开抖音—我的—创作者服务中心,进入小店随心推。

1. 投放信息查看

首先,在抖加小店随心推界面,可以看到所有的投放订单。

图3-23是一个推广订单的投放信息。

图3-23 投放信息

在订单详情里,可以看到订单状态(见图3-24)。

订单状态

✓ 投放结束,结算完成
你的推广已结束,本次投放获得了1小店商品成交订单量

图3-24 订单状态

查看投放效果的统计(见图3-25)。

投放效果 ⓘ

💰 消耗　　　　　　　　　　　　¥9.92

▶ 播放量　　　　　　　　　　　　478

图3-25 投放效果

进一步,可以根据广告数据、电商数据、互动数据、转化数据进行统计分析(见图3-26)。

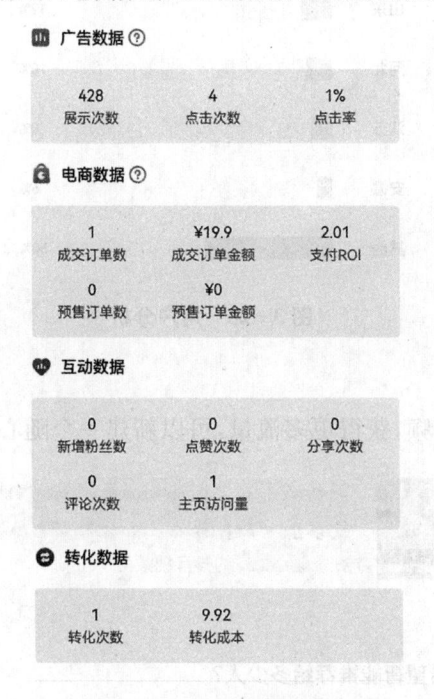

广告数据 ⓘ

428	4	1%
展示次数	点击次数	点击率

电商数据 ⓘ

1	¥19.9	2.01
成交订单数	成交订单金额	支付ROI
0	¥0	
预售订单数	预售订单金额	

互动数据

0	0	0
新增粉丝数	点赞次数	分享次数
0	1	
评论次数	主页访问量	

转化数据

1	9.92
转化次数	转化成本

图3-26 投放数据分析

还可以对此次随心推,通过投放中用户观看视频及互动,分析内容质量(见图3-27)。

内容分析 ⓘ

以下指标越高,通常代表内容质量越好,投放小店随心推效果也越好

19%	0%
▶ 5秒完播率	♥ 点赞率

图3-27 内容分析

对用户画像分析(见图3-28)。

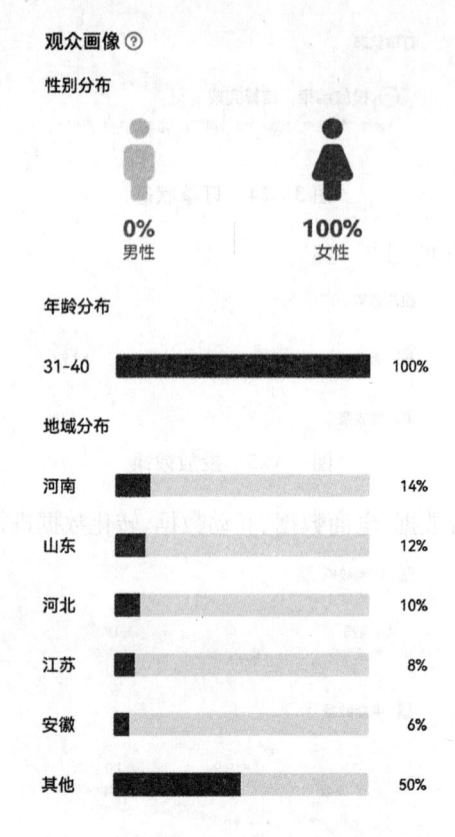

观众画像

性别分布
- 0% 男性
- 100% 女性

年龄分布
- 31-40　100%

地域分布
- 河南　14%
- 山东　12%
- 河北　10%
- 江苏　8%
- 安徽　6%
- 其他　50%

图3-28　用户分析

2. 投放设置

如果想要通过加热视频,获得更多流量,可以新建一个随心推(见图3-29)。

的抖音视频

你希望智能推荐给多少人?

[新户专享] 1500人+　　5000人+　　自定义

预估会在投放开始后6小时内完成推荐

你希望提升哪一项?

♥ 点赞评论量　　&& 粉丝量

看视频的人有机会为你点赞评论

图3-29　新建随心推

选择投放的目标,是需要主页浏览量还是点赞评论量、粉丝量,或者门店曝光(见图 3-30)。

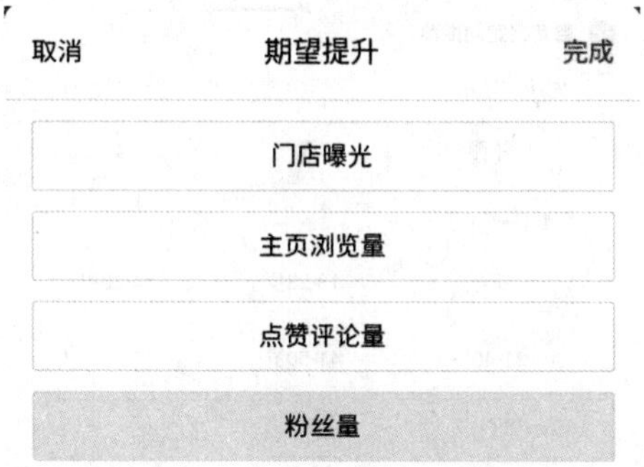

图 3-30 设置投放目标

选择我们需要的投放时长(见图 3-31)。

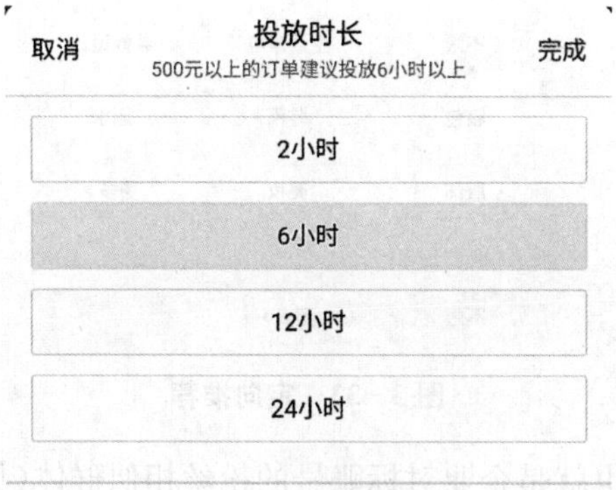

图 3-31 设置投放时长

可以选择"系统智能推荐",平台会提供预估的播放量提升,或者预估的粉丝增加量(见图 3-32)。

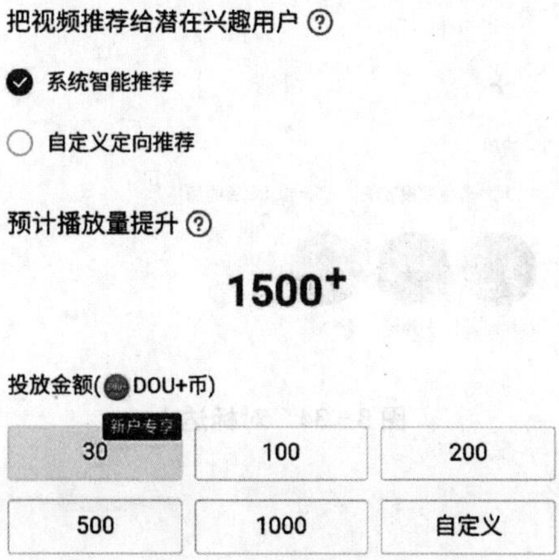

图 3-32 智能推荐

如果需要平台精准给到某个用户群体,可以寻找自定义定向推荐。可以从性别、年龄、地域、兴趣标签等角度进行选择(见图3-33)。

图 3-33 定向推荐

还可以投达人相似,也就是企业对标账号的粉丝相似群体(见图3-34)。

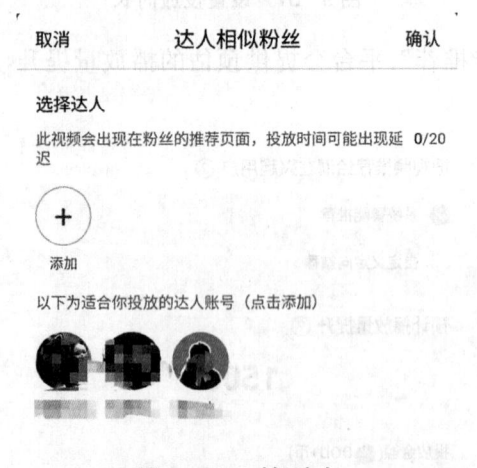

图 3-34 对标达人

选择达人账号(见图3-35)。

图3-35 达人账号选择

完成各项参数选择后,点击支付,即可完成小店随心推投流。

(三) 巨量千川专业推广版

更侧重于商品成交,专注于电商推广,拥有完善的定向体系,能圈定适合自己产品的匹配人群,主要目的吸引用户直接购买和吸引用户进直播间。

1. 投放信息查看

图3-36、图3-37是巨量千川的数据统计页面。

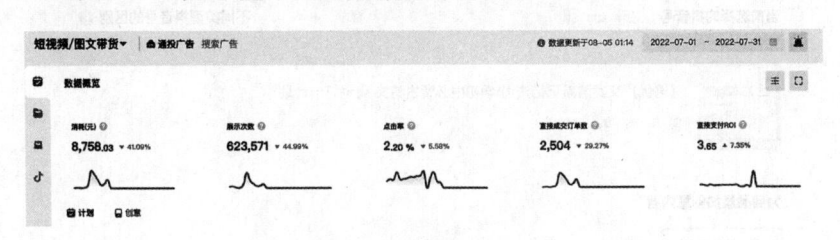

图3-36 巨量千川界面

图3-37 巨量千川计划界面

2. 投放信息设置

新建一个巨量千川投放计划,可以分为以下几步。

第一步,创建计划(见图 3-38)。

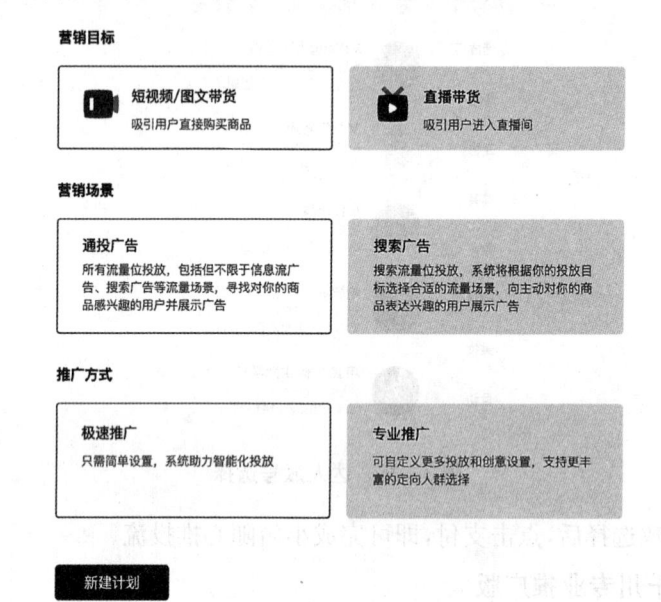

图 3-38 新建计划

第二步,创建推广商品(见图 3-39)。

图 3-39 创建推广商品

第三步,设置投放数据(见图3-40)。

图3-40 设置投放数据

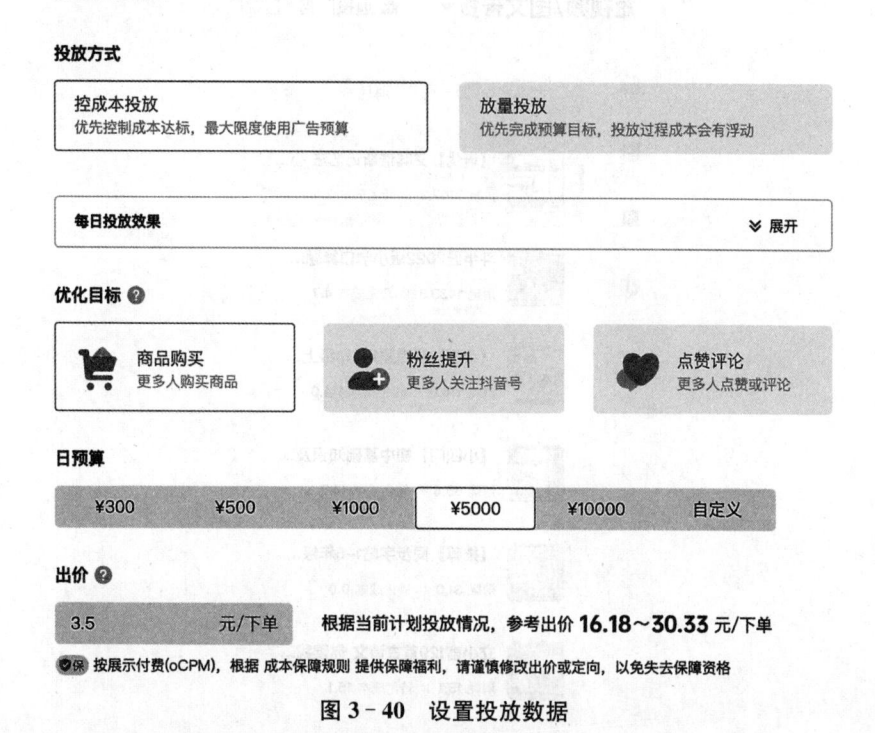

第四步,设定定向投放人群(见图3-41)。

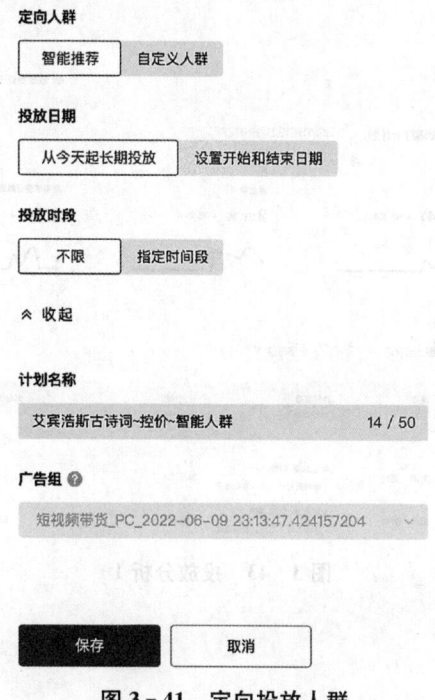

图3-41 定向投放人群

第五步，投放跟进与分析（见图3-42～图3-44）。

图3-42 投放跟进

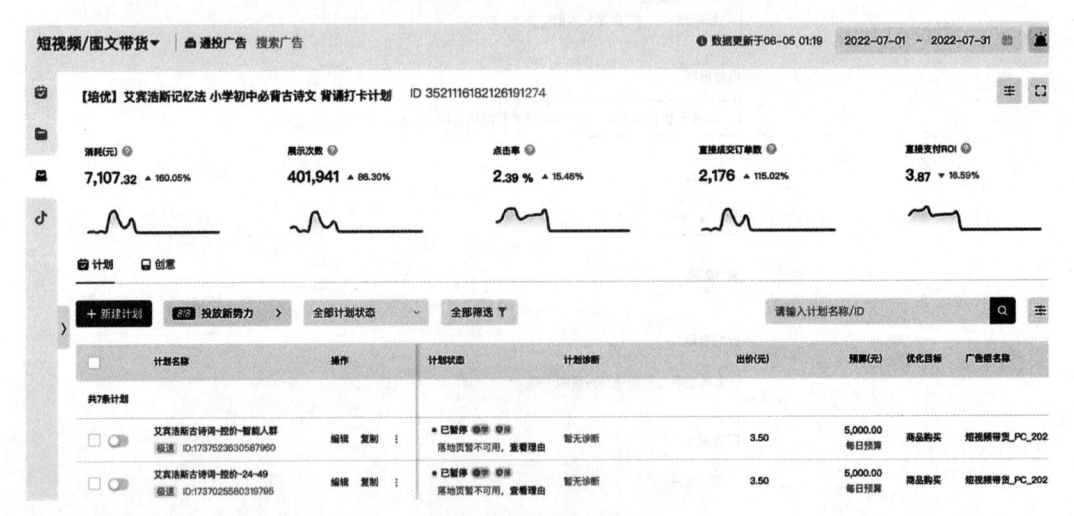

图3-43 投放分析1

图 3-44 投放分析 2

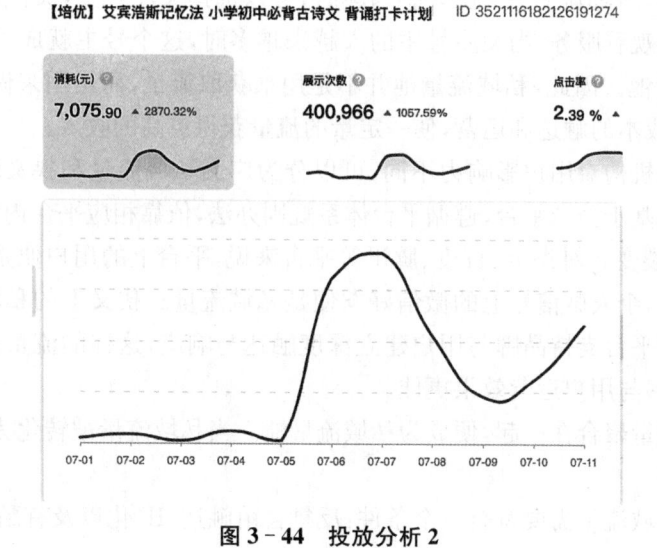

第四节 私域流量运营

一、私域流量内涵

(一) 私域流量概念

在互联网流量增长逐渐进入瓶颈期,且各大公域平台的"流量陷阱"愈发严重的背景下,私域逐渐成了企业承载业务和服务的"新宠"。私域流量突破重重束缚,成为时下最热门的词汇之时,也就注定了其不会局限于某一个行业,现如今,私域流量已成了各大企业争相抢夺的珍稀资源。通过构建私域流量寻求新的增长点,也已经成了众多品牌商家的一致选择。

私域流量是指品牌或运营方从公域流量平台、它域获取,可以长期反复触达、持续影响、具有标签属性、可精细运营、具备商业价值或长期品牌价值的用户流量。私域流量本质是可以低成本甚至是免费持续挖掘价值的用户群体。

私域流量是与公域流量相对的概念,公域流量包括抖音、天猫、淘宝、百度、京东、知乎等需要通过平台算法、搜索优化和广告位购买等方式获得的流量;其流量特点是需要利用平台的规则花钱或铺内容来获得,一旦停止动作流量很可能就会被截断。私域流量不用付费,可以在任意时间、任意频次,直接触达到用户的渠道,比如自媒体、用户群、微信号等,也就是 KOC(关键意见消费者)可辐射到的圈层。

私域流量从来都不是独立存在的,而是来自公域或者是它域的一种流量,因此,不管哪个行业,想要获取到私域流量,首先就得寻找适合引流的平台。拿抖音来说,用户喜欢的短视频很多,当对其中一个视频感兴趣时,可以选择关注号主,关注后可以一直享受号主提供的视频观看服务,当关注号主的人越来越多时,这个号主就成了网红,他这个号也成了私域流量池。因此,私域流量池并不是用来获取流量,而是用来做流量转化的,通过更便捷、更低成本的触达和运营,使一定量的流量获得更高的收入。

根据品牌或机构对用户影响力不同,可以分为广义私域流量和狭义私域流量。广义上的私域流量是基于公域平台,遵循平台体系规则办法,依靠相应平台内容对用户进行运营维护、转化及裂变。对淘宝、百度、腾讯等平台来说,平台上的用户便是其私域流量;对个人和商家而言,个人微信号上的微信好友便是私域流量。狭义上的私域流量指品牌自己搭建平台或者平台支持品牌与用户建立深度触达与响应,这样的流量品牌自主运营空间大,且转化效率与用户运营效果更佳。

众多私域流量聚合在一起,便成为私域流量池。当私域流量被转化为真正的用户后,便成了私域用户。

一般认为私域流量需要符合三个条件:反复自由触达、IP化以及有黏性。

第一,可自由反复触达。意味着私域流量的拥有者可以不通过平台直接触达私域流量。私域流量可以实现反复低成本地触达用户,公众号、小程序、微信群、App、企业个人号等全都可以做到。谈私域流量,10个人有8个人在说微信,因为目前来看利用微信生态做私域的效率是最高的。在微信生态运用私域流量运营常常伴随着组合拳,对内是朋友圈、微信群、公众号、小程序,对外是门店、App。

第二,IP化。企业、商家、个人如果想聚集私域流量,需要打造一个对用户拥有一定影响力的人格化IP。人格化的IP是基于社交网络的私域流量池搭建的有效节点。借助IP的势能吸引私域流量,提升转化率和黏性,充分挖掘其终身价值。

第三,有黏性。流量有黏性就保证了私域流量池的稳定性。如何保证私域流量的黏性?一是建立彼此之间的信任,这是基础。二是将陌生关系转化为弱关系,将弱关系提升为强关系。三是要能为私域流量提供价值。四是不断强化IP属性。

(二)私域流量作用

值得注意的是,企业做私域流量必须考虑场景下的"关系",考虑企业、品牌、产品如何与用户建立并维持这种关系;否则,用户很容易逃离或选择沉默。

总体而言,与传统相比,企业向用户销售商品,不用只靠平台推荐和广告曝光,运营好私域就能够直接接触客户。因此,企业私域流量运营有以下几点好处。

1. 增强客户黏性,防止客户流失

随着消费升级,客户的需求不断变更,由单一的购买商品需求,变为精神上的享受快感。对于企业而言,经营老客户,不能再仅停留在消费层面,还应该学会和客户交朋友,注重与客户之间的交互。比如现在的很多企业,为了增强客户黏性,主动给用户定向发送"优惠券"。

客户的获取和流失对于企业的发展有着重大影响,通过搭建自己的私域流量池,可以很好地解决客户流失问题。无论是对于新用户还是老用户,通过运营私域流量,都能够有效地促进沟通,增加客户黏性和客户忠诚度,从而保证其不容易流失。

2. 内容投放精准，塑造企业品牌

品牌，可以说是客户对企业精神层面的一种认知，一旦建立起巨大的影响力，便会带来客户的忠诚度。但它绝不能仅仅通过产品塑造，还与企业使命文化、员工服务、产品体验等相关。品牌一定是让人感知到有温度、值得信任的。而构建私域流量池，因为其碎片化的触达方式，客户可近距离感受企业服务，同时还能与其他客户在一起交流，并从别人的口碑中增强品牌认知。这会形成品牌影响的叠加，比起企业自己教育客户要有效百倍。

消费者很容易被更低价或更优质的产品吸引，如果能够将用户聚集在自己的私域流量池，通过举办活动、互动点赞评论、发起直播等形式，可让品牌与用户之间不再单纯是产品买卖关系，当品牌跟客户建立了情感连接和互动，客户对品牌的忠诚度会大幅提升，从而提高消费者的复购率。

3. 降低营销成本，提升用户终身价值

过去企业仅仅解决了与客户之间的供应关系，这种需求往往是客户主动发出的，或者销售点对点单一沟通的，企业缺少直接与客户之间的互动手段与关系链接。如果想要再次触达，成本很高。随着互联网发展逐渐成熟稳定，如今的获客成本是很高的，比如淘宝卖家通过付费直通车带来了客户，但是购买完后客户还是会回到平台。用户虽然产生了购买行为，但并没有与品牌有更多的互动，下次品牌还是需要支付高额的宣传费用来推广产品。

私域流量的特点之一就是费用低，并且可以通过各种各样的方式在合适的时间点触达到用户。可以对私域流量池的存量用户进行精细化运营和价值挖掘，挖掘用户的单客价值，提升其终身价值。具体来说就是借助 IP 打造、内容运营，与用户充分建立信任关系，多次触达用户。而且在私域流量池里消费者/用户有信任度加持，后续企业机构在推出新品、做活动的时候，私域流量便成为企业免费且高质量的推广渠道。

（三）私域流量的发展及趋势

早在 21 世纪初，中国互联网的兴起在给传统零售业带来冲击的同时，私域流量早已存在。私域流量的发展经历了以下几个阶段。

1. 私域的萌芽

2009—2012 年是私域流量的萌芽期，此时还没有人提出私域流量这个概念，但已经有了私域流量的实践操作。可以追溯到早期 QQ 时代，当时人们通过 QQ 群和 QQ 空间进行社交活动，并且出现了利用线下聚会对商品进行推销的形式。新浪微博上线，很多微博大 V 借助新浪微博的势头开始崛起，从新浪微博这个公域流量池中集聚了众多粉丝，用新浪微博的系统搭建自己的私域流量池，并通过私域流量的运营来获益。

2. 私域 1.0 时代

2009 年微信的诞生带来了革命性的变化，它不仅具备了社交功能，还增加了支付功能，这为私域电商的发展提供了基础。优秀出色的账号和内容提升了私域流量的变现能力，微商开始崛起以及微信支付的普及，使得闭环电商成为可能。随后，开始出现一些"玩"私域流量的高手,他们摸索出很多私域流量运营的玩法和经验,成为头部玩家。2013年,微信公众号的推出大大增强了企业和个人获取私域流量和将私域流量变现的能力。阿里巴巴也开始重视对私域流量的深度运营,推出了拓展私域流量的板块微淘。

3. 私域2.0时代

从2015年至2017年,私域流量进入了2.0时代,这时候一些先行者开始构建自己独立的生态系统,包括微店和小程序等交易平台。这一阶段的私域电商开始形成自己的生态圈,传统电商和实体店也开始参与私域建设。

4. 私域3.0时代

自2018年起,私域流量进入了3.0时代,私域流量爆发。由于传统电商平台流量获取成本急速攀升,移动社交平台红利凸显,此时私域电商的重要性日益显著,成了各大平台竞争的重点领域。商业模式的不断升级和创新进一步提升了私域的价值。微信个人号、微信公众号、小程序、App等成为企业、商家获取私域流量、运营私域流量、搭建私域流量池的常用工具。与此同时,有赞、聚客通等第三方服务平台开始涌现,他们为需要运营私域流量、搭建私域流量池的企业、商家、个人提供赋能私域流量的工具。

5. 私域4.0时代

私域流量不断下沉及朝着本地化发展,越来越多的普通个体借助微信等工具也有了搭建私域流量池的能力,并推动个体私域流量池的发展。私域流量在不断裂变下沉,众多的顶级公域流量池和大的公域流量池被分割为中小私域流量池和个体私域流量池已成为大趋势。越来越多的企业开始选择与中小私域流量池拥有者进行合作,推广品牌和销售产品。

随着线上流量红利的消失,众多互联网企业开始布局线下,向线下要流量,因此私域流量的本地化趋势越发明显。阿里巴巴、京东等互联网巨头已经意识到下沉市场的巨大潜力,开始通过布局社交新零售来挖掘这部分私域流量红利。而拼多多、云集等社交电商早已在下沉市场掘金,并在获得巨大下沉市场的私域流量红利之后,开始巩固自身优势,升级玩法,拓展一、二线城市的市场,与阿里巴巴、京东等借助一、二线城市消费起家的传统电商巨头竞争,围绕三、四甚至五、六线小镇的下沉市场的流量争夺已经开始。

私域流量本地化一来可以挖掘本地私域流量的价值,二来可以对私域流量进行精细化运营。总体而言,私域流量的本地化以线下体验、线上运营为主。

二、私域流量载体

企业和商家如何从0到1快速高效搭建私域流量池?首先要使用合适的私域流量池运载工具。搭建私域流量池需要借助一定的工具用于获客、承载和运营私域流量。在目前的环境下,常见的私域流量池承载工具有App,以及短视频、直播平台和微信生态矩阵。

（一）App

App 比较适合平台型企业，如拼多多、得到、滴滴等，部分个人 KOL（如凯叔讲故事、年糕妈妈），在影响力和用户规模增大到一定程度之后，也会考虑推出 App，将流量导入 App，用 App 来运营和服务私域用户。

为什么很多企业和有一定用户基础的个人喜欢用 App 来承载私域流量？这是因为用微信等平台来承载和运营自己的私域流量始终存在风险，让人不踏实。一来，第三方平台有自己的平台政策，企业需要遵守其政策，这显然不如在自己的地盘运营私域流量池方便。二来，微信等平台会定期调整平台政策，这就让私域流量值的获取和运营存在很大的变数和风险。

当然，用 App 来承载私域流量值，前提是企业的用户量已经达到了一定规模，或者像瑞幸咖啡那样，可以短期投入重金获得大量私域流量。否则，收入与运营成本很难平衡。

大型企业使用微信号来管理私域流量，可以安排客服使用微信号来触达和服务私域用户，也可以更高级的做法将服务者打造成人格化的 IP，让他们加用户为好友，平时通过微信号与用户保持交互，提高服务质量和用户体验。

（二）短视频、直播平台

短视频聚集了十分庞大的用户，创作门槛低、传播速度快，加上平台也在逐步完善作为私域流量载体的生态环境，所以利用短视频做私域流量的商家在增多。

企业通过在短视频平台上积累用户和客户，形成了一个可以自主掌控且能直接触达的流量池。个人或品牌能够相对自主地运营这种流量池，不需要付费就能多次利用，并且可以通过自由的营销活动来实现用户价值最大化的概念。在短视频平台上，私域流量可以通过一个视频创作者的粉丝、自媒体账号的粉丝或者其他形式的关注者来实现。通过短视频平台获取的粉丝不仅对视频内容感兴趣，还对企业产品或服务有较高的信任度和认可度，因此转化率更高。这些粉丝可以被视为品牌的忠诚追随者，他们可以在平台上直接与内容创作者互动，从而建立起更紧密的联系和信任关系。一般来说，只有高质量的视频内容才能吸引用户的关注和认可。因此，要关注视频内容的策划、拍摄和后期制作，确保每一个细节都做到最好。

在直播过程中，主播可以展示产品特点、使用方法、推荐理由等，并与观众进行互动和沟通，观众可以通过直播平台的购买链接或二维码直接购买产品。直播带货借助直播平台的社交属性和互动性，能够吸引大量观众的关注和参与，提高产品的曝光度和销售转化率。通过在自己的平台或渠道上积累私域流量，企业或个人可以拥有一批有一定兴趣和忠诚度的粉丝或用户群体。在直播带货过程中，这些私域流量可以成为主要的观众和潜在的购买者，提供更高的购买转化率和销售额。

（三）微信生态矩阵

1. 公众号

微信公众号虽然红利期已过，现在运营公众号难度有点大，但这些不代表微信公众号没有用，那些已经拥有一定规模用户的公众号、大号价值仍然很大。如吴晓波频道、凯叔讲故事等一些垂直领域的公众号,每天的打开率、阅读量和留言量仍然很高。前提是要持续输出优质的内容,增强用户的黏性。

在平台上,每天有几十上百篇的文章被刷新,用户看过即忘记,不会关注到作者是谁。当下一周继续发布干货文章时,对于文章被谁浏览到,一点把握也没有,所有的推荐都掌握在平台的手中。于是,很多作者会在个人简介或者其他地方写上公众号名字,告诉大家如果想学习到更多的干货信息,可以来关注该公众号,当他们关注以后,号主发布的每一篇文章,他们都能收到,这个时候只有两种选择,要么打开,要么假装看不见。无论哪种方式,都要比在平台的发布更容易触达消费者。

2. 微信群和QQ群

在公众号维护的过程中,用户能看到作者的文章,但是,当作者想和用户沟通时可能就不太顺畅。如果在公众号的首次关注自动回复中,加入了QQ群号码或者微信群二维码,想交流的用户可以添加到QQ群或者微信群中,形成作者与用户的链接,作为公众号的补充。QQ是腾讯公司在微信之前开发的社交产品,目前以00后用户为主体。部分商务沟通上,QQ比微信还是好很多的,比如QQ群,在有成熟运营方案的前提下,可以获得很多客户的。退一步讲,不管公众号如何改版,展示如何调整,都不会影响到QQ群和微信群的用户,这就是私域流量池的好处。

3. 个人微信

把用户加到个人微信和企业微信相比有很多好处:可以看用户的朋友圈,在朋友圈进行点赞评论的互动;可以在微信群里发红包,方便做社群留存和活跃;在用户眼里,你是一个真人形象,不是官方套路,更加真实;可以和用户有更多情感互动。

个人微信的门槛很低,自己注册几个号就能立刻开始做。不需要提供企业信息去注册。微信个人号私域流量池经营的特点是人性化、可信任、可复制、可扩展。

(1) 人性化。经营者和用户之间是一对一的人与人之间的交往,先交朋友再谈生意,先产生交情再产生交易。在经营上,经营者既可以对所有用户采用统一的经营策略,也可以因人而异制定差异化的经营策略,为不同的微信好友提供个性化的订制产品和服务。

(2) 可信任。经营者和用户之间通过人际交往可以产生信任。首先,信任来自经营者的个人魅力,经营者可以在自己朋友圈这个私家领地,通过内容反复触达塑造个人魅力,激发用户的点赞和评论;其次,信任来自经营者经常对用户的朋友圈进行浏览、点赞和评论,通过一对一进行内容互动来深化和强化信任关系;更重要的是,用户对经营者的信任可以转化为信任背书,推荐自己的亲朋好友给经营者,这种信任推荐的用户的商业价值更高,经营者也可以把自己生活中优秀的朋友和信息推荐给用户。

(3) 可复制。用微信个人号打造私域流量池是一种独特的企业级行为,经营者无须担心每个微信个人号5 000好友的限制,因为可以根据用户数量选择运营多个微信个人号。经营者也可以从零开始,在没有微信好友的情况下,根据不同的区域、店铺、产品线等纬度提前构架自己的多个微信个人号运营体系。

(4) 可扩展。用户认可的是经营者的人格魅力,经营者可以随时根据经营需要升级自己的经营范围,扩展自己的经营品类,也可以带着私家领地的微信好友,随时开拓新的经营区域,甚至可以调整经营者的昵称、头像,升级、改变经营者形象。

4. 企业微信

用企业微信本身也有自己的优势:

(1) 账号更加安全,不用担惊受怕被封号了。虽然企业微信也要养号,但是整体的要求和限制比个人号低很多。

(2) 有一个更加正式的企业 IP 形象,对于很重视品牌的企业来说,用企业微信可以给用户一个直接和品牌沟通的接触点。

(3) 企业微信自带一些批量操作的功能,比如群二维码、群发消息等,可以提高运营效率。

(4) 如果你的员工离职了,企业微信里的用户是带不走的,你可以把这些用户转给另一位在职员工继续管理。

(5) 与个人不同的是,企业有更大的体量和资本,当企业用户达到一定数量,可以去开发 App 搭建私域流量池,把用户导入到 App 中去,能真正地完成了用户服务的闭环。

5. 微信小程序

微信小程序也很适合企业来管理私域流量池,一来微信小程序拥有 App 的功能,但又基于微信生态,方便用户的导流。二来小程序尚处于红利期,有很大的挖掘潜力,企业可以将它与 App 搭配着使用,一方面用于服务微信用户,另一方面设法为 App 导流。

微信号+微信小程序比较适合中小型企业承载私域流量池,App+微信小程序+微信公众号比较适合用户规模较大的企业承载私域流量池。

三、私域流量运营

知道了流量池,也知道了私域流量的载体,接下来问题只有两个:如何把用户从流量池导入到私域流量?如何维护好私域流量?对企业来说,运营私域流量需要做好流量获取、流量激活、流量留存、流量转化、裂变传播这几大环节,如图 3-45 所示。

图 3-45 私域流量运营流程

(一) 流量获取,建立私域流量池

获取流量是搭建私域流量池的第一步。健康的私域流量池不仅要深耕存量,同时还要有源源不断的新流量进来,以保证私域流量池的稳定和持续扩大。获取私域流量的方法主要有三种:第一种,将公域流量导入私域流量池,如从淘宝、腾讯、百度等公域流量池中获取流量,导入自己的微信或企业的 App 中。第二种,将他人的私域流量导入自己的私域流量池,如从别人的微信群、QQ 群中获取好友。第三种,裂变自己的私域流量,如通过互推、好友推荐等方式让自己的微信好友快速裂变,有实体店的可以通过门店进行

引流,把客户引流到私域流量池。

鉴于目前微信活跃人数已经超过 10 亿,是移动互联网时代当仁不让的社交平台霸主,而且个人微信号及微信生态具备特色,它非常适合中小企业、商家和个人积累私域流量。但是,值得注意和思考的是:对于已经拥有相当规模的私域用户和经销商的企业来说,将私域流量完全放在微信平台就有一定的风险,腾讯已经开始着手用社交玩法将微信平台上的私域流量变现,未来必然会出台更为严格的政策来保护平台自己的私域流量池,对其他中大型平台充满了各种提防。因此规模比较大的企业适合研发自己的 App,借助微信生态社交媒体,将流量导入自己的 App 平台。

(二)流量激活,促进私域用户转化

用户被拉进了私域流量池,并不意味着工作就结束了,相反这是一个新的开始。之前大家的重心都放在了拉新,随着互联网时代的发展,要转变观念,提升自己维护和服务用户的能力。在用户完成注册和正式使用产品之前的这段时间内,用户的激活是提升私域流量、质量和私域用户转化率的关键。

通过运营和互动,让客户产生信任。了解客户需求,了解客户是否有购买意向,才能为下一步做好准备。迅速激活用户主要从四个方面来进行。

(1) 让用户了解产品。

在获取新用户之后,我们需要让新用户尽快了解自己的产品是一个什么样的产品,具体怎么用。为了实现这一点,现在很多平台都会为新用户提供新手引导,当用户点击产品时,会有弹框跳出来,通过图文、视频等形式一步步向用户展示产品是什么,如何操作或使用产品。用户在不断点击下一步的过程中,对产品的基本情况已经有了了解,也就能很快判断这款产品对他有没有用,是不是符合他的需求。

很多平台为了让新用户尽快进入有效用户的状态,会安排一些新手任务,完成这些任务可以获得积分或者优惠券等奖励,用户完成这些新手任务后基本就入门了,同时也能尽快消除他使用产品或平台时的陌生感。

(2) 让用户感知价值。

激活用户的关键是要让用户感受到价值,主要是通过体验产品和服务来感受。另外一种方式是做优质的内容,靠内容本身打动用户形成转化。多产出有价值、有内容、有帮助的干货,当用户发现企业做出的东西对自己有帮助时,会主动前来,这才是真正长久的做法。

比如"顺丰"微信小程序,用户体验后发现不需要关注、不需要下载 App,就可以享受同样的服务,寄快件、查快件都很方便,打开微信即可使用,不用了便自动隐藏起来,不占空间。用户就能体会到这款小程序很有价值,便会一直使用,而且还会向其他人推荐。

(3) 尽早让用户做出关键行动。

新用户越早了解产品,越早开始深入使用产品,其成为有效用户的概率就越高。因此,要设计一套方案引导用户的行为,让用户可以低门槛快速使用产品,做出关键行动,提升转化率。比如对于美团、饿了么等外卖平台来说,这个关键行动就是希望用户尽快点外卖。

可以用新用户福利、新用户红包、新用户任务来引导新用户进入核心流程；也可以利用社交中的强关系、熟人关系，通过已经具备的信任基础来影响用户和激活用户；还可以通过针对新用户的促销活动提升激活率，会员限时体验让用户成为付费会员。

（三）流量留存，私域运营的根基

用户留存是指一段时间之后用户还会使用企业的产品和服务。企业吸引了再多的用户，但没有把用户留下来，这意味着之前付出的很多心血成本都白白浪费了，并没有为企业创造太大的价值。管理大师彼得·德鲁克曾说，商业的目的在于创造和留住顾客。留存足够多的用户，才能打造出属于企业自己的私域流量池。

优化和改进产品、教育和引导用户、提升客户服务、定期举办促销活动、培养用户使用习惯、唤醒沉睡用户等，这些措施都是企业在实践中提升用户留存率的常用方法。

（四）流量转化，提升私域用户价值

企业应该围绕转化率、客单价、复购率这几个指标来提升私域用户的价值；反复使用私域流量，深化用户终身价值，让用户持续贡献价值。当客户变成交易客户后，企业可以继续向客户推送感兴趣的内容，促使客户有回购行为，为企业带来更多的利益。还可以向用户征求建议、反馈，让企业用户参与企业的产品设计研发，发挥用户的社会化协作作用，进而提升产品和服务的质量，研发出更受用户欢迎的产品和服务。

（五）裂变传播

完成流量获取、流量激活、流量留存、流量转化这几个环节后，企业要推动私域流量裂变，将私域流量池的规模持续扩大、倍增，保持竞争力。对于第一批种子客户，我们可以通过一定的奖励，鼓励种子客户为我们带来更多的新客户，为私域流量池注入活力。

总之，私域流量也是一种长期关系的培养与维护。私域流量的盛行，也让越来越多的企业投入其中，不过也有不少企业期望借助私域流量迅速取得成效。但私域流量是一个系统化的工程，涉及企业的多方面的变革，也倒逼企业后端，包括研发流程、商品设计、组织架构，都要进行调整。

搭建私域的同时不可忽视公域流量建设，私域流量和公域流量并非对立的关系，相反，公域流量是私域流量的重要来源。一个好的营销模型是企业对公域、私域营销进行有效的结合，通过全域流量的有效利用，实现用户全生命周期深度运营与持续服务，实现商业增长。

企业在构建私域流量之初，往往都会追求用户数量和广度，期望能够更大限度地将用户聚集到自己的私域流量池中。但是，随着私域流量运营的深入，会慢慢发现，那些吸收过来的不够精准的用户，不仅没有意义，还会造成营销成本的增加。对于企业来说，需要对自己的私域流量进行精细化运营，对自己流量用户进行更加清晰、细分的画像，有针对性、高质量地为目标客户提供更有价值的内容和服务，提升他们的黏度。

行业观察

醉鹅娘葡萄酒私域运营

醉鹅娘是一个知名的葡萄酒品牌，其创始人醉鹅娘从2014年起，靠做葡萄酒知识普及的自媒体起家，几年之内在全网积累了600万粉丝，其中的200万人转化成了她的葡萄酒产品客户，几十万人成为她的付费会员，2020年的销售额突破3.5亿元，接着2021年获得上千万人民币的A轮融资。

在讲醉鹅娘怎么做私域运营之前，我们先来看看她是怎么成为葡萄酒领域的头部大V的。葡萄酒作为舶来品，具有和白酒完全不同的一套酒文化，比如挑酒时要看品种、产区、年份，品酒时要观色、摇晃、闻香，还有跟食物搭配的门道等，非常复杂。在醉鹅娘之前，很多做葡萄酒知识普及的内容，不是在帮助用户减轻认知负担，反而是在把这套体系越弄越复杂，从种葡萄的土壤湿度，讲到葡萄酒的百年历史，恨不得给你开个葡萄酒专业。

醉鹅娘不一样。她做的自媒体栏目《醉鹅红酒日常》，不是要给用户"上课"，秀出我多牛、多懂葡萄酒，而是俯下身来做知识服务，抛开那些云里雾里的术语，用"说人话"的方式，告诉用户怎么品酒、挑酒。

比如，讲红酒口感，醉鹅娘不讲什么"涩感""灼热感""重量感"，而会把酒比喻成不同类型人物，有"梦露型的"，就是喝起来刺激的；有"T台模特型的"，就是比较酸涩的。再比如，讲什么红酒搭配什么菜品，醉鹅娘会把红酒搭配跟恋爱结合起来，她自己扮演成"鹅阿姨"，用给葡萄酒"儿子"相亲的方式，讲明白为什么这款酒最搭这道菜，为什么"红酒配红肉，白酒配白肉"。她的粉丝送给她一个称号——"全中国最能把葡萄酒讲明白的人"。

短短几年间，《醉鹅红酒日常》的全网播放量超过2亿次，醉鹅娘在全网积累了超过600万粉丝。接下来，就要考虑怎么变现了。

一般的自媒体大V变现，主要靠接广告和直接带货。以醉鹅娘这么大的流量，写个软文，在文章后附上购买链接，或者抖音上挂个小黄车，就能轻松变现了。醉鹅娘有更大的野心，她一开始就是奔着做私域去的。在视频和文章的结尾，醉鹅娘总是会留下自己的微信，名字叫"你的鹅娘"，引导用户加好友。凭着红酒女王的人设，醉鹅娘引导用户主动进入私域的比率据说高达40%。

好，现在到了关键环节了：把用户圈到微信里了，下一步要怎么办？在朋友圈不停发广告，在群里发优惠福利？在醉鹅娘看来，这些动作还是在用公共流量的思维在做私域，是一种"假私域"，用户很快会疲惫，然后选择无视。

真正的私域运营该怎么做呢？

第一，私域运营不是圈块地来打广告，而是把产品"服务化"，通过私域场景下的服务来进一步为用户提供价值。就醉鹅娘来说，她的私域定位不是酒水商，而是一个"懂酒的朋友"，随时陪伴在用户身边，在他们需要选酒、买酒的时候提供帮助。醉鹅娘的个人号和企业个号的名字就是"配酒师"，这是服务人员的姿态。

第二，私域运营的目标不是提高转化率，而是拣选出高价值用户。大量的私域运营把着力点放在拉升社群的活跃度、提高成交率上，醉鹅娘认为，这个用力方向就错了。私域运营事实上不可能服务到私域流量池中的所有人，私域运营的目标是要把那些高价值用户拣选出来,转化成VIP客户来重点服务,提高他们在单位周期内的总成交额。

醉鹅娘先是做了会员订阅制:付一次钱,买半年到一年的酒,每月寄一瓶,由醉鹅娘亲自甄选,让你用一年时间喝遍世界知名产区,打开葡萄酒的视野。据说第一期订购,10天之内就有400人报名。目前,会员订阅制已经成为醉鹅娘的王牌项目。

然后,对于有定制化需求的客户,醉鹅娘推出了云顶红酒Club会员体系,把重点放在提供一对一的配酒师服务上。配酒师会测试你的"味蕾人格",推荐最适合你口味的酒款,并且根据你的喜欢程度,不断去调试、推荐,直到他成为那个特别懂你口味的人。配酒师还会根据你非常具体的场景来匹配你需要的酒款。像是"我明晚临时有个局,想拎两瓶酒,当场有自己比较看重的关系,带什么酒好?""在一个人均300块的馆子里,该带什么酒?"这些问题,配酒师都会给你解答。

最后,醉鹅娘做私域运营还有一个目标,就是从自己的客户中发展出代理商。这样做有天然优势:他们是葡萄酒爱好者,本身也是醉鹅娘的客户,以这样的身份去发展其他客户,是最有说服力的。

按照醉鹅娘私域负责人的说法:"一个有1 000万元月流水的品牌,依靠把私域流量客户转化为VIP客户,至少能获得10%~30%的新增业绩;依靠把私域流量客户转化成代理商,会再获得10%~100%的新增业绩,这些才是做私域最惊喜的部分。"

根据梁宁老师提出的"三级火箭模型":第一级火箭,搭建高频头部流量;第二级火箭,搭建沉淀用户的商业场景;第三级火箭,完成商业闭环。醉鹅娘的商业模式就是这样,第一级火箭,以免费的自媒体内容《醉鹅红酒日常》获得头部流量;第二级火箭,用私域运营的VIP体系来沉淀用户;第三级火箭,通过经销商和高利润酒品完成商业闭环。三级火箭,就是通过不断制造势能,自己把自己推起来的商业模式。

(案例来源:搜狐新闻)

同步测试

一、单选题

1. 流量按入口区分,分为线上流量和( )。
   A. 付费流量   B. 线下流量   C. 免费流量   D. 精准流量

2. 流量的本质是( )。
   A. 用户关注度   B. 信息   C. 价值   D. 数据

3. ( )指平均每个UV访问网页停留的时间,停留时间是指用户打开网站最后一个页面的时间点减去打开第一个页面的时间点。
   A. 当前在线人数   B. 新访客数   C. 平均在线时间   D. 回访客数

4. 全域流量运营包括公域和( )。
   A. 精准流量   B. 线下流量   C. 免费流量   D. 私域

5. ( )就是平台根据你的产品或内容推荐给喜欢该定位产品的客户产生的流量。
   A. 免费流量   B. 付费流量   C. 公域流量   D. 推荐流量

二、多选题

1. 全域运营必须遵循的3个准则是(　　　)。
   A. 针对性定制用户策略　　　　　　B. 建立标准化运营体系
   C. 搭建数据驱动的运营体系　　　　D. 以获客为唯一目标

2. 手淘免费流量主要有(　　　)、淘内免费其他、手淘淘金币和手淘拍立淘等。
   A. 直通车　　　B. 手淘猜你喜欢　　　C. 淘搜索　　　D. 淘宝客

3. 关于手淘店铺层级的说法正确的有(　　　)。
   A. 店铺的层级越高,拿到的流量也就越多
   B. 店铺层级是系统自动分配的
   C. 第一层级的店铺数量永远要小于第二层级的店铺数量,层级越高,分配到的类目流量比例也会越高
   D. 店铺成交额对店铺层级没有影响

4. 淘宝DSR动态评分是买家购买店铺宝贝后最终的一个体验描述,针对(　　　),这也是淘宝对每个店铺宝贝和服务的一个考核。
   A. 宝贝质量描述　　B. 物流　　　　　　C. 购物体验　　　D. 服务态度

5. 影响抖音上传作品权重的因素有(　　　)推荐基数、点赞、分享数量、发布时间等进。
   A. 账号资料完善度　　　　　　　　B. 账号认证情况
   C. 视频播放量　　　　　　　　　　D. 评论数

三、简答题

1. 手淘中影响免费(自然)流量的因素有哪些?
2. 什么全域运营?
3. 抖音算法原理是什么?
4. 流量种类有哪些不同分类?
5. 简述私域流量的概念和作用。

项目实训

1. 实训目标

通过实训,辨析企业不同流量来源以及流量作用,能够概括出企业采取的流量运营策略。

2. 实训任务

(1) 团队搜集资料,找一个企业进行流量运营分析。
(2) 分析该企业做了哪些流量运营,阐述其目标用户、产品和服务。
(3) 流量运营过程中碰到哪些难点,如何解决的,取得了哪些效果?

3. 实训环境:多媒体实训室。

4. 实训要求

(1) 组长应为小组成员合理分配任务,做到每个成员都有具体任务;
(2) 组内每个成员都必须积极参与,分工合作、相互配合;
(3) 小组间PK,双方采用辩论法互相找出对方弱项,并进行反驳。

第四章 内容运营

【知识目标】
1. 熟悉内容运营含义；
2. 掌握内容生产方法及流程；
3. 熟悉内容传播渠道及特性。

【技能目标】
1. 能够生产图文型内容；
2. 能够生产视频型内容；
3. 能够根据平台特性分发内容。

【素质目标】
1. 掌握内容运营的理论认知，培养完整的理论和逻辑能力；
2. 躬行实践，从日常学习生活中锻炼对内容的运营能力；
3. 认同内容的重要性，提升自我能力和认知。

【内容结构】

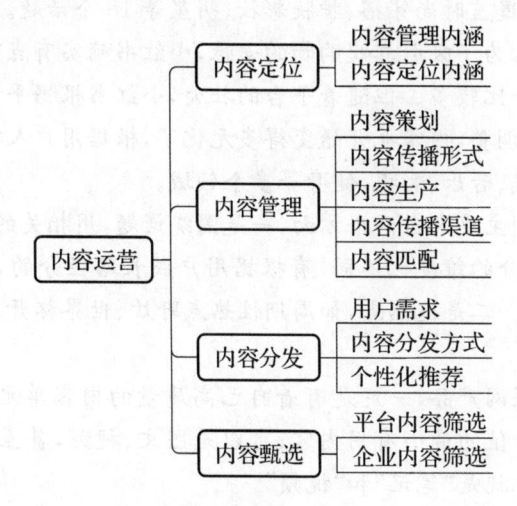

```
                    ┌─ 内容管理内涵
         ┌─ 内容定位 ┤
         │          └─ 内容定位内涵
         │
         │          ┌─ 内容策划
         │          ├─ 内容传播形式
         ├─ 内容管理 ┼─ 内容生产
内容运营 ─┤          ├─ 内容传播渠道
         │          └─ 内容匹配
         │
         │          ┌─ 用户需求
         ├─ 内容分发 ┼─ 内容分发方式
         │          └─ 个性化推荐
         │
         │          ┌─ 平台内容筛选
         └─ 内容甄选 ┤
                    └─ 企业内容筛选
```

案例导入

【案例1】 小红书内容运营

作为美妆、时尚穿搭等内容的种草社区，小红书可以说是该领域的佼佼者了。那么，小红书是如何做到让大量用户驻足于此,生产并传播内容的呢?这就不得不说到小红书的内容运营手段了,下面分三个大方面来对小红书内容运营进行分析拆解。

一、内容方向

最初的小红书主要定位于海外购物攻略,由团队自己生产海淘相关的知识内容。2014年,围绕海淘经验交流打造的社区上线了,随后的一系列迭代都围绕用户交流这一主题,口号也变成了"找到海外的好东西"。再后来App端加入商城,口号变成了"全世界的好东西",用户可以直接海淘,形成商业闭环。2016年,平台的愿景扩大成"全世界的好生活",内容主题从垂直的美妆、海淘分享泛化成泛生活相关的内容。健身、宠物、美食等内容加入,大大充实了小红书的普适性,让用户规模大幅增长。2017年,随着市场上短视频的盛行,小红书一方面引入名人,另一方面引入短视频内容,进一步扩大内容的覆盖面,完成了从一个海淘经验分享社区到女性泛生活社区的转变,口号也升级为"标记我的生活",开启了中国互联网内容电商的新篇章。小红书用户群体从服务于对海外购感兴趣的女性用户,到购买跨境商品的网购用户,最后到追求精致生活的女性,不难发现小红书的目标用户不断扩大,内容方向也越来越广、越来越多。

小红书是怎么确定内容方向的?内容方向确定后,是怎么做话题和选题的?什么样的内容才是高质量内容?

1. 内容定位

艾瑞App指数的数据显示,小红书的目标用户是来自一、二线城市爱美、追求品质和精致生活的90后女孩。针对这样的用户群体,它的内容定位是为爱美女孩提供时尚、护肤、生活方式上的指南。

内容定位决定了内容话题,与年轻女孩的生活相关的内容,就是小红书的内容话题范畴,目前小红书的内容覆盖时尚穿搭、护肤彩妆、明星等18个话题。这样的话题分类也不是一蹴而就的。一开始为了吸引喜欢购物的女性,小红书确实有点"偏科",美妆、时尚、美食等领域的内容可能会比较多。但随着平台的壮大,小红书根据平台的用户、内容数据分析,进行话题的增加和调整,内容也开始变得多元化了,根据用户人群的特点,已经拓展到了科技数码、搞笑、游戏、音乐、影视、健身等多个领域。

小红书的内容选题主要来自两个方面,一是围绕话题,用相关的关键词裂变选题。不同的话题之下,选题划分的维度也不同,有根据用户成长路径分的,有根据用户生活场景分的、有根据品类细分。二是追热点,如周期性热点野炊、世界杯开赛等。

2. 内容单元

一款高质量的互联网产品,一定是有着自己高质量的内容单元。内容单元指的是一款产品中对用户产生价值的最小有用内容,可以是图文、视频,甚至是某种特定结构的内容。小红书的内容单元就是"笔记"和"视频"。

小红书的内容单元通常有两大特点:一是可解构。小红书的笔记和视频有十分清楚的结构,一方面便于用户阅读,另一方面降低了用户的生产成本。新用户在发布笔记时,不需要思考放哪些内容,怎么放,因为小红书已经提供好模板了。以笔记为例,笔记的内容结构包括用户信息、图片、标签、标题、正文、赞、评论、收藏、相关笔记,部分笔记还包括可购买商品和类似商品推荐。二是可参与。作为一个用户生产内容分享平台,随着规模扩大,现在小红书的内容单元大部分都是由用户创建。小红书上面的优质笔记和视频能够独立对用户产生价值。一份优质笔记,能保证用户看完就有所收获。优质笔记都能够以任何形式进行组织整合,用户看到优质笔记,会收藏到自己的专辑;而编辑也会把优质笔记收录到对应话题之下,或者由官方账号收录,推荐给更多用户。根据观察,被官方收录的高质量笔记通常有以下特点:图片拍摄精美,品牌、价格等标签尽量完整;干货满满、有详细、实用的心得。

二、内容生产方式

内容生产主要包括内容生产来源、内容加工、内容组织(专题策划)这3个方面。

1. 内容来源

小红书的内容来源主要有3种,分别是:UGC、PGC和以明星、红人为代表的PUGC。

UGC(用户原创内容)是小红书的主要内容来源,每天都有大量的用户生产笔记,而小红书也有激励用户进行UGC的举措。小红书平台搭建了一个用户成长体系,从尿布薯到皇冠薯,一共要经历10个等级,而升级的要求中,就包括"内容生产"。为了激励用户生产高质量内容,小红书还发布了相关的内容生产指导笔记。此外,小红书也通过在搜索框、热门搜索等位置做话题推荐,吸引用户进入话题生产内容。

PGC(专业生产内容)是以内容话题的分类作为划分依据,开设了多个垂直官方账号,如薯队长、穿搭薯、视频薯、娱乐薯、生活薯、运动薯、日常薯、吃货薯、照片薯等。

PUGC(专业用户生产内容)用户主要分为3类:一是从其他MCN平台邀请的达人/团队,如深夜发嗤;二是小红书培养的达人用户,这些达人是小红书重度用户,提供了大量高质量内容;第三类是明星,邀请资深明星用户,作为小红书强有力的背书,带来了一大批粉丝用户。

2. 内容加工

小红书在首页就设置了品类细分,内容分类在"首页—发现"下面,编辑会按照"视频""时尚""护肤""彩妆""健身""美食"等将近20个分类,对用户生产的内容进行品类划分。不同需求的用户可以到不同的分类之下查看内容。另一方面,小红书各个垂直官方账号会将优质内容收录,做不同主题的划分。

小红书还会做二次加工编辑,凡是被官方录用的优质内容,在推送之前,小红书的编辑都会进行加工处理。目的是让用户有更好的阅读体验,也是为了让生产内容的用户知道什么样的内容才是好的。通过对比用户生产的内容与编辑加工后的内容,通常会进一步提取重要信息,让阅读笔记的用户快速找到想要的重点。

3. 内容组织(专题策划)

小红书的专题策划类型主要有3种,针对热门网络现象做专题策划,针对原生内容做专题策划,还有针对一些可预见的重大事件做专题。首先,针对网络上的热门现象做专题策划。例如,小红书曾经抓住宜家推出的网红食品推出了专题"整颗橙子冰",让用户上传自己的制作和食用笔记。其次,针对原生内容做专题策划。类似"玫瑰果美白丸""抽脂""丸子头"之类的原生内容话题,对站内相关主题的优质内容做整合推荐。最后,针对可预见的重大事件做专题策划。比如在世界杯即将开始期间,小红书就推出了一系列的专题策划。例如,#世界杯球迷上线#、#pick我的世界杯#、#来小红书看世界杯#等。

抓住大众关心的话题,一定程度上可以帮助小红书触达潜在用户,实现用户引入。

小红书还对内容生产的标准化进行引导,在发布工具上的产品设计,很大程度上就对内容的生产有了很强的引导,可以说是发布工具就规定了内容的调性规则。发布编辑器的简单易用,极大地降低了创作门槛,人人都可以快速编辑出一篇分享笔记,而无须再用专业的设备和专业的工具去实现创作内容发布编辑,用户可以操作的工具主要四类:滤镜、基础照片编辑、标签、贴纸,并没有叠加过多的功能,简单几步即可完成创作,功能构成简单却很高效。

三、推荐机制

1. 推送时间

推送时间要符合用户的生活习惯、阅读习惯。小红书作为一个内容型平台,一般按照用户阅读习惯来确定常规内容的推送时间。小红书的内容偏向休闲娱乐,因此推送时间会避开用户的上班时段。推送时间一般在上午9:30左右,中午12:00—13:30、下午18:30左右和晚上21:30左右,多是用户下班、休闲的时间,符合用户阅读习惯。小红书做内容推荐(Push、消息通知)时有这样两个规律:Push一般隔两个小时推一次;消息通知一般在中午、晚上用户下班后的休息时间。

2. 推送渠道

做内容推送的核心目的,无非还是为了拉新、促活和留存,吸引用户注册下载,留存下来并且喜欢上产品。

用户促活、留存,在用户生命周期的不同阶段,平台通常会有不同的推荐策略。用户新手期,小红书使用的内容推荐策略主要是机器算法推荐和热门高质量内容推荐。用户到了成长期,小红书获得的用户行为数据会越来越多,采用的内容推荐策略也更加丰富,主要有以下几种方式。

(1) 机器算法推荐:当小红书获得用户越来越完整的数据包后,会更倾向于根据用户的喜好推荐不同的内容,以此增加用户留存。作为小红书重度用户,首页每一条都是用户搜索过的关键词或者看过的笔记相关的主题。

(2) 基于内容单元的相关度进行推送,同样是推送用户感兴趣的内容,提升用户的留存。

(3) 基于好友关系的推荐:小红书首页有个"关注"的 Tab,会给用户推荐关注的达人、朋友更新的内容,利用社交关系留住用户。

(4) 基于距离的附近推荐:小红书首页有个"附近"的 Tab,会给用户推荐距离 20 km 内的用户发的内容。

(5) 编辑推荐:小红书有自己的官方账号,会收录用户的高质量笔记进行推荐。

(6) 消息通知:利用机器算法,根据不同用户的不同需求,推送相关的内容。还有就是推荐商城的优惠信息。

(7) Push:主要目的是促活和留存。小红书的 Push 类型主要有两种,一种是推送用户感兴趣的内容,另一种是推送用户关注的达人发布的笔记,利用用户感兴趣的内容和平台高质量内容促活、留存。

(8) 搜索框:搜索框一般放小红书的主推话题,推广平台的专题内容,吸引用户参与创作。

（9）微信公众号：小红书在微信平台开设了官方公众号"小红书App"，这是小红书日常的内容推荐渠道，在图文结尾会使用二维码或者阅读原文进行导流。

（10）微博：是小红书另一个日常渠道。日常推送的选题来自平台上用户生产的高质量内容，通过内容进行品牌建立和用户引入，但是平时的互动量、转发量不高，数据比较好的是带有明星话题的内容，如转发明星入驻小红书的微博、发布明星的小红书笔记等，带来的互动和传播效果会更好。

（11）媒体广告：小红书在综艺节目中投放了媒体广告，包括中插、口播、后期字幕等，由于人群匹配精准，比如《偶像练习生》和《创造101》就曾经为小红书带来品牌曝光和用户的显著增长。

四、社区运营特色

小红书图片的标签属性应该是最具特色的了。用户们对此也形成了强烈的社区认知，图片上添加相关标签说明，形成了小红书特有的风格。通过浏览平台里其他创作者的内容，模仿创作风格，对新手创作者很友好。

【案例2】　　　　　　　三只松鼠内容运营

三只松鼠会针对品牌、不同的产品等进行一段时间的定期选择，其广告词、图片都是直达人心。在年货节这个营销节点，礼包属于刚需产品，三只松鼠的推广在保持品牌传播调性的基础上，深入消费者的消费场景，从而提升销售转化。因此在投放之前深度调研了抖音各生态类型的KOL，最终决定从生活类、测评类、剧情类等多个类型切入，将送礼、送父母、营养年礼等多个卖点进行植入。

因此，三只松鼠延续了品牌的传播调性，继续以健康零食、网红零食、送礼潮品等概念进行输出。以IP化、年轻化、网络化、互动化的方式，结合中国的传统节日，从"七夕巨型零食礼包""中秋坚果/月饼礼盒"到年货节特别企划"中国年，送三只松鼠坚果礼盒"，借助抖音短视频带货，结合产品人群以及卖点，玩出了年货节营销新花样。

"什么声音可以代表夏天？冰块落入水中、勺子搅动饮品或是汽水开罐时的响声？"2020年盛夏，三只松鼠推出创意新品气泡瓜子仁（见图4-1），"让唇齿享用果仁的清脆咀嚼声和在舌尖释放气泡的声音代表你的夏天。"这是三只松鼠当时最具有代表性的口号以及介绍，当时数据显示阅读量最多的也是这句话。说实话作为消费者确实会因为这些话去购买。

三只松鼠气泡瓜子仁精选剔除坏籽的内蒙古油葵仁，历经180天匠心研发，将颗颗饱满的瓜子仁与汽水充分结合，让消费者每一口都能尝到气泡带来的夏日美味。通过数次产品实验，三

图4-1　创意新品气泡瓜子仁

只松鼠选定了白桃、可乐、青瓜、青苹果四种口味,其中几样蔬果不管在外观或味道上都与汽水十分契合:清香的黄瓜,香甜的白桃,酸甜的青苹果,可乐更是毋庸置疑的消暑利器,清凉的气泡搭配瓜子仁的酥香,给人一场创意与美味兼备的飨宴。

案例启示

小红书作为内容平台,其内容运营围绕三方面进行。首先,按照目标人群确定内容方向;其次,从生产到加工、组织精细化内容,完成内容生产;最后,进行内容推荐,使用用户生命周期全覆盖的内容推荐策略作为小红书社区内容运营的核心。

三只松鼠作为一家领先的、打造出众多健康食品品牌的坚果企业,在保持品牌传播调性的基础上,深入消费者的消费场景,选择合适的内容形式,在合适的内容平台分享内容,有效地满足了用户需求,从而提升销售转化。

从企业的性质来看,可以分为内容平台企业的内容运营和产品生产企业的内容运营。内容运营概念界定并不像公式那样严谨,有的公司把新媒体叫作内容营销,内容运营广为人知的定义是产出图片、文字或视频内容的运营。渠道里面所有的内容,也就是呈现在用户面前的东西都是内容运营,内容运营的本质是通过有价值的内容"吸引"目标用户,并促成用户相应的转化行为。文字、音频、视频、图文等都是形式,核心是这些载体所承载的内容。

第一节　内容定位

一、内容运营内涵

(一) 内容运营概念

新媒体时代的特点更能彰显"内容为王"的重要性。运营的所有工作当中,内容运营是最基础的,同时也是非常重要的,因为无论是社交类产品还是电商类产品或者功能类产品、销售类产品,所有的一切都需要有"东西"呈现,而这个"东西"就是内容。只是呈现的形式不一样而已,微博是短平快文字、抖音是短视频、腾讯视频是长视频、微信公众平台则是基于文章、知乎是具备高阶认知内容、小红书以及大众点评则是设置规则让用户创作优质内容。让产品传播起来以及让产品越来越有生命力的基础就是内容运营。

内容运营是指企业通过发布多种形式的媒体内容,如电子杂志、图文、微博、视频等,来传递产品或品牌信息,并激发用户参与、分享、传播的完整运营过程,并促成用户相应的转化行为。即通过有价值的内容"吸引"目标用户,文字、音频、视频、图文等都是形式,核心是这些载体所承载的内容。

内容运营中的"内容"有两层含义:第一,"内容"指的是内容渠道。用户浏览互联网内容,一般通过微信公众号、今日头条、微博、知乎、腾讯新闻等内容渠道,因此运营者也需要将内容布局在内容渠道,与用户的内容浏览习惯相匹配。第二,"内容"指的是内容形式。用户通过手机或电脑上网,通过"看图文、看视频、听音频"等形式了解产品或品牌信息,与之对应,内容可以是文章、海报、视频或音频等形式。

在价值观念方面,内容运营是以消费者为价值核心,通过持续不断地为消费者提供满足其各类需求的优质内容,逐渐与消费者建立深层次的情感、信任关系,从而最终达成营销目的;同时消费者也成为品牌价值创造的核心驱动力,通过参与内容创作和传播的过程与品牌共同创造价值。

(二)内容运营的特点

首先,内容的形式多样。企业自主创造的任何形式的体现品牌信息的作品,包括文本、图像及其他多媒体素材都可以统称为"内容",即内容是信息本身,且有不同的表现形式和载体。具体而言,内容既包括企业在自有媒体上发布的视频、博客、摄影图片、网络研讨会、白皮书、电子书等有市场推广作用的网页组成元素,又包括企业在自有媒体之外发布或形成的内容。

其次,内容对于消费者来说一定是有价值的。对于消费者来说,内容是和产品或品牌相关的信息,或是高质量、有教育意义、对购买决策有帮助的信息,或是有娱乐性的吸引眼球的信息。总之,内容对消费者来说一定是有价值的,否则难以让他们主动搜索和传播。

再者,内容运营是一种拉式营销策略。与广告这种推式策略——通过打断消费者思考或感官体验来硬性传递信息——不同,从给予消费者需求角度来向消费者提供信息,从而能够降低消费者的厌恶感,使有趣的、有价值的信息更易被消费者主动接受、搜索和传播。它不像广告那样追求短期或立即性的行为改变,而是倾向于对消费者进行理性的、长期的内容教育,从而达到提高消费者品牌忠诚度的目的。

最后,内容运营不仅是一种营销传播策略,更是一种战略指导。首先,内容运营涉及企业、内容、消费者之间的良性循环。企业为了提供有价值的内容,首先要聆听消费者需求。有价值的内容激发有益的顾客互动,如使顾客更愿意提出他们的意见和建议。这些来自消费者的反馈又能够帮助企业提供更有针对性的内容。这一循环要求企业必须在战略层面转向顾客导向。

二、内容定位内涵

(一)内容运营步骤

内容运营的实际操作分为三部分,即内容定位、内容管理和内容分发。其中,内容定位就是基于对用户需求的挖掘和市场动向对素材进行筛选,选择合适且高质量,符合市场预期和用户需求的内容;内容管理则包括内容生产与加工,即对原有素材进行合理的编辑加工并进行包装;内容分发是指呈现方式与渠道以及后期的宣传推广等,将内容有针对性地分发给用户,从而形成整个内容运营流程的闭环。

(二)内容定位和定调

定位和定调都是做内容运营的基础前提,如果想要把"调性"落到实处,需要从内容背后提炼出来一些棱角分明的标签,再用一系列具体、切实的行为动作去支撑起这些标签。比如知乎就是硬核知识体系的一个平台,其定位是有问题就会有答案,调性就体现在标签细节中。从大的方向来说,内容运营要做的事情基本上就是两类,第一类是自己创造内容,第二类是设置规则的同时引导用户产出内容。

1. 总体定位

定位分为总体定位和内容定位两个层面。总体定位是企业和管理者应该做的工作,进行市场调研以及用户画像分析,结合核心竞争优势打造产品并通过一句话进行整体描述。首先需要了解用户的基本属性,如年龄、性别、所在的地域、文化程度、上网习惯、对内容的偏好。快速了解用户可以通过用户基本画像,这是最简单高效的办法。其次,通过数据可以洞悉用户。从后台看数据,可以先看个大概,具体的数据会随着运营节奏的深入而呈现出来。最后是用户访谈。用户访谈的前提是接触用户,也许你并不知道真实的用户在哪。用户投诉的时候是一个特别好的接触用户契机。有时候用户是通过产品投诉渠道发来投诉,有时候在微博上投诉。总之,接到用户投诉时,去和用户聊,询问他投诉的原因是一方面,更加深入地聊,深入理解用户才是真实目的。

2. 内容定位

内容定位则是在既定框架下进行长线以及短线的内容持续输出定位。短线定位,是尽一切努力促进内容被消费者关注,比如绞尽脑汁写好一个搞笑的段子,或者说写一篇产品介绍文章、一篇软文等。长线定位,则是以一系列长期、持续的内容为载体,面向用户建立一种识别度及信任感。所有的内容输出都是基于运营关键点,并且启动之前做好规划设计,持续相关信息输出,这就是长线内容规划。

内容定位的基础在于你的目标客户群体,也就是说你基于什么样的人产出内容或者组织其进行有效产出,比如早期的知乎风格偏重"互联网和创业领域的认真严肃、客观中立式"问题探讨,早期的小红书话题聚焦一个方向——香港购物、代购,豆瓣到目前为止风格还是"文青小清新聚集地",人人都是产品经理也有UCG模式,但有专人审核,如果投递的文章不符合其内容定位要求,就会被拒绝。

因此内容定位实际上要解决的就是你是谁,你的目标客户是谁,他们喜欢看什么的问题。因为在如今这个浩如烟海的海洋信息世界里只有高度聚焦在某一信息点上再进行高质量的内容创作才有可能成功。

3. 定调

即确定调性,所谓的调性就是平台信息给人呈现的整体感觉,这个感觉是内容、页面布局、整体风格的集中呈现。关于调性,实际上我们必须给内容找到显著的不同以及差异所在。根据用户的不同特质给出更能产生影响力的内容输出。

如图4-2所示,对比同样的小米空调在拼多多和京东第一页的画面,就很容易区分其不同调性。拼多多上侧重展示能效省电、万人团购和全国联保,强调价格便宜,有保证属性;京东页面则首先展示近期活动、高温除菌等核心功能点,表达的是该产品和同类产品区别点是什么。

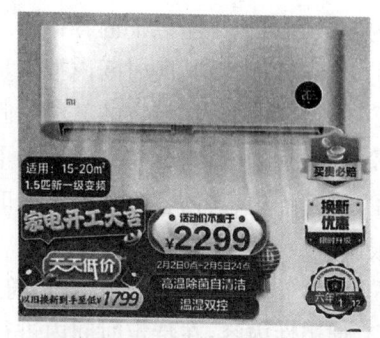

图 4-2　小米空调在拼多多和京东展示对比

第二节　内容管理

一、内容策划

（一）内容生产的基本流程

内容生产基本流程是：选题规划—内容策划—形式创意—素材整理—内容编辑—内容优化。

（1）选题规划。内容生产的第一个环节是进行选题规划，进行阶段性的内容设计。通过扎实的日常运营和持续的内容输出，才有可能出现受人关注的"10万+文章""百万级曝光"内容。

（2）内容策划。内容策划做的是更具体的内容设计。在写一篇微信文章或创作一条产品广告前，内容运营团队需要进行头脑风暴，探讨内容细节，并完成内容策划。做内容策划，实际上就是解决以下重要问题：本次内容的目的是什么，推广新品、宣传品牌还是其他？内容投放渠道在哪里，微信公众号、微博、知乎还是其他？该渠道的用户是谁，大学生、职场人还是其他？内容制作周期是多久？内容传播周期预计多久？内容主题如何设计？内容风格如何设计？

内容策划可以参考以下内容：
① 热点性内容：某段时间内搜索量迅速提高、人气关注度节节攀升的内容。
② 时效性内容：在特定的某段时间内具有最高价值的内容。
③ 即时性内容：内容充分展现当下所发生的物和事。
④ 持续性内容：内容含金量不受时间变化而变化，无论在哪个时间段内容都不受时效性限制。
⑤ 方案性内容：具有一定逻辑，符合运营策略的方案内容。
⑥ 促销性内容：在特定时间内进行促销活动产生的运营内容。促销性内容价值往往体现在提高企业更加快速促销产品，提升企业形象上。

(3) 形式创意。内容策划完成后，运营者需要思考对应的形式，这就是形式创意。用户总是对新鲜的、有创意的形式更感兴趣，如果某个账号的内容形式一成不变，用户的活跃度会逐渐降低。因此每一次发文章或者做海报之前，运营者需要思考，这次内容：可以写成一个故事吗，可以写成一篇趣味新闻吗，可以做成一张长图吗，可以做成一个小问答吗，等等。

(4) 素材整理。内容形式敲定后，运营者需要进行素材搜集与整理。素材主要包括内部素材和行业素材。内部素材包括企业产品图、产品理念、活动流程、过往照片、过往数据等；行业素材包括行业数据、行业新闻、网民舆论、近期热点等。将两大类素材尽可能多地搜集并分门别类地整理，这一环节基本完成。此外，运营者需要养成"随手记录素材"的习惯，完善自己的素材库。

(5) 内容编辑。内容编辑实际上就是常规意义上的"写文章""做海报"等，属于内容运营的执行工作。如果跳过前边3个环节直接写文章或做海报，运营者常会出现"没有思路""毫无框架"的情况；相反，如果以上步骤都完整执行，这一步会相对轻松，直接按照已经做好的策划来设计即可。

(6) 内容优化。内容编辑工作完成后，需要进行测试、反馈及优化。如果转化率低或反馈不好，需要进行内容优化与调整。

常见的测试与反馈方式有文章预览直接转到粉丝群；报名网址分享在朋友圈；微博发布设置为"好友圈"；内容海报仅部分人可见等等。

(二) 内容生产的维度

移动互联网时代，可以获取的信息丰富，内容素材来源丰富但鱼龙混杂。最能打动消费者的一定是原创文章，内容质量更高、专业性更强。另外，用户需求随着场景的切换而变化，呈现出场景化趋势，用户的真实需求通过不断变化的场景而被激发与创造。因此，内容创作要以特定的场景需求为着眼点，利用用户所处的场景特征和信息，提供精准服务，满足用户即时性需求并创造出极致体验。移动商务和新媒体环境促使内容生产环节发生了重大革命，在灵感的收集、素材的选取、框架的设立、文章的编辑等环节更加具备专业性和趣味性。

内容营销是在深刻了解消费者的情况下，提供领先的思想和价值观，并通过一个个故事以及有价值的信息，以品牌或产品为载体，将这些价值观传递给消费者。品牌或产品成为顾客价值的一个具体落脚点，而真正打动消费者的，是附着在品牌或产品上的文化价值观和意义。在进行内容营销时，企业像是在做一个媒体，但又不全是；像是在铺陈品牌故事,但又不全是;像是在做病毒式营销,但又不全是。内容运营主要从讲故事和顾客互动参与这两个重要维度进行内容生产。

1. 讲故事

"讲故事"或"叙事"是内容营销的核心之一,同时也是一个长盛不衰的话题。一个品牌的故事指的是该品牌的历史、发展及一切与品牌相关的话题。品牌可以通过不同形式的内容和渠道组合来给消费者讲故事,以吸引消费者关注、维护消费者关系。无论企业是想通过搜索引擎优化来被消费者找到、促进导引性消费,还是使用社会化媒体渠道来进行内容营销,如果没有一个吸引眼球的故事,或者更具体地说,这个故事无法提供有价值的或具有娱乐性的内容,就无法收到明显的效果。一个好的故事其实无须也不能融入太多的信息,但是它能够通过唤起听众或读者的情感来实现共鸣。

什么是好故事?企业的内容要想吸引受众眼球,就必须能引起受众情感共鸣(可以通过趣味性、娱乐性的内容)或能提供可以帮助消费者解决问题的有价值信息。另外,出色的内容还应该有针对性,应该把最适当的内容提供给尽可能多的最需要这些内容的人。这一点对于内容是否能够引起受众的兴趣有着很重要的作用,因为只有内容与受众需求密切相关,才容易引起受众的兴趣。此外,在社会化媒体时代,针对性的内容还讲究使用适当的渠道,在恰当的时间传递给受众,即需要考虑内容形式、渠道和触发因素,讲究时间和空间两个维度。

行业观察

褚橙品牌故事

褚橙,源自褚时健;励志,是因为一代"烟王"75岁创业成为"橙王"。褚时健经历了跌宕起伏的人生,75岁时开启二次创业,承包2 000亩荒山,这位昔日赫赫有名的烟草大王,每天戴着草帽,穿着拖鞋,转悠在大大小小山头之上,为了种植出好吃的橙子,指挥工人翻挖土地,修渠引水,开垦施肥。种了十年橙子的褚时健,再创奇迹,成为最传奇的企业家之一。85岁,带褚橙进京,果园年产橙子8 000吨,利润超3 000万元。

褚橙创始人褚时健的跌宕人生和老骥伏枥的故事,让我们看到梦想的力量和人生的无限可能。

2. 顾客互动参与

内容营销不光是讲故事,还有一个很重要的部分是在与顾客的互动中创造故事。但同时必须将注意力转移到内容营销最为根本的一点上面——顾客互动参与。从心理层面来说,顾客互动参与是顾客在交易过程中追求情感、被尊重、被认可、自我实现等更高层次心理需求的满足的结果。从行为层面来说,顾客互动参与可以定义为由一定的动机所驱动的顾客关注企业或品牌的一种行为表现。顾客互动参与是内容营销成功的关键之一,也是内容营销与传统营销的重要区别之一。

从互动交往上看,收藏、评论、分享功能都能增强受众的参与感和满足感。用户通过分享和评论等实现了二次传播和多次传播。一些意见领袖还能分享专业性、引领性的内容,充分发挥着大众和企业之间的"桥梁"作用,在一定程度上有效整合信息和意见流。

(三) 爆款内容的底层逻辑

1. 循序渐进

无论最终的结果有多么伟大，从优秀到卓越的转变绝不是创造了某个奇迹，事件最终就产生了指标，一定是不断推动一个沉重的巨轮，一圈圈旋转，最终产生突破，自己开始转起来。内容是需要不断积累的，爆款内容不是一蹴而就的，切记不能三天打鱼两天晒网。只有根据产品特性，对应消费者需求，对内容不断调整和完善，不断打磨，积累经验，才能逐渐得心应手，打造出爆款内容，形成自己的内容飞轮效应。

2. 提高效率

在有效的时间内超越同行，打造爆款内容需要快速反应，遵循内容结构，吸引用户。写出爆款不仅需要文笔和积累，还要模仿爆款，研究爆款文章，耐心拆解。我们经常犯的错误是选择一些自认为高热度的话题，没有注意用户的关注度。我们应该采取利用数据平台搜索高热度的话题，并建立一个自己的主题选择库。另一种方法是搜索与我们的领域相关的关键词，根据热度进行排序，这样你就可以看到很多相关的爆款。通过借鉴爆款的内容结构进行改写，逐步发展出自己独特的风格。

比如爆款内容一般都会非常重视开头和结尾。你知道宜家卖得最好的商品是什么吗？不是床、沙发、枕头、玩具，而是出口处售价两元的冰激凌。仅仅是中国的宜家，一年就能卖出1 000多万个冰激凌。但宜家卖冰激凌的目的并不是为了赚钱，它是提升顾客体验的秘密武器。我们在逛宜家的时候，会对很多地方感到不满意，人流量大，经常会踩到别人的脚，需要自己搬东西，结账还要排长队。但是，宜家在顾客准备离开卖场的位置设置了一个零食和甜品区，这里的东西不贵，既好看又好吃，能让顾客感到非常开心和满足。这个零食和甜品区是宜家提升顾客体验的关键，如果没有这个区域，顾客的购物体验会差很多。

这背后有一个非常实用的理论作支撑——峰终定律：人的大脑在经历过某个事情之后，能记住的只有峰（高潮）和终（结束）时的体验，套用到营销上来说，就是顾客能记住的只有最好的体验和最后的体验。同样的道理应用到内容创作上，结尾要给消费者留下深刻印象，提升体验。

3. 内容迁移

内容是可以迁移的，不同的内容平台只是算法、推荐机制等看起来不一样，但其实爆款的底层逻辑是一致的，内容平台变得很宽，但内容的本质从未改变。我们要学会把精力放在不变的东西上，找出选题上的共性，进行分享迭代，深耕一个平台，进行多平台操作。只要我们的内容是专业的、原创的、独特的，我们就能够将自己的作品在形式上稍做修改分发到不同的平台。比如将微博的短文变成公众号的长文，将图文变成短视频或音频，这样就能够拥有大量的粉丝，消费者有更多机会能够认识我们，获取更多的流量。

二、内容传播形式

内容的本质是把创作者的体验和思考通过某种载体形式记录下来。不同形式体现了创作者不同维度的体验和思考，如听觉的体验被音频记录、视觉的体验被图片和视频记录,思考被文字记录。在互联网时代,内容形式发生了翻天覆地的变化,这些变化改变了内容消费的习惯。

(一) 文字和图片

在互联网方兴未艾的 Web 1.0 时代,互联网上的创作者大多为专业的组织,拥有专业的创作能力,主要形式是文字和图片,产量较低。彼时,创作和发布内容都是成本高昂的事情。只有大中型组织有自己的网站,普通网民没有发布内容的渠道。内容还是线下报纸、杂志和海报等形式在线上的直接映射和复制,通过文字和图片在线上呈现。

文字承载的信息密度大,能用最小的篇幅表达最多的内容,1 MB 大小的文章约 52 万字,基本上能涵盖一部长篇小说,因此文字是网络覆盖和速度都比较差的时代的首选形式。文字本身是抽象的,最能体现创作者的深度,但是抽象的文字不能够直观地呈现出视觉或听觉信息,因此不如其他媒体生动直观。

图片定格时空瞬间,视觉是人类感受最强烈的感觉,图片是创作者某一瞬间所见的记录,能够很好地还原某个场景。但是图片表意不精准,容易被多重解读,需要更多的文字辅助才能更好地让人理解,因此更多的时候是文字和图片以图文形式进行内容输出。

随着 Web 2.0 时代的到来,社交网络、博客、贴吧等网站大量崛起,图文形式的博客和微博这样的舞台更有了发挥的天地。同时由于网络基础技术的发展,互联网速度的快速飞跃,给普通用户创作内容打开了一扇大门。普通人可以轻松地用图文记录工作和生活的方方面面,从知识积累到时事讨论,从生活记录到网上交友。内容产出速度和及时性也更高。但是,由于创作者水平不一,内容的质量也参差不齐,而且短小的内容信息量一般也较少。

(二) 短视频

视频是最丰富的形式,主要特点是生动,集合了声音、视觉和时间三个维度,以动态的画面和声音俘获人心,是目前表现力最强的形式,消费者几乎不需要思考就能很直观地接收创作者传达的信息。用户对于视频内容的需求已大幅增加。相比于单纯的文字、图片和音频,拥有超强表现力、多元表现手法的移动短视频更好地满足了用户表达自我以及获取信息的需求,大大提高了用户体验感和传播效率。

随着移动互联网技术的蓬勃发展,移动智能终端成为人们随身携带的不可或缺的工具,内容消费场景随之变化,使创作也成为随时随地可以完成的小事。碎片化的场景导致用户更加挑剔,他们希望在更短的时间内看到更多、更精彩的内容。随着用户用碎片化时间的需求越来越强,"短、平、快"的大流量传播内容逐渐得到各大平台、粉丝和资本的青睐。

短视频特指 5 分钟以内的视频。百度百科对短视频的定义为:短视频是指在各种新媒体平台上播放的、适合在移动状态和短时间休闲状态下观看的、高频推送的视频。短视频内容涉及主题丰富,融合了技能分享、幽默搞笑、时尚潮流、社会热点、公益教育和影视剧情等多种主题。

短视频时长短、内容相对完整、信息密度大,短视频集合图、音、文等于一身的创作形式,能够应对消费者不同场景下社交、记录、娱乐等复杂的诉求。对于内容创作者来说,短视频还有众多优点：短视频生产成本低，传播和生产碎片化；传播速度快，社交属性强；生产者和消费者之间界限模糊，更容易渗透消费者心灵。

用户更愿意创作和分享贴近生活的短视频。短视频创作门槛低，只要有一部手机就能成为创作者，而且随时随地都能创作，这决定了短视频内容覆盖面广。短视频能快速出现精彩点，让消费者产生心理预期，促进用户高频次观看，通常一次观看会连着看多条视频。

视频的评论和交互也是内容形式，弹幕让评论和视频同时呈现，为视频带来了二次发酵。评论有利于激发用户交互的欲望，评论作为重要的交互内容，越来越受到平台的重视。

目前短视频主流平台有抖音、快手、小红书、B站。

抖音在2016年9月上线，以竖屏的小视频为主。抖音短视频是一个记录美好生活、表达自我的短视频分享平台。有丰富的玩法，可以让用户轻松、快速地输出优质视频。用户主要为一、二线城市的中产用户，女性偏多，关键词为年轻、时尚、颜值。抖音短视频目前作为一个在短视频领域的超级App，不论是在用户量级上还是在相关后端服务上都有很强的优势。根据抖音2023年11月份公布的数据，抖音如今已是一个日活8亿+的大池子，用户日均使用时长超过120分钟，月人均使用时长超过28.5小时。

快手也是短视频平台，2011年3月上线，以竖屏小视频为主，最初是一款用于制作和分享GIF图片的应用。快手随后转型为一个短视频社区，允许用户记录和分享他们的生产和生活方式。这款应用以其简单的操作和对普通用户日常生活的记录与分享而受到欢迎，使其迅速积累了大量用户。用户群体最初主要集中在三、四线城市，属于真实热爱分享的群体。随着平台的发展，用户群体逐渐扩展，涵盖不同年龄段和文化背景的用户。此外，快手还吸引了众多明星、网络红人和内容创作者入驻，推动了平台上流行文化的传播和时尚潮流的发展。总的来说，快手已经成为一个集短视频创作、分享、观看和社交于一体的综合性平台，深受全球用户的喜爱。

小红书是一款基于社区的移动端应用程序，用户可以在平台上分享自己的生活、购物、美食、美妆、旅游等各种经验和心得，并与其他用户互动、交流。小红书是以年轻女性为主要用户群体，其中大部分用户为90后和00后。2017年，随着市场上短视频的盛行，小红书一方面引入名人，另一方面引入短视频，进一步扩大内容的覆盖面。

B站，全名为哔哩哔哩（bilibili），是一家成立于2009年6月26日的中国视频社交平台，主要面向年轻人群体，涵盖24岁及以下的年轻用户，这些用户在B站上的活跃度和忠诚度都非常高。它最初以ACG（动画、漫画、游戏）内容创作与分享为主，但随着时间的推移，B站已经发展成为包含多种兴趣圈层和文化内容的多元化社区。B站是一个领域非常垂直的视频网站，主要面向二次元文化垂直类人群，主要呈现方式为横屏、短视频。B站的特色在于其悬浮于视频上方的实时评论功能，这一功能被爱好者称为"弹幕"，使得观众能够在观看视频的同时进行实时交流，营造出一种虚拟的部落式观影氛围。

（三）直播

直播是一种基于互联网技术和流媒体技术的实时信息传播方式，对当下正在发生的事物进行实时播出。它允许用户在不同的平台上实时发布和观看视频内容,并且通常伴随实时的音频和视频交流。首先,直播具有真实的特点,实时转播当前时刻正在发生的事情,因此内容更真实,更容易使消费者产生信任,很适合用来"导购或带货"。其次,直播的交互性很强,在直播中内容创作和消费是同时发生,创作者可以根据消费者的反馈及时调整直播内容,这种及时的交互容易促进情感联系和冲动消费。再次,直播形式具备多样性,可以是购物直播、新闻直播、教育直播等,满足不同领域的需求。最后,直播具备社交属性,直播作为一种社交媒体,连接了大量的观众和创作者,形成了一种新的社交模式。直播已经成为现代生活中不可或缺的一部分,无论是用于信息的传递还是作为娱乐手段。

内容形式的变化具备以下几个特点:

(1) 从精品到大众。每一种形式从产生到发展再到兴盛,都会伴随创作门槛降低、创作者从专业推广到普通用户的过程。从文字到图文,从短视频到直播,内容的主题也从高谈阔论到市井之言,只有真正全民创作的载体才能得到最大的发展。

(2) 从单维度到多维度。人人都是追求简便省事,更多维度的内容消费起来会更轻松。视频和直播涵盖了视觉和听觉,是目前为止最丰富的内容形式,因此在未来很长一段时间都会继续受到消费者欢迎。

(3) 形式不断衍生拓展。即使是视觉、听觉和时间三个维度,现有的形式也逐渐衍生更多的变化。多维度结合能出现新的形式,音频结合图片能变成有声漫画;突出实时性,把时间限定在当前,就有了视频直播、博客等;限定内容的大小,就有了各种内容的变种,如微博、短视频;限定特殊创作场景,就有了图文问答、音频问答和视频问答等。

(4) 更精细的信息采集。即使是同一形式,当信息变得更加精细后也会呈现出惊人的变化。低质量的 MP3 音乐和高保真的无损音乐一下就能听出不同来。10 年前的视频和现在的视频在画面分辨率上差异很大,在观感上就有巨大的鸿沟。

(5) 更丰富的交互。交互的形式随着内容逐步丰富和完善。评论从最开始的文字演变到现在可以用图片、视频,直播的时候可以连麦、连视频;二次创作也可以看作对原作的一种评论。交互在创作中扮演着日益关键的角色,创作者从开始对用户交互的无动于衷,到现在会根据用户评论来调整创作,完成了卖方市场到买方市场的转变。

随着科学技术的发展,内容创作在形式上将会进一步多维度融合,空间上不断延伸,智能创作将成为新的趋势。

不同的形式对呈现不同的内容有特定的优势,因此内容运营必然会利用不同的形式去满足不同的需求。不同的产品会在主打的形式上逐步深挖,以更好地满足目标客户的特定需求。表 4-1 汇总了各类内容形式及其代表平台。

表 4-1 内容形式及其代表平台

内容形式	代表平台	特　点	交互性
文字	头条	信息密度大,受众广泛,还有组图、动图等形式	弱
UGC 图文	微博	受众广泛,主要记录时事热点和用户生活,生产门槛低	强
超长图文	番茄	IP 塑造能力强,超长时间连载,付费率高	弱

续表

内容形式	代表平台	特　点	交互性
问答	知乎	知识和交流属性较强,受众知识水平高	强
短视频	抖音/快手	整体行业呈增长趋势,生产门槛低、受众广	强
音频	喜马拉雅	适合锻炼、开车等不方便看但可以听的特殊场景	弱
视频直播	抖音	临场感和交互性强,全面刺激用户视觉和听觉	极强

三、内容生产

(一) 图文内容生产

确定选题:选题是文章的框架,它决定了文章的中心思想和内容方向。建议根据品牌或个人领域进行创作,可以通过各类搜索引擎搜索领域内的热词或爆文来寻找选题方向。

搜集素材:在确定了选题后,需要搜集支撑文章框架的材料,包括文字素材、图片素材、案例素材、数据素材等。素材的来源可以是平时的语言积累、网络平台资源,以及各类纸质媒介。

拟定文章提纲:提纲有助于创作思路清晰,避免写作过程中出现思路中断的情况。提纲应围绕中心思想或主要观点,列出分观点,并选择相应的素材来论证这些观点,从而形成文章的主体内容。

撰写文章:这是创作的核心阶段,需要将思想转化为文字。在写作过程中,应确保语言通顺、无错别字,以便读者能够轻松理解。

修改润色:虽然自媒体对文章的要求可能不是特别高,但润色文章是提高文章质量的重要步骤。这包括检查语言表达、确保没有错别字,以及使文章结构更加清晰,便于读者阅读。

(二) 视频型内容生产

短视频的生产流程一般分为四个阶段:

(1) 策划阶段:这是短视频制作的重要环节,它关系到后期制作和发布等环节。在策划阶段,需要明确短视频的主题、内容、形式和风格,制定出详细的制作计划和时间表,确定好拍摄地点和人员,准备好必要的拍摄器材和道具。

(2) 拍摄阶段:这是短视频生产的核心环节,它需要在策划阶段的基础上进行拍摄。在拍摄阶段,需要根据策划方案进行拍摄,保证画面的清晰、稳定和美观。同时,还需要注意灯光、声音、动作等细节,确保拍摄出优质的视频素材。

(3) 后期制作阶段:这是短视频制作的重要环节之一,它需要对拍摄到的素材进行剪辑、处理、配音、字幕等后期制作工作。在后期制作阶段,需要使用专业的视频编辑软件进行制作,保证视频的质量和效果。

(4) 发布阶段:这是短视频制作的一个环节,它需要将制作好的短视频发布到各大视频平台和社交媒体上,让更多的人观看和分享。在发布阶段,需要注意视频的标题、标签、封面等元素,让视频更容易被搜索和发现。

短视频的生产方式主要有以下几种:

（1）自制：常见的短视频生产方式，它是指个人或团队自行策划、后期制作和发布短视频。自制的优点是可以自由发挥创意，节约成本，但缺点是需要投入大量的时间和精力，制作质量也难以保证。

（2）委托制作：将短视频的制作委托给专业的制作公司或个人。委托制作的优点是可以获得专业的制作服务和高质量的视频素材，但缺点是制作费用较高，需要与制作公司或个人协商好价格和服务内容。

（3）合作制作：多个团队或个人合作策划、后期制作和发布短视频。合作制作的优点是可以利用各方的优势，提高短视频的质量和影响力，但缺点是需要协调各方的时间和精力，制作周期较长。

（4）转载制作：将已有的视频素材进行剪辑、配音、字幕等后期制作，制作成新的短视频。转载制作的优点是省去了拍摄的环节，制作成本低，但缺点是制作的新短视频可能会被认为是"山寨版"，影响观众的观感和信任度。

在制作短视频时，需要根据实际情况选择合适的方式，需要注意创意、画面、音效和字幕等元素，以制作出优质的短视频内容。

四、内容传播渠道

传播渠道是传播过程的基本要素之一，指传播者发送信息、受传者接受信息的途径和方法。如口头传播、文字传播、图片传播、画面传播、声音传播等，通常指完成这些传播形式的传播媒介而言。媒介是内容信息的载体，从人类开始使用符号、语言、文字，到图像、音频、视频、直播，这是一个漫长的过程，也是信息传播渠道发生天翻地覆变化的演变过程。

当今时代，信息的传播媒介变得越来越多样化，通过移动互联网、社交媒体等渠道进行信息传播已经成了企业内容传播的重要方式，把用户和内容连接在一起，成为继电商、搜索和社交之后互联网的另一极。常见的内容传播渠道包括微信、微博、抖音、快手、知乎、B站等。这些平台已经成了很多人日常生活和工作中必不可少的一部分，因此，企业或个人在这些平台上进行推广，可以获得很高的曝光率和受众。

（一）内容平台的崛起

中国电子商务发展的前十年，2000年左右，新浪、网易、搜狐、腾讯四大网站几乎已经占领了中国整个门户网站的市场，博客才刚刚开始进入中国。Blog以网络作为载体，简易迅速便捷地发布自己的心得，及时、有效、轻松地与他人进行交流。2005年，国内各门户网站，也加入博客阵营，开始进入博客。随着网络提速降费，以视频为主的多媒体平台得到快速发展。2010—2019年，中国互联网从博客时代正式进入了微博时代，传统门户网站一股脑儿投奔微博怀抱。到了2012年，移动互联网开始爆发，内容消费成为打发碎片化时间的绝佳方式，字节跳动横空出世，推出了"今日头条"新闻推荐引擎，通过个性化算法向用户展示感兴趣的新闻内容。2016年上线的抖音迅速成为短视频赛道霸主，2019年日活跃超4亿。2016年，移动直播兴起，直播大战揭幕，内容平台也迎来了高光时刻，大多数主流产品都引入了内容模块，内容消费的流量成为互联网流量的主要成分。

内容平台影响消费者行为，我们进入了一个全民消费内容的时代，内容平台成为现代社会不可或缺的一部分，影响着我们生活的每时每刻，衣食住行。我们通过刷微博，了解社会动向和各地新闻；通过逛知乎，来提升自己的同理心，提高综合素质；通过看 bilibili 的视频，来学习不同科目的知识与技巧。日常生活的点点滴滴、时间缝隙几乎都被内容填满了，每个人一天中累计消费在内容上的时间远远超过了自己的想象。在线视频、短视频、综合资讯、微博等平台占据了用户相当长时间，用户时长增长也都集中在内容平台。网民在平台上花费更多的时间，内容平台已经成为中国互联网用户使用市场最长的产品类型，而且这种趋势正在扩大。

（二）内容平台的升级

内容平台能够快速崛起成为互联网流量的核心，与其不断升级适应用户消费场景的变化有关。平台的本质是让用户在特定场景下更高效地发现感兴趣的内容。围绕着这个核心，旧的平台不断升级，新的平台持续涌现。

内容创作形式的变革带来了创作者的演进。Web 1.0 信息主要还是自上而下的传递，这种内容由专业人士生成，具有较高的内容质量和可控性，对内容创作人员专业资质要求较高，只有对计算机互联网比较精通的少量专业人员或者在某一领域具有凝聚力的关键意见领袖才具备内容创作的能力。到 Web 2.0 的时代，人人都可以参与，每个人都是内容的创作者，从专业生产内容 PGC（Professionally Generated Content）迈向消费者生成内容 CGC（Consumer Generated Content）。人工智能技术的日益精进也催生了生成式 AIGC（AI Generated Content），利用人工智能技术来自动生产内容。作为一项突破性的新技术，AIGC 既是"从内容生产者视角进行分类的一类内容，又是一种内容生产方式，还是用于内容自动化生成的一类技术集合"。每一代创作者的诞生都源于新的内容创作形式和新的内容载体，他们以不同的创作形式在不同的平台上找到了属于自己的天地，为满足用户不同场景的需求做出了卓越的贡献。

+++++++ 行业观察 +++

文本生成视频 AI 模型 Sora 引发关注

美国开放人工智能研究中心（OpenAI）最近推出的视频生成模型 Sora 在全球掀起轩然大波。这款 AI 模型能够根据简短的文本指令生成高质量的 60 秒视频，令人惊叹不已。

据报道，Sora 推出的第二天，主营图像处理、视频制作软件的奥多比公司股价应声下跌超过 7%。

Sora 采用 Transformer 架构，具备出色的创作能力，可以根据用户的提示语创建逼真且富有想象力的场景，生成多种风格、不同画幅的高清视频。OpenAI 首次涉足 AI 视频生成领域，Sora 生成的多条短视频在网络上广受瞩目，展示出令人惊叹的创作实力。OpenAI 展示了多段 Sora 制作的视频内容，光是这些片段，就已经足够让人大跌眼镜。OpenAI 在官方博客中写道，Sora 不仅可以理解用户的需求，还知道这些事物在现实世界如何存在。

一些分析人士认为，人工智能技术在视频生成领域的迅猛发展将对传统行业和现实生活带来深远影响,可能重塑影视产业的业态。而一些公司股价的下跌和好莱坞行业的担忧也凸显了人工智能技术可能对就业市场造成的冲击。

另一大变化是分发方式的演进。传统门户网站在早期用的是编辑分发方式,此时用户没有形成发布习惯或者没有高质量创作,需要平台来控制内容质量,由平台自己创造内容并推送,是一种中心化的分发模式。在平台任何发展时期,都需要通过官方的编辑分发来引导,因此在智能推荐的时代,还保留这种分发模式。社区时代(社区、贴吧等),以及后来的公众号,以订阅分发为主,基于粉丝,构建内容、用户、平台三者闭环,依靠话题来吸引和划分用户,但是内容质量无法得到保证,参差不齐。平台有高价值用户,也即是所谓的KOL,这群用户有能力构建自己的私域流量。社交平台以社交分发为主,依托于关系链,基于社交关系传递信息,内容的传播权从传统的精英编辑过渡到每个普通人受众,每个人都成了编辑,成了内容分发的中心。内容信息根据用户的喜好再传递,用户之间更融洽,易产生互动,从而加强了关系链。大数据时代以算法分发为主,基于程序,技术壁垒高,分析用户画像、匹配兴趣偏好,是一种个性化的精准投放,用户喜欢看什么平台就推送什么。总之,分发方式的演进,使得用户获取内容的方式变了,可以更高效地发现感兴趣的内容;而且分发效率提高了,能使得用户更轻松地消费内容。

(三) 内容平台的含义和要素

内容平台是获取内容并分发给用户,连接人与内容的在线服务系统。互联网服务最大的魅力在于它的连接属性,它打破了时空的隔阂和资源的壁垒。一方面,它使得原本只能通过线下花费大量时间和金钱才能获取到少量内容的用户,可以低成本甚至零成本且随时随处获取到海量的内容;另一方面,它使得原本传播范围有限的内容得以在全球范围传播,扩大了内容和创作者的影响力。

平台的主要角色分为创作者、消费者和平台三方。平台是链接者,一边连接了包括机构和普通创作者在内的所有生产者,另一边获取用户,随后把获取到的内容整合分发给消费者。平台本身由内容池、(内容)分发、商业化和用户增长四大要素构成,它们的运转像四个齿轮一样带动平台正常工作。这类似于电商的"人货场",其中,内容流、资金流和用户流三条主线贯穿整个平台运转的全程。内容从创作者到平台,平台经过审核、识别等处理后通过推荐算法、社交网络等分发给用户消费,形成内容流。用户消费内容的同时会点广告、看直播、打赏等,伴随着流量变现平台有了收益。收益反过来投入内容池、内容分发和用户增长中,形成了资金流。平台投入资金又能获取更多的普通用户和创作者,能吸引新的用户加入平台,这一方面能提升原用户的体验,另一方面新用户加入也会继续消费内容和变现,形成用户流。

五、内容匹配

用户需求的内容和企业生产内容能否匹配至关重要,企业进行内容运营必须以适当的形式通过适当的渠道呈现出来。一个大的平台每天有成百万的内容进入,企业生产的内容如何能够到达目标客户,平台如何推荐给目标客户呢?例如,有一条视频描述了这样的场景:在某综艺节目中,一个篮球明星表演踢足球。那么,这条内容应该属于什么主题呢?运营甲认为是综艺,因为视频的上下文是综艺节目;运营乙认为是足球,因为视频内的主要活动是踢足球;运营丙则认为是篮球,因为主要任务是一个篮球明星。因此,一方面需要对内容渠道平台的用户和内容有定性的认识:了解目标用户群是什么样的,平台上面的什么内容更受什么用户的欢迎。另一方面需要对平台的内容有定量的了解:平台内容推荐规则,平台内容是如何曝光的。在对事物进行定性分析时,往往容易受个人价值观的影响,因此,应在定性分析的基础上辅以定量分析,以得出更准确、更客观、更科学的结论,给未来发展指明方向。

(一) 平台对内容的识别标准

平台内容识别主要运用在内容分发和内容决策两个方面,具体流程是:在将内容分发到平台用户之前,系统需要利用规则或者模型识别出内容的特征,以便为用户匹配感兴趣的内容。以主题分类为例,我们需要一个模型能够自动识别一篇文章的主题是新闻、体育还是其他,而模型的训练在很大程度上依赖于样本的标注。如果标注人员没有依据统一的标准进行标注,那么标注的准确率会很低,以这些低准确率样本训练的模型准确率必然更低,这将直接导致主题模型不可用。从内容决策的角度来看,错误的识别结果将直接导致错误的运营决策。假如训练出来的错误模型把新闻类的内容都标注为体育,这样就会误以为体育类内容很受欢迎,平台会大力扶植体育类内容,最后不但浪费了大量资源,而且会因用户真正感兴趣的新闻类内容受到挤占而让体验变差。

对于给内容分类标注这样重复性的工作,主观性极强,如果不能统一参与人员的想法,打标效果就会有很大的水分。因此平台通常会在内容领域建立内容标准,统一所有参与者的判断。这个标准不仅对于内容平台非常重要,从内容运营的企业角度来看,更是要适应平台的标注标准,才能获得在内容平台比较好的效果。

(二) 内容平台推荐原理

内容平台推荐系统到底是如何工作的,几乎所有内容领域的从业者都比较关注这个问题。通过内容和用户的标签给用户匹配感兴趣的内容,这个原理也是大多数内容运营者熟悉的。识别内容特征的过程俗称"打标签",很多人都理解这个概念,但是具体标签从哪里来、怎么打到内容上很难说出个所以然来。

识别内容的第一步是制定内容标准,有了标准之后就可以根据它来给内容打标签了。内容识别经过了人工标注、规则策略和模型加规则三个阶段,工作效率逐步提升。人工标注就是让运营人员人工进行标注,它的准确率最高,但是工作效率相对较低。在平台每天进入内容不多的情况下,人工标注性价比是最高的。另外,不论机器标注的准确率如何,在一些关键点上都需要进行人工确认。因此,人工标注是所有内容平台绕不开的标注方式。

如果平台进入内容增加到数千条以上,人工标注的成本已经难以接受,就需要通过一些规则策略方式进行简单快速的标注或辅助人工标注。具体的流程是先人工标注出一部分样本,然后寻找这些样本中存在的规律。例如,体育类内容通常会包含一些体育明星的名字、赛事或者体育节目的名称,我们只要收集相关的关键词就能找到可能是体育类的内容。但是,单纯的关键词匹配准确率和内容返回率都比较低。例如,一条关于体育明星出现在慈善活动中的内容适合放在新闻分类,但是由于有了体育明星的关键词而被误归入体育分类。此时可以根据多个条件组合判断,比如根据某些作者的创作且含有某些关键词来打标签,这类规则的准确率往往很高。

当平台进入内容上万,对识别的准确率和内容返回率有较高要求,此时就需要利用模型来识别内容。

(三) 内容画像

识别是希望对内容有更深入的认识,为内容建立全方位的画像,为内容分发和统计做准备。标签是对复杂事物的简化理解,它抽象出了事物有代表性的特点,这些从不同角度刻画的特点共同组成了内容画像。

内容分发主要是匹配用户兴趣和内容,然后选择其中的优质内容推荐给用户。显然,主题和内容热度是最重要的两类特征。当然,除此之外还有诸多重要的因素,因此还需要尽可能全面地利用其他特征。

1. 主题特征

顾名思义,主题特征主要刻画内容的主旨,既可以是人工定义的,也可以是机器自动识别的。

有一个识别的窍门是单独提出标题和封面等核心信息。标题和封面是影响用户点击最关键的因素,因此经常会把这两部分信息单独抽离出来打标签。首先保障用户对封面信息感兴趣,这样用户点击就有了保障。因此,提取封面标题和封面图中的主题信息可以提升内容分发的效率。

在多媒体载体日益丰富的今天,单纯的文本特征已经很难满足识别的需求,而且很多内容的文本特征很短小,甚至没有任何文本,因此也很难提取出有效的特征。为此,可以把图片、视频和音频中的特征相应地提取出来。这是一个前沿的研究领域,相比成熟的文本特征挖掘,多媒体特征显得更加难以描述,但也是可能的突破点。大公司已经有不少相应的实践,比如字节跳动识别了视频中的实体并利用加以推荐,阿里云的图像鉴别服务已经很成熟。

2. 热度特征

即使给用户匹配感兴趣主题的内容,也会让用户挑花眼,筛选出其中很受欢迎的部分是至关重要的。衡量内容表现的关键因素就是其热度特征,如点击率、人均阅读时长、消费完成率等。这些指标还可以针对感兴趣的用户群进行单独计算,以避免统计上的偏差,更准确地衡量内容表现。完成率是指用户平均消费该内容的进度占比,是点击之后消费的指标。如果大部分用户都消费完了该内容,就说明它具有可读性。

3. 其他特征

用户在浏览时除了看内容是否感兴趣之外,还会考虑内容创作者的魅力、权威是否够高。另外,平台也希望用户在浏览内容的同时也能帮忙赚钱,因此创作特征、质量特征、商业化特征、时效特征也需要考虑。创作特征主要指内容形式、创作者、创作时间等。质量特征包括是否包含低俗低质等特征、程度如何。商业化特征指内容与商业化方式的关联关系,如介绍某个电子产品的内容可以直接导向购买链接等。时效特征是指内容是否过期,是否还值得被推荐。

第三节　内容分发

内容呈现到用户面前的过程称为分发,即把内容分拣发送给用户。提高分发的效率是内容平台亘古不变的主题,也是企业内容运营的关注核心。分发不单单要考虑呈现什么给用户,还要考虑怎么呈现给用户,也就是内容的呈现形式和效果。

一、用户需求

在深入分发之前,先回到用户本身的需求上。用户为什么要消费内容,或者说内容为用户创造了什么价值?如何通过内容分发更有效地满足用户需求?

(一)营销沟通模型

用户消费内容的目的是什么?你的内容如何吸引读者?你的内容如何打动读者?你的内容如何调动欲望?你的内容如何促使成交?1898年,艾尔莫·里维斯曾提出了营销沟通模型 AIDA。在这个模型中,艾尔莫·里维斯讲述了用户从接触营销信息到完成购买,需要经过的注意(Attention)、兴趣(Interest)、欲望(Desire)和行动(Action)四个连续的过程。

首先,是用户的注意。在网上,每天有无数的内容铺天盖地地堆在读者的面前,但是读者每天的精力是有限的。这就意味着,如果你的内容标题没有吸引力,那么它只会与读者擦肩而过。在网上曾有人做了这样的一个测试,将同一个内容使用不同的标题时,用户对应打开的概率也是不同的。如何让你的内容在网上脱颖而出,让你的内容抓住读者的眼球?那么你就要思考:内容标题选对了吗?

其次,是用户的兴趣。内容标题能吸引读者只是第一步,具体内容能否让读者感兴趣同样重要。熟悉自媒体的人都知道,自媒体管理后台有个"阅读完成度"的数据,这个数据反映的是读者对你内容的阅读比例。

第三,是用户的欲望。兴趣和欲望是有区别的。很多时候,用户对你的产品有兴趣,并不一定代表着他就会购买。比如,这个商品我很喜欢,但是我真的需要吗?兴趣往往是感性的,而欲望则是理性的。想要让用户从感性到理性的过度,那么你必须让客户看到产品本身的价值。很多人描述产品的时候习惯以卖家的思维去描述,而缺少站在用户角度的思考。想要让用户购买你的产品,就要给用户购买你的产品的理由。

最后,是用户的行动。事实上,用户拥有购买欲望也不一定代表用户马上就会购买,这中间其实还有一个过程。这就是为什么有些人的购物车里永远留着一些没有付款的商品。为什么是现在买?如果现在不买会有哪些损失?现在买又有哪些好处?弄清这些,那么你的内容输出就合格了!

当然,如果想要做好产品的推广,还得需要一个完整的推广规划,根据不同的时间点做对应内容产出。

(二) 用户需求

从用户的需求出发永远是正确的。用户消费内容的目的是什么？是打发时间还是学习知识给自己充电？其实用户浏览内容概括起来主要有四类需求：娱乐、知晓资讯、学习知识和情感交流。

娱乐需求是所有内容消费需求中最主要的，娱乐类的用户群体分布均衡，男女比例相当，年龄段的分布也比较均匀。这类用户有两类核心诉求：一是寻求内心的满足，或者纯粹为了打发时间，这时用户主要是浏览自己喜好的内容，换句话说就是"喜欢什么就看什么"。二是为了塑造自己、融入人群，潜在意识倾向于分享那些可以使自己形象更高大和更符合自己人设的内容，这是主要消费热门的内容，属于"别人看什么我也看什么"。市面上满足娱乐消费需求的产品形态繁多，主要有主打影视剧的三大视频网站，爱奇艺、腾讯和优酷；主打"泛生活、泛娱乐"短视频的抖音和快手；主打音乐消费的 QQ 音乐、酷狗和网易云音乐；还有其他垂直类兴趣类的娱乐消费产品，比如搞笑类的皮皮虾、最右，体育类的虎扑、懂球帝，二次元的哔哩哔哩等。

知晓时事、获取信息是又一重要需求。这部分用户集中在 25 岁以上、50 岁以下，步入社会工作、成长成熟阶段的男性用户。女性用户和年轻用户相对较少，他们的诉求在于三点，一是获取有益资讯，对自己的工作生活有所帮助，什么有用看什么；二是了解天下大小事，享受皇帝般"朕已阅"的满足感，什么事大看什么；三是信息焦虑，社会节奏加快，自己不能落下，分秒必争，与其浪费时间，不如获取信息，什么新闻都看。市面上满足这个需求的产品主要集中在资讯平台，比如聚合资讯的巨头今日头条和腾讯新闻、始终站在时事一线的微博以及基于社交网络传播的微信公众号。

消费知识是最近几年显著上升的需求，这部分用户涵盖学生到退休人群，跨度较大，整体相对高知，覆盖的年龄段广，性别上也是集中为男性用户。他们的诉求有两类：一类是获取有益知识，对自己的工作、生活有所帮助，什么有用看什么；二是收获知识的满足感，不论知识是否有用，目的在于汲取知识的过程。自己觉得什么有用，就看什么。市面上满足这类需求的独立产品不多，其中知名的当属问答社区知乎和美妆分享社区小红书，更多的平台把知识类需求作为补充，如今日头条的付费专栏和问答，微信公众号的部分内容。这类内容对创作者要求更高，不仅需要在专业领域上有深厚积累，在内容表达上也有更高要求。

作为社会成员，交流是永恒的需求，在平台上追寻交流的用户群体偏年轻，更乐于展现和表达自我，性别上比较均衡。这部分用户的诉求有三类：一是找到志同道合的人，特别是在一些相对小众的领域，平常找不到相同爱好的人，在网上相对容易找到，喜欢什么交流什么；二是因为在意别人的观点，了解别人对某件事的看法，看别人在说什么；三是希望得到他人的认可，因此主动发表观点，对其他内容点评，甚至不惜引发唇枪舌剑，有什么说什么。平台上人与人交流的需求大都是建立在内容的基础上，主要的形式是评论和私信，其中知名的有微信朋友圈、网易新闻的跟帖、快手的视频评论。交流本身就会产生内容，参与者可以是任何人，因此能碰撞出不一样的火花，精彩的评论往往比内容本身更有意思，用户交流也是产生社区氛围的一个先决条件。

二、内容分发方式

用户发现和获得有兴趣的内容,主要有两种方式:一种是用户主动发现,另一种是用户被动接收。

(一)主动发现

主动发现是指用户在发现内容的时候,心里已经想好了大致要消费什么。通常而言,越是主动发现的内容越切中自己的需求,相应地,发现成本也越高,用户需要在海量内容中找到自己感兴趣的。

1. 收藏

收藏是用户发现意图最突出的一种方式,收藏的内容都是用户已经看过并且认可的内容,用户把这些筛选过后的优质内容珍藏起来,有需要的时候直接去收藏夹中取出即可。当然,收藏的操作成本是极高的,因此这类分发方式一般只能作为一种辅助手段。

2. 搜索

另一个发现意图很明确的方式是搜索。用户在具体浏览内容之前已经想好要看什么,然后会通过关键语句来筛选出需要的信息。整个过程很简单,但是想要做好很不容易。手机百度是以搜索为主要发现方式的代表,继承了百度强大的中文搜索技术、巨大的用户量和丰富的内容生态。如果用户搜索意图与内容相关,手机百度就会把百度系的内容优先呈现给用户,这样用户就会消费百度生态的内容,进一步提升手机百度的推荐效果。

3. 订阅

如果用户对内容创作者有要求,希望看到喜欢的创作者发过的内容,就可以考虑利用订阅进行分发,订阅的优势很明显,能够打造良好的创作者生态,粉丝的价值高,创作者更积极。相对的缺点也很明显,需要有一条强力路径,让用户不断发现新的创作者(发现创作者的动力低于直接发现内容),否则整个循环无法转起来。微信公众号是中国市场上最成功的订阅制平台,公众号的成功得益于微信庞大的社交网络和朋友圈的分发。一方面,用户可以很容易通过朋友发现优质的公众号,并进行关注,内容的传播和公众号的粉丝就有了保障;另一方面,创作者可以通过打赏、广告、服务号、微商的多种形式变现,粉丝价值高,因此整个生态比较健康。

(二)被动接收

相比主动发现,在被动接收的场景中,用户并不确定自己要什么,需要别人为他们建议和推荐内容。

1. 编辑推荐

互联网初级阶段时内容推荐的方式就是找有品位、有经验的专业人员,挑选高品质的内容分发给用户,这个过程称为编辑推荐。优点就是实现起来很方便,能够快速上线启动。缺点是推荐效果完全取决于编辑的能力,成本高而且千人一面,因此它更适用于热门内容的集中分发。爱奇艺是视频网站中的领头羊,以优质的知识内容和优质的会员服务为特点,在长视频的领域中因其精品的影视内容,广受好评。

2. 社交推荐

最初,社交网络的内容分发是基于个人空间的,用户必须逐一进入好友的内容空间才能看到,消费成本很高。社交网络分发类似于订阅分发,不同的是关注的创作者不一样,朋友发出的内容是不可预期的,因此社交网络分发归为被动分发。相对于订阅,社交分发只是依赖原有的好友关系,分发效率高,但是所依赖的社交网络建立难度大。迄今为止,在中国市场上,只有腾讯成功建立了大规模的熟人社交网络。

微信朋友圈是中国最庞大的社交网络上的内容模块,据中国互联网络信息中心数据统计,有87%的微信用户使用朋友圈。从这个使用渗透率来看,朋友圈无疑是成功的,它的分发和交互都基于社交。朋友圈的分发纯粹基于时间轴倒叙。也就是说,朋友最后发的内容最先显示,不掺杂其他的推荐内容,让用户有控制感和纯净感。朋友圈的评论只有朋友可见,形成了一种几个朋友分享内容的私密氛围。完善的分群、屏蔽机制、限制时间机制,有效选择内容分发对象,避免了发帖和看帖时的尴尬。

3. 个性化推荐

随着移动互联网爆发,用户消费碎片化时间的场景越来越多,这就意味着消费内容前很难计划好每一小时段,比如说5~10分钟,具体看什么。虽然没有目的,但是又想消费点内容打发时间,这就催生了千人千面个性化推荐的繁荣。个性化推荐可以根据用户兴趣推荐内容,因此好处是显而易见的。消费内容的成本极低,只要推荐足够精准,内容足够丰富,用户根本停不下来,因此能极大提高消费量。虽然需要大量的技术投入和海量的内容支持,但是收益远远大于成本,个性化推荐几乎成为每个平台的标配。

今日头条是国内第一款大规模个性化推荐的平台,依托海量内容的聚合、精准的个性化推荐和高效增长方式,在资讯市场杀出重围,成为一款现象级产品。今日头条不仅在用户量上、在资讯市场中领先,在人均消费量和时长上也是在所有平台中首屈一指的。因此其用户的价值很高,反过来能支持它获取更多的用户,并支付足够的资金给创作者,形成良好的内容生态。对比不同分发方式,以购买一件衣服为具体需求,展示内容分发的场景,如表4-2所示。

表4-2 内容分发方式比较

分发方式	用户需求	示例场景
收藏	知道要到什么地方看什么内容	从已知店铺买了一件连衣裙
搜索	明确知道想要什么内容	在网站寻找自己想要的连衣裙
订阅	明确知道自己想看谁创作的内容	某品牌新出了一款连衣裙,通知自己
编辑推荐	知道自己要到什么地方看什么内容	打开某服装平台,它向你推出了今天特价品——某款连衣裙
社交推荐	想看朋友喜欢的内容	找朋友喝茶,朋友推荐了一款连衣裙
个性化推荐	没有明确想看的内容	你想看看衣服,根据你前天搜索记录给你推荐了连衣裙

用户使用内容平台的核心诉求是快速发现感兴趣的内容。这种内容是否为用户感兴

趣？主要跟内容的主题、载体和品质等因素有关，而能否快速被发现则跟分发方式有关。因此，针对什么用户群，主打什么主题的内容，使用什么样的载体，如何分发给用户，满足了用户什么样的需求，是我们需要考虑的。举例而言，一个针对年轻都市女性的平台，内容主要以美妆相关的长图文和短视频为主，通过推荐的形式分发，主要满足用户的学习交流需求。这个平台是什么？很容易想到小红书。一个针对三线以下城市青少年的综合小视频平台，内容主要以猎奇、搞笑和美女视频为主，通过推荐分发，主要满足用户的娱乐和交流需求。这个平台是什么？很容易想到快手。同样的道理，我们也可以通过同样的定位方法来定义自己的内容。

三、个性化推荐

用户在不同场景下，为了更高效率地发现感兴趣的内容，采用的方法也不尽相同。在用户没有明确目标的场景下，个性化推荐是经行业验证效率最高的一种方式。

在上班的地铁上，在工作休息的间隙，在夜深人静的床榻上，想看几条视频，却不知道要选什么，各类主题的视频杂乱无章地堆在面前，你心里会由衷地祈祷，要是有一位专家能一对一地帮我选出我喜欢的视频该多好啊。不确定的消费需求，海量的信息供给，使得一对一的专属服务推荐系统应运而生。

什么是推荐系统？维基百科的定义：推荐系统是在用户无明确目的场景下，通过预估用户对信息的喜好来向用户建议合适的信息的技术。基于以上定义，可以找到推荐系统里涉及的四个主要元素：用户、场景、信息和算法（也就是技术）。其中任意一个元素的变化都会造成推荐结果的变化，也就是我们经常听到的千人千面，它的本质就是通过算法为特定用户在特定场景下建立感兴趣的内容。

（一）推荐系统的作用

为什么需要推荐系统？随着移动互联网占据用户的碎片时间越来越多，人们被动接收信息的场景愈加广泛，与此同时，互联网上的信息量也呈现爆炸式的增长。选择太多也是烦恼，用户很容易迷失在无穷无尽的信息中。面对海量内容，推荐系统能分别为用户和内容平台带来什么？

从用户的角度来说，提高发现的效率。从用户角度来看，相比于其他发现方式，推荐系统帮助用户在没有明确信息消费目标的场景下，更高效地获取感兴趣的内容。高效体现在以下两个方面：第一，好的推荐系统可以从数百万内容中持续且及时地挑选出用户感兴趣的内容。这些内容准确、丰富、新鲜，符合用户需求，因此用户也更愿意使用基于推荐系统的产品。第二，操作门槛低，用户只需要对推荐的内容选择看或者不看，就可以源源不断地发现感兴趣的内容。整个过程几乎不需要用户思考，也没有过多的操作要求，相比搜索、订阅等方式，操作门槛或者说学习成本极低。

从平台角度来说，第一，可以提升用户活跃与价值，提升用户黏性。在推荐系统的调教下，用户使用得越多，积累了更多用户数据，推荐的内容越符合用户的兴趣。因此，用户变得更轻松，只等着系统给他们推荐内容，慢慢就离不开个性化推荐了。第二，提升内容消费量和时长，用户能更轻松地获取到感兴趣的内容，相应地也会消费更多的内容，因此也能获得更长的用户使用时间,提升平台收益。一方面推荐系统延长了用户使用的频率和时长,因此能提高商业化的机会。另一方面,推荐系统能根据商业化目标优化推荐效果,进一步提升商业化的效率。

(二) 推荐系统的原理

推荐系统的本质就是在特定场景下匹配用户的兴趣和内容的特征。换句话说,我们预先需要知道用户的兴趣和内容的特征,然后通过某些关联方式把两者关联起来。根据关联关系的强弱,在特定的场景下给用户推荐可能感兴趣的内容。

怎么把用户和内容关联起来呢?关联的方法主要有四类,其中直接相关用户兴趣和内容的有内容相似、协同过滤和网络结构三类。另一类关联,与用户无直接关系,是基于消费的场景做关联。

1. 基于内容相似

基于内容的推荐是最直观、最容易的,用户喜欢哪些内容、哪些类型的内容,就推荐相似的内容。这类关联算法的基础是我们对用户的兴趣和内容本身有了解,能分别识别用户的兴趣和每条内容的具体特征。例如,我们知道某个用户对体育感兴趣,希望为其推荐体育类的内容,如果我们不知道哪些内容是关于体育的,那也是白费。

基于内容相似的算法大致有五种。① 基于主题,知道用户感兴趣的主题,就推荐相关的优质内容。② 基于标签和关键词,知道用户感兴趣的标签和关键词就推荐。标签与主题的区别在于标签的粒度更细,一条内容有多个标签,可以形成网状结构,关联不同内容。主题通常是一条内容只标记一个人,以树状结构关联内容。③ 创作者关联,用户关注某些创作者或经常消费某些创作者的内容,就推荐这些创作者的优质内容。④ 基于其他隐语义分类,机器通过聚类等手段,能够计算出一些人无法直观描述但是又有意义的分类,识别出用户感兴趣的隐藏语意,然后推荐相关的优质内容。⑤ 多媒体内容的关联。以往的关联大多基于文本信息,但是随着载体形式的变迁,图像、音频和视频逐渐成为消费的主力。这些多媒体内容的标题往往很短,能够提取的文本信息有限,如果能够直接提取多媒体本身的信息,将极大提高关联的效果。比如识别图片里的主要物品和人物,然后当成关键词推荐,甚至可以抽取图像本身的一些深度特征,虽然人无法解释,但是机器可以进行关联。

2. 基于协同过滤

协同过滤简单来说就是利用兴趣相投、拥有共同经验的群体的喜好来推荐用户感兴趣的内容。

一是基于物品的协同。最早出自沃尔玛的订单研究,他们发现啤酒和尿布总是被一起购买。调查后得知,这样的订单大都来自奶爸开车去趟超市,两样东西一起买了。后来他们就用这种方式来优化货架货物摆放。后来被亚马逊最早应用到互联网领域,其著名的"买过该商品的用户还买了"就是通过基于物品的协同来实现的。同样的道理,假如内容 A 和内容 B 经常被很多用户同时消费,就说明 A 和 B 之间存在关联性,当用户消费了 A 时,系统就推荐 B,反之亦然。

二是基于用户的协同。基于用户的协同本质上是根据用户的行为找到相似的用户,然后根据其他用户的行为进行推荐。A 和 B 两个用户经常消费同样的内容,这时 A 又消费了新内容 X。系统把 X 推荐给 B,B 也会喜欢 X 的概率很大。

3. 基于网络结构

基于网络结构就是把用户之间的关联关系、用户和内容相关性构建成网络拓扑结构,然后根据用户对内容的喜好度和网络节点的权重进行推荐。

有两种方式:基于社交网络和基于结构网络。基于社交网络原理很简单,你朋友喜欢的内容你也很可能喜欢。你有一个朋友喜欢电影 X,你跟 A 的关系越好,A 对电影 X 的喜好越强,你喜欢电影 X 的可能性就越高,具体表现在网络上,就是你跟 A 之间的关联度高,A 跟电影 X 权重大。微信的看一看就是基于社交网络的推荐,主打朋友推荐的内容;基于结构网络,看过相似内容的用户存在兴趣的相关性,共同消费的内容越多,说明用户越相似,他们之间的权重越大。基于这样的结构构建出兴趣网,A 和 B 是网络上两个邻近的节点,彼此之间的权重越高,这时 A 消费了内容 X,系统把 X 推荐给 B,很可能 B 也会感兴趣。

4. 基于场景

即根据用户当时的使用场景进行推荐。基于时间,通常用户更倾向于消费及时、新鲜的内容,因此推荐当前时刻的优质内容给用户,很可能会获得用户的认可。基于地点,通常用户会对当地的内容感兴趣,因此推荐当前用户所处位置相关的优质内容很可能赢得用户的好感。基于热门内容,平台本身也是一种场景,如果没有其他更好的选择,也可以推荐当前平台上表现好的内容。

虽然推荐算法的出发点多种多样,但本质相同,即通过建立用户、内容和场景之间的某种关联进行推荐,上述关联方式仅仅是业界比较通用的算法。更多时候,我们需要根据实际情况,因地制宜,更深入、更广泛地挖掘用户和内容之间的联系,全方位地提升推荐的效果。

在内容运营过程中还要关注内容营销。内容营销是对内容的呈现方式和渠道、后期的宣传推广进行统筹安排,目标是与特定的用户群展开有关内容的对话的营销方法。内容营销动机主要包括加强顾客交互和参与、培养品牌忠诚,让消费者对企业或品牌有亲近感等。内容营销的动机并不直接与利润挂钩,更多的是与消费者的品牌意识培养有关。与消费者直接对话和创造持久的消费者价值是内容营销比较特别的两个动机。获取消费者的品牌价值认同,进而引发品牌价值共鸣,继而聚集社群参与品牌价值共创,最终和消费者共同实现价值的最大化。

著名的诺贝尔奖获得者赫伯特·西蒙在对当今经济发展趋势进行预测时指出:随着信息的发展,有价值的不是信息,而是注意力。这种观点被称为"注意力经济"。如今的新媒体以及新经济,从一定程度上说是注意力经济。然而人类的注意力其实十分有限,信息不是太少而是太多,每天的时间和精力都是有限的,这些都是注意力市场无法摆脱的限制,因此越来越多的媒体争夺注意力。需要不断推出优质内容吸引用户注意,增加潜在的消费者,争夺更多流量,为之后的内容变现积累人力资源。

那什么样的内容吸引人的注意力? 在信息大爆炸的时代,热点话题往往能够在一定时期内引起人们的关注。对于品牌来说,利用热点事件进行内容营销是一个非常不错的选择,将内容与热点话题通过某些特点结合,然后凭借热点话题的关注度来吸引观众的眼球。

第四节 内容甄选

不管是内容平台还是企业或品牌,优质内容是获取用户和保持用户活跃的重要手段。优质内容是指对目标受众有价值、有意义、有吸引力的内容。在新媒体时代,这意味着内容需要满足以下几个方面:

(1) 具有原创性。优质内容需要具备新颖性和独特性,不能是简单的复制或转载。只有原创内容才能更好地引起读者的共鸣和关注。公司品牌、个人品牌都可以植入进去,并且由于内容由自己掌握,用户喜欢什么,不喜欢什么,都可以在一次次原创输出中反馈出来。可以说原创是拉近运营者和粉丝距离最好的方式。

(2) 有价值。提供的内容是用户需要的,为他们提供信息或解决问题,或者能够给他们带来乐趣或启发。好的内容标准不是完全统一的,符合你的用户认知水平的内容就是好内容,能对你的用户产生触动,并调动他们的某种情绪或满足某种需求。

(3) 易于消费。优质内容必须易于阅读,做到通俗易懂,能够使用户快速理解,降低理解障碍。可以通过各种方式呈现,如文章、视频、音频、图片等。优质内容可以提高用户获取信息的效率,注重信息的总结和提炼,减少无用的信息内容,提高阅读效率。从实际工作中来看,客观上再好的内容,如果不能让你的用户理解认可,那就不是好内容。

(4) 有影响力。优质内容需要有一定的影响力,能够吸引和留住读者,增加品牌的认知度和信任度。但是对于内容生产者来说,持续输出优质内容不是一件容易的事。下面从内容平台和企业角度介绍,如何保障优质内容的输出。

一、平台内容筛选

(一) 建立价值观正确推荐机制

一些互联网从业者认为,内容平台不是媒体,不需要承担媒体的义务。然而,这个说法本身就是错误的,内容平台就是分享、传播信息的载体,依然属于媒体的一类。这种平台可以不输出自己的主张,只是传播他人的观点和主张,但是有义务保证传播的内容符合正确价值观,不至于将用户引导到错误的道路上。人身自由和行为自由是建立在法治基础上的,同理,言论自由是建立在正确价值观基础上的。

平台出现违背主流价值观的内容主要有几个原因:运营人员的意识不到位,内容的监管不到位,内容的分发控制不到位,用户的兴趣行为不可控。

(1) 运营人员的意识不到位。

传统媒体的运营人员以内容采编为主,主要是来自新闻对口专业的,他们对内容的质量、准确性和权威性有更准确的认识。无论从意识层面还是操作层面上,都对内容的创作与分发有更好地把控。相反,互联网平台运营人员的专业五花八门,他们的核心目标是在不出错的前提下,尽量提高内容创作量和输出量,做出的标准也仅仅限于不违法乱纪、不反动、不色情。道德层面的价值观问题,在运营人员看来并不是问题,反而是容易炒作、容易引爆的内容,如果运营人员本身不能意识到问题,就不能指望解决问题。

(2) 内容的监管不到位。

不同于传统媒体自采自编自推的全自营模式,互联网平台上的内容大多数不是自己创作的,主要来自第三方或者平台用户创作。也就是说,内容创作者可能不权威、不专业、质量不可控,这些内容被引入或经过机器审核、人工审核,把违法违规的红线内容过滤掉,通过的内容进入系统分发。一个受过高等教育的人,没有接受过专门的训练都很难识别道德方面的价值观问题,机器就更不用说了。因此,如果要发现价值观问题,就不得不投入更多训练有素的人工操作,但是这样会大幅提高运营成本。

(3) 内容的分发控制不到位。

由于推荐系统千人千面,因此对于内容分发的监控只能依赖于运营人员对热门内容的审查。对全部内容的抽查和用户对内容的负反馈,不可能完全地覆盖所有的内容,如果要提高内容监控的覆盖程度,就需要投入更多的人力去做智能化或者人工的监管。平台运营人员发现了有问题的内容时,往往内容已经广泛传播,形成热度了。如果这时把某条内容或者某个账号封杀掉,对平台的流量就会有影响。另外,推荐系统的排序目标也不在价值观上,如果推荐目标转移,就必然会造成用户消费指标下降,随之而来的就是产品收益下降,因此平台本身没有动力去花更多的成本投入在没有产出的事情上。

(4) 用户的兴趣行为不可控。

大部分用户在消费内容的时候是感性的,什么内容吸引眼球,什么内容刺激感官,什么内容颠覆认知,就偏向消费这类内容。用户对这类内容消费得越多,系统分发的也越多。创作者创作的动力也越来越强,最后整个平台充斥类似的内容。遗憾的是,用户的兴趣行为是不可挖的,一旦平台推出了这类内容,就必然会野蛮生长起来。

对应着上面四个原因,对症下药,平台可采取以下四点对策:

(1) 统一价值观意识。这是最关键的一点,团队必须从上到下认识到正确的价值观对平台的重要性,有意识地去改善平台的价值观。关键是从公司的运行机理出发,从价值观的角度采取明确的措施。此外从公司文化角度出发,让员工感受到为正能量的平台工作成为一种骄傲。

(2) 引入权威内容,强化内容监督。在内容方面要开源节流,引入更多权威内容,从源头上保障核心价值观内容的供给,结合技术手段和人工监管。减少反主流价值观内容的进入,把相关作者及时过滤掉。加大人工审核,一方面能够更广泛地发现有问题的内容,另一方面也要为内容监控算法提供大量的标注数据,提升机器审核的效果,这样形成正向的循环,推动内容的进化。

(3) 明确价值观的重要性。分发的关键是要用若干个指标去衡量什么样的推荐才是符合主流价值观的推荐。可以分别用模型识别出正能量内容和明确的反价值观内容,然后在排序目标中加入属于正能量内容的概率,并减少属于反价值观内容的概率,也可以对权威媒体的内容进行加权。

(4) 引导用户消费正向价值观的内容。最后一点,也是最难的一点,就是调整用户的消费喜好,提升用户的调性,让用户不再沉迷于低俗、低质的内容。具体的原则是扶正打歪,对于正能量的内容给予官方认证头衔、流量扶持,定期评选优秀创作者和评论贡献者,并颁发奖励。相反,对于违反价值观的行为一律予以严惩,让用户和创作者知道这样做是不合适的。针对缺乏判断力的未成年人用户,推出相对纯净的正能量模式,引导其健康成长。

(二) 主流平台内容甄选规则

1. 抖音内容质量分级体系

随着直播电商高速发展,电商创作者群体日益庞大,除专业从业人员外,也有电商新人不断涌入,直播平台围绕电商内容核心价值观搭建内容质量分级体系,旨在行为合规的基础上帮助创作者为用户提供更好的消费体验,长期提升经营效率。

以抖音平台为例,优质内容有四个大关键词:真实、可信、专业、有趣。真实指源自内心的客观表达,让消费者所见即所得;可信指持续践行承诺,沉淀消费者信赖;专业指传递专业领域文化,赋予内容和商品深层次信息价值;有趣指内容新颖友好,满足消费者多元喜好。

直播质量标准:内容不涉及违法违规问题是平台的底线,不容触碰包括但不限于低俗色情、不良价值观以及其他不符合平台规则或存在违反法律、法规的元素。不涉及平台安全、严重内容违规问题,符合内容安全标准;不涉及虚假宣传、站外引流、违规营销、售卖违禁品、假货等底线违规问题,符合电商内容安全标准。

直播电商内容分级体系包含6个一级维度,其中声画质量是基本门槛,信息价值/直播交互是核心维度,作者影响力、品牌价值、商品品质是加分项。其中"信息价值"的一级判断维度包括信息含量——专业度、信息输出——脚本策划/制作、场景化/商品卖点——场景化介绍,这3个维度对短视频的影响更显著,判断权重也高于其他二级维度。如图4-3所示。

判断方式:内容质量整体分为优质、普通和低质三大类:优质,内容在所有维度上的表现均为"好/正向",则内容评级为优质;普通,内容在任何纬度上的表现没有"较差/负向",但未达到优质标准的,则内容评级为普通;低质,内容在任意一个维度的表现为"较差/负向",则内容评级为低质。

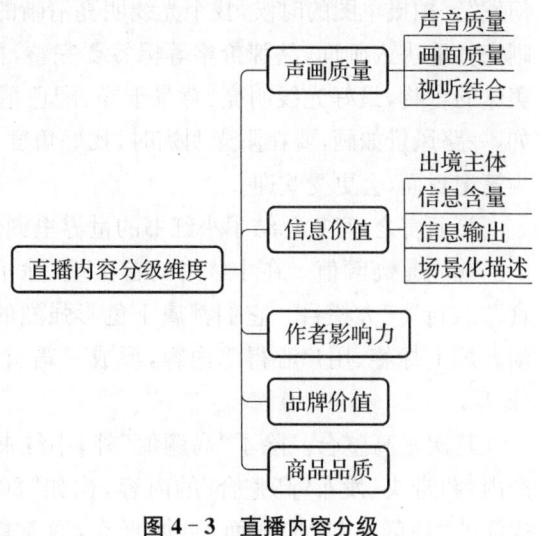

图 4-3 直播内容分级

2. 小红书引导高质量笔记创作

小红书目前有多个官方账号,如同多位"老师",他们分别是薯队长、生活薯、视频薯、娱乐薯、美妆薯、穿搭薯、吃货薯、校园薯、薯管家等(见图4-4)。每位"老师"都有不同的职责:"薯队长"相当于班主任,主要引导用户如何使用小红书上的功能,包括如何拍摄视频,如何使用官方模板进行内容创作等。"娱乐薯""美妆薯""穿搭薯"等,则相当于语数英等不同科目的老师,他们精选用户在这些垂直领域的优秀作品,进行二次编辑,作为示范样本,引导更多用户创作优秀笔记。"薯管家"就像教导主任,他是社区的守护者,负责更新社区规范动态。

薯队长 笔记·1623 粉丝·360万	生活薯 笔记·1820 粉丝·397万	视频薯 笔记·347 粉丝·420万
娱乐薯 笔记·974 粉丝·510万	美妆薯 笔记·837 粉丝·444万	穿搭薯 笔记·781 粉丝·399万
吃货薯 笔记·644 粉丝·141万	校园薯 笔记·229 粉丝·14万	薯管家 笔记·15 粉丝·10万

图4-4　小红书官方账号

各位"老师"以视频形式一步一步贴心教导,大大降低了用户学习使用小红书的时间成本。比如,薯队长示范,怎么用小红书情人节模板,制作你的情人节定制Vlog。生活薯二次编辑用户的美食探店笔记,并号召大家用视频记录下美食之旅。用户在视频上添加"地点标签+#周末探店+@生活薯",就有机会被生活薯翻牌。在多位老师的共同协作下,小红书的用户更加清楚怎么创作内容、什么是好内容以及要遵守什么规范。在官方指引下,用户发布笔记更简单、更明了。比如班主任"薯队长"向大家普及过"高质量笔记如何发"。拍摄单图的时候,找个光线明亮清晰的地方,选个简洁(如纯色)的背景,让单品清晰完整地进入画面,品牌价格等标签要完整,再分享使用购买心得就更好了。再如,拍摄美味的食物,最好光线明亮、背景干净、配色精美,别忘了分享店名、地址和推荐理由。再如,一路风景如画,要在阳光明媚时,找好角度,记录下此情此景。选一张美美的场景图作为笔记封面,会更受欢迎。

简而言之,官方总结了小红书的世界里创作优秀笔记的主要标准。

首先是高颜值。在小红书的首页里,除了"推荐"和"视频",紧接着就是"时尚""美食""旅行"三大栏目。它们都属于色彩强烈的高颜值组别,吸引众多年轻女性分享与互动。加上标签、用户心得等内容,形成一篇有颜有料的高质量笔记,不只是单纯图片的分享。

其次是高整合。除了"高颜值"外,小红书还很注重内容的丰富性。以PGC(专业生产内容)带头,发布"高整合"的内容,比如"2023年最全潮鞋清单""48套初春穿搭"等这样的"种草文"更加全面、更加真实,通常能获得较高的收藏量,成为小红书热推的笔记。

再次是强种草。作为社区型的电商平台,小红书还会鼓励用户多给图片打上标签,达到"强种草"的效果。比如,分享美食时可以标注店铺定位,分享美妆经验时可以标注护肤品或化妆品的品牌……通过大量种草笔记,小红书为各品牌(尤其是小众品牌)实力带货,打造了不少爆款产品。

最后是高话题度。除了日常的PGC(Professionally Generated Content)与UGC(User Generated Content),小红书还会结合不同的节日热点,策划不同的话题,带动大众创作"高话题度"的优质内容。比如,春节后期,"节后减肥"成为社交媒体上的热议话题。小红书围绕"节后减肥",策划了♯跑步正当时♯、♯健身减脂餐♯等话题,并推上热门搜索,通过PGC带动UGC产生大量笔记。

热点话题的推出,还可以伴随比赛的形式。在十一国庆期间,官方推出♯小红书十一摄影大赛♯,鼓励用户在小红书上用视频分享假期。活动前期,班主任"薯队长"发布活动征集,并附上贴心的视频教程。同步也会分享多个专题,如旅行风景拍摄技巧、如何在旅行中拍出穿搭大片、旅行中如何拍一支吃货视频等,将旅行与拍照、穿搭、美食关联在一起,为用户创作提供多维度的创意灵感。活动期间,"薯队长"精选用户高质量作品,二次编辑后在官方账号上推送,提升活动热度。活动后期,"薯队长"在提供高质量作品的用户中进行抽奖,视频直播,好玩有趣。

3. 天猫助力达人生产优质内容

天猫U先是阿里官方的试用平台,展示位是在手机端App详情页。经常在天猫平台购物的用户通过U先试用板块可以获得被推荐商品的免费体验一段时间后提供试用报告。上传至天猫U先测评的报告内容,通过机审+人审被评为"优质"后,将通过U先阵地、逛逛、淘宝首页短视频、有好货等全域分发,同时被商家装修进商详,助力达人优质内容分发与曝光。天猫规定的优质测评内容衡量标准如下:

(1) 封面图。

封面美观,用花字标注主题信息;不能出现商品白底图;封面、货品花字等不能挡脸;不能仅用纯色底+文字形式展示。

(2) 内容基本原则:原创、真实、好看、丰富有料。

平台希望打造专业的商品测评阵地,需分享真实的商品试用与测评体验,包含商品使用方式、使用心得、经验分享、测评等,图文与短视频均可。需为个人原创内容,拒绝搬运、抄袭。鼓励真人出镜讲解,表达真实使用心得和观点,发布内容为真实生活场景。账号文案、图片、视频整体调性统一。

丰富有料,一是产品卖点内容有丰富的信息量和价值,有对商品的多维度的展示和测评;根据商家给到关于本次合作产品的卖点介绍,作为素材参考。包括但不限于品牌介绍,产品基本信息,产品效果,核心成分和卖点等。格式不限,尽量精简,文字在1 000字以内。鼓励大家以短视频呈现。二是融入个人使用感受,卖点作为测评参考,达人要根据亲身测评选择性呈现卖点。本人或者产品使用者(亲子、宠物)出镜,更有说服力。三是鼓励个人风格鲜明且有趣的内容,内容有明确主题、独特观点,能对消费者的购前决策提供有效信息。四是鼓励紧扣时效性热点的新鲜内容,聚焦消费趋势(如新品上市、爆款升级、品牌新联名等)。

(3) 调性质感。

要求能传递美好生活气息、有趣信息;内容完整清晰,整体制作水平达到优良;通过场景化的生动表达,让使用心得、经验分享、测评等真实体验更具有感染力。

测评内容基础格式要求如下：

（1）视频基础要求：视频要求竖版9∶16，横版16∶9，分辨率≥720 p。60秒以上，视频大小＜500 MB，否则无法上传；码率：压缩的时候码率需控制在8 M以内。整体画面清晰流畅，背景清爽，光线充足或柔和；字幕避免过小或者过靠下导致看不清晰。声音清晰，背景音乐不干扰配音/原声，避免变声过度、语速过快、声音过小或背景音乐过大。

（2）图文基础要求：图片3~6张，竖版3∶4，仅支持png、jpg格式。高清画质，画面细腻不可有粗颗粒；背景干净协调，画面不杂乱；光线充足或柔和；有一定构图。文字要求100~500字，关键内容可制作在图片上。

（3）封面及内容：视频封面美观，用花字标注主题信息；不能出现商品白底图；封面、货品花字等不能挡脸；不能仅用纯色底＋文字形式展示。整体内容完整，不接受照片拼接幻灯片式内容。不接受纯硬广植入、纯商品展示、TVC（Television commercial）商业电视广告等广告式内容。

（4）其他禁忌与注意：没有任何水印（含剪辑软件水印），无其他软件片尾（如带超品、抖音、剪映、小红书、快手的片尾）。不可出现任何二维码、微信引导；标题与内容中不可出现（含字幕及口播）其他业务或平台引导（如"双11"、超品、小黑盒、聚划算、小红书）。不出现暴力、色情、政治敏感（含擦边）等违法违规内容。无论原创内容还是搬运内容均为首次在淘内发布。

思政园地

十年来我国已形成全球最庞大数字社会

2022年8月在京举行"中国这十年"系列主题新闻发布会，介绍新时代网络强国建设成就。记者从发布会上获悉，2012年至2021年，我国网民规模从5.64亿增长到10.32亿，互联网普及率从42.1％提升到73％，形成了全球最为庞大、生机勃勃的数字社会。

中央网信办副主任、国家网信办副主任、新闻发言人牛一兵在发布会上介绍，我国网民规模、国家顶级域名注册量等均为全球第一，互联网发展水平居全球第二。建成全球规模最大5G网络和光纤宽带，5G基站数达到185.4万个，5G移动电话用户达4.55亿户。所有地级市全面建成光网城市，行政村、脱贫村通宽带率达100％。IPv6规模部署成效显著，拥有地址数量居世界第二。我国新一代信息基础设施正朝着高速泛在、天地一体、云网融合、智能便捷、绿色低碳、安全可控的方向加速演进。

"我国数字经济规模连续多年稳居世界第二，从2012年的11万亿元增长到2021年的45.5万亿元，占GDP比重由21.6％提升到39.8％，电商交易额、移动支付交易规模全球第一，数字产业化基础更加坚实，产业数字化步伐持续加快。"牛一兵说，我国信息化服务全面普及，"互联网＋教育""互联网＋医疗"等深入推进，数字抗疫成效显著，数字政府、数字乡村建设加快推进，全国一体化政务服务平台注册用户超过10亿人，"一网通办""异地可办"已成现实，信息惠民便民成效显著。

二、企业内容筛选

(一) 企业生产优质内容标准

1. 关键词

想要发布优质的内容,关键词组成是非常重要的,关键词需要是发自内心的客观表达,需要是真实、可信、有趣的,内容需要新颖友好,满足消费者的多元喜好,关键词最好可以传递专业的领域文化,这样可以赋予内容和商品深层次信息价值。

2. 画面质量

画面需要非常清晰,最好是超清画质,这样用户浏览起来体验感会比较好。短视频画面的稳定性要好,不能有不合理的抖动、卡顿问题。如果有人出镜的话,出镜人的形象需要整洁、得体、自然,这样用户浏览起来,才会关注内容,愿意看下去。视频中的声音和画面需要对得上,不能存在任何声音画面错位问题。如果出现这种问题,用户对这个视频的感觉会非常差。

3. 信息价值

在发布的视频中,语言要通俗,普通的用户可以听得懂,在涉及专业词汇或者案例的时候,需要进行解释。在视频中传递的内容、观点、认知可以被认同理解,不要借用非主流情节博人眼球,比如炫富、拜金等负面话题。

(二) 利用模板保证优质内容

优质内容不仅需要在内容规划、内容选题、内容写作上有专业的工作流程,还需要紧跟市场热点。将优质内容制作成内容模板,可以极大地提高内容生产效率,保证优质内容的持续输出。

有固定内容格式、固定发布时间、可复用、填鸭式写作,这就是内容模板的特点。实际上,很多公众号都有类似的内容模板,新东方创始人俞敏洪老师的个人公众号"老俞闲话"也是以固定套路的流水账形式进行写作。腾讯科技 7 点见、吴晓波频道、新华社早知天下事这 3 个公众号内容都有固定的内容模板,其中腾讯科技 7 点见的固定模板是将近日国内外的科技新闻进行汇总,以 200 字左右总结单个新闻要点,最终形成一篇固定格式的推文,在每天早上 7 点推送,使读者在早上能快速获取科技领域的动态。新华社早知天下事是每天早上将国内、国际和社会热点新闻进行汇总报道,使读者能在一天开始的时候了解国内外大事件。与腾讯科技和新华社不同的是,吴晓波频道的固定套路是以单个新闻事件为主题,先以"八九零"的身份对新闻事件进行陈述和简评,紧接着是邀请多个专家对事件发表评论,它的特点在于通过嘉宾点评的形式解读新闻事件。

模板化内容生产得到推行的原因主要有 2 点:

(1) 从内容生产者的角度,标准化的内容模板是可以持续的内容生产方式。特别是对于网站或者 App 产品来说,内容生产一定要走向模板化、标准化,靠创意写作是无法满足产品的内容需求的。

(2) 从用户的角度,模板化的内容可以提高阅读效率。这些模板化内容的文章,从表面上看只是资讯的汇总,没有很华丽的辞藻,实际上这些文章以固定格式将用户需要的核心信息提炼出来,节约用户的阅读时间、提高阅读效率,便于用户养成阅读习惯。就比如腾讯科技的7点见,如果你要通过其他渠道了解到这么多科技资讯可能需要2个小时,但是通过这篇文章你花5分钟就足够了。提高用户获取信息的效率,正是内容生产者的核心要务之一。

制定内容模板的4个步骤如下:

(1) 确定内容定位,聚焦于自身产品定位和核心优势;

(2) 梳理内容分类,包括每个内容模板的关键信息、信息的取值时间、取值来源;

(3) 确定内容的形式,以方便用户为第一宗旨,做到通俗易懂;

(4) 明确内容制作分工和流程,按时按点完成信息的采集和汇编。

同步测试

一、单选题

1. 内容对于消费者来说必须是(　　)才能发挥作用。
   A. 免费的　　　B. 有价值的　　　C. 付费的　　　D. 主动搜索的

2. 运营的所有工作当中,(　　)是最基础的同时也是非常重要的。
   A. 呈现的形式　B. 优质内容　　　C. 认知内容　　D. 内容运营

3. (　　)就是平台信息传递给人呈现的整体感觉,这个感觉是内容、页面布局、整体风格的集中呈现。
   A. 价格　　　　B. 页面　　　　　C. 调性　　　　D. 基础

4. (　　)并不一定是天马行空的头脑风暴,创意的制造过程其实可以有方法可循的。
   A. 短视频　　　B. 创意　　　　　C. 抖音　　　　D. 广告

5. 平台的主要角色分为创作者、消费者和平台三方。平台是(　　),一边连接了包括机构和普通创作者在内的所有生产者,另一边获取用户,随后把获取到的内容整合分发给消费者。
   A. 组织者　　　B. 领导者　　　　C. 创作者　　　D. 链接者

二、多选题

1. 内容运营中的"内容"有(　　)两层含义。
   A. "内容"指的是内容渠道　　　　　B. "内容"指产品的介绍
   C. "内容"指的是内容形式　　　　　D. "内容"指的是用户需求

2. 内容运营的实际操作分为三部分,即(　　)。
   A. 内容定位　　B. 内容管理　　　C. 内容分发　　D. 内容创意

3. 以抖音平台为例,优质内容有(　　)四个大关键词。
   A. 真实　　　　B. 可信　　　　　C. 专业　　　　D. 有趣

4. 其实用户浏览内容概括起来主要有(　　)四类需求。
   A. 娱乐　　　　B. 知晓资讯　　　C. 学习知识　　D. 情感交流

5. 用户发现和获得有兴趣的内容,主要有( )两种方式。
A. 主动发现　　　B. 被动接收　　　C. 系统推荐　　　D. 个性化推荐

三、简答题

1. 简述艾尔莫·里维斯营销沟通模型AIDA。
2. 在互联网时代,内容形式有哪些,各自有什么特点?
3. 内容形式在发展变化中具有哪些特点?
4. 简述内容平台推荐原理。
5. 什么是推荐系统?

项目实训

1. 实训目标
通过实训,融合内容定位和内容管理知识,能够为项目企业制定内容模板。

2. 实训任务
(1) 了解项目企业产品——"捷利交易宝",这是一款港美股行情交易软件,产品核心优势是港股新股服务。
(2) 内容定位——用户希望获取哪些内容?
(3) 为用户提供的最独特最有价值的内容有哪些?
(4) 这些内容适合用什么形式展示给用户?

3. 实训环境:多媒体实训室。

4. 实训要求
(1) 组长应为小组成员合理分配任务,做到每个成员都有具体任务;
(2) 组内每个成员都必须积极参与,分工合作、相互配合;
(3) 提炼每个内容的关键信息点,确定内容的形式,形成此产品的内容模板;
(4) 提交并上传至本课程在线课程相应任务中。

第五章 活动运营

■【知识目标】
1. 掌握活动运营的定义和类型;
2. 掌握活动运营的方法及流程;
3. 掌握活动运营常见的设置方法。

■【技能目标】
1. 能够根据营销目标策划适当的活动;
2. 能够应用适当的平台工具创建活动。

■【素质目标】
1. 遵守公共社交平台应用规章制度的社会责任感;
2. 策划弘扬中国优秀传统文化活动的创新创意能力;
3. 营销活动执行过程中贯穿积极正面的内容导向和价值观念。

■【内容结构】

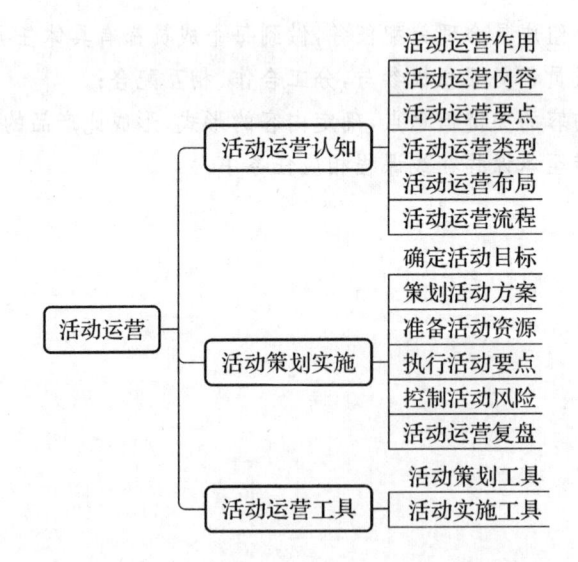

```
                    ┌─ 活动运营作用
                    ├─ 活动运营内容
         ┌─活动运营认知─┼─ 活动运营要点
         │          ├─ 活动运营类型
         │          ├─ 活动运营布局
         │          └─ 活动运营流程
         │          ┌─ 确定活动目标
         │          ├─ 策划活动方案
活动运营──┼─活动策划实施─┼─ 准备活动资源
         │          ├─ 执行活动要点
         │          ├─ 控制活动风险
         │          └─ 活动运营复盘
         │          ┌─ 活动策划工具
         └─活动运营工具─┴─ 活动实施工具
```

案例导入

良品铺子"过节送礼送良品"年货节"福"字活动运营

2024年年货节,高品质零食良品铺子以"福"打造营销标杆,注重以"福"为核心,将焦点放在了一个"福"字上,围绕"福"的传统寓意以及当代化、地方化的诠释,为消费者送上新年祝福。在新年营销中,良品铺子以"过节送礼送良品"为年货节沟通主题,通过联合五台山推出新年坚果礼盒,并定制五台山联名琉璃手串、福气连连福包等,将传统的"福"文化进行现代化、年轻化的演绎;良品铺子推出的年货节品牌TVC,由其品牌大使于适率真演绎了一位过年"载福回家"的年轻人,而对于家人来说,其实在外打拼的儿女"回家即是福"。于适用精心准备的"良品有福"年货礼盒犒赏自己和家人,传递了"良品有福,万'适'如意"的美好愿景,唤起年轻群体回家团圆的共同心愿。"良品有福,万适如意",不仅丰富了良品铺子年货节的主题内涵,而且也结合粉丝营销,引发情感共鸣,提升品牌好感度。

创意开启福气龙年

1. 传统"福"文化的流行化阐释,契合Z世代喜好

活动策划焦点放在了一个"福"字上,围绕"福"的传统寓意以及当代化、年轻化的诠释。在中国的传统文化里,"福"往往代表着福气、吉祥、运气。"福是新年的好果,是相聚的欢笑。""福眷顾努力的人,犒劳重要的人。"满载着新年好坚果的"良品有福"年货礼盒,呼应时下年轻人热衷以潮流方式求好运的深层诉求,也传递了积极上进、乐观向上的激励精神,体现了良品铺子对年轻消费群体的敏锐洞察。面对良品铺子这场"福"营销,许多消费者也开始玩梗表示"很符合自己当下的精神状态"。

2. 传统"福"字地方化延展,聚拢生活烟火气

年货节良品铺子还结合不同城市与场域的特色,进行了极具烟火气的当地化表达。比如在江城武汉,良品铺子品牌联合湖北省博物馆、武汉地铁集团为轻轨1号线穿上龙年新装,打造了"龙䲜䲜"号地铁专列,专列车厢从楚文化与龙相关的21件文物中选取的图腾、纹样进行装饰。龙图腾专列穿楼过桥,将"福"传递给江城人民。在成都,良品铺子基于城市的潮玩属性与近年来大火的citywalk,打造城市"福气citywalk",由四位"西红柿小哥哥"在福字街、福兴街、望福街和福德街四个街道派福。此外还围绕成都春节的喝茶文化,联合陈锦茶铺,将"福"文化与茶文化进行结合,打造了专属的红福茶座。

良品铺子主打的是传统的"福"文化内核,却融入了许多流行元素,尤其在具体的玩法上,顺应了当下的内容趋势,针对目标消费群体的痛点,在传统文化基础上做了现代化、年轻化、地方化的演绎。

公域流量渠道获取用户

1. 用户拉新与裂变

线下门店引流:用户识别门店二维码,支持自动打标签。

2. 其他更多渠道引流

品牌代言:良品铺子在2023年年末官宣于适成为品牌大使,品牌针对于适的个性特点以及粉丝喜好展开了一系列话题互动。比如预热阶段的微博话题#良妹养鱼日记#,利用日常的社交互动悄然埋下伏笔,引起于适粉丝圈层的猜测与关注。再比如于适联名礼盒以及线下良品铺子于适主题店的上线,打破了"宠粉"渠道的边界,为粉丝群体打造更沉浸的场景化互动体验,粉丝们纷纷下单支持,实现明星粉丝与品牌粉丝之间的互相转化。互动数据层面,品牌大使于适相关话题超2.3亿,总互动量超270万,粉丝的高涨热情与泛消费群体的密切关注,还使其获得了两次全网自然热搜。

直播：小程序直播过程中直播界面弹出客服二维码；

微信公众号：关注公众号引导；

微信小程序：小程序在线客服；

各大电商平台：电商平台福包领取发放。

3. 任务宝裂变：通过强趣味性激发用户的积极性，实现了1个客户裂变为N个的目标。

管理员统一配置，根据客户标签筛选种子客户发布活动，员工群发任务，客户收到群发活动，生成海报转发裂变，当好友扫码后，完成任务即可兑换奖品。

私域流量渠道精细化运营

1. 朋友圈运营活动

朋友圈频率：一周2到3条；

朋友圈形式：文案＋图片；

朋友圈内容：活动预告；线下活动实拍图片分享；科普、节假日相关内容。

2. 社群内容

内容分享：产品种草、干果百科、生活小技巧、节假日问候、正能量心语；

福利优惠：会员日、特价活动、直播预告、社群专属福利；

互动活动：互动抽奖、问卷调查、分享有礼、积分签到、热点话题讨论。

案例启示

活动运营的核心是针对用户物质、精神、情感需求开展活动。年货节"福"文化流行化、地方化的策划创意，满足了年轻消费群体热衷以潮流方式求好运的深层诉求。品牌大使于适既有着对专业能力的不断追求，又有着简单快乐的性格，传递从高品质专业追求到零食带来生活小快乐，给年轻人带来正能量的激励。地方化的品牌活动抓住了人们非常期待能从地方文化的根脉中体验更广大的归属感与生生不息的能量，同时也建立起大众对于品牌的情感认同与价值归属。此外，好的活动策划还要有好的执行。打造流量矩阵、平台矩阵、内容矩阵，全网全方位开展活动，才能取得好的效果。

第一节　活动运营认知

活动运营是指通过策划、组织、实施和管理一系列线上或线下活动，以提高品牌知名度、增加用户黏性、促进销售增长等目的的过程。它也是通过各种互动形式让目标用户参与，从而实现转化的一种运营手段。活动运营需要在一定时间内提升相关运营指标，涉及活动设计、资源确认、宣传推广、过程跟踪、效果评估、活动复盘等一系列流程。所以活动运营贯穿企业推动信息传播、品牌塑造等方方面面。可以说，没有活动就没有运营。活动是载体，在产品运营、内容运营和粉丝运营等过程中都会涉及一系列的活动。掌握活动运营的价值、类型、要点、流程等,能够更好地帮助运营人员全面做好运营推广工作。

一、活动运营作用

活动运营集广告、公关、新闻效应、市场拓展、客户于一体,是电子商务和移动商务运营中重要且常见的运营形式。活动运营能够有效引导用户的高价值行为,培养用户消费习惯,打造产品特色。电商产品的活动运营目标是销售额(GMV)和用户价值(LTV)最大化的统一,提升电商销售额也就是提升用户的生命周期价值,提升用户的生命周期价值也就在提升销售额。GMV 的计算公式为:

$$GMV = 注册用户数 \times 转化率 \times 消费次数 \times 客单价$$

为了提升 GMV,需要更多的注册用户、更高的转化率、更多的消费次数和更高的客单价。而用户生命周期价值 LTV 是身份不断进阶变化、形成不同阶段用户持续贡献消费价值的结果:新用户→首单用户→复购用户→忠诚用户→沉默流失用户。

为了提升 LTV,需要不断运营用户,实现从新用户到高价值的忠诚用户的转化,并减少其流失。

对应来看销售额 GMV 与用户价值 LTV 的关系,注册用户数即新用户,更高的消费转化率即更多的首单用户,消费次数和客单价则是复购用户和忠诚用户的关键指标(见图5-1)。基于对 GMV 和 LTV 的分析,根据活动运营需要达成的目标,可将产品用户的运营划分三个阶段。

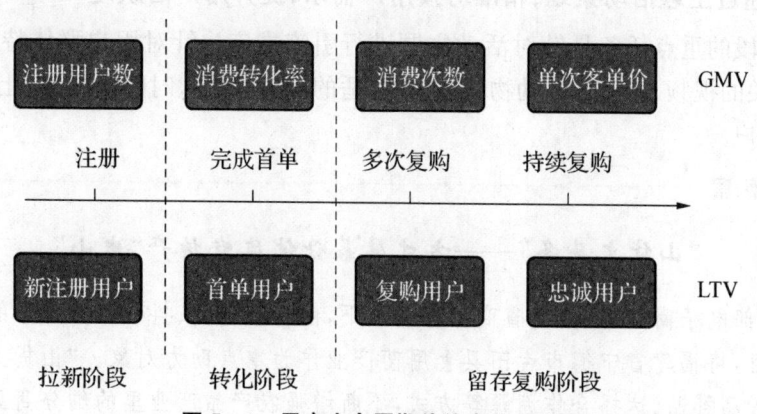

图 5-1 用户生命周期价值变化示意图

拉新阶段:获取更多注册用户数,提升新用户规模,是进一步运营的基础;
促活转化阶段:提升消费转化率,提升首单用户数量,激活新用户消费价值;
留存复购阶段:增加留存用户数量,提升用户消费次数和客单价,提升产品复购忠诚用户数量,实现收益最大化。
由活动运营典型的阶段框架可知,活动运营具有以下几方面的作用:
(1) 引流获客。
通过策划引流活动触达潜在用户,吸引新用户,激活并启动新增用户。如邀请活动、裂变活动、品牌传播活动等。

（2）活跃留存。

通过策划活跃活动提升用户的活跃度和留存率，如通过签到活动、话题活动、任务游戏等提高访问数、增加 UGC 的发布次数、提升某款或某类商品的订单数等。

（3）转化提升。

通过策划转化活动提升用户的付费转化率，加大用户贡献力度。如限时折扣活动、满额抽奖活动、升级抽奖活动等提升某类商品的订单数。

（4）品牌宣传。

扩大品牌知名度和品牌辨识度，开展品牌维护，传播品牌的核心价值，进而提升品牌影响力和用户忠诚度。

一个作用发挥好的活动能够抓住用户的关注点，满足用户的需求，激发用户的购买欲，提供满足用户物质和精神需求的服务，打造好的口碑。做得不好，则会引发用户的反感和对品牌的抵触情绪，从而影响市场的拓展和推广。

二、活动运营内容

活动运营具有"快速提升运营效果"的作用，是快速拉新、增加活跃用户的一个重要手段。移动商务活动运营的本质是利用移动互联网工具高效触达用户，所以移动商务运营必须重视活动运营。围绕生命周期拉新、促活、留存、转化四个阶段的运营目的，活动运营人员工作内容主要包括四个方面。

（一）通过主题活动策划、精准对接用户需求，提升用户活跃度

这个阶段的重点任务是针对活动主题进行引流推广。针对用户群体特点，编撰、拍摄、制作相关的视频、文案等活动物料，选择合适的渠道、媒介、时间段推送，让活动的信息高效触达用户。

---- 行业观察 ----

"山货上头条"——方寸屏幕让优质农特产"出山"

在商务部电子商务司、福建省商务厅指导下，由抖音电商、抖音公益主办的"山货上头条"助农项目，将福建省宁德市古田县食用菌产业作为重点助力对象。"山货上头条"通过线上专区、货品补贴、达播合作溯源等方式，不断增强农产品产业里的细分商品的活跃度。

"银耳在家怎么做好吃，看完这个视频就学会了……"在中菌食品专营店的抖音账号中，通过美食分享视频，让更多人认识了不一样的菌菇。例如，银耳不单单只是拿来炒蛋，或者拿来做银耳羹，抖音通过视频教程教大家搭配水果、牛奶、酸奶，进行 DIY。此外，企业不单只提供初级加工产品，还进行深加工，生产了打开就能吃的鲜炖即食银耳羹。

抖音"小田姑娘"推出了一款符合现代人快节奏需求的菌汤包产品，拉动了更多消费者对菌菇的需求。销量慢慢上来以后，就形成了一个完整的产业链，直接带动了300多人的就业，从销售到分拣，再到打包、发货，形成了一个相对稳定的供应链体系，如今一个月能卖几十万单菌菇产品。

小小菌菇,通过抖音这一方屏幕,打开了新天地。抖音电商里食用菌类目获得了销售增长,商品交易总额同比增幅达122%。其中,福建优质菌菇"雪耳"借电商"出山",该省食用菌商品销量同比增长178%,商品款数同比增长117%。与此同时,福建省销售食用菌的农货商家数量同比增长了91%。

案例启示: 把握市场趋势,借助新兴工具策划活动进行消费认知打造,拉动消费者需求。全域兴趣电商带来了增量,给菇农带来更稳定的收入。全域兴趣电商扩大了地方特色农产品的市场半径,以低投入的优势扩大产品的销售半径。同时,有助于减少农产品流通的中间环节,助力农产品品质的增信和品牌溢价的提升。

(二)结合活动数据分析结果,迭代调整优化活动方案

通过历史数据分析结果对活动内容、策划实施中的环节进行优化,以求找到更优、更合适的解决方案来提供更受用户喜欢的活动内容和方式;对面向的用户人群属性进行分层,以求进行更精准的受众投放,提高转化率和降低非精准投放的损耗成本;对产品进行迭代优化,以便提供更加顺畅和更好的产品服务体验。通过活动不断优化和迭代当前的产品逻辑和市场逻辑,从而发挥出活动的最大效能。

(三)根据新品特点制定线上活动运营方案,扩大关注度、知名度

运营活动涉及对接商品渠道、选品和优化的工作内容。不同的产品,运营活动的侧重点会有所不同。例如,对于内容平台,运营活动的侧重点在激励创作者和维护内容的质量上;对于工具类产品,侧重点应在产品的实用性、易用性上;对于社区产品,则多在与用户的交流互动方面。

(四)了解竞品动态、市场趋势,结合热点调整活动内容

可以通过专业的数据工具或是数据分析平台找到竞争对手,筛选符合自己可追赶的竞品,通过竞品流量来源分析和活动效果分析,对比调整新的活动。移动商务运营背景下寻找竞品的方式有很多,一般而言可以通过应用商店、产品平台、资讯平台等三种渠道来寻找确定。在寻找竞品时,我们可以利用发散关键词的方式来探索一个领域内的产品。例如,一个健康类产品,我们可以从"健康"延伸到"健康行为"获得睡眠、运动、饮食等关键词,又可以从每一个关键词延伸到新的关键词,如睡眠辅助、健身指导、热量计算等。

---- 行业观察 ----

瑞幸超越星巴克之路

在瑞幸崛起之前,星巴克中国是国内消费者在选择咖啡时的首选。当时,星巴克中国占据了国内大部分的咖啡市场。瑞幸深知自己要打破星巴克咖啡在国内一家独大的局面,一定要深入了解对手的优势和劣势。

星巴克中国的市场定位是以精致化为主,即定位于"精品咖啡专卖店",针对消费水平较高的白领这个市场区域。所以,瑞幸在尝试打开国内市场的时候,走平价路线,让除了白领之外的消费者也能喝得起咖啡。

事实证明,瑞幸的定位是可取的。中国国内市场庞大,而白领只是一小部分。瑞幸采取平价的方式,先吸引其他消费者,再慢慢渗透到白领内部,逐渐占据国内主流市场。这种营销方式,就像是"白蚁决堤一样",在悄无声息中,让大坝骤然崩塌。

2021年,瑞幸在国内的门店数已经超过了星巴克;在2023年的第二季度,其营收板块也超越了老对手,并且,它还提前达成了"万店"的小目标。

2023年,瑞幸和茅台联名的"酱香拿铁"咖啡上线,国酒贵州茅台在国人心目中有着"高级,但贵!非常贵!"的品牌认同感,其本身就自带流量,再加上酒十咖啡的创新搭配,成功激起了大家的好奇。此外,新华网联合得物发布的《国潮品牌年轻消费洞察报告》显示,对比10年前,国潮热度增长超过5倍,78.5%的消费者更偏好选择中国品牌,"90后""00后"贡献了74%的国潮消费。在国潮消费热度增长的大趋势下,在好奇心和从众心理的驱使下,瑞幸新品"酱香拿铁"咖啡,引起新一轮的消费热潮,成功完胜竞争对手星巴克。

三、活动运营要点

一项活动运营包含四部分内容:活动目标制定、活动方案策划、活动上线执行、活动数据监测。活动切入点主要有用户需求场景、用户关注热点、用户追求优惠价值的心理等几方面。开展活动运营时针对每一部分需要把握好以下几个要点:

(1) 明确目标,确保活动与公司战略目标保持一致,并为用户带来价值。
(2) 精准定位,了解目标客户群体的需求和兴趣,制定针对性的活动策略。
(3) 创意策划,设计吸引人的活动形式和内容,提高用户参与度和转化率。
(4) 执行落地,确保活动的顺利进行,监控活动效果并及时调整策略。
(5) 数据分析,收集和分析活动数据,评估活动效果,为未来的活动提供参考。

(一) 大型活动运营的要点

1. 活动时间计划

大型活动运作最重要的一点是抓住时间的优先权,早计划、早准备。日程安排应该大胆,并提前沟通。要能够在活动启动前确定所有工作安排,包括人员确认等。需要根据产品、年度计划、季度计划和KPI提出1到2个简单的活动计划方案。该计划应包括活动名称、活动规则、活动方法、活动奖金、所有其他部门的支持与合作,包括但不限于开发、业务、设计、市场、产品、测试等资源。

2. 活动的落地和启动

一般来说,大型活动需要提前一个月启动或者根据资源的配置来确认启动的细节。一定要提前和参与活动的所有部门进行沟通,确定具体的活动计划、人员配备、风险评估和解决方案、各种工作时间点等。然后,还需要提前制定适合该活动的项目管理工具。无论是激活或刷新、产品推送、激活或下载,还是并行多个KPI都必须证实。最好根据历史数据和当前产品数据估算近似的活动流程,以便将来进一步细化活动KPI,并根据活动水平进行一些小的调整。

3. 做好可供替代的活动方案

大型活动一般会包括更复杂的流程，比如一个活动包含两个以上的活动表单，必须设置方案 B。例如，移动终端上的显示空间有限，一些主要活动页面的显示方式可能会影响活动效果，所以尽量不要指定这一部分，并可根据具体实际数据情况进行调整。

（二）小型活动运营的要点

1. 日常活动模块化

对于规模较小的活动，可以每天形成固定栏目活动。提前一周准备相关资源，在运营组中确认活动主题，交付活动主题，将所需材料交给 UI，并将奖励需求交给业务。然后确认活动启动日期、各方交付时间点等具体内容，包括在活动开始前确定所有工作安排和人员安排。

2. 基于实时热点策划在线活动

实时热点活动的特点是速度快。主要测试运营团队的反应速度和各方的合作速度。需要使用现有的活动工具、模板来确保启动日期。因此，最好的方法是能够套用日常活动的模版，在关注热点时方便地替换相应模块并快速启动活动；其次，热点活动设计资源可能非常紧张，因为它是临时添加到设计计划中的，所以活动需求必须做到尽可能明确；最后，所有的活动策划都需要思维足够活跃，可以想出各种推陈出新的活动包装。

此外，活动运营要求有创意，要具备感性思维能力，同时保持对数据的敏感。有数据决策支持的创意内容和活动能够更精准地抓住用户痛点，提高用户的关注度，迅速引起用户传播裂变和转化成交。需要很好的逻辑思维能力和数据敏感，能够从数据中洞察到活动的改进方向，这就要求活动运营者应有丰富的经验，做到对一个活动举一反三。

四、活动运营类型

根据产品运营生命周期阶段不同的运营目的和形式，我们可以按效果类和品牌类划分活动运营类型。针对效果类，主要以达成某个数据指标为主要目的，按照用户在产品的生命周期，可以划分为拉新、促活、转化和召回四种类型，涵盖从用户获取、用户转化、用户留存复购的用户生命周期价值提升的全流程，保证了各阶段用户价值的最大化，共同服务于产品的 GMV 目标。对于品牌类而言，是以营销品牌目标为主的市场化活动，主要更偏向对客户的产品认知和消费习惯教育，包括一些品牌发布会、直播活动、内容种草等。

（一）效果类

1. 拉新类运营活动

此类活动根据新品特点等制定线上活动运营方案，扩大关注度、知名度，以提升新用户注册量、关注率等为目的。可以分为短期营销和长期持续活动。短期主要通过短时间精心策划营销型事件，在 2 到 3 天迅速进行病毒性、口碑型裂变传播营销并大量拉新。例如，契合时事热点的折扣日活动、征集类活动、代言类活动。长期持续活动包括从线上、线下、其他平台合作,将用户导引到新用户池的活动。例如,邀请老用户推荐新用户专享特权、老用户带新用户注册共享福利等常规化活动等,如横幅广告或联盟商业活动等,以及微商、微店、朋友圈、微博等社交媒体的"注册有惊喜""到店有礼品"等各类活动。

> **行业观察**
>
> ### 抖音话题挑战赛活动——从源头吸引用户主动参与和传播
>
> 抖音话题挑战赛是在抖音平台上举行的一种竞赛活动,目的是通过用户参与和创造性表达来推广特定的话题或主题。旨在鼓励用户展示他们的创造力和表现力,并通过参与挑战来增加他们在抖音社区中的互动和关注度。参与者可以根据规定的主题发布相关视频,在比赛结束前争取获得最多的点赞和评论,从而赢得奖品或特殊认可。
>
> "抖音话题挑战"是巨量引擎推出的全新UGC互动产品,帮助品牌实现"用户定制"解决方案,通过一些来源于用户日常生活的话题,让用户从"被吸引",到自发发现、主动感兴趣并参与,从而主动创造内容以吸引更多用户参与并增加内容的互动性。某种程度上,当用户是自发地对内容感兴趣,并愿意主动参与时,品牌的破圈、拉新、求增长,也会变得相对容易一些。从"抖音挑战"的产品形态也可以看出,通过独特风格的小相机图标后随着"挑战"二字,一方面展示了话题挑战这一活动形式,另一方面浮于视频表层,方便用户刷到并参与。至于话题内容方面,从"春季比心挑战",再到"晒出你的清爽一夏""想看看你的夏天有多嗨"……这种真正源于生活的话题,吸引的不仅仅是品牌的目标用户,还有对这一话题有分享欲望的所有用户。甚至,即使没有分享欲望,但在这个好奇心人人皆有的时代,或许也有一些人,也希望看看别人的夏天到底有多嗨。从潜在用户到铁粉用户,都有机会变成品牌"破圈"的帮手,而这种层面的破圈,才有机会变成真正的拉"新"。
>
> **案例启示**:流量即增量,想要"吸引新增量",品牌就需要不断在潜力人群中扩大品牌认知,去触达更多的潜在消费者。后流量红利时代已至,在"内卷之下",品牌也需要一些破局新思路,而"用户定制"就是方式之一。从品牌定制走向用户定制,品牌需要面临的最大挑战是:如何能让用户更具沉浸感,或是更加"无感"地加入进来,同时还能引发起用户的兴趣。其中,一切的源头——"话题内容"就成了吸引用户并创造拉新机会的关键。

2. 促活类运营活动

策划这类活动的目的是激发沉默用户、提升用户活跃度,减少用户流失率。保持早期用户的活跃,可以更有效促进用户的后续留存。一般要通过后台数据分析用户的行为表现,找到促进用户持续活跃的魔法数字。比如,对于电商平台来说,一般是促"3单交易",也就是如果用户在新注册时期,持续完成三笔电商平台的交易,留存率会较高。对于一些钱包类的App,这个魔法数字则是"3场景",也就是用户使用你的支付钱包完成三个不同类型的交易场景,如线下支付、话费充值,或转账等。为了达成以上目标,常见的互动活动,如抽奖、答题、投票等,旨在提高用户参与度和互动性;社交活动,如线上线下聚会、合作推广等,在扩大品牌影响力和社交网络的同时将用户从"弱关联"向"强关联"转化;各类平台和App的每日签到、积分商城等可以激发用户登录平台参与活动,进一步提升和培养用户的忠诚度,促进用户的持续活跃。

3. 转化变现类运营活动

此类活动以提升某款或某类商品的订单数,增加销量促进变现为目的。通过提高客单价,来提升业务营收,是很多公司在成熟阶段运营所重点关注的,如满减、折扣、赠品等,旨在刺激消费者购买行为。例如,滴滴出行和美团外卖发出的红包补贴活动、天猫的"双十一"、京东的"6·18"等均为这类活动的典型代表。还有针对一些高价值用户,推出付费会员,或充值有礼的活动,目的在于进一步刺激用户的消费,实现营收变现。

4. 召回类运营活动类型

召回活动的运营,重点是先研究清楚用户流失的原因,确定是产品功能缺陷、有更好的竞品出现,或者是低价功能不能有效满足用户的需求,又或者是用户迈入了下一个消费阶段,不再使用当前的产品。总之,只有了解用户为什么而流失,才有可能通过运营进行干预。例如,某游戏类产品针对超过 14 天没有活跃的用户,推送召回礼包,邀请用户回归等。

(二) 品牌运营活动

此类活动目的是扩大品牌影响力范围,提升用户对品牌的忠诚度。这类活动主要在产品生命周期的拉新、促活阶段以突出品牌效应为目的开展。事件营销和广告投入等方式比较常见,如产品培训课程、产品体验研讨会、产品应用线上直播等,旨在通过专业讲座、行业分享等提升用户对品牌的认知和信任度;此外,开展公益活动,如慈善捐赠、环保行动等,旨在传递品牌价值观和社会责任感。此类活动的共同点是虽然没有直接进行大量转化变现,但可在社交等自媒体平台形成"网红"效应,在短时间内形成病毒营销态势,让品牌迅速为消费者熟知。

+··+ 行业观察 +··+···+···+···+···+···+···+···+···+···+···+···+···+···+···+···+

招银理财——中国传统节日温情打造

过了腊八就是年,后疫情时代很少看到二十世纪七八十年代过年时热热闹闹的场景:大人在家里围坐在一起嗑着瓜子扯着家常,孩子们难得走亲访友凑在一起吃饭、玩闹。随着年味儿渐淡,过年没有了互相拜年、互相走动的热闹场景,还挺令人怀念。招银理财就在这个节点找到了一个大家都感同身受的故事,以妈妈辈记忆中的那一抹年味为出发点,串联起几十年以来的春节变化,通过"社牛"母亲与"社恐"女儿之间的冲突主线,讲述一件件中国传统文化中的人情故事,为大家呈现出了一条笑中带暖的贺岁片(见图 5-2)。通过有梗有料更有温度的年味话题点出"人情常伴,财富就在身边""招银理财、恭喜发财"的新年祝福。诙谐又饱含深意的叙事手法,在贴近 Z 世代年轻人社交语境的同时,也塑造出了品牌的春节营销个性,同时也传递了根植于中国传统文化中的孝悌亲情以及和谐美好的新型亲子关系。

案例启示: 在招银理财这支贺岁短片及海报的背后,品牌有温度的情感自然流露出来,让消费者对招银理财所传达出的品牌理念与精神产生成熟清晰的认知。才能进一步得到认同。

图 5-2　招银理财贺岁短片及海报

五、活动运营布局

电商四大活动类型形成了电商活动运营的框架,但是相对宏观的活动阶段和类型划分,需进一步规划完善各类型活动下的具体活动布局。

同一大类下活动越多越好吗?几个活动才是最好的?多个活动该怎么差异化设计?用户每个活动都会参加吗?这些问题就是活动布局需要解决的问题。

活动的布局可以从结构和时间维度规划:结构维度,即特定类型活动在同一时间阶段下的并行活动;时间维度,即特定类型活动在不同时间阶段下的具体活动。

结构维度和时间维度保证了活动全面性和持续性,最大化运营效果。

(一)结构维度下活动布局

结构维度下同类型的多活动并行,给予用户多样活动选择,有利于多种途径达成运营目标。但是,既然多个同类型活动并行,就需要差异化设计,差异化设计的切入角度可以分为5个,如表5-1所示。

表 5-1　差异化活动设计切入角度

角　度	介　绍	示　例
用户	用户特征进行分层	高消费用户品牌促销、低消费用户拼团促销
场景	不同的用户旅程场景	首页砍价助力、支付结果页下单拉新返现
激励	不同的活动参与奖励/优惠	满减/秒杀/拼团/M选N、红包助力活动、商品砍价活动
行为	不同的活动引导行为	邀请用户拼团免单、邀新用户助力砍价得商品
范围	活动覆盖的层次范围	全站"6·18"大促、服饰买三免一

结构维度下同类型多活动并行的运营方式最有代表性的是拼多多饱和式的拉新活动,拼多多同时进行的裂变拉新活动分别以实物商品、现金红包、消费红包为奖励,从激励角度进行同类型的多活动布局,满足用户不同偏好。

(二)时间维度下活动布局

时间维度一方面是活动的常规迭代,保持活动新颖创意,保证用户参与度;另一方面的价值在于利用特定节点,设计活动主题和玩法,有利于活动传播,并且降低用户的理解成本,提升活动关注度和参与度。

时间维度活动的常规迭代,多沿用结构维度的布局思路,定期策划进行差异化活动迭代。更重要的是与特定节点结合的活动,常见的节点如表5-2所示

表5-2 时间维度差异化活动节点

类 型	介 绍	示 例
节日假期	重要节日假期	年货节、春节好友组队打年兽
节气风俗	传统的节气风俗	大暑冷饮节
重大事件	广泛传播的社会事件	奥运金牌折扣
行业节日	电商行业重要的促销节点	"6·18""双十一"购物节
店庆/司庆	产品自身的关键节点	每日优鲜上市充值活动、京东"6·18"

(三)主流活动布局特点

不同活动类型在布局时根据实际需要,会采取结构维度和时间维度组合的方式布局,但又各有特色。主流的拉新、转化、促销活动的布局特点如下:

拉新活动在进行多活动布局时,以结构维度为主,辅之以时间维度。而多个拉新的差异化多从激励(如红包助力活动、商品砍价活动、组队领优惠券)、行为(如邀新用户拼团免单、邀新用户助力砍价得商品)、场景(如首页砍价助力、支付结果页下单拉新返现)角度区分。

转化活动针对同一批用户来讲,时间周期短,可参与次数少,侧重强引导激励,主要基于结构维度下的奖励进行设计布局(如新人优惠券、首单返现、首单免费)。

促销活动直接影响产品GMV目标,活动类型丰富多样,覆盖用户范围和时间周期久,布局基于结构维度(如满减/秒杀/拼团/M选N、品牌促销/全站促销、会员日)和时间维度(如"双十一""6·18"、周年庆)。

六、活动运营流程

企业的发展离不开活动营销,因此企业首先要根据发展战略目标确定年度活动规划。完整的活动运营流程可以分为活动框架设计和具体活动开展两部分。

(一)活动框架设计

活动策划框架的主要流程是:
年度活动规划→季度活动计划细化→具体活动计划细化。
年度活动规划如图5-3所示。

图 5-3 年度活动规划示例

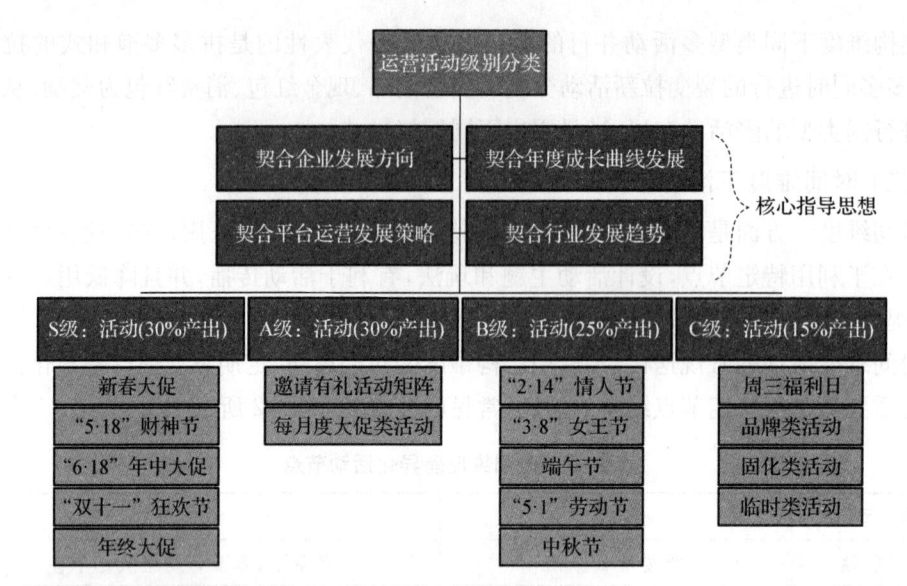

运营活动级别分类

核心指导思想：
- 契合企业发展方向
- 契合年度成长曲线发展
- 契合平台运营发展策略
- 契合行业发展趋势

S级：活动(30%产出)
- 新春大促
- "5·18"财神节
- "6·18"年中大促
- "双十一"狂欢节
- 年终大促

A级：活动(30%产出)
- 邀请有礼活动矩阵
- 每月度大促类活动

B级：活动(25%产出)
- "2·14"情人节
- "3·8"女王节
- 端午节
- "5·1"劳动节
- 中秋节

C级：活动(15%产出)
- 周三福利日
- 品牌类活动
- 固化类活动
- 临时类活动

B级：平台统一操作常规节日活动　　S级：平台级大促
C级：店面小型促销活动　　　　　　A级：平台统一操作促销活动

季度活动计划细化按重点节假日/重大赛事、日常小活动给出配额，确定大致活动主题规划、预算、时间点等(见表5-3)。

表 5-3 季度活动计划示例

月份	时间节点	活动类型	活动名称	具体安排	相关渠道
2月	10—14日	节日活动	猜灯谜过元宵	微信微博Banner，分享官方猜灯谜。	微博、微信
	10—14日	节日活动	旧爱换新欢	通过豆瓣发帖，结合主题活动"旧爱换新欢"，由网友发布所需换取的二手商品	豆瓣、微博
	20—28日	社区活动	我有我"吃"迷	单周对杭州新春热店进行介绍和攻略篆写，以"吃"为主，搜罗杭州的特殊店铺进行成列	微博、微信
	全月	日常活动		线上线下竞猜、微博微信更新及他网联合	
3月	2月28—3月11日	节日活动	关爱女性	滋补养生月，妇女们应该吃些什么，送女人送些什么……女性专题	
	9—14日	节日活动	White Day	白色情人节，你究竟想怎么过，此话题针对男性，主要涉及生活类和部分实物商品，以白色情人节应该陪男友怎么过为话题引入	微博
	1—15日	节日活动	品质生活会	微信微博Banner，根据不同城区由网友制定品质生活路线，品质生活内容。考量包括小店热享度、价格、环境、口碑等，可以结合推荐路线对小店现有营销情况进行测算	豆瓣、微博
	全月	日常活动	网友调查	不定期丢出话题，针对网站的内容、板块、活动等征集网友建议和想法，进行统计和提交技术部门	豆瓣、微博、微信

续 表

月份	时间节点	活动类型	活动名称	具体安排	相关渠道
4月	1—18日	预热活动	商家宣传	针对商家及网页初步构建进行整理及部分优质内容进行展示	豆瓣、微博、微信
	10—30日	测试活动	微博发布及购买	10—20日预热,做新品版面,测试微博平台支持二手交易的信息发布和联系,主要流程走O2O,不引入网站	微博、微信（宣传全渠）

(二) 活动运营主要流程

对于具体的运营活动,从策划到执行大致可以归纳为活动策划、活动预热、活动上线、活动复盘4个阶段。

(1) 活动策划阶段主要完成7个任务:

① 目标制定:基于运营总目标拆解制定活动目标,活动目标需数据化;

② 用户分析:结合历史数据分析目标用户的需求和痛点,对需求和痛点进行总结;

③ 方案策划:结合活动目标和目标用户需求确定活动主题、背景、目的、时间、目标人群、规则、流程等;

④ 推广渠道:梳理渠道,包括活动渠道挑选、对接流程、推广预算、渠道负责人员、渠道推广排期等;

⑤ 物料准备:包括线上线下活动宣传物料的设计需求、物料文案准备、设计排期、设计物料交付等;

⑥ 功能开发:包括活动规则对接、活动页功能对接、活动页面数据埋点对接等;

⑦ 分工排期:制定活动分工排期表,包括活动分工事项、事项负责人员、事项启动时间、事项结束时间、事项交付结果等。

(2) 活动预热阶段一般完成4个任务:

① 预热:活动上线前启动预热,站内外进行造势;

② 传播造势:策划传播内容引导用户传播,为活动造势;

③ KOL邀请:一定数量的KOL参与活动,并引导KOL转发;

④ 建议收集:收集用户对活动的反馈和建议,并进行优化。

(3) 活动上线阶段主要包括4个任务:

① 宣传推广:活动正式上线,要在所有推广渠道进行宣传推广,获取曝光量;

② 分工推进:按照分工排期表推进活动进度,监督各项工作的进度和结果;

③ 数据监测:监测活动实时数据,对比实时数据和目标数据的差距并分析原因;

④ 策略优化:基于数据分析结果及时调整优化活动策略和宣传策略。

(4) 活动复盘阶段完成4个任务:

① 数据收集:包括活动页面曝光数、点击数、分享数、转化数等;

② 活动复盘:进行复盘总结,分析活动结果数据和目标数据的差距和原因;

③ 效果评估:分析超出预期的板块和事项,总结可复用的经验;

④ 二次传播:提过活动战报和活动奖励内容素材,引发用户二次传播。

学海启迪

大型活动构建布局知识

年度计划和季度计划完成后,召集各方召开小型会议,确认人员安排、活动主题等初步内容,然后开始沟通,监督各参与部门确认需求后,从以下四方面构建布局:

第一,产品:根据产品特点确定活动页面和逻辑要求。

第二,设计:首先,将整个活动页面发布到前端和服务端进行开发。其他宣传材料同步开始设计和制作。大型活动时间超过5天,一般会设计两套不同的促销材料,以便给用户带来新鲜感。

第三,开发:开发活动页面的前端和活动逻辑的后端。需要在活动开始之前设置活动管理后台,开发完成后,测试进入,该节点的操作需要配合填写测试数据。

第四,促销:这里需要找到商务部确认活动的获奖资源,并与市场部确认活动前、活动中、活动后的促销方案。操作本身相当于活动的项目管理。除了做活动营销部门具体工作和完成小组其他成员的合作外,还需要做内容填充、促销计划、数据监控等。这些工作大约在活动正式启动前1到2天进行。

以上准备布局完成后,活动上线前需要交付的内容包括确认产品开发的功能是否满足要求,并发送在线确认函;与设计师确认活动页面和每个位置上的促销材料;与开发和测试部门确认功能开发的完成;测试确认在线环境活动正常运行,在线确认活动能够正常进行;与负责业务推广的同事确认奖品、活动合作伙伴、营销预热和在线推广计划。操作本身应确认奖品配置、活动规则、活动所有内部副本、活动宣传点等。还应做好在线时间、促销入口材料的布局、内容填写、数据监控以及产品内外部促销的日程安排等。

案例启示:活动运营管理需要关注上述所有人员的进度,并推动整个项目过程。根据时间点跟踪每个链接。如果延迟,需记录原因和时间点,以评估其是否会影响整体活动,并且时间原因可能会导致开发和UI(用户界面)删除需求,需要坚持记录,并根据KP(关键人)找到最佳折中方法;运营需要挖掘所有可用资源,安排活动入口或宣传活动。

第二节 活动策划实施

一、确定活动目标

所有的活动运营都是围绕具体的目的来策划活动。活动的目标是活动目的数据化的展示形式,不同的活动目的,最终都细化到具体的活动目标上。活动运营的目标结果主要表现在拉新、促活、转化和品牌宣传方面,常见的活动目标有拉新、增加付费人数、提高营收等。

如果目标是拉新,产品方案确定时要充分考虑吸引新用户群体的方式,推广方案上需要拓展覆盖新用户群体的渠道。可以通过外部渠道吸引用户参与,如注册新用户、关注公众号小程序、下载App等，也可以通过以老带新的活动吸引用户拼团。

根据公式：营收＝付费人数×ARPU（每用户平均收入）＝（DAU×付费转化率）×ARPU，要提高营收收入，可以通过提高用户的ARPU或增加付费人数来达成。要提高用户的ARPU，就需要针对高消费用户群体和低消费群体不同的消费能力，分别制定活动方案。

根据公式：付费人数＝DAU（日活跃用户数）×付费转化率，增加付费人数可以有两种途径。第一种，付费转化率不变的情况下，提升DAU；第二种，DAU稳定情况下，提升付费转化率。针对新用户付费人数或老用户付费人数，采取的活动形式和方案也会不同。

每一次活动都是一次潜移默化地对用户消费认知的改造。活动运营归根结底是针对用户的活动运营。针对新用户、活跃用户、不活跃用户、流失用户四种不同类型用户，活动目标的确定也有区别。

针对新用户，设置活动主要目标是提升用户活跃度；针对活跃用户，活动目标主要是提升付费转化率；针对不活跃用户，主要制定促销、红包等唤醒活动；针对流失客户，尽量在平时不影响用户，但在年度重大活动或匹配用户偏好的促销活动中尝试召回。

二、策划活动方案

活动策划包括长期活动策划和短期活动策划，活动时间长短决定了活动资源配置和投入。活动的灵魂是创意，可以基于产品定位、用户群和流行度等维度。能够给用户带来的新价值提炼是活动能真正引爆的关键点。活动运营策划中需要将用户群体的特点与活动的环节丝丝相扣，才能挖掘出每场活动的特点。

（一）活动策划的法则

一场优秀活动的策划需要遵循免费、简单、有趣、透明、可累积和可兑现六个关键法则。

1. 免费

免费指活动参与不需要用户付费，不需要其他额外条件或要求，活动尽量涵盖所有的用户群体。参与门槛越低，覆盖人群越大。免费这种形式在活动运营中较常见，活动运营方既可以提供用户喜欢的免费信息和服务，如旅游攻略、课程讲稿、实施案例等资料，也可以提供免费试用产品的机会，包括免费试用、赠送、试吃等内容。通过免费参与试用来有效培养用户关注活动的习惯，是活动积累人气和流量的有效途径之一。例如，阅读或视频App中在特定节假日免费领取阅饼、时长卡等。随着用户不断参与和分享，随着活动热度的提升，App的关注度和应用度都会上升。

2. 简单

活动的玩法一定要简单易懂，在活动操作上尽量简单便捷，减少用户操作成本。从用户进入活动页面，到活动参与完成，根据漏斗原则，每一步都会产生约50%的流失。因此，活动的操作步骤应该尽可能实现傻瓜操作，直接引导用户从弹出的界面中点击呈现的按钮就可以持续参与。其次，活动整体的流程设计，也要尽可能流畅，减少用户在每个环节的流失。活动目的是让更多的用户能参加，活动的参与规划要尽量简单，用户不需要花费太多的时间，就知道去做什么，能获得什么。把活动核心信息放在页面最显著的位置，尽量减少用户的思考成本和阅读时间。

3. 有趣

活动一定要有趣、有创意,能够满足用户的心理、情绪等价值需求,才能吸引更多的用户参与。用户觉得好玩,才会自发地传播,引来更多用户流。活动运营人员依赖媒体的力量和用户的口碑,让产品或服务成为用户谈论的话题,鼓励用户提供正面的话题,以达到活动的效果。

4. 透明

透明的意思是在活动过程中一定要公正、公开,要毫无保留地把所有过程、规则、结果等信息都展示给广大消费者,尽量通过多个渠道公布活动结果和状态,让用户了解活动状态。透明化的活动会让消费者对产品的信任度不断提高,随着信任积累,时间长了也就自然赢得消费者认同,从而培养忠实粉丝,为品牌口碑的树立打下良好基础。

维护市场公平竞争秩序,守护透明消费环境是高水平社会主义市场经济体制的基本建设要求,也是所有运营活动应该遵守的基本价值理念。所以在一项活动开始之前,应该明确告知参与者活动的规则和标准,包括如何获得奖励、奖励的种类和数量、活动的截止时间等。这样可以避免参与者因为规则不明确而产生疑虑和不满意,同时也能维护整个市场的稳定。

5. 可累积

活动运营是一个时间积累的过程,需要保持一个固定频次,如线上周期在 20 天以上的、线下准备时间需要一个月以上的大活动,可以一个季度一次;线上周期 7～10 天、小型线下活动,一个月 1 到 2 次即可。每做一次活动,就需要把这次的目标用户服务好、积累好,日积月累,便是一笔宝贵的财富。

此外,活动设计可以增加一些利益积累的方式来充分调动用户的积极性。但这种累积方式应该有上限,而非无限制。活动运营通过补贴、奖励等形式让利于用户,激发用户参与的热情。例如,"6·18"大促,本质上是通过限时抢券、跨店消费满减、小游戏互动等福利折扣和各种创新的福利发放形式,最终积累用户在促销周期内产生爆发式购买。

6. 可兑现

兑现主要是指活动设计者对用户在活动过程中的表现进行激励。在兑现的设计上,奖励设计应针对活动的目标和用户群体,处理好普适性和差异性的关系。普适性指所有用户均能获得奖励,差异性指不同用户获得的奖励不同。奖励一定要有梯度,一般活动设置不超过 5 类以上的奖项;奖品类别可以是实物、虚拟货币、虚拟勋章、优惠券等搭配使用,效果更好。此外,将周边产品作为奖励,吸引用户关注是最省成本的一种推广方式。

行业观察

趣玩网用户注册活动

趣玩网创办早期,为了拉新,策划了用户注册有奖活动,只要是在网站新注册的用户,填入自己的地址、邮编及其他联系方式,就可以获得抽奖的机会。趣玩网是做创意家居用品的网站,小礼品准备的就是家居用品中有特色创意的摆件模具等,许多用户一开始抱着试试看的态度参与,没有想到收到的小礼品很是合意,在激发用户参与热情的同时还激发了用户关注购买其他类产品的激情。同时用户注册后再传播邀请新的好友参与,还能获得最多三次的抽奖机会。前面被激发热情的用户开始充当扩散者,链式反应在不断地进行下去。

(二) 活动策划的思路步骤

活动策划方案是一场活动中最重要的阶段。需要将活动背景、目的、形式、地点、时间、流程、人员组成、活动经费等几大要素充分考虑,同时需要考虑方案细节的可执行性。制定活动策划方案的团队,应当具备项目管理的思维,采用思维导图、甘特图和 Excel 等多种项目管理工具辅助设计,制定人员分工安排、任务分解、进度控制、资源配置等方面的实施细节,为后续活动执行提供指导和依据。

活动策划时,需要从用户群体特征分析、分享激励、分享工具、包装传播和渠道研究五个方面来考虑。

1. 用户群体特征分析

活动的对象是用户。首先,通过消费者画像了解用户主要特征,才能让活动达成效果。例如,对于以老带新的活动运营,核心要找准老用户作为种子用户,设置好界定老用户的条件。例如,至少重复购买过两次的用户、在 App 社区中较活跃的用户或经常分享平台相关内容到社交 App 的用户等。活动策划就是要精准定位客户群,通过设计活动,留住用户并促进持续增长。

思政园地

坚持人民至上,保障用户权益

网络交易中,存在电子商务经营者利用优势地位,制定不公平不合理的格式条款侵害消费者合法权益的情况。为正确审理网络消费纠纷案件,依法保护消费者合法权益,最高人民法院发布《关于审理网络消费纠纷案件适用法律若干问题的规定(一)》,主要对网络消费合同权利义务、责任主体认定、直播营销民事责任、外卖餐饮民事责任等方面做出规定,共20条,于2022年3月15日起施行。

由此可见,社会主义市场环境下的活动运营,需秉承"用户至上"的理念,打造消费者、卖家和平台三方共赢的良性竞争环境,保证平台高质量的产品供应和消费口碑,以诚意服务消费者,为消费者奉上更有品质的售前售后体验。塑造值得信赖的品牌口碑,才能实现用户价值最大化的目标。用户价值最大化体现在两个方面:第一方面是要贴合用户需求,持续给用户输出更多更好的产品和服务,才能产生更大的用户价值。第二方面是形成持续提升用户价值的新营销模式,令用户形成持续复购行为,成为企业终身价值用户。对于许多企业而言,企业的产品可能会因为本身特性导致产品复购性不强,这些企业更需要注重用户价值的提升。

2. 分享激励

做活动运营时,吸引新用户、提升老用户的活跃度及提高品牌的曝光度是基本目标。为达成运营活动的目的,需要分析用户的特性心理,通过活动提供精神物质方面的激励,满足用户的分享需求、好奇心或是逐利心理等。一般用户参与活动的心理历程可以归纳为3步:

① 看到活动。此时如果活动设计创意能够激发用户的好奇心并让用户感受到有趣好玩,用户才会参与到后续活动中;

② 看到周围人参与活动。此时部分没有激发好奇心的用户可能选择观望。这个环节需要针对用户的从众心理、害怕失去心理、攀比心理等设计活动分享的信息点,如"明星偶像""朋友推荐""限时限量"。

③ 参与后愿意分享传播。有些用户喜欢把自己参与的活动分享到朋友圈,主要的心理是要满足表达自己的需求,以及分享自己的成就感和塑造个人形象。活动策划时要为用户制造愿意分享的理由。

拓展阅读

App 活动分享标题撰写方式

一些二次传播做得比较好的 App 活动,不仅活动标题或文案写得好,就连活动分享的标题都写得很用心。这些活动分享标题撰写方式的基本出发点,要么满足用户的某种需求,要么符合用户的心理期待,或能够让用户产生共鸣共情,从而让用户感到眼前一亮。具体参考类别如下。

1. 主题式

直接告知用户本次活动的主题是什么,如简书 App 的"摄影专题征图活动"。

2. 福利式

直接让用户看到有福利可得,如 QQ 会员活动"抢福利咯! 20 元美团红包免费领"及网易云音乐的"福利优选:你需要一副玩转音乐的耳机"等。

3. 反常理式

标题中的信息(一般是两种)看似有矛盾或冲突,违背常理的,但却因为强烈的对比而突出了重要信息——我们这里能帮你实现这种看似不可能实现的目标。如图 5-4 中标题"零基础"产品经理和 10 K 月薪在我们的认知中是互相冲突的。

图 5-4 反常理式活动分享标题

4. 免费式

标题带上"免费"或"限免""部分免费"字样,大部分用户都会比较感兴趣。如"免费直播课程"及"79 章限免速戳进来!"等标题。

5. 打折式

商品打折,给用户优惠,如京东的"进口洗护大狂欢任选3件6折"(见图5-5)。

图5-5 打折式活动分享标题

6. 送钱式

给用户送钱,新用户首单免费或送相应金额的优惠券等,如滴滴出行的"送你10元滴滴快车券,为首次打车买单"(见图5-6)。

图5-6 送钱式活动分享标题

7. 挑战式

向用户发起挑战,引起用户的好胜心,如今日头条的"×××一箱油极限挑战"(见图5-7)。

图5-7 挑战式活动分享标题

8. 分享式

向别人分享有趣好玩的活动,如美团外卖的"这是一个来自小伙伴的美团外卖红包"(见图5-8)。

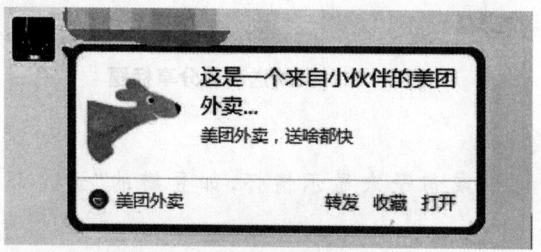

图5-8 分享式活动分享标题

9. 有奖式

通过奖品来拉动活动参与度,如今日头条经常会做的一些有奖用户调研志愿者招募活动(见图5-9)。

图5-9 有奖式活动分享标题

10. 共鸣式

通过"相似情境"唤起用户记忆中的情境模块,从而带动用户的情绪体验,如豆瓣发起的"造就广州"活动的分享标题为"除了上班的地方,这城市和我有什么关系?"。

11. 推荐式

直接向用户推荐相应的活动,如豆瓣的"广州好戏推荐"活动分享(见图5-10)。

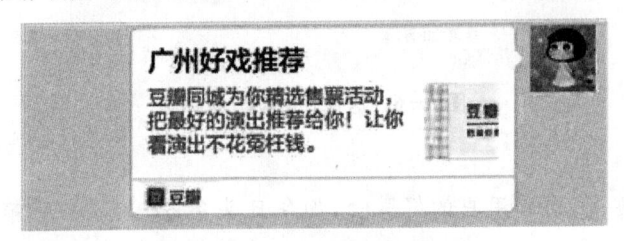

图5-10 推荐式活动分享标题

12. 买就送

买某个商品送另外一个商品,如百度外卖的"买音乐剧票送自助餐畅吃"(见图5-11)。

图5-11 买就送活动分享标题

13. 情怀式

利用一些感性的词语或句子来显示情怀,如豆瓣的"迷恋超市,想搬进去"(见图5-12)。

图 5-12 情怀式活动分享标题

14. 情感类

利用人的感情或情绪来写活动分享标题,引起用户的兴趣。如图 5-13 所示的"好姐妹感情好,红包已到,赶紧收起来!"

图 5-13 情感类活动分享标题

15. 鸡汤式

采用鸡汤文的形式写活动分享标题,引发用户共鸣。如图 5-14 所示的"知乎圆桌—即使独自生活"。

图 5-14 鸡汤式活动分享标题

16. 节日式

把法定节日或者人造节日来作为活动的噱头,如图 5-15 所示的"双 12 来了,奖品已更新"和"外卖三周年狂欢,赢一周外卖全名单"。

图 5-15　节日式活动分享标题

17. 话题式

以某个用户关注的话题来作为活动分享标题,提高用户对活动的关注度,如豆瓣出品的"周末去哪儿"(见图 5-16)。

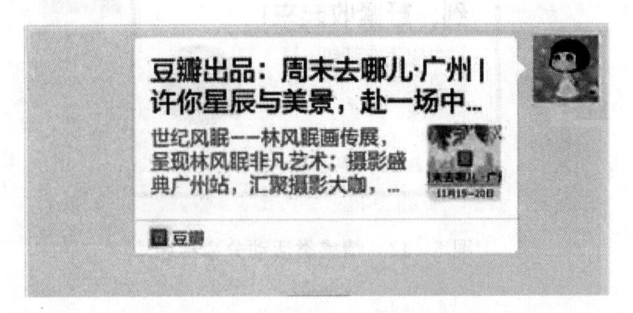

图 5-16　话题式活动分享标题

18. 借势式

借势热门事件、话题元素撰写标题,提高活动的传播速度,如图 5-17 所示,饿了么借助了"双十一"剁手这个势头:"剁手之后来吃 5 折工作餐"。

图 5-17　借势式活动分享标题

19. 谐音式

利用大家熟知的成语或俗语的谐音为活动分享标题,增加活动的趣味性和动感元素,如"真功夫'鸡'不可失折不再来"(见图 5-18)。

图 5‑18　谐音式活动分享标题

20. 赢好礼

参加活动赢好礼,如给简书找 BUG 赢好礼活动(见图 5‑19)。

图 5‑19　赢好礼活动分享标题

21. 巧用数字

利用数字给用户带来一定的冲击力、感染力,让用户被活动吸引并能够准确地捕捉到活动重要信息。如图 5‑20 所示的某阅读 App 的"全场 0.99 元起"和某外卖 App 的"2.33 元早餐吃坚果"。

图 5‑20　巧用数字类活动分享标题

22. 利用时间元素

利用时间元素给用户一种过了这村就没这店的感觉,如限时免费、活动设置期限等,如腾讯视频的"限时2天,周末宅家看电影"(见图5-21)。

图 5-21　利用时间元素类活动分享标题

23. 群体效应

针对某个用户群体的活动,在写活动分享标题时结合该群体的特性。如图5-22所示的"中国第一届加班狗福利节模拟测试"。

图 5-22　群体效应类活动分享标题

24. 名人效应式

利用知名人士、明星等来吸引用户的关注和参与,如图5-23所示的美团外卖的"3周年盛典,群星给你发红包"活动分享标题,以及饿了么的"代言人王祖蓝给你发红包啦～"。

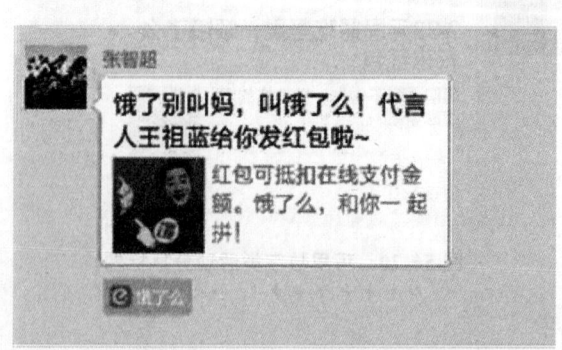

图 5-23　名人效应式活动分享标题

25. 亲自体验式

以用户分享的口吻表示体验过活动,且得到了相应的奖品,并呼吁其他用户积极参与,提高活动的真实性,如"我在京东领到 188 元新人大礼包,快来一起免费领!"(见图 5-24)。

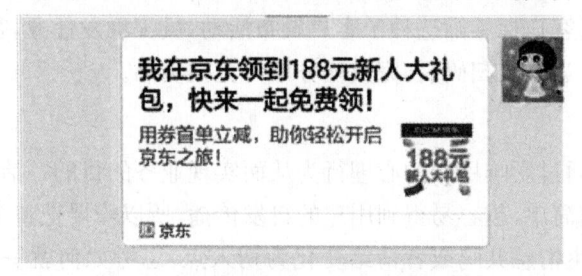

图 5-24　亲自体验式活动分享标题

26. 切入生活场景

切入用户的某个生活场景,让用户觉得此活动对我确实有用。如图 5-25 所示的豆瓣的"本周影院在映"。

图 5-25　切入生活场景式活动分享标题

27. 特殊体验

站在用户的角度,给用户一些特别的体验,如参与活动获得 VIP 特权或其他体验等,再如图 5-26 所示的"抢饿了么特惠红包,享准时达至尊新体验"。

图 5-26　特殊体验式活动分享标题

3. 分享工具

活动运营分享操作要简单,就需要选择进度可视化和个性化的分享工具,如活动行、活动家、活动网、任务宝、活动盒子等。活动运营的最大价值在于降低用户参与成本，以便参与用户更方便和愿意邀请好友加入活动。活动管理人员也能更直观地监控活动的整个流程和数据，及时调整活动策略，为用户营造良好的体验环境。例如，任务宝做活动时，管理员统一配置，根据客户标签筛选种子客户发布活动，员工群发任务，客户收到群发活动，生成海报转发裂变，当好友扫码后，完成任务即可兑换奖品。

4. 包装传播

活动的本质是通过影响用户的心理行为从而实现业务的目的。活动传播的内容越有话题性，分享操作越简单，越容易得到用户的自发传播，所以需要把整个活动进行包装，往往以如何让用户产生情感共鸣或者情绪变化为切入点，思考如何就一个具体的场景和具体的用户群体，通过用户主动的分享实现传播。如公益、情怀等。以老带新是连接老用户与其他好友间的熟人社交传播。进行活动链接分享设计时，不同类别有一定的区别。玩法类活动要基于用户操作层面思考设计；传播类活动要基于分享动机层面来包装；裂变类活动要基于传播模型层面来思考设计。例如，传播类活动的关键点在于如何规划出一套完整的影响用户传播行为的内容，从"用户会注意到的标题"切入，到"用户会产生极大兴趣"的前言，到"用户会下定决心分享"的升华结尾。

5. 渠道研究

大部分用户邀请类活动流量来源于社交媒体，不同的社交媒体平台的用户群体有差别。活动投放时，需要分析不同渠道的特征，设计分享差异化的文案。例如，小红书是一个生活方式平台和消费决策入口，用户群偏一、二线年轻时尚人群，更加注重女性用户，主要以美妆、时尚、生活等方面的内容为主，深受女性用户的喜爱。用户通过文字、图片、视频笔记的形式分享生活中的点滴。而抖音则是一款音乐创意短视频社交软件，用户群体时覆盖一、二、三、四线所有人群。允许用户创作并分享短视频，内容覆盖多个领域，如舞蹈、音乐、艺术等。

三、准备活动资源

活动资源指活动运营所需的所有资源。一般最基础的分为三种：活动预算、推广资源和人力资源。活动预算的多少决定了活动开展的力度；推广资源通常是内部宣传资源，如路演资料、App弹窗、Banner、流量渠道平台和各大广告位等；人力资源指设计师、前后端工程师、运营人员等。

活动资源包括多个方面，涉及企业跨部门之间的合作和资源整合，因此确定好活动主题后，需要制订活动资源计划，并做好前期准备。包括洞察用户需求、确立活动主题、明确活动对象、挖掘活动卖点、设计活动规则、选取活动产品、活动预算及效果评估、筛选宣传渠道等。

（一）洞察用户需求

洞察客户需求是在所有传播交易接触点上收集的有关客户的所有数据的解释和模式。有些是直接获得的，如通过客户反馈和表格填写，另一些则是通过数据分析得到的。活动运营工作需要分析用什么方式可以满足用户的需求，包括分析用户当前的心理诉求、物质需求;通过调研竞争对手的情况、营销策略来洞察用户需求,并满足用户,吸引用户,从而形成良好的口碑,让用户成为传播者。

(二)确立活动主题

活动主题是整场活动的核心,贯穿于活动前期的预热、现场的引爆及后期的效果跟踪等环节。活动主题一般是根据全年度活动计划来制定的,如根据全年的传统节假日、行业自创节日等进行规划,运营人员可以借助营销日历类工具来完成各主题活动的执行计划。活动主题一般不宜过长,要言简意赅,突出关联性,具备一定的独特性、可塑性,可通过各种方式展现和表达品牌想要传达出的理念、品牌态度及形象。活动主题还需配上副标题或核心卖点。方便参与活动的用户在很短的时间里清楚活动的核心卖点。

(三)明确活动对象

活动对象指的是活动针对的用户群体——他们是新用户还是老用户,是年轻人还是老年人,是粉丝还是路人。他们的人口统计数据,他们的痛点是什么,什么给他们留下深刻印象,什么让他们失望,他们经常购买什么产品和服务,什么影响他们的购买决定,通过构建各种不同维度用户标签,使营销对象精确化定位、迅速准确地把握潜在客户或群体的需求,并针对需求确定活动类型、活动时序、营销策略和活动投入等细节,将针对性最强的活动施加到营销对象身上,把活动效果最好的活动投入营销对象中,从而得到良好的营销效果。例如,针对新用户,活动面覆盖广,影响要大,成本相对也会高;针对老用户,活动目的主要是维持老用户的活跃性,以及促进二次购买和转化,成本会适当控制。

(四)挖掘活动卖点

营销活动卖点是满足活动对象显性需求和隐性需求的核心。活动卖点的吸引力是活动转化的催化剂。挖掘活动卖点是决定活动宣传力度和效果的重要因素,因此运营人员要加强对活动易传播卖点的构思。折扣免费等促销是较简单、较吸引用户的活动形式,引导用户购买更多的产品,甚至购买原本不在购物清单内的产品,将大大提高活动的收益,这样才能形成传播效应,参与的人才会越来越多。但这必须建立在合适的成本范围内,切记活动不以高补贴为目的,分享者都能获得利益,参与的人才会越来越多,同时将分享者间接转化成自己的会员。例如,京东推出的"瓜分京东豆,抵现金"活动,拼多多推出的"免费拼单"活动等,在做活动分享的同时,间接获取了大量的用户。还要分辨出该卖点是不是买家真正需要的,从而实现用户的分享裂变。例如,产品成交主要依靠广告引流方式,点击进入页面的并非购买目标特别精准的用户,就需要通过功能直播、有好货等营销方式,在卖点中突出能够带给用户的利益点。

(五)设计活动规则

活动规则主要是针对活动的一些细节加以说明和约束,让用户提前知晓活动的玩法,明确哪些产品是活动范围内的、是否设置消费额度门槛、是否对奖励名额有限制、是否要对参与活动的用户设置门槛、用户的中奖概率设置等问题。事先的用户活动规则告知能提升活动的透明性和用户的期望值。

> **思政园地**
>
> ### 合规合法，营造公平、诚信、放心的网络消费环境
>
> 为进一步规范电商经营秩序，引导消费者科学、理性、绿色消费，营造公平、诚信、放心的网络消费环境，上海市市场监管局通过梳理近年来多发、易发问题，制定发布了《"双十一"网络集中促销合规指导书（2022）》，向电子商务企业提出八个方面合规要求，其中前两条都与规则相关：
>
> （1）促销规则简单、易懂：加强促销方案的事前审查，不玩"促销套路"，促销规则简单明了。禁止采取"虚假打折""虚假标价"、不履行价格承诺等违法方式开展促销。
>
> （2）亮照、亮证、亮规则。
>
> 加强对平台内经营者的管理和服务，落实各项审查核验义务，引导其依法履行主体资质、交易规则等信息公示义务，规范有序开展促销活动。
>
> **案例启示**：我们做任何活动运营都需要遵守规章制度，制定清晰的规则和标准。在活动开始之前，应该明确告知参与者活动的规则和标准，包括如何获得奖励、奖励的种类和数量、活动的截止时间等。这样可以避免参与者因为规则不明确而产生疑虑和不满意。同时，建立透明的监控机制。在活动过程中有效的监控机制，确保每个参与者都能够按照规则获得奖励。如果发现有不公平的行为，应该及时处理并公布处理结果。这样可以增加参与者的信任感，同时也可以树立活动的公正形象。另外，还需建立反馈机制。在活动结束后，应该收集参与者的反馈，了解用户对活动的评价和建议。根据反馈，才能不断改进活动，提高参与者的体验和满意度

（六）选取活动产品

活动产品是根据活动卖点确定出的能够满足活动对象个性化需求和体现市场变化差异的产品组合。俗话说得好：三分运营，七分选品。活动运营中本着受众广、接受度强、易传播的选取标准，既可以选取1~2款低成本、零利润的爆款产品，又可以围绕引导二次转化、保持少量利润空间、成本高低搭配组合的选取原则，挑选次爆款产品。产品的推广策略要凸显出活动卖点，要占领用户心智，占据用户时间，需要策划差异化的活动，提炼挖掘差异化的功能、差异化的利益点。例如，对于消费者提出的显性需求，可简单、直接把产品功能呈现给消费者；对于隐性需求，则需要以产品核心卖点为中心，逐层展示产品功能、风格等衍生出来的情感、心理等深层次的元素，引导和吸引其关注卖点，触动其隐性需求。

（七）确定活动预算

活动预算是以企业活动为核心的预算管理体系。从活动、时间、组织维度进行预算管理。主要包括活动产品成本、活动奖励成本、活动分享和宣传成本、活动策划和前期准备成本等。也可以通过与商家联合，由商家提供奖品，或者是提供别出心裁的创意吸引用户。例如，引爆朋友圈的"1元购画"公益活动。付出成本的活动需要紧贴活动目标，如目标不涉及利润，则需了解企业要求的人均成本的范围；如活动目标是拉新，则预算＝人均成本×目标拉新数；如目标涉及利润，则要综合考虑活动类型、规模、时长以及所需资源等

因素,同时确定预算的范围和活动的各项支出和收入、预算的可行性、预算执行和监控计划、预算调整策略等,确保活动有序有效地执行。

(八) 确定宣传渠道

宣传渠道是活动触达用户的媒介渠道。移动互联网时代,流量越来越碎片化,分布也越来越广泛,是否采用宣传渠道,取决于活动的规模大小,同时也要兼顾活动发起企业的预算情况。可以选择具有公域流量特点的免费宣传渠道,如头条、抖音、小红书等自媒体平台、微信公众号、行业论坛等矩阵;也可以采用付费形式开展百度搜索投放、广点通等建立投放型宣传矩阵;商家还可以借助自身在京东、天猫、拼多多等平台上建立渠道矩阵。可以通过线下渠道做品牌活动广告。目前除了产品本身平台外,比较常见的非付费渠道便是资源互推。如果是通过微信公众号互推,则需要筛选跟活动相关性较强的公众号,与对方负责人洽谈好互推资源的相关工作流程,约定好上线时间、互换的用户流量以及不够量时如何弥补等相关事项。需要注意要能够有效地监控每个互推渠道的数据,保证后期核算流量时做到有理有据。

线上线下结合的推广渠道选择需把控好时间线。线上活动的爆发时间很短,大概一两天,但为了这短暂的爆发,要有活动前期的预热和后期的收尾。活动预热非常重要,这关系到活动能否迎来爆发点,以及爆发点维持时间的长短。较简单的预热方式就是告知,如哪天上线什么活动,更复杂的方式不只是告知,而时通过创意、卖点等元素吸引用户感兴趣并关注,有时还需投入推广资源,扩大受众范围。良品铺子于适的年货宣传片就是在前期做好预热,从而引发了活动的爆点。

(九) 上线物料准备

上线物料准备包括以内容传播为主的活动海报、路演 PPT、短视频和新媒体文案,包括为了配合活动运营设计制作的活动页面。为了有效提升活动效果,活动运营方应在活动上线前组织技术和策划等相关人员,准备活动传播的广告、文案、图片、海报、活动 H5、添加着陆页 UI 图、Banner、着陆页链接、活动页面和数据监测代码,策划编辑好正式短信、自媒体推文、论坛推文、微信朋友圈转发图文和正式官方微信群宣传图文、直播预告等,为活动的预热提供传播素材和活动载体,并安排策划和技术人员对活动的页面设计、活动流程不断进行测试,保证活动的正常进行。下面简要介绍根据活动的主题和目标,进行海报、活动页面和短视频的准备要点。

1. 活动海报

活动海报是活动的载体,电影首映、新产品宣传海报、店铺促销等各式各样的海报活跃在线上线下,独特的、富有创意的海报可以在第一时间俘获用户眼球,引起强大的视觉冲击,能够带动相关产品和服务的销售。因此,为了提高活动海报的传播效果,准备活动海报时一定要充分考虑突出宣传主题。此外,为了在众多海报中吸引用户眼球,还需加大活动的卖点宣传,在视觉上和心理冲击上做好文章,让用户产生关注并传播的行为。

2. 活动页面

活动页面是活动宣传执行和与用户交互时的接口,一定要有良好的用户体验,符合用户操作习惯。一般活动页面会设计一连串的操作行为,每一个操作之后应该给用户一个反馈,如数字"+1"或进度条等定位操作所在环节的可视化标志,以告知用户操作成功且已被记录。好的正向反馈是一种精神激励。活动页面还需要打造出人气爆棚的氛围,契合用户喜欢热闹的从众心理,所以很多活动页面会在头部展现已有多少人参与的数字,并且数字会不断刷新,吸引更多人来围观和参与活动。

3. 短视频

短视频指互联网新媒体上传播的时长在5分钟以内的视频短片,随着移动终端普及和网络的提速,短平快的大流量传播内容逐渐获得各大平台、粉丝和资本的重视,逐渐成为一种互联网内容传播的新型方式,相比海报图片,有故事意境的短视频更能带给用户视觉、听觉的感受,因此更能吸引用户关注,引发用户产生共鸣,让用户直观了解企业品牌价值诱导,最终提升活动在用户群体中的人气。

(十)礼品准备

活动礼品是提升用户活动参与动力的重要物料。活动礼品和奖品的选择应符合活动的主题和品牌形象,有助于传递活动主办方的核心价值观和形象定位。主要包括实物类、虚拟类两种类型。不管是线上还是线下,优惠券、兑换码都是提升转化率和引流的好工具,如果活动预算不足,或者是第一次做活动,想监测粉丝参与度,选择虚拟礼品比较适合。一场活动可以通过线上活动页面和线下门店等载体,虚拟礼品和实物礼品结合发放,更可以挑选成本与售价相差悬殊的产品、库存尾货和企业新品等作为实物礼品,带动企业提升品牌形象,唤醒用户关注,促进产品转化,达成活动目标。

1. 实物类礼品

实物类礼品主要包括企业新产品、库存产品、合作产品等。企业选用企业新产品作为礼品,通过活动设计提升品牌粉丝运营的成效,还可以提升企业产品的知名度,让更多用户了解到新产品的上市情况,对于新产品的市场预热和宣传提供有力保障。此外,企业还可以根据产品库存情况,消化库存产品。也可以考虑到粉丝的现实需求,选择低成本有创意的个性化定制礼品,既能让顾客感受到商家的用心和关怀,同时也能增强顾客对品牌的认同感。

2. 虚拟类产品

虚拟类产品是相对于现实而言在互联网等虚拟社区、平台使用的电子产品。其最大特点是不需要借助物流便能自动完成礼品的发放、保存、流通、交换等操作。虚拟类产品包括的范围更广泛,如电子书、免费体验券、游戏点卡、游戏装备、线上课程、产品的优惠券等。

以与品牌相关的电子书或线上课程等作为礼品,让用户完成活动设定的任务即可得到,系统自动发放奖品。一些培训机构常采用此方法快速提升粉丝关注度。此类活动不仅可以降低门槛,提升粉丝参与的积极性,而且流程自动化,成本较低。

相关产品的优惠券、兑换码或微信卡券。根据产品成本进行核算,并发放有吸引力的优惠券,即使产品不是迫切需要的,用户也有可能因优惠券的吸引力而激发购买欲望,冲动消费,并带动其他产品的销售。

免费体验券对于服务类的商家或新店开业类的商家来说,是非常适用的礼品。例如,某儿童游乐园新店开业,在活动预热中,把免费体验券作为礼品来吸引"宝妈"们的参与,到店之后进行二次转化,引导充值或购买其他项目。

免费类的虚拟礼品传播速度很快,在活动预热中,不仅可以快速进行品牌传播,而且可以很方便地进行二次转化。

活动想要快速涨粉,红包毫无疑问是非常有效的一种方式。不过红包礼品使用的时候要慎重,其吸引来的用户可能不太精准,成本也比较高。用少量且金额比较小的红包作为引子,搭配一些品牌相关的其他礼品是很好的策略。

四、执行活动要点

再好的创意策划,如果没有有效的运营执行也会达不到预期的效果。首先,活动执行要快。效率低下的活动容易错失先机,因此在执行过程中保持高节奏、迅速响应非常重要。关键点在于活动方案本身反复验证调整,做到用户体验流程出错率低、用户问题处理及时并且不引起负面影响、保证活动在预期内顺利完成。执行阶段最后拼的是活动执行力的细节,线上线下任何一个细节环节都需要保质保量完成。

其次,注意公布活动结果时要严格按照活动规则去执行和公布,做到完全公正透明,活动结束应列出每一位获奖用户的ID、成绩和奖项,维护好品牌和产品在用户心中的信用。公布活动结果的受众用户要和活动上线时的受众用户一致。在活动结果公布页面,需要给用户提供申诉和询问的渠道,要以开放的态度面对后续可能出现的问题,做好为用户服务的各项准备。

此外,最重要的是关注好核心用户的活动数据,做好长尾用户跟踪服务。这些都需要有强执行力和足够的速度,好的继续发扬,坏的及时止损。例如,如果活动流量过少,则需要争取更多的推广资源,拓展推广渠道,优化活动运营内容文案,延长活动在线时间等。如导流足够,但登录页面的用户过少,则需区分是导流质量不佳还是导流相关性不强。如果进入活动页面的不少,但是参与活动的人数过少,则需考虑活动门槛是否过高,活动流程是否过于复杂,活动参与规则是否清晰流畅;如果活动涉及流水,还需要考虑用户下单情况;如果订购转化率过低,则在吸引用户参与的基础上,还要增加激励用户付费的促销设计。

五、控制活动风险

活动经常会面对各种各样的风险,很多时候一个活动上线之后很多问题才真正暴露出来,所以在执行过程中必须做好活动风险管理。重点要做好数据监控。活动执行过程是动态变化的,运营过程中应关注活动的有关数据,通过数据监测和数据分析,及时了解活动运营的效果。例如,按实时和单位时间段(一般按天)分情况进行数据监测,对数据波动情况和舆情等全面把控,紧密关注出现用户反馈的所有平台,如出现问题,可以根据阶段数据定位出现问题的环节,及时优化调整。

此外,活动运营过程中还需要结合产品的特点,应用相关技术手段对不同种类的风险采取不同的监控和应对措施。活动内部混乱的风险主要体现在员工的执行层面,最常见的有在过程中效果不达标、进度拖延或者是责任推诿问题,大部分的内部风险都是可以在策划的阶段通过合理的规划来解决的。因此需要建立明确的沟通机制,包括设立每个部分出现情况时可以找的紧急联系人和建立过程反馈机制来定时接收汇报等。技术风险主要来源于出现漏洞的风险。Bug的风险没法被完全规避,只能通过提前做好压力测试和在活动执行过程中仔细监控并预测来尽量规避。用户作弊风险最常见的是用户利用规则漏洞灌水、冒领奖品、刷票等行为。针对这些行为,可以在规则和用户参与门槛上增加违规犯错用户的成本,其次还可以提前做好防范措施,比如提前设置好 IP 限制、IMEI(国际移动设备识别码)号限制等预案与触发条件。

六、活动运营复盘

复盘是一种对活动进行回顾、分析和总结的过程,其目的是找出活动的优点和不足,以便在未来的活动中进行改进。复盘通常在活动结束后的一段时间内进行,以确保所有的细节和观察都被考虑在内。复盘的核心价值在于"巩固成功与改正错误",保持"成长思维"。

(一) 活动运营复盘方法

高效的复盘方法是提高活动运营效果的关键。常用的运营活动复盘方法主要有4种。

1. KISS 复盘法

KISS 复盘法能够把过往经验转化为实践能力,以促进后续活动的进一步展开,从而提升个人和团队的能力,为下一步的决策提供更好的指导。这种方法一般应用于活动策划落地执行或项目执行结束总结时使用。

适用场景:活动结束、项目结束后,日常生活工作后。

K(Keep)需要保持的:哪些做得好,以后继续保持,以此增强优势;

I(Improve)需要改进的:哪些不理想,后续需要改进,引导补足短板;

S(Stop)需要停止的:哪些行为不利,需要停止,以此及时止损;

S(Start)需要开始的:哪些东西缺失,需要开始行动,以此做好计划推进。

2. PDCA 循环法

PDCA 循环是美国质量管理专家沃特·阿曼德·休哈特(Walter A. Shewhart)首先提出的,由戴明采纳、宣传,获得普及,所以又称戴明环。全面质量管理的思想基础和方法依据就是 PDCA 循环,在质量管理活动中,PDCA 循环法要求把各项工作活动按照做出计划、计划实施、检查实施效果,然后将成功的纳入标准,不成功的留待下一循环去解决。运营活动中每做一件事情先做计划,计划完了以后去实施,实施的过程中进行检查,检查结果以后,再把检查的结果进行改进,进行实施,进行改善,这样把没有改善的问题又放到下一个循环里面去,就形成一个一个的 PDCA 循环。

PDCA 四个英文字母及其在 PDCA 循环中所代表的含义如下:

P(Plan)计划:确定方针和目标,确定活动计划;

D(Do)执行：实地去实现计划中内容；

C(Check)检查：总结执行计划的结果，注意效果，找出问题；

A(Action)行动：对总结检查的结果进行处理，成功的经验加以肯定并适当推广、标准化；失败的教训加以总结，以免重现，未解决的问题放到下一个 PDCA 循环。

3. GRAI 复盘法

GRAI 复盘法是一个围绕目标，注重结果和目标之间的偏差，从中分析原因并总结规律的复盘方法。具体来说，可以按照四个顺序来展开：

G(Goal)回顾目标：当初的目的或期望是什么；

R(Result)评估结果：和原定目标相比有哪些亮点和不足；

A(Analysis)分析原因：活动成功和失败的根本原因，包括主观和客观两方面；

I(Insight)总结规律：通过以上的分析找到活动更有效、更符合本质规律的做法，比如下次遇到一样的问题，应该有什么对策。

4. KPT 复盘法

KPT 复盘法的目的是建立一个持续的学习和改进过程，强调在学习时需要结合思考，并且在完成一项活动后要不断反思和提炼，以此来提升个人的能力和团队的整体效率。

KPT 复盘法是基于以下保持、问题、尝试三个步骤来进行的。

Keep(保持)：总结那些在行动中有正向效果的方面，并形成自己的方法论，以便在未来行动中使用这些有效的部分；

Problem(问题)：回顾在行动中所遇到的难题，并努力优化和完善方法，以在下一次行动中着重解决这些问题，直至形成稳定的能力和习惯。

Try(尝试)：寻找问题的解决方案，并将这些方案转化为实际行动并去尝试。通过尝试可以验证问题是否得到解决，并在下一个复盘中评估这次行动的有效性。

(二) 活动运营复盘步骤

通常活动运营复盘的步骤至少包括四步：目标回顾、效果评估、原因分析和经验总结。

1. 目标回顾

针对活动策划时定下的预定运营目标，对照看是否都已实现(见图 5-27)。

首先是数据目标，如计划新增多少用户，次日留存率是多少，有多少新增付费用户，ARPU 值是多少，等等。

其次是活动投入费用目标。在投入上，重要的有四种分类。宣传费用：不带购买链接的宣传画、海报；流量费用：直接购买流量、店铺引流的费用；奖励费用：因为用户购买行为而发生的优惠、奖励；开发费用：支持线上活动的系统开发。这四类费用分清楚，才容易核算效益。流量费用直接影响流量大小，奖励费用直接影响流量进来后的转化率，这两部分是尤其要搞清楚的。宣传和开发费用，则是为了避免低估整体成本，影响财务核算。

再次需梳理规则：通过目标用户规则，可以了解用户基础特征与历史行为，从而基于历史数据对用户参与进行一些预判；通过参与规则，可以了解用户参与流程，从而构建出转化漏斗,后续可以利用漏斗分析法进行深入分析;通过奖励规则,可以统一折算优惠力度,比如满 300 减 100,可以折算成优惠 33%。优惠力度是影响效果的重要因素。

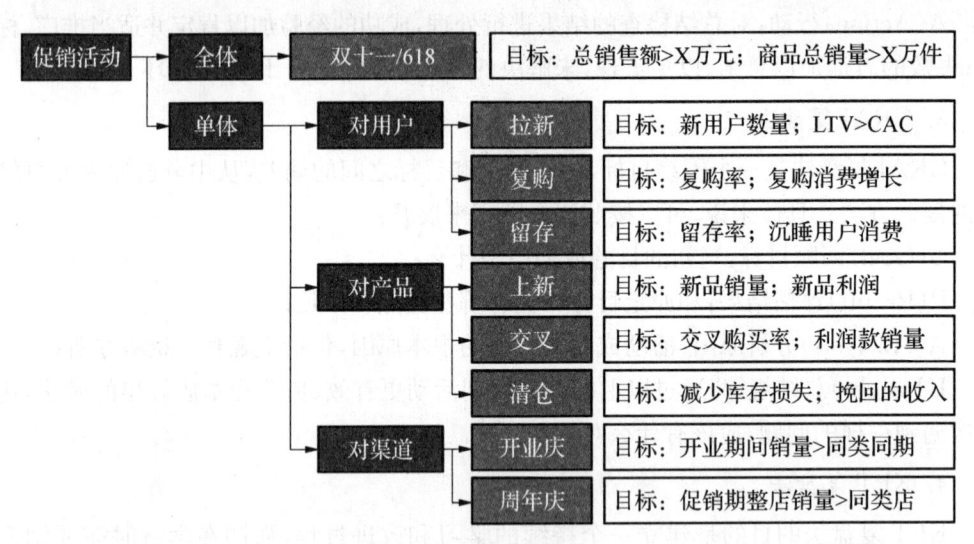

```
促销活动 ─┬─ 全体 ── 双十一/618    目标:总销售额>X万元;商品总销量>X万件
         │
         └─ 单体 ─┬─ 对用户 ─┬─ 拉新   目标:新用户数量;LTV>CAC
                 │          ├─ 复购   目标:复购率;复购消费增长
                 │          └─ 留存   目标:留存率;沉睡用户消费
                 │
                 ├─ 对产品 ─┬─ 上新   目标:新品销量;新品利润
                 │          ├─ 交叉   目标:交叉购买率;利润款销量
                 │          └─ 清仓   目标:减少库存损失;挽回的收入
                 │
                 └─ 对渠道 ─┬─ 开业庆  目标:开业期间销量>同类同期
                            └─ 周年庆  目标:促销期整店销量>同类店
```

图 5-27 目标回顾图示

2. 效果评估

把与活动目标相关的数据结果呈现在复盘会议中,就可以通过清晰全面的数据来分析活动效果。如目标是传播,那么传播量是多少,品牌曝光是否成功,微指数上升了多少,百度指数上升了多少。如果目标是带动 App 下载,那么就要看带来了多少有效的下载量。此外,对获取的数据结果也要进行一个简单处理,比如说获取到用户增长为 5 000 人,那么用户增长的时间段分布是怎样的,增长最多的那个时间点有那些事件发生,反过来,也可以把宣传资源投放的时刻对应的增长变化提前呈现出来,看是否有哪部分是没有执行到位的。

对活动而言,复盘效果评估的要点要关注:

① 宣传阶段:广告是否按时上线,吸引来用户流量是否足够;

② 参与阶段:用户是否完成了操作过程,中途损失多少;

③ 成交阶段:是否存在商品缺货、抵用券无法核销、系统故障等问题。复盘中,是否执行到位,是要第一位考虑的。如果没有执行到位,那再好的策划也不可能实现效果。

·+·+· 学海启迪 ·+·

基于规则的活动执行效果评估

一、潜在门槛。比如新上了一款产品 A,搞个活动"全体用户买 A 可赠礼品",名义上是全员参与,可产品 A 的受众不见得是全体人,通过同品类的历史数据分析,很有可能发现只有部分人有机会参与,这就是"潜在门槛"问题。如果运营忽视了潜在门槛,很有可能对活动投入产出产生不正确的预计。

二、复杂路径。比如一个活动要用户浇水种菜折腾一堆操作才能领券。很有可能用户转化率很低,连券都拿不到,而运营又会情急之下在活动中间改流程,省去这些环节,导致数据混乱。如果发现操作路径步骤太多,要提前警示风险,看运营是否临时调整。

三、叠加奖励。比如一个活动有10款产品参与,既可以单品享受满减,并且整个订单如果满××元还能减,这种就是典型的叠加奖励。叠加奖励很可能导致成本失控,因此在活动规则出台的时候,就得提前做下单模拟,看看到底哪些规则是叠加在一起的,用户理论上最大幅度享受优惠是多少,提前发现问题。

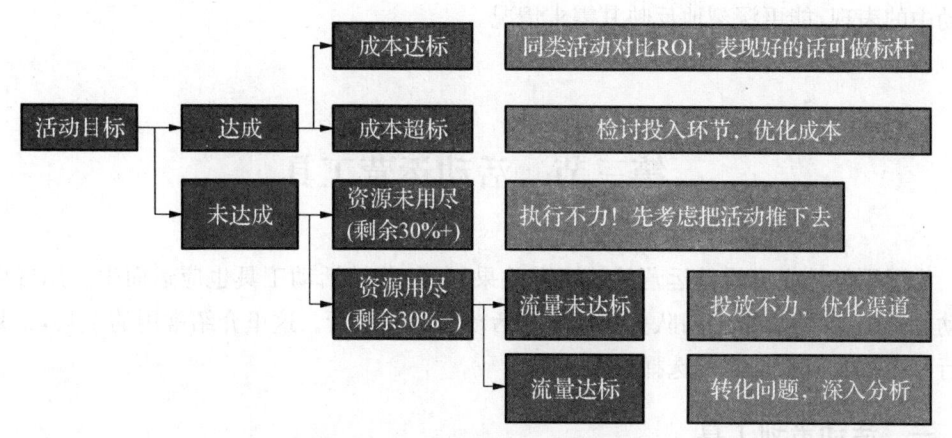

图 5-28 活动目标达成对比图示

3. 原因分析

通过效果评估找到与预算目标的差距,就得分析问题找到原因。根据现有目标和结果的差异,提出部分假设,以便针对性调整策略提升活动效果。可以组织团队深入讨论分析产生结果的原因,比如:是否高估了某个渠道的转化?是投放的时间点没有选择到最佳,还是宣传文案出了问题,没能打动用户?是不是着陆页面的某些功能不够顺畅?有了这些假设之后,就需要去验证,常用验证方法有三种:通过数据验证;改变变量,再试一次;电话回访用户,了解用户转化过程中用户的经历和困惑,找出转化率的瓶颈。

对于影响销量,而且很难用数据量化的问题更需要专门列出分析。比如用户想下单的时候没货,客户默默离开,所以先检查这些问题,如果有,就是运营的责任。成交数=流量×参与转化率×参与完成率×成交率。作为活动组织方,优先考虑把宣传费用花出去,吸引来足够的流量。流量不够,更谈不上成交。如果活动参与流程太过烦琐,导致用户中途退出比例很高,那就是策划的问题。策划可以改善的是商品、文案、优惠力度。改善的难度是商品>优惠>文案。所以可以先对参与活动的商品进行同类对比,看与同类商品表现差异;对于不同促销力度下的响应差异,检查优惠问题;直接看推广渠道的细节数据,观察不同文案的表现考虑精简流程。这里可以将同类型活动历史数据作为参照值,如果明显比同类活动更差,就可以直接检讨。至于成交率,则是受多方面影响,需要更为细致的分析。

4. 经验总结

活动结束后,需要将前面几步的分析过程和结论记录下来,写出复盘笔记,以便于下一个活动策划时,可以查看,避免重复性的错误。已经被证明有效的部分,下次也可以进行复用并将其改造得更加成功。经验总结上不要流于表象,尽可能地发现问题的本质,让问题不会再发生。在总结完经验后,也要将可以改变的行动列下来,并明确可以实现的时间和执行对象,这是复盘最重要的成果输出。尤其是复盘过程中的数据是需要连起来看的,仅通过一次活动有可能无法拆解到更细的原因,而用户对于不同活动的参与,在多次活动中的表现,能更深刻地反映其需求情况。

第三节　活动运营工具

为了更好地提高活动运营的效率和效果,各种营销活动工具也应运而生。用好营销活动运营工具,可以帮助团队更好地进行活动策划和执行。这里介绍常用的工具,策划和执行活动时可以根据需要选择使用。

一、活动策划工具

(一) 报名类工具

组织活动时需要统计报名者的信息,但手动收集费时费力,还容易出错。大型活动可以使用专业平台的报名工具,小型活动可以使用小程序,可以极大地简化报名流程,确保信息的准确性,提高管理的效率。参考工具:报名接龙工具(小程序)、接龙管家(小程序)。

(二) 调研类工具

策划活动离不开调研。因此,了解用户想要什么产品,对产品有何意见或建议至关重要。专业的调研工具不仅可以高效收集信息,还能进行反馈信息收集和数据分析,更好地了解社群成员需求。参考工具:问卷星(小程序);腾讯问卷(小程序);七麦数据(一款可以查看 App 实时榜单,以及最近上升和下降最快的软件应用。可以监控关键词、上下架情况以及下载量,还有实用的数据导出图片等功能,适用于活动调研);Adobe Analytics(一款专业的数据分析工具,可帮助了解营销活动效果、优化广告投放等。通过分析数据,可以帮助定位哪些广告媒体对用户最具吸引力,从而提高投资回报率)。

(三) 管理类工具

活动运营通常会涉及团队内部的多人协作和资源整合,使用在线协作场景丰富的工具是提高活动团队协作效率的重要手段。参考工具:活动盒子(一款基于用户数据分析的精准、高效、点对点的 SaaS 活动运营工具,活动盒子的活动场景包括微信公众号活动、

App应用内活动、微商城网站活动、线下门店活动,是一款免费的产品);Hootsuite(一款在线活动管理工具,可帮助轻松创建、编辑和共享营销活动,跟踪参与者、渠道、购买等关键数据,有助于评估活动效果并进行优化);结合Google Analytics使用,可以更好地了解用户参与度、渠道效果等;石墨文档(小程序);腾讯文档(小程序);印象时间(小程序);小清单Lite(小程序)。

二、活动实施工具

(一)图片设计类工具

图片传达的效果远远大于文字,好的图片能够引起用户的兴趣,激发起阅读内容或点击链接的兴趣。统一的风格和属性,也可建立起用户对品牌的可信度和认同感。不会专业的PS也可以利用一些作图网站,选取适合的模板,简单操作即可成图。参考工具:创客贴(一款简单易用、功能强大的线上图形设计工具,可以帮助高效搞定海报,还能傻瓜式制作宣传单、PPT、微信图片、封面等。适用于活动策划中的海报制作。可以通过微信小程序,随时随地在手机上直接作图和修改);稿定设计(网页端);vgo微海报(小程序);微商水印相机(App)等。

(二)抽奖类工具

活动礼品发放过程中抽奖活动必不可少。不少社群活动的抽奖还是传统的发红包,领到红包最多的得奖,但这种方法显然缺乏新意。而且面对一些手动抽奖容易引起争议和难以确保公平的问题。所以需要用到一些抽奖的工具,既保证了公平性,还能灵活设置规则,可以设置实物抽奖和红包抽奖。更重要的是可以通过H5链接或海报转发至社群,有效提升群员参与度。参考工具:活动抽奖(小程序)、点赞抽奖(小程序)。

(三)互动裂变类工具

媒想到任务宝:基于公众号裂变涨粉奖励式分享任务机制,在公众号上发布活动,用户生成专属海报去完成拉人关注公众号任务,促成用户自主为公众号裂变增粉,一张海报让你轻松涨粉。任务宝支持认证服务号和认证订阅号使用。任务宝作为微信生态最主要增长方式之一,可以实现老带新裂变传播、新客户量翻倍提升,达到批量拓客的效果。

互动吧:国内较早的免费活动发布平台,平台上发布的活动种类丰富,有亲子、创业、交友、户外、公益、大型论坛、行业峰会等十多个类别。

使用这些工具可以更好地监控活动效果,了解用户需求和行为,从而制定更加精准的营销策略,提高品牌知名度和用户满意度。

案例分析

任务宝活动流程

活动主办方将任务宝活动链接发布到企微社群、微信群、微信好友、朋友圈,好友A点击活动链接直接参与任务宝活动,可以将活动海报分享到朋友圈,海报上会自动生成主办方公众号二维码,用户 B 扫码添加主办方公众号,添加后公众号会自动推送任务宝活动链接,点击链接可以给用户 A 助力,主办方可以配置阶梯任务,邀请××好友助力可以领取不同奖品。任务宝活动流程如图 5-29 所示。任务宝活动中,主要卖点和诱导点就是奖品,所以要将奖品直观清晰地展现在海报中,让用户清楚地知道可以获得的好处,同时突出奖品的价值,给用户自行转发的动力。在任务宝活动中,奖品一般可设置为实物奖品和虚拟奖品两种,活动支持丰富的奖品类型,可满足不同场景的营销需求。虚拟奖品可以设置成电子卡券、视频课程、产品优惠券、体验券和红包等低成本物品,参与门槛低,奖品通过线上渠道直接发放,可以大范围促进用户参与。实物奖品可以设置成品牌相关产品、特殊节点礼盒、有价值的纪念品、周边产品等,可以快速吸引用户的注意力,扩大品牌的传播。

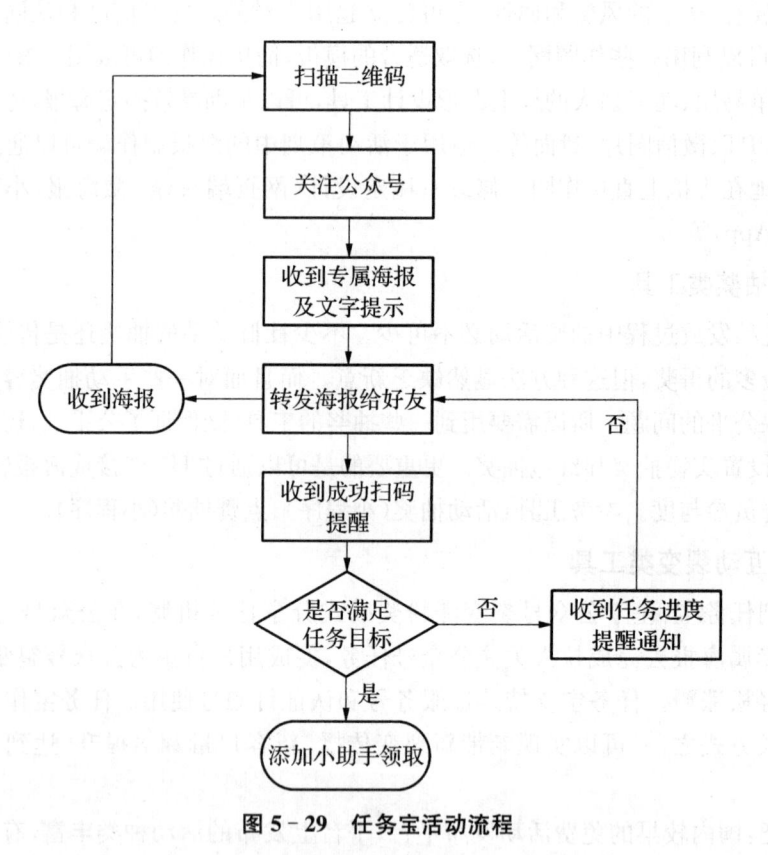

图 5-29 任务宝活动流程

拓展阅读

活动流量来源渠道矩阵

流量矩阵是指自媒体时代组合视频、音频、图文全渠道全网覆盖的引流模式或一个引流生态链。目前主要包括免费型、投放型、电商型和线下来源四种流量矩阵。

免费型流量矩阵包括头条号、百家号、微博等;抖音、快手、B 站、小红书等;喜马拉雅、荔枝;知乎、论坛等。

投放型流量矩阵:微信"大V"投放;百度搜索投放、微博、知乎"大V"投放;广点通、抖音投放等。

电商型流量矩阵:淘宝、天猫、拼多多;大众点评、美团、饿了么;社区团购、地域性电商平台。

线下来源流量矩阵:小区、高校、写字楼、线下门店;地推、会议宣传等。

同步测试

一、单项选择题

1. 活动运营的作用包括(　　)。
   A. 识别用户行为　　　　　　　　B. 培养用户消费习惯
   C. 构建营销系统　　　　　　　　D. 识别竞争对手

2. 电商产品的活动运营目标是(　　)。
   A. 实现销售额GMV和用户价值LTV最大化的统一
   B. 图文声并茂
   C. 提供信息
   D. 制作门槛低

3. 传播类活动的设计切入点是(　　)。
   A. 基于游戏互动层面　　　　　　B. 基于用户操作层面
   C. 基于传播模型层面　　　　　　D. 基于分享动机层面

4. 根据产品运营生命周期阶段不同的运营目的和形式,运营活动的类型可分为(　　)和品牌两大类。
   A. 效果类　　　B. 品牌类　　　C. 用户类　　　D. 渠道类

5. 运营活动复盘一般在(　　)时间内进行。
   A. 活动调研前　　B. 活动结束后　　C. 活动准备中　　D. 活动执行中

二、多项选择题

1. 活动策划时,需要从(　　)来考虑。
   A. 用户群体特征分析　　B. 分享激励　　C. 分享工具　　D. 包装传播
   E. 渠道研究

2. 按照用户在产品的生命周期,可以划分为(　　)四种类型。
   A. 拉新类　　　B. 品牌类　　　C. 促活类　　　D. 转化类
   E. 召回类

3. 常用的运营活动复盘方法主要有(　　)。
   A. GRAI复盘法　　B. PDCA复盘法　　C. KISS复盘法　　D. KPT复盘法

4. 一场优质活动策划时需要应用免费、简单、(　　)等关键法则。
   A. 有趣　　　　B. 透明　　　　C. 可累积　　　D. 可兑现

5. 物料准备阶段的主要任务包括(　　)。

A. 物料文案准备　　B. 设计物料交付　　　　C. 线上线下活动　　D. 分工排期

三、简答题

1. 简述活动预热阶段需完成的4个任务。

2. 简述KISS复盘法的内容。

3. 如何针对不活跃用户策划运营活动？

4. 列举出五种活动运营工具。

5. 简述活动策划步骤。

项目实训

1. 实训目标

通过实训,掌握活动运营方案策划的思路、原则和方法。能根据营销目标的需要制定、执行和完善活动。

2. 实训任务

(1) 选择微信营销,确定一种商品,分析其受众特征;

(2) 针对确定的用户群策划引流和留存活动;

(3) 撰写策划方案,并进行排版。

3. 实训环境: 校内实训室。

4. 实训要求

(1) 组长应为小组成员合理分配任务,做到每个成员都有具体任务;

(2) 组长负责拟定实训计划和方案,并完成组内成员的任务分工;

(3) 各个小组之间开展竞赛,评选出最佳活动方案;

(4) 教师对各个小组的最终成果进行点评。

第六章 粉丝运营

■【知识目标】
1. 掌握粉丝运营方法及流程;
2. 理解用户拉新的意义;
3. 熟悉用户留存的方法;
4. 掌握用户转化的流程。

■【技能目标】
1. 能够利用不同方法吸引用户关注;
2. 能够设计用户留存的方案;
3. 能够提出用户转化的决策建议。

■【素质目标】
1. 了解商业模型的创新,善于分析和解决商业问题;
2. 学会换位思考,从用户角度出发,提升服务意识;
3. 实操为主,锻炼担当挑战的真本领。

■【内容结构】

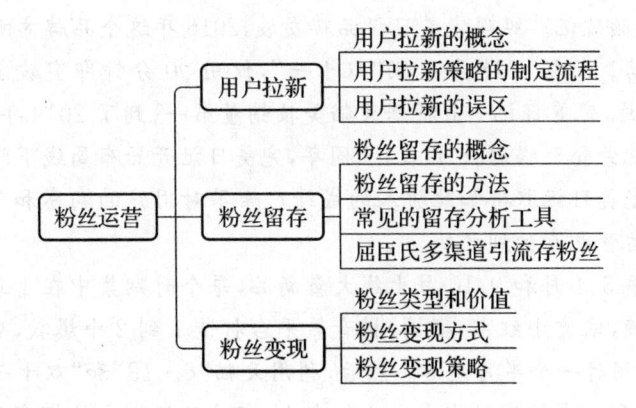

```
                    ┌─ 用户拉新的概念
         ┌─ 用户拉新 ─┼─ 用户拉新策略的制定流程
         │          └─ 用户拉新的误区
         │
         │          ┌─ 粉丝留存的概念
         │          ├─ 粉丝留存的方法
粉丝运营 ─┼─ 粉丝留存 ─┤
         │          ├─ 常见的留存分析工具
         │          └─ 屈臣氏多渠道引流存粉丝
         │
         │          ┌─ 粉丝类型和价值
         └─ 粉丝变现 ─┼─ 粉丝变现方式
                    └─ 粉丝变现策略
```

案例导入

【案例】这款国货口红做对了什么?

最近,一款新颖的国货口红在社交网络上引起热议。这款口红就是年轻的国货美妆品牌完美日记在2023年9月推出的新品——完美日记"仿生膜"精华口红。截至2024年1月22日,4个月时间,这支国货口红销售突破100万支,销售额破亿。

口红需求的变化,与女性对自我认知的变化息息相关,其中最关键的一个因素是女性受教育程度的大幅提升。教育部网站曾公布过一个数据,2012年,全国大学生女性占比为51.35%,全国硕士研究生人数143万余人,女性硕士生比男性硕士生多了4万人。而在2020年全国人口普查的数据中,20～34岁人口中,本科和研究生学历女性共有3 106万人,占总数52.7%。

这代表着中国女性在各行各业中会扮演越来越丰富的角色,她们的视野越来越广,对世界和自我的认知也更加深刻,对"美"的感受从外在的"盲从"走向对内在的探知。对口红需求细腻的变化,被完美日记敏锐感知到了。

完美日记这款"仿生膜"精华口红,就抓住了中国女孩对凸显肤色优势的需求。12个色号是15万亚洲肌肤数据库结合光学分析选择的结果,能够适应亚洲女孩肤色特点。这款口红以偏暖的红色系和豆沙系为主,延伸出不同气质的色彩感受,帮助中国女孩在肤色上扬长避短。并且,这12个色号基本囊括当代女性对场景化的细分需求。肉桂色谦逊,酒红色气场强,生巧色犀利,甜柿色温柔,每一个色号都能满足当代女性丰富的场景需求。

除了外在需求,这款国货口红还抓住了中国女孩的体验需求。首先是嘴唇干燥和起皮的问题。很多女孩为了解决这个问题,不得不同时使用口红和润唇产品。这不仅烦琐,且影响口红本身的显色效果。另外,干燥和老化会在嘴唇上形成明显的纹路,这个不起眼的细节,会带来干枯衰老的视觉感受。完美日记"仿生膜"精华口红敏锐地关注到这些感受细节,从唇部生物特性着手,为唇部打造了一层唇部仿生皮脂膜,经皮肤科的临床测试验证,这款口红某种程度上减轻了一部分女孩的使用难点。

2023年9月和12月,这款口红分别拿下天猫口红热销榜NO.1,10月中旬又拿下天猫口红好评榜NO.1,"双十二"期间,在抖音口红品类销售额NO.1。上市4个月销售已突破100万支,销售额破亿。纵观完美日记品牌发展,2016年这个品牌才刚刚诞生,2017年才有了天猫旗舰店。而在2018年天猫"双十一",仅用90分钟即突破1亿元销售额;从2019年1月到4月,完美日记一直稳居天猫美妆销量第一;到了2019年天猫"6·18",完美日记第一小时就荣登天猫彩妆Top 1。同年,完美日记开始布局线下门店。

是什么支撑完美日记取得如此骄人的成绩?除了对用户的洞察和产品不断创新,其营销策略和用户运营也有独到之处。

完美日记每年3、4月和9、10月上线大量新品,每个时期集中在1到2个产品上,爆款的目标非常明确,依靠小红书、微博、抖音等平台打造1到2个爆款,从前期造势,到后期维护运营,总共用时一个半月左右。然后,利用天猫"6·18"和"双十一"活动的巨大势能,把产品销量推到一个较高的水平。小红书上,完美日记官方号拥有202万粉丝,获赞与收藏769万,平台总曝光量上亿。

完美日记构建私域流量留住已经购买过产品的老用户。通过数字化运营有效拉近企业与消费者之间的距离,高效管理大量个性化消费需求,从而提升消费者忠诚度和复购率。

购买完美日记的产品后,随包裹附送一张"红包卡",花费1～2元成本,就可以获得一个公众号粉丝、一个个人号好友、一个群成员。完美日记有上百个个人号,其统一标志为"小完子"这个人设。按照3 000人/号的标准来计算,处于"私域"的粉丝量应该在近百万级别。这些微信号不仅具有关键词回复、拉群等自动化流程,其背后还有真实的客服在手动回复。二者结合,不仅能保证效率,还能保证服务质量。

首先是微信群,在第一步添加"小完子"后,用户就会收到加群的邀请,统一命名为"小完子玩美研究所",这样就生成了数千个微信群。然后微信群的运营围绕多个小程序进行。通过"小完子"这个人设,打造出高质量的美妆内容,每天发布到小程序上,然后再转发到群里,引发用户持续关注和讨论。直播、抽奖等活动也会不断发布到群里。另外,各种用户调研、市场调研也可以在群里进行,极大地方便了产品自身的迭代优化。

其次是朋友圈,完美日记用"小完子"来统一所有的微信号,通过打造人设,让用户产生信任。不论是小程序还是朋友圈,"小完子"都是真人出镜,让大家看到了一个有血有肉的人物,你的"私人美妆顾问"。"小完子"不但会在朋友圈中发布各种日常自拍,还有新产品发布、抽奖活动等,很大程度上影响了用户的购买决策。

经过长期的用户孵育,完美日记的复购转化也是水到渠成的事情。其主要的转化方式有三种:朋友圈秒杀广告、微信群推送、个人号私聊推送,以促销活动为主。比较有意思的是,"小完子"在发广告的时候,并不是生硬地推一个链接,而是引导用户主动表达购买意愿,有兴趣再发链接。

案例启示

作为一款有针对性地解决女孩唇部体验的口红产品,完美日记洞察到了当下精英女性的消费变化:注重自我感受的提升,一切消费都是为了让自己有更好的体验,取悦自己,彰显自己。

利用社交平台规律性地打造爆款,选取在电商节前两个月开启上新,挑选1至2个有潜力的产品集中投放。其中,预热半个月,维持热度一个月,跨度为一个半月。在KOL选择上,完美日记采用了典型的金字塔式结构,由少量头部KOL来带动,但主要声量都来自腰部和初级KOL。通过制造品牌认知和购买欲望,最终在天猫上成交。

用户运营提高用户的留存和复购。首先,通过实体商品中的卡片引导用户添加微信个人号,用领红包的方式提高用户添加意愿。完美日记拥有大量个人号,构建出几十万的微信好友流量池,同时利用自动化回复提高了运营效率。其次,通过私聊引导已购用户加入微信群,并利用小程序中的高质量内容不断吸引用户关注。随后,通过打造"小完子"这个朋友圈人设,能够有效影响用户的购买决策。最终,把产品以促销的方式同步在朋友圈和微信群,引导最终的复购行为。

思政园地

所有的粉丝运营活动都应为提升消费者的生活品质而服务

"民为邦本"思想(简称为"民本思想")是中国古代历史上将民众视为治国安邦根本的政治学说,其基本内涵是在强调民众基础地位的前提下,重视民意和民生,党的二十大报告中把"坚持以人民为中心的发展思想"作为前进道路上必须牢牢把握的"五个重大原则"之一。强调在高质量发展中促进人民共同富裕。以人民为中心的发展思想彰显了人民至上的价值取向,体现了人民的主体地位,其核心内容就是要维护人民根本利益、增进民生福祉,不断实现发展为了人民、发展依靠人民、发展成果由人民共享,让现代化建设成果更多更公平惠及全体人民。

"粉丝运营"的本质即用户运营,通过搭建"公域+私域+社交/分销"等渠道链路,建立与用户的高频交互,基于数据智能分析,对用户进行有温度的运营,从而实现品牌传播、用户增长、运营业绩提额增长等目标。

"粉丝运营"的内涵是建立和维护和谐、深入的粉丝群体关系。通过各类营销策略、模式、方法、活动等,将粉丝转化为品牌的忠实守护者,最终提高品牌的影响力和美誉度,同时也帮助品牌与粉丝间建立起相互信任和共享的互动关系。

移动商务运营的事情千头万绪,有可能一边在回复用户,一边谈渠道;还要开会、写策划、推消息、找文章、挖数据等。但实际上,这些都是围绕以下五个方面来进行的:用户怎么来,来了怎么活跃,活跃之后怎么留存,留存之后怎么付费,付费之后怎么传播。这就是典型的用户生命周期漏斗模型,即 AARRR 模型,分别是 Acquisition(获取用户)、Activation(提高用户活跃度)、Retention(提高留存率)、Revenue(获取收入)、Refer(病毒式传播)五个过程。

第一,获取用户。

这是移动商务运营的第一步,即如何获取新用户,也就是大家通常所说的推广。用户是产品生命的源泉,是产品价值的共同创造者,有了新用户才能带来新的价值。

第二,提高活跃度。

活跃的用户会经常登录应用、使用产品、在平台中留言,为网站、产品、平台创造价值,是真正有用的用户。因此,提高用户活跃度是运营的目标。提高活跃度的目标可以分为两大部分:让不活跃的用户变得活跃,让活跃的用户变得更加活跃。

第三,提高留存率。

有些运营人员发现,被下载或关注后,用户没有黏性,次日留存和 7 日留存很低,用户留不住。但是很多应用并不清楚用户是在什么时间流失的,于是一方面他们不断开拓新用户,另一方面又不断大量流失用户。

第四,获取收入。

获取收入是移动商务运营非常核心的一块。收入有很多种来源,无论是哪一种,收入都直接或间接来自用户。所以,前面所提的提高活跃度、提高留存率,对获取收入来说,是必需的基础。

第五,病毒式传播。

社交网络的兴起,使得基于社交网络的病毒式传播成为获取用户的一个新途径。这个方式成本很低,而效果很好。唯一前提是产品自身要足够好,有很好的口碑。

根据以上用户层次模型可见,粉丝运营中最核心的三个环节主要是用户拉新、粉丝留存、粉丝变现三个阶段,对最后的运营效果影响极大。本章具体分这三部分讲解。

第一节　用户拉新

一、用户拉新的概念

用户拉新是为产品带来新用户。具体来说,用户拉新是指通过各种方式吸引新用户使用产品或服务的行为。这个过程中涉及的关键指标包括新增用户数,这是最直接的衡量标准。用户拉新不仅是"粉丝运营"中一个重要的过程行为,还是企业发展和扩大市场份额的关键环节,能够帮助企业或商家形成良好的口碑和形象,吸引更多的目标客户。

(一) 用户拉新的思维

用户拉新首先要转变思路。采用用户思维来指导拉新活动。用户思维是指站在用户角度来思考问题的思维方式,是用户对商品本质特征的间接、概括的反映。间接性和概括性是人的思维过程的首要特征。

首先,用户拉新要以用户为导向,而不是以产品为导向。我们要知道用户最想要的是什么,最需要的是什么,其中著名的4C理论就是以用户、顾客为中心,包括顾客、成本、方便、沟通四个方面,抓住这四点,才能真正策划好拉新活动。顾客,即在给顾客提供产品和服务的传播引流过程中,要去考虑顾客是谁,他们的真实需求是什么,要深度理解顾客。顾客并不在乎产品到底是什么,有多好,他们只在乎这个产品能不能满足自己的需求。成本指的是从用户角度去节约成本,不仅包括显性成本,还有隐性成本。其中,隐性成本很容易被忽略,比如用户耗费的时间、精力、体力等。在消费升级的大环境下,用户最在乎的已逐渐转变为隐性成本。外卖平台的崛起就是很好的例子,虽然均价比到店消费贵一些,但替用户节省了很多的隐性成本,所以受到用户的喜爱。便利指用户角度的考虑方式,即他们并不在乎你的渠道布局,只在乎自己花费的时间是不是最短的。如今市场竞争愈加激烈,用户的品牌忠诚度越来越低,方便是影响他们选择倾向极为重要的因素。在价格、品质相差不大的情况下,相信现在很多人都不会多花费几倍时间去找某一家店。沟通,简单来说就是说消费者想说的话,要让消费者从心底觉得你是在乎他们感受的。比如我们常见的99元、9.9元的定价,为什么不直接定整数呢? 就是为了在潜意识里传递给用户,我们是在乎价格的,这已经是经过考虑最为实惠的价格了,这就是很典型的从定价上跟用户进行沟通。

拉新活动围绕以上四点策划运营方案、精准匹配用户的需求点,引发用户的共鸣,从而产生关注,让用户从关注变成了兴趣,再到成为使用者,然后变为粉丝。

1. 在现有的产品设计推广思考维度中加入并强化用户思维

产品连接的是商业诉求与用户需求,这是用户驱动思维的基础,就像在设计中用到的用户体验地图、服务蓝图和用户测试,其实都是以用户视角为主线来挖掘现有产品中可能存在的问题和机会。例如,沉寂多年的故宫在一夜之间成了网红,一年能够带货 10 个亿。正是从各年龄段用户关注点出发,探索多元化传播模式,从看得到的文物藏品到摸得到的、听得到、吃得到的实物,引领用户欣赏、感受、理解中华民族的文化魅力。

2. 换位思考,成为用户的代言人

换位思考即站在用户的立场角度去理解用户言语、行为,并注重感知用户情绪、情感和思维方式,理解用户背后的动机和角色化身份,增强用户感知力,培养需求敏感度。只有这样,产品才能服务好用户。比如支付宝的蚂蚁森林,让用户看到自己积累的能量能真正地栽树——量化行为的社会价值,增加自我价值认同,进而增加用户对支付宝内心的认同;饿了么在点餐流程中增加了"不要餐具"这个细节,也是出于环保的考虑。B 站坚持不在视频中加贴片广告,这种坚持提供良好使用体验的价值观,反过来让 B 站的用户更加忠实。B 站是一个用户驱动的典型案例,把用户当成朋友来经营二者的关系,从而获得了用户的高度认同,作为产品人,要了解什么是能触动用户的,善用用户驱动思维,通过内容、功能甚至价值观,赋予产品人格魅力,做有温度的产品。

3. 关注用户的底层情绪,让产品与用户产生情感共鸣

要想产品驱动的用户拉新做出有温度的好产品,就要关注用户的底层情绪,让产品与用户产生情感共鸣。优秀的广告和营销,都是直指人心的,瞬间激发用户内心的情感共鸣,使用户产生深刻的印象与好感。从产品和品牌层面来说,要用有温度的产品呈现出的价值观去打动用户。例如,原本只在 60 后、70 后中推崇的过年过节走亲访友,在招行的《走动走动》贺岁片里用年轻人乐于接受而且诙谐轻松的风格讲述两辈人之间的理解与和解,瞬间就吸引了大批年轻人的关注,在人群中形成了快速主动传播和口碑积累。如果短视频的策划没有转换到 Z 世代年轻人的用户视角,便不会有如此广泛的传播吸粉效应。

4. 深入理解、洞察目标用户群的潜在需求

要理解目标用户群可以通过发掘他们的生活方式、价值观和态度、行为和喜好,把用户的共性与特点找出来从而洞察到潜在的需求。

(二)用户拉新的策略

从数字经济时代的发展大趋势来看,现在的消费社会正处在供远远大于求的阶段,用户主动找产品的时代已经过去了,外形、功能、渠道甚至体验都无法决定用户的购买决策。选择太多了,决策也变得更随机,要想在流量红利消失的时期继续保持增长,就一定要重新思考用户和产品的关系。目前主流的用户拉新策略主要有产品策略、市场策略和运营策略三大类。

1. 产品驱动的用户拉新策略

产品策略指产品部通过新产品功能或新产品开发方式,实现用户拉新作用。常见的产品拉新策略有 4 种。

(1)邀请码拉新裂变。

由企业发放邀请码、内测码。邀请码的数量不多,优先发给种子用户,并通过种子用

户的社交熟人圈去扩散,吸引第一波目标用户。邀请码一般免费领取,有邀请码才能购买或使用产品。邀请码的方式看似给产品传播设置了较高的准入门槛,但通过高门槛获得的用户往往比较优质,后续能对内容进行二次传播甚至三次传播,整个产品传播实现裂变式增长。拉新的精髓之一在于控制成本。

行业观察

小米手机F码实现拉新裂变

小米手机F码中的F源自friend,最初是小米手机提供给小米论坛的管理员、为小米手机做出贡献的网友,其实是让这些人将F码提供给自己亲朋好友的一种优先购买权,凭F码可以无须等待,直接购买。后来,随着小米手机的发售火爆,出现一机难求的现象,许多人开始寻找获得F码的方法。F码就演变为一种顺利拿到小米手机的保障。小米手机首批核心用户也通过F码传播。F码既增加产品的稀缺性,同时通过发放限量F码控制手机供应链的生产成本,所以小米手机生产一般不会出现产品积压,生产资金周转困难等情况。

(2) 口碑传播拓宽渠道。

产品是第一生产力,是连接企业与用户之间沟通的桥梁。好的产品+好的用户口碑=爆品。一款产品能被用户口碑传播,是每个产品经理最希望看到的现象。证明产品不但做得好,备受用户喜欢,而且能解决用户需求且用户愿意使用。最重要的是用户口口相传的方式不仅能够不断拓宽产品触达消费者的外围圈,还节省了市场推广费用和运营推广费用。

(3) 新手福利广纳引流。

新手福利是指针对从未使用过或从未注册过产品的新用户发放的特定福利,以达成企业获客目标。新手福利展示形式多样,有开屏页领取、弹框式领取、活动页领取、新手任务领取等。随着获客成本的增加,新手福利的成本从最初的几块钱涨到几百块不止,新用户获取越来越艰难,现在已经接近行业天花板。

(4) 激励拉新引导规范行为。

激励型拉新是最近几年很火的拉新方式,如邀请好友得赏金,邀请好友赚红包等都属于激励型拉新方式。好久不联系的老同学忽然有天发给你一条消息:"为了让我们在孩子心目中能棒得再久一点,请跟我一起参与到英语学习打卡中!加油!";生活在老家的妈妈隔三岔五地在微信里给你转发一些心灵鸡汤、健康养生类的消息,提醒你乐观向上、保持健康。你点开老同学和妈妈发来的链接,甚至不用一定加入她们所推荐的平台,她们都会获得相应的积分或补助,这些都是典型的平台通过积分激励拉新和倡导文明行为的运营模式。一方面,采用积分激励的方式鼓励现有用户拉新,以此来获得更多新用户,而参与拉新的老用户会获得可观的收入,这种收入可能是积分或现金,也可能直接抵扣用户在平台的消费额度;另一方面,通过积分奖励,还可以引导用户规范行为。

激励型拉新方式的底层逻辑就是企业将原本计划用于投放广告的运营推广成本,直接发给用户,减少了广告中间商赚差价环节,在运营成本一样的情况下,通过给用户发放激励奖励实现新用户的高速增长。

2. 市场驱动的用户拉新策略

市场驱动的用户拉新策略指市场部或销售部通过投放买量、换量、市场活动等方式达成拉新指标,主要有以下4种:

(1) 广告投放。

广告投放是很多产品用户拉新常用的手段。常见的广告投放形式有SEM、广点通、粉丝通、付费软文、户外广告、电视广告、电梯广告、贴片广告等。像春晚这类大型电视广告,多少大型企业挤破头都想购买。然而,随着广告竞价排名方式让广告拉新成本增加,加之用户不容易受广告影响,故通过广告拉新获取到的用户,其用户质量也逐步下降。

(2) 渠道捆绑合作。

捆绑合作是指强行组CP捆绑售卖,买一送一。渠道捆绑合作,大公司比较常用,新产品可捆绑表现不错的明星产品,老带新将一部分用户导流过来。小公司亦可尝试花钱跟大渠道捆绑合作。"捆绑"策略是一种通过多种手段、提升合作精神的方式。通过建立共同目标、提高共享意识、加强交流沟通、制定明确的合作规则和提高互信水平等途径,不断提升团队合作的效率和质量,最终达成共同的目标。当然,在实际操作过程中,还需要考虑到具体的情况和需求,灵活运用策略,寻求最优的合作方式。

移动App更常见的是联名款合作,比如京东和爱奇艺卡捆绑销售,那么当你购买了联名卡时,意味着你大概率会同时下载京东或爱奇艺App,同时注册成为它们的用户,后续还会大概率成为两大平台的付费转化用户。

思政园地

渠道捆绑合作应加强规范安装卸载

PC端常见渠道捆绑,在下载完一个应用时,稍不注意没勾选掉其他推荐应用时,会发现被强行安装了其他捆绑应用,这是损害消费者权益的行为。工业和信息化部发布《关于进一步提升移动互联网应用服务能力的通知》。"通知"中从规范安装卸载、加强个人信息保护等方面,提出改善用户服务感知的具体措施。具体要求如下:

(1) 向用户推荐下载App应遵循公开、透明原则,不得通过"偷梁换柱""强制捆绑""静默下载"等方式欺骗误导用户下载安装。

(2) 在用户浏览页面内容时,未经用户同意或主动选择,不得自动或强制下载App,或以折叠显示、主动弹窗、频繁提示等方式强迫用户下载、打开App,影响用户正常浏览信息。

(3) 无正当理由,不得将下载App与阅读网页内容相绑定。

(4) 除基本功能软件外,App应当可便捷卸载,不得以空白名称、透明图标、后台隐藏等方式恶意阻挠用户卸载。

(3) 线下活动。

线下活动适用于一些需要用户现场试用的产品,比如化妆品、食品、鞋子等。互联网线上产品一般比较少做线下拉新活动,除非是有强品牌推广需求时会做线下活动。当然,为了降低推广成本,不少企业在做品牌推广活动时,顺便也做拉新活动。比如现场让用户关注公众号、下载 App、注册新用户等,根据经验,互联网产品在线下活动拉新的用户,往往流失率高,负责互联网产品拉新时需慎用此策略。

(4) 换量。

App 换量方式很常见也很有必要。对很多推广经费有限的小公司而言,与其他企业免费换量是较好的选择,可免费将对方的用户导入。但是 App 免费换量可遇不可求,有点类似最初的物物交换。参与市场交换的企业除非遇到双方合适(需要)的产品(物件),才会免费换量。特别是刚全新上线的产品,由于用户基数太少,很难找到合适的换量合作,往往找到了也因为用户量级小导致前期没有过多公司愿意与之合作。因为换量难度大、成功概率小,因此免费换量的企业越来越少。

3. 运营驱动的用户拉新策略

运营驱动的用户拉新策略指运营部通过推广、活动策划等常见方式达成拉新的指标。

(1) 应用商店推广(ASO 推广)。

应用商店是用户"购买(下载)"App 的集合地,所以各大企业都会将 App 上架到应用商店供用户下载。应用商店有海量 App 产品,每天有数不清的产品上新,有限的产品推广位置无法满足所有企业的需求,因此应用商店也有付费推广,在商店平台投放广告,圈定企业想要的精准用户进行付费推广。

(2) 裂变活动。

裂变属于活动营销的一种方式。目标是通过策划创意活动引发用户自主传播分享活动,达成最终的活动指标。裂变最大的好处在于进入增长黑客模型后,随着用户的增长,单个获客成本不断下降。目前常见的经典的活动裂变法有砍价、帮拆红包、合种水果、集福(集字卡)、领卡等。例如,微信公众号裂变,俗称任务宝,通过奖品吸引用户,用户完成固定的任务方能领取奖品。策划活动奖品,设置领取奖品规则,通过引导用户分享裂变海报,让用户影响用户,实现多层级传播,获得源源不断的新用户关注。目前公众号每天有涨粉的安全阈值,所以采用公众号矩阵的形式会更加高效安全。再有,先发动周围的人或者是认识的人,或者是圈子里的人,通过一个关注二维码,产生一种裂变二维码,关注海报来裂变粉丝。通过奖励推荐人与被推荐人达成粉丝裂变。

(3) 精准推送。

精准推送最容易触达用户,且时效性高。可通过用户运营、精细化推荐、用户洞察等常见运营策略,将合乎用户诉求的新产品推送给用户。精细化运营做得好,既保证用户体验,又保证商业化发展,二者平衡可持续发展。

用户拉新方式日新月异,层出不穷,不同部门最好能联合拉新。切忌各干各的,这样拉新没法产生聚合效应,最终造成资源浪费。

二、用户拉新策略的制定流程

任何产品及项目都面临新用户来源的问题,运营在产品的整个生命周期内都要进行拉新的工作,需要在不同阶段制定出适合的策略激发更多新用户加入。由于行业、产品、公司资源不同,世界上没有两家公司采用完全相同的拉新策略,同一产品在不同阶段,采用相同的拉新策略效果也不同。带来新用户的手段和途径可以是多种多样的,可以是策划和制造一个具有传播性的话题和事件,可以是投放广告,可以是在站内做个活动,还可以通过微博和微信……因而,在拉新层面上,一个运营可能会涉及以上各种手段中的一种或多种。在全面了解拉新策略和方法后,企业需要根据自身产品特性制定自己的拉新策略,一般包括以下几个环节。

(一) 用户群定位

企业首先要了解自身产品,明确自身产品的目标用户群。目前能面对所有用户推出的产品越来越少,原因是用户需求越来越多样化,越来越难通过一款产品满足所有用户的需求;即使是滴滴、饿了么这样的大众平台,其定位的目标用户群也不是所有用户。而在产品初期,滴滴主要面对那些打车难的用户,饿了么主要面对校园用户提供外卖服务。

(二) 渠道匹配

在定位目标用户群后,就要寻找合适的渠道。确定渠道的关键是:了解渠道属性及渠道的主流用户群。目前营销渠道已经从线下拓展到线上以及移动端,除了电视、广播、出版等传播媒体,公交、地铁、飞机场、分众传媒、户外广告也曾是热门的传播渠道。而线上门户网站、视频网站、导航网站以及论坛、贴吧、博客等社交网站数不胜数,移动端不断涌现的热门App(如直播、激萌、悦动圈等),也迅速扩充了营销渠道数量。

渠道已经过于丰富,无法全部试错,所以必须了解渠道自身的用户群特征。比如飞机场主要用户群是高端差旅用户,商务人士居多;激萌主要用户群是年轻、喜欢自拍的女生。渠道用户群特征大多要靠摸索、验证或者通过二手资料初步了解,再想办法验证其真实性。渠道的探索需要逐步进行,逐渐探索和积累,形成知识沉淀,利于未来渠道适配。

(三) 对标分析

在确定拉新策略前,还有重要的一步:对标研究。关注行业内的动态,对标研究竞争对手的拉新手法,了解其在产品启动期、成长期、成熟期等不同生命周期采取的关键举动及取得的成果。同时搜集了解行业内专家、大咖对拉新的观点、看法和战略布局。对标分析后,要结合竞品的用户群、渠道,分析其拉新策略制定的原因,洞察到其中的商业逻辑。

(四) 制定拉新策略

在做好以上工作后,就可以根据用户群定位、渠道属性,制定拉新策略,即确定投放渠道、投放策略、投放时机等。

1. 基于数据分析优化拉新策略

即使制定好了拉新策略,也并不能保证其策略一定有用、有效。小范围试点是必须的:在各个渠道小规模投放,同时设置对照组,比较各个渠道效果。

根据渠道投放导向,渠道推广效果包含用户转化和订单转化两部分,可以分别通过用户转化率、订单转化率来衡量;同时可以结合推广成本,分析各个渠道投入回报率 ROI[投入回报率 ROI＝(活动期间投入－非活动期间自然投入)/投入成本,数据来源于自身渠道、合作方及第三方数据平台等]。

通过各个渠道用户转化率、订单转化率、渠道投入回报率 ROI,可以明显看到各个渠道推广效果。在后续大规模投放时,重点投放在高转化、高回报渠道上。

2. 根据产品不同生命周期,确定拉新侧重点

在渠道投放时,根据产品不同生命周期,渠道投放重点不同,具体如图 6-1 所示。

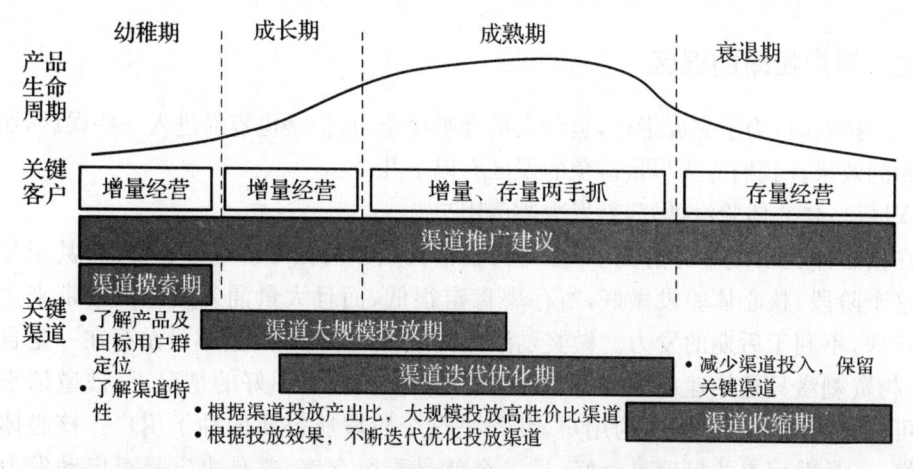

产品不同生命周期经营重点不同:
　　产品幼稚期,拉新是重点;产品成长期,拉新放量是重点,同时要注意客户活跃和留存;产品成熟期或衰退期,客户活跃和留存是重点,客户经营重心要从增量经营转到存量经营。

图 6-1　产品不同生命周期渠道投放重点示意图

拉新工作主要在产品幼稚期和成长期。特别是幼稚期,拉新是重点;产品成长期,拉新放量是重点,同时要兼顾客户活跃与留存;而产品成熟期或衰退期,拉新工作不再是重点,根据品牌效应顺其自然吸粉。总之,拉新的策略制定需要全面了解拉新方法、制定拉新策略、数据分析聚焦重点渠道以及在产品不同生命周期拉新侧重不同。

+++ 拓展阅读 +++

直播间吸粉步骤

主播在带货直播的过程中,需要熟练运用黏粉、涨粉话术,以提升销售力度。通过大量的案例总结分析,目前主播需要掌握的黏粉、涨粉话术主要包括五部分,即提出问题、放大问题、引入产品、提升高度、降低门槛。

第一步,提出问题,即结合消费场景提出消费痛点以及需求点,从而给用户一个消费理由。以夏季防晒举例,直播前期就可以提出夏季防晒困扰,并让这些困扰成为直播间里活跃的话题,引起粉丝共鸣,进而引入产品。

第二步,放大问题,即将大家忽略的问题、隐患尽可能地进行放大说明。结合上述案

例,说明不做有效防晒的危害所在,引起观看用户的充分重视。

第三步,引入产品,即以解决问题为出发点,引入产品,解决之前提出的问题。同样以上述案例为例,提出几种防晒的方法,如可以穿防晒衣、涂防晒霜、喷防晒喷雾等,然后引入需要推介的产品,说明其优势和特色所在。

第四步,提升高度,详细介绍、讲解产品,并通过行业品牌、原料、售后等其他事项来增加产品本身的附加值,让粉丝对这款产品产生更高的认可度。

第五步,降低门槛,即分享主播独有的优惠和渠道优势,强调产品的独家性、稀缺性等,最终促成用户下单购买。

三、用户拉新的误区

用户拉新时,为了完成指标,运营人员会竭尽全力,但是也容易进入一些误区,影响拉新吸粉的效果。我们应当尽量避免的误区有以下几个:

误区一:核心体验没做好,就发力邀请用户。

在核心体验没做好的情况下,任何大量增长用户的操作都是不必要的,甚至是有害的。这个阶段,核心体验没做好,留存率肯定很低,而且大量涌入用户只会带来更多负面的口碑,不利于后期的发力。做奖励激励的时候,要确保产品本身是存在一定自然传播的,物资刺激只是加速放大了这个行为。否则,在口碑不好的情况下,被邀请来的用户只可能是为物质奖励而来的用户,并不是这个阶段所需要的种子用户。核心体验是否做好,一是看用户的口碑是否好,另一个就是看留存率,这是决定是否启动发力拉新的重要指标。

误区二:核心价值的提炼模糊。

产品的核心价值是什么,解决了什么样的人群什么痛点?这是运营者必须先想得通透的问题。有些产品还未做大,就什么功能都有一点,但是没有特别突出的功能,用户使用起来也很困惑,更难形成传播。所以提炼出产品的核心价值,既方便新用户理解,也能方便老用户传播。

误区三:用户理解与商家理解不一致。

传播产品功能和优势的时候,还容易出现的一类问题是,商家理解的产品和用户理解的产品会有不同。比如,有一家公司宣称他们的产品是社群营销解决方案,但用户可能只觉得它是一个活动报名网站而已,在社群营销方面并没有什么真正解决痛点的功能。这不是定位出了问题,而是产品功能没能让用户感知到产品的定位。这样在营销和传播中就会很吃力,不断地告知用户一种产品定位,而用户真实感知中又是另一种定位,这种差异的撕裂感,会使得用户和运营者都很尴尬。所以想清楚产品的准确定位是什么,并用解决需求的产品功能让用户能够清晰地感知到。

误区四:没有操作方便的分享方式。

出现以上问题有不少应用都没在一些主要页面设置分享方式,入口也藏得很深,所以用户只能用截图分享。截图不仅操作麻烦,且一些用户不太会截图,更重要的是分享出去看到的新用户,也不能方便地回流到产品里。即使是个在微信里的H5页面,也要提示用户可以分享。当然,H5 页面上的分享按钮,点击并不能直接触发微信分享,但至少可以弹出提示,告知用户点右上角可以分享。有人也许会说,这不是还是多麻烦用户多操作了一步吗?是的,看起来多了一步,没有这个提示,很多人意识不到这个页面可以分享。对于用户会覆盖到二、三线的产品来说,这个分享按钮就更需要方便的操作了。

误区五:忽视了被介绍端的体验。

在设计分享链接的时候,经常忽视了被介绍端的体验。对于一个陌生新用户,他很可能完全没听过这个产品,不知道这个产品是做什么用的,对产品内部的功能、栏目可能完全不知道。所以这个页面的设计要充分考虑到一个新用户的体验和认知。在没有让用户感知到这个产品是什么的时候,尽可能少操作,比如有朋友分享了一个内容过去,对方点开查看居然提示要先注册登录,这种情况下很容易跳出了。可以在微信里就可以体验感知的功能,尽量开发支持。有了体验,有了信任,下一步引导就更容易成功。

如微信,是给朋友分享的重要渠道,所以要充分考虑微信的特点,比如说链接标题很有可能在小屏幕手机上显示不全,所以重要的内容放标题前面,让用户没看完的情况下也有打开的冲动。微信分享链接常会抓取用户的头像和昵称,嵌入分享链接的标题和缩略图里,比起千篇一律的广告,这也是一种更有真实感的个性化链接,更符合朋友推荐的场景。

误区六:轻易选择给客户返现。

不到万不得已,最好不要直接返给用户现金,原因如下:

① 现金支出对企业是直接成本,而且是直接减少了利润;
② 送抵用券、送产品,至少还能带动其他指标,如出货量等;
③ 返现金容易吸引一些只为返现金而来的非精准用户,包括会引发刷单;
④ 朋友之间通过介绍,直接返现,容易引起反感,带来道德负担。

用来奖励用户推荐的,最好送的是和目标人群高度相关的产品,而不是现金。比如一家运动 App,那就送体育用品、私教抵用券之类的,可以筛掉一部分不相关的用户,会更有利于优质目标用户的聚集。比如在一个学习成长类的社群里,就不宜过多加入返现类的转介,会破坏其中的氛围。大部分人留在学习型社群,是因为社群能够有一个开放成长的氛围,用介绍朋友进社群获得直接返现,会觉得是在赚朋友的钱,在中国文化氛围里会感觉破坏关系,不容易转介成功。

误区七:未进行效果成本审核。

有些团队为了获取新用户争取下轮融资,烧钱补贴拉用户,由于没有经验,拍脑袋定了个数字就开始补贴,到头来入不敷出。那如何计算每个新用户应该补贴的合理范围呢?

这里可以用下一轮估值的平均用户价值做一个估算。

比如,通过和资本市场接触及同行比较,发现下一轮在用户数为 200 万个的时候估值预计是 6 000 万元,那就意味着下一轮的平均用户价值是 30 元。考虑到新用户进来也有可能留不住,而且不可能把钱全部用于补贴用户,所以只能是 30 元的一部分,具体这部分的比例是多少,不同行业不同产品会有很大差异,但至少这是一个很重要的参考标准。如果补贴金额接近平均用户价值的一半,那风险就非常高了;如果成本超过平均用户价值,基本上公司就要赔本了。所以有些企业为了赶超竞争对手,不进行成本核算地疯狂补贴,补贴额甚至超过了下一轮估值的平均用户价值,即使用户拉新成功,也会造成很大财务压力。

当年拉手网为了甩开对手,电视地铁烧钱营销、双倍薪水挖人,资金链风险急剧攀升,最后被精于计算成本的美团给赶超了。可见,在拉新用户的时候,一定要认真核算新用户的成本。

行业观察

用户需求成为零售成功重要的影响因子——良品铺子运营策略转变

习近平总书记指出:"'以人民为中心'的发展思想,不能只停留在口头上、止步于思想环节,而要体现在经济社会发展各个环节。要坚持人民主体地位,顺应人民群众对美好生活的向往。"满足用户需求的运营策略转变正是对这一要求的具体落实体现。

中国很大程度上是移动电商的先驱,许多消费者直接走向了智能手机时代。中国的消费者正在面临越来越多的选择,因此出现了很多细分的领域。在多元化的消费形势下,要改善产品到用户触达的效率,首先要做的是针对用户的兴趣点提高触达的范围以及精准度。全媒体营销在各行各业广泛应用,其覆盖的公域流量和品牌能获得的私域流量也在不断增长。例如,良品铺子团队从消费者研究出发,洞察与定义细分用户市场和产品。

良品铺子根据用户可产生的细分场景研究产品,首先对用户做需求预测,然后做产品研发、订单预测、供应链规划,体现了需求产生供应要求变化的过程。一款产品,是针对什么人群——儿童还是孕妇;产品时节——主打情人节、春节还是生日;产品任务——用来送礼、即食还是待客;产品使用——旅途必备,还是办公室陪伴、追剧。确认后再进入社会化协同产品研发阶段,通过消费者参与、专家团队以及食品健康营养研究院(整合营养学、食品工程技术、研发工程师、实验室),开始立项、概念、方案、研发、评定和首发的过程。

(内容来源——创业黑马举办新零售特训营上,良品铺子高级副总裁赵刚第一次深度分享了良品铺子的新零售产品之道。)

第二节 粉丝留存

互联网行业发展至今,各大互联网厂商都曾经历过或长或短的拉新获取更多用户的阶段。在用户拉新阶段投入了大量的资源,比如购买流量、寻找最优的获客渠道等。但随着数字经济深入发展,互联网人口红利逐渐消失,用户拉新获取流量虽然容易,但成本剧增,投资回报率ROI(Return On Investment)越来越低,各类移动端的获客已然成为一片红海。有研究指出,获取一个新用户的成本是激活一个存量用户成本的5倍,在获客成本日益增长的背景之下,将资源投入激活存量用户上的性价比远高于投入获客阶段。以激活用户并保留用户为主的粉丝留存工作将是未来贯穿产品生命周期成长期、成熟期和衰退期的更为重要的工作。用户留存率是非常重要的一个数据指标,留存率衡量着一个产品是否健康成长,成功的产品就是那些能尽量延长用户的生命周期,最大化用户在此生命周期内的价值的产品。

二、粉丝留存的概念

(一) 粉丝留存的相关指标

无论是App、微信或微博等,都有一个重要的数据指标——粉丝留存率。移动商务应用的粉丝留存率越高,意味着用户使用产品的时间越长,能够为产品带来现金流和资本估值也就越高。下面先介绍几个粉丝留存相关概念:

留存用户:使用网站或App,经过一段时间后,仍然在使用的用户,即有多少用户留下来。

粉丝留存率:留存用户数占当时新增用户数的比例。一般会按照每隔单位时间(如日、周、月)来进行统计。留存用户和留存率体现了应用的质量和保留用户的能力。

留存率的计算:

$$留存率 = \frac{新增用户中登录用户数}{新增用户数} \times 100\% \quad (一般统计周期为天)$$

新增用户数:在某个时间段(一般为一整天)新登录应用的用户数;

登录用户数:登录应用后至当前时间,至少登录过一次的用户数;

次日留存率:

$$\frac{当天新增的用户中,在注册的第2天还登录的用户数}{第一天新增总用户数}$$

第3日留存率:

$$\frac{第一天新增用户中,在注册的第3天还有登录的用户数}{第一天新增总用户数}$$

第7日留存率:

$$\frac{第一天新增的用户中,在注册的第7天还有登录的用户数}{第一天新增总用户数}$$

第30日留存率:

$$\frac{第一天新增的用户中,在注册的第30天还有登录的用户数}{第一天新增总用户数}$$

在图6-2中,我们看到7日新增用户在8日登录的为次日留存用户,9日登录为2日登录留存用户。

图 6-2 留存率演示数据

（二）留存率的作用

留存率反映的实际上是一种转化率，即由初期的不稳定的用户转化为活跃用户、稳定用户、忠诚用户的过程，随着这个留存率统计过程的不断延展，就能看到不同时期的用户的变化情况。

（1）如果留存率低，那么拉新和活跃就没意义。用户在漏斗的最后一环直接走掉了，竹篮打水一场空。

（2）那些经过层层教育和筛选的用户往往最有可能成为忠实用户。企业花了极大投入寻找并培养这批高质量的意见领袖，留住他们才能产生更大的价值。

（3）由于拉新、活跃、留存往往是同时进行的，为了保持 DAU、MAU（日活跃用户、月活跃用户）的稳定，留存往往比拉新更容易实现目标。假设在没有任何新增的情况下每月会流失用户 30%，这时候，留住 30% 的用户和新增 30% 的用户都能实现 MAU 的稳定，然而留住 30% 的用户显然耗费的时间、精力、资源都要少得多。

（4）留存可以增加用户的生命周期价值（LTV），会帮助企业挖掘更多用户潜力，甚至影响整个漏斗模型。

（5）留存时间长的用户更愿意为他们喜欢的产品做宣传，有可能因为口碑效应而低成本获取新流量。

二、粉丝留存的方法

留存阶段主要有两项重要的任务，提高用户的活跃度，提高留存率。逐渐培养用户的习惯，才能为最后的提升购买力转化奠定基础。

(一）提高用户活跃度（Activation）

用户活跃度是用户激活阶段最重要的指标。提高用户活跃度的核心在于让新用户能更快地体验到产品与自己需求的契合点。就是产品核心功能带给用户的需求满足感。如果用户能在首次体验产品时即可感受到"触动点"，留下良好的第一印象，则用户将大概率成为产品的留存用户。同时除了引导用户感受到产品的核心功能，最好还能通过内容创造、社交关系等手段增加用户离开的沉没成本，在此之后，用户将更有可能成为产品的忠实用户。

提高活跃度可以从两方面入手：

第一，完善产品的功能，让其完美地吸引用户，激发用户的使用欲望，增加产品的尖叫体验。产品在功能、内容或运营机制上超出用户预期，才会提升产品的留存率。

第二，通过培养用户习惯，优化用户体验环境和体验条件，消除用户顺利体会产品核心功能的障碍点。让产品更完美往往比优化用户体验产品的环节更为困难，所以面对新用户，各大应用提升用户活跃度的重点就落在了优化新用户体验上。接下来我们介绍 App 常用优化新用户体验的手段。

1. 优化着陆页

着陆页是新用户下载 App 并打开后第一眼看到的页面，这一系列页面是产品和用户的第一次正式见面，一定要清晰明了地传达产品相关性，展示产品价值，提供明确的行为召唤。这即为转化率优化教父布莱恩·埃森伯格提出的"转化三位一体"。

相关性是指产品与访客目的和期望之间的匹配度："这是他们想要的吗？"比如移动办公平台钉钉，用户对这类产品的下载往往本身就带着明确的目的，产品着陆页也非常清晰地向用户传达了产品的核心功能——免费的行业解决方案、智能办公硬件、办公数字化、智能协同，开屏即回应了用户的期望。

展示产品价值是指迅速并且简洁地回答访客的疑惑："我可以从中得到什么？""这个产品的亮点在哪？"例如，品质电商网易严选的做法为：主打差异化竞争，以"品质电商"的口号横空出世。从它的着陆页中即可得到明显的体会。平衡克制的北欧风页面，"品质""生活灵感""严选""全自营"等词语，显示出了产品的核心价值。

行为召唤为访客提供一个极富吸引力的下一步行动，可以在特定的用户操作的节点，用手势给用户提供必要的操作说明，减少用户操作成本。

由此可见，用户活跃度的定义取决于产品，有的产品只要用户在指定时间内登录或启动一次就算用户活跃。对于移动应用产品，用户活跃度还有另外两个关键数据指标：每次启动平均使用时长和每个用户每日的平均启动次数。有时，产品除了登录和启动，还必须要求用户进行指定的操作才算用户活跃。在做产品的迭代时，应该根据不同版本的用户活跃度数据的变化，来持续改善产品。

2. 创造学习流

创造"学习流"是抓住人们初次接触产品时最想弄明白如何使用产品的心理，利用好用户刚刚接触到产品的这个时刻，把握好这个时机告诉用户产品的核心价值，可以让用户更为深刻地理解，并投入地去体验产品。但是"学习流"的功能绝不仅限于让用户感受到产品的核心价值，还可以进一步延伸至让用户在产品内沉淀更多的沉没成本，做好新用户的激活将会对后续用户价值的持续提升至关重要。

(1) 个性推荐体验核心价值。

要利用好用户刚接触产品的这段时间,因为这是用户对产品最有耐心的一段时间,可以趁这段时间引导用户添加自己喜欢的内容,关注产品内的名人。比如初次注册微博后微博向你推荐关注的当红大V、流量明星。

例如,推特设计出一个学习流让用户更充分地体验到产品的核心价值,推特向用户推荐可关注的话题类别(例如时尚、体育和新闻,鼓励他们关注名人,最后完善他们的个人资料。学习流结束时,用户不仅完成了注册并创建了自己的个性化档案,而且在他们首页显示的都是他们感兴趣的内容。如此一来,推特成功地让用户第一次访问就决定使用这个产品、体验到它的核心功能并且建立储存价值。

(2) 行动导向引导用户体验行为。

一旦人们采取行动,无论是多小的行动,只要不是太难,人们就会更倾向于未来继续采取行动。与其给用户提供产品说明,不如让用户先通过一些简单的小步骤开始体验,再通过一步步的引导让用户逐渐体验到产品的核心功能。这时可以用新用户游戏化或新手任务的方式完成学习流的功能。游戏化利用的底层策略是心理学概念——承诺和一致性。此外还可以利用一些心理学上的其他原则——心流,当人们面临的挑战难度刚刚好——没有困难到想放弃,也没有简单到令人无聊,这时人们就处在心流状态,对产品的体验欲望也更加强烈,更愿意沉浸其中。

┅┅┅┿ 行 业 观 察 ┿┅┅┅

幕布——优化用户体验操作界面中的应用案例

幕布是一款结合了大纲笔记和思维导图的头脑管理工具,可以帮助用户以更高效的方式和更清晰的结构来记录笔记、管理任务、制订计划甚至是组织头脑风暴。苹果、安卓、PC云同步,完整覆盖了电脑端和移动端。

新用户正式进入幕布后,App会逐步在几个关键环节通过弹框提示下一步可以做什么。幕布还在右下角将"新建"突出显示,目的是让用户可以更快地开始操作,体验一个完整的流程。同时,作为一个工具产品,用户也可以在App内找到产品的说明文档,可以在其中查阅App更详细的功能,等等。

幕布精选操作界面排列轻便,icon和文字的结合让用户对于功能一目了然,满足了用户兴奋性需求,有很好的促活功能。用户还可以使用链接或二维码将文档轻松分享给微信、QQ、微博等好友;享受云端自动同步,可实现手机端—iPad端—PC端数据同步。此外,还有团队写作共享功能。

(3) 奖励机制增加用户沉没成本。

使用心理学上的另一原则——互惠,人们更有可能因为礼尚往来而去做一些事情,说的其实就是产品的奖励机制,通过提供奖励可以训练人们条件反射式地做出某种行为。当用户完成每一步任务时,用户就可以获得一定的奖励,当用户在产品上花费越多的时间,放入越多的个人信息，他们对产品的忠诚度就会越高，这就是心理学上常说的储值。这类方法适用于单用户型产品，如工具类产品，如印象笔记、幕布等。在有游戏化任务设置的产品中，当用户对"游戏"中的一些步骤不感兴趣而跳过时，如要求用户注册App、导入通讯录数据、邀请新人等，对这一环节设计时可以新手任务的方式将用户先沉淀在App内，允许用户在之后对产品积累足够忠诚度，或想获得任务奖励时再完成这些任务。

（4）奖励设置针对用户兴趣。

对"学习流"中奖励的设置需要认真考究，如果"学习流"能够带来挑战、乐趣和有意义的奖励，那么它可能会成为一个强大的激活手段。但如果其中提供的奖励没有任何价值，或者奖励与用户体验的核心价值毫不相关，就会让用户觉得受到了捉弄或感到莫名其妙。尤其是在你的游戏化设计越来越趋于同质化，并不能让用户觉得那么有趣时，奖励的设置就更加重要了。

可以提供的奖励类型一般可以包括新手红包、新人专享商品、会员限时免费体验等。当赢取和展示奖励的方法能为用户创造惊喜和乐趣，让用户感受到即刻的满足感甚至是惊喜时，你的新用户激活活动不仅能积累良好的口碑，甚至能引发刷屏的效果，达到意想不到的结果。

比如注册成为网易严选新用户时网易提供的新人必买榜、新人红包及会员免费体验30天的用户激活奖励，目的就是让用户尽快完成首次下单，感受到网易严选的精选产品，增强新用户黏性。

"知群"的用户信息采集工作是通过调查问卷的形式开展的，填写调查问卷获得的奖励是详细的职业测评报告，为了获得真实有效的测评报告，用户自然愿意提供详细可信的个人信息。对企业而言，提供报告的边际成本几乎为零，但用户为了获得免费职业测评报告而填写的个人信息对企业而言却很有价值。这点还可以借鉴朋友圈里经常刷屏的测评页面，利用用户对自我的好奇，希望获得肯定以及攀比的心理，当活动达到刷屏效果时，用户一定希望自己也能完成这一任务，解锁背后的测评。

（二）提高留存率(Retention)

用户留存率是非常重要的一个数据指标，留存率衡量着一个产品是否健康成长。成功的产品就是那些能尽量延长用户的生命周期，最大化用户在此生命周期内的价值的产品。例如，有些用户下载了产品后，由于各种各样的原因可能并没有完成新用户体验的所有流程就退出了App，又或是用户体验完成但并不决定在当下就使用产品的核心价值。这时候就需要有针对性地采取措施提高用户留存率。具体可以从以下几个方面来做。

1. 定义流失用户，定义流失区间

不同用户特性的产品流失区间的定义不同，有的是用户一天不回头使用就算流失，而有的产品是用户一个月不使用才算流失。采取用户召回机制，确定用户的核心诉求。可以通过短信、邮箱等形式召回用户。用户召回时重点召回高价值用户。

2. 应用触发物策划别出心裁的方式留存用户

触发物是指任何刺激人们采取行动的提示，比如邮件通知(EDM)、注册手机短信推送(MMS)、产品移动推送(push)等。前两种方式针对已经注册的用户。Push则用来实现用户的重新激活。在用户激活的阶段,产品接触用户的动机应该是提醒用户存在一个对他们明显有价值的机会,并且这个机会还需要契合 App 的核心价值。触发物可以分为以下几种类型:

(1) 刺激型触发物。

刺激那些能力很强但动机不足的用户采取行动。例如,购买通知——鼓励用户利用短期折扣购买商品;状态改变——如购物车中某件商品降价了。

(2) 信号型触发物。

帮助那些动机和能力都很强的用户沿着正确方向前进并鼓励他们重复行动。例如,新功能通知——分享产品升级的消息;好友行为改变——朋友采取了一个行动,如蚂蚁森林的好友偷了你的水。

(3) 协助型触发物。

帮助那些动机很强但能力很低的用户采取行动。例如,创建账户——鼓励下载产品的用户注册、创建账户;用户唤回——提醒那些有一段时间没有访问网站或 App 的用户再次回来。

(4) 内驱型触发物。

触发物是人们的核心习惯,而且能够激发长期使用。例如,顶级用户奖励——让那些大量使用产品的用户知道他们很特别,鼓励他们更多地使用产品,和产品建立更加紧密的联系。

3. 常用的留存运营策略

借鉴游戏类产品的用户成长体系,如任务系统、等级系统等,构建自己产品的用户成长体系。利用种子用户的入驻,可以吸引其粉丝的入驻。

策划运营活动,包括线上和线下活动,比如每年的重大节日都可以策划一些活动,激发用户活跃。现如今各类产品都在打社交的主意,社交关系对产品的重要性不言自明。比如微信读书,通过微信登录引导用户导入微信关系链,再利用好友正在读进行用户的激活,利用排行榜及读书赠书币等活动维持用户黏性,利用组队抽取无限卡等活动进行拉新,一切都围绕社交关系展开。

采用 VIP 用户会员制,差异化对待,VIP 用户享有特权,满足 VIP 用户的虚荣心,促使普通用户转化为 VIP 用户。

┈┈┤行业观察├┈┈

亚马逊 Prime 会员计划的留存用意

亚马逊 Prime 会员刚推出时并不被很多分析人士看好,大多数认为其两日免费配送以及 Prime 涵盖的商品折扣方面花费太高,所以计划不具有可持续性。但事实证明,凭借会员计划,亚马逊单枪匹马地提高了网上购物便利性的标准,更永久性地改变了用户的在线购物习惯。亚马逊以其便利、快捷颠覆了实体店的购物体验。

会员计划的重点就是改善 Prime 会员的用户体验。Amazon Prime 在留存面大获成功:73%的免费试用用户成为付费用户,而且,第一年订购 Prime 的用户中第二年续订的比例高达 91%。更令人惊叹的是,用户加入 Amazon Prime 的时间越长,留存率就越高,那些进入第三个年头的用户续订率达到了前所未有的96%。此外，Amazon Prime 会员的消费额是非 Prime 用户的两倍还多，高留存率还能带来复合式的盈收增长。所以，Prime 计划的推出根本不是为了赚99美元的会费，而是极大地提升用户的留存率。

三、常见的留存分析工具

目前市面上有很多专业的数据机构在提供数据统计服务，使用比较多的移动应用统计平台大概有三四家，国外比较流行的是 Flurry，功能上非常全面。国内的统计分析平台中目前比较有名的是友盟、TalkingData，以及无须埋点即可实现数据统计分析的 GrowingIO。

这些工具都拥有非常强大的数据分析能力，以用户量较大的友盟为例，它除了可以做留存率分析，还可以把新增用户、启动情况、版本分布、用户构成、渠道分销、运营商情况、管理等指标十分清晰地统计出来。友盟留存率数据分析如图6-3所示。

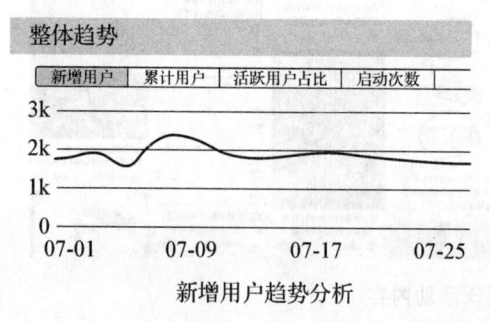

整体趋势				
新增用户	累计用户	活跃用户占比	启动次数	

新增用户趋势分析

渠道质量度			
日期	累计用户	老用户占比	平均日
AndroidMarket	44 938	18.7%	6 753
Andri	37 555	39.6%	7 936
GoogicPlay	26 182	10.5%	4 232
Ndoo	25 503	36.3%	2 861

渠道质量度分析

图 6-3 友盟留存率数据分析图示

四、屈臣氏多渠道引流留存粉丝

屈臣氏是一家集多品类、多品牌护肤化妆产品于一店的线下零售集合店，在店内为终端消费者提供包括彩妆、护肤品、个人护理、香水、防晒用品、化妆仪器工具等在内的产品陈列、体验和销售服务。在亚洲及欧洲经营约8 000家店铺，其中超过1 500家提供专业药房服务。屈臣氏一直致力于为顾客提供个性化的咨询与建议。经过30多年的经营屈臣氏已积累超2亿用户和6 000多万付费会员。关键词搜索屈臣氏相关的笔记为19万+篇，包含视频和图文。笔记内容涵盖非常广，包含好物推荐——洗发水、面膜、洗面奶、身体乳、定妆喷雾、乳液等刚需高频且易消耗的品类；包含屈臣氏抖音、短视频、小程序等营销相关的内容，吸引用户到小程序上面下单，并通过一定的机制进行留存锁客；包含与大促活动内容相关的笔记。屈臣氏活动内容如图6-4所示。

（一）屈晨曦——屈臣氏的虚拟代言人

屈晨曦是屈臣氏经过数据调研分析后，打造出的符合品牌粉丝喜好的虚拟 IP 形象。如今，这个虚拟 IP 形象已经深入人心，成为屈臣氏在各个渠道宣传的重要形象（见图6-5）。除了虚拟人 IP 以外，屈臣氏还打造了众多员工 IP。作为链接用户进私域的关键角色,每个员工的形象都至关重要。屈臣氏有多个IP号,如屈小昔、屈小溪、屈小西、屈小美等。各个IP的定位整体没有太大区别。通过在不同的渠道设置头像,设置自动欢迎语;第一时间发送社群二维码,并告知社群里包含的福利,让用户及时掌握所有的价值信息;主要通过福利活动、产品种草等吸引用户参与互动,引导用户自生产 UGC(User Generated Content)内容,即用户生成的内容,带上相关产品关键字发布到微博增加曝光;同时也会发布相关的促销活动,以及品牌联动。

图6-4 屈臣氏活动内容

图6-5 屈晨曦虚拟IP形象

(二)屈臣氏官方账号

1. 用户互动相关的活动内容

设立内容招募体验官活动,主要通过实物抽奖的形式引导用户与官方互动,一方面可

图 6-9　屈臣氏抖音 B 站账号内容

6. 小红书

屈臣氏在小红书中相关的笔记涵盖的产品维度非常广。官方账号"屈臣氏"会做一些粉丝的运营和引流，主要笔记内容以产品种草、活动介绍为主。屈臣氏小红书账号内容如图 6-10 所示。

图 6-10　屈臣氏小红书账号内容

7. 小程序

在屈臣氏的小程序主页里,放置了新人专区、拼团专区、推荐专区等窗口,吸引不同需求的用户下单购买。屈臣氏小程序账号内容如图 6-11 所示。

图 6-11　屈臣氏小程序账号内容

屈臣氏通过全渠道运营,设置丰富的触点,成功将粉丝从公域引入私域,保证了后期稳定获取客流,提高留存变现效果。

第三节　粉丝变现

粉丝的重要性在移动商务运营中愈发显现。在数字化时代,做自媒体拥有粉丝就等于拥有了强大的资源。粉丝不仅仅代表着流量和渠道,更意味着巨大的价值和庞大的资产。

粉丝变现是指通过各种方式将粉丝的流量、黏性转化为实际的经济效益。在粉丝经济中,粉丝是最为重要的资源,而粉丝变现就是将这些资源转化为收益的过程。粉丝变现的目的是增加收入,提高粉丝的忠诚度,促进品牌传播和销售等。粉丝运营的核心是粉丝,因此如何将粉丝的资源转化为实际的经济效益就成了粉丝运营中的一个重要问题,而这个问题的解决就是粉丝变现。

一、粉丝类型和价值

以粉丝和被关注者身份关系不同,粉丝经济生态可以划分成 4 个维度,分别是明星、IP、网红和品牌,前三个维度基本是以个人自媒体的形式积累粉丝,拥有粉丝的被关注者通常被称为"公众人物""艺人""博主""网红"等。这些称呼都表明他们在某个领域或平台上拥有一定的影响力和粉丝群体,而品牌维度一般是以企业为主体,通过各媒体平台企业的相关官方账号积累粉丝。拥有粉丝的被关注者在不同的领域和平台上可能有不同的称呼,但他们都代表一定的影响力和受欢迎程度。随着行业的发展,各个维度之间开始出现融合和交叉。例如,明星成为带货的网红,网红进入演艺圈,企业打造网红带动产品及品牌影响力,等等。

无论是于个人还是企业,从粉丝的特性及价值层级来划分,粉丝可以分为三种类型:品牌粉、内容粉、路人粉。

(一) 品牌粉——情感归属

品牌粉是对被关注者拥有情感依赖及归属感的粉丝群体,类似于追星的感觉,对品牌粉而言,内容其实并不是最重要的,情感和互动才最重要。这类粉丝的价值虽然最高,但获取也非常难。

品牌粉有以下优点:

(1) 黏性与忠诚度高。品牌粉的品牌忠诚度和黏性建立在被关注者人设基础上,一般情况下只要不冒犯粉丝,或者做出特别大的风格或内容转型,都不会产生脱粉的情况。

(2) 乐于主动、互动及分享。这类粉丝通常会时刻关注品牌账号,若公司、自媒体拥有其他产品,他们往往都是产品的重度使用者。对于被关注者发布的内容及观点,他们都乐于去主动关注、评论、点赞、转发,无须官方做过多引导,很利于收集用户反馈及种子用户的冷启动。

(3) 容易变现转化。品牌粉作为各类尝试的尝新者,更容易成为第一波付费转化用户,变现难度较低、变现价值较大。若有电商或知识付费类的变现尝试,他们会有意愿付费并分享传播。

(4) 内容容错性高。品牌粉丝最大的特点就是他们对被关注者的认同已经一定程度上超越了内容本身,认同被关注者本身的人格魅力。营造的并不是你的观点多么正确,而是你多么懂我、多么吸引我。如同追星,并不是明星演技有多好,而是明星的人格魅力。

这类品牌粉在很大程度上具有很高的商业价值,但也有以下几个缺陷:

(1) 转化周期较长。品牌粉相较于其他类型的粉丝转化的周期较长,需要通过较长时间的培养才能把一个普通粉丝变为品牌粉丝,而在这个周期中不断面临流失的风险,可以说成本是非常高的。也正是长期的培养,品牌粉通常对运营者的价值观会非常认同。

(2) 需要有互动。在品牌粉漫长的培养周期中,互动是必不可少的。通过互动可以增强粉丝的参与感,也能让他们投射的情感得到官方反馈。最主要的反馈就是用户的评论留言、转发和点赞。其次就是一些活动运营及社群的运营。也正是由于品牌粉需要互动,因此其最核心的成员很多都是在运营中早期获取的,因为在粉丝数不多时,运营者与粉丝的沟通反馈更顺畅及时,互动效果也就更好。

(3) 有一定的规模限制。尤其是对于垂直领域,本身的精准人群人数上限,而品牌粉作为核心粉丝,规模更是小,往往在运营到一定程度时就会出现难以增长的状况,这时可能需要通过矩阵或一些内容转型来实现增长。

(二) 内容粉——兴趣归属

内容粉通常是被内容质量所吸引的粉丝,其诉求主要在于资讯或观点的获得,在获取内容的同时对内容的质量也有一定的要求。相比于品牌粉,内容粉更关注自己的收获,而非与品牌的互动参与感觉。

这类粉丝有以下几个优点:

(1) 内容认同度高。内容粉关注的重点在于内容对其本身的价值,因此通常都会对内容比较认同,而无论是个人自媒体还是品牌,都需要对其产生实质性的帮助,自媒体更多是观点评论、资料整合的输出,品牌则通常要结合自身产品特点输出干货。

(2) 主题兴趣匹配度高。内容粉通常需要被关注者有一个比较明晰的定位,更多是主题式的关注。对某一主题,某种风格的相互匹配才能获取到这类粉丝,这其中就涉及定位问题,定位越是明确,输出的内容越垂直,越能够吸引到这类粉丝。

(3) 有较为固定的行为模式。内容粉是被主题内容所吸引,他们关注的事件热点相对集中,随着运营者的引导,他们的行为模式也能够相对一致。

内容粉虽然是主力军,但是对内容的匹配度要求较高,尽管拥有着庞大的数量并是自媒体商业化的主要潜在受众,但往往对品牌感知不强。主要有以下几个需要注意的地方:

(1) 对内容质量要求高。这类粉丝对内容的观点、质量比较挑剔,当出现了三四次内容与关注兴趣不匹配时就容易取消关注。也正是如此,内容粉有可预见的生命周期,当粉丝的自我成长与内容定位不匹配时,或者粉丝放弃使用你的品牌产品时,他们就容易取消关注。

(2) 活跃度较低。作为主要的粉丝构成,内容粉的活跃度较低,也不会热衷于主动分享传播,常见的互动仅仅是在于文章内容的留言评论互动,大部分属于"潜水"状态。

(三) 路人粉——娱乐休闲

路人粉一般是消费者在娱乐休闲中偶然从路人转变为粉丝,有两种情况,一是通过活动而新关注的粉丝,另外一种是通过内容而新关注的粉丝。总体来说,两者都属于偶然性的关注,对内容风格及定位并不了解,还处于一个尝试摸索的阶段。路人粉只有其中一部分能够转化为内容粉。

路人粉主要有以下几个优势:

(1) 量大速度快。路人粉通过活动利益的刺激产生关注,随着活动的推广执行,粉丝能够快速涌入。常见的关注送礼品、关注免费等线上优惠及线下地推都属于这类活动。另外,刷屏式的内容爆发也能在一夜之间增加不少粉丝。

(2) 能短期大幅增加商业价值。路人粉的大幅度涌入能够提高被关注者的谈判筹码,尤其在短期内广告变现及商务资源互换上。

路人粉有以下几个缺陷:

(1) 流失率高。路人粉更多是基于事件、活动的兴趣而关注,而非对内容感兴趣。当活动停止或热点时间过后,粉丝的流失率就会增加,通常活动后会出现"不推送还好,一推送就掉粉"的情况。

(2)有较大拉新成本。通过爆文的拉新实际上有一定的偶然因素,技巧也很难复用。而如今线上推广成本不断增加,通过活动吸粉事实上要花费大量的人力及财务成本,因此大型活动一般都作为整个推广周期的引爆阶段。

对粉丝的分类,可以让运营者更好地进行精细化运营,尤其是对非内容型品牌方更是如此。向不同的人打上不同的标签,对不同的粉丝展示更适合其群体的内容、活动,才能不断提高粉丝转化能力。

粉丝变现对于个人和企业来说,都是无比重要的。一个拥有强大粉丝基础的个人,能够通过粉丝的支持实现自身的价值最大化。例如,一位知名的美妆博主,在小红书、微博等社交媒体平台上拥有数百万个忠实粉丝。她所发布的每一条关于化妆品使用心得、化妆技巧的帖子和视频都能够迅速引发千万级的关注和讨论。这些粉丝不仅提升她推荐的化妆品销量,还会积极传播她的信息,为她带来更多的粉丝。这位美妆博主凭借自己的妆容示范和产品推荐,已经成为众多化妆品品牌青睐的对象,与之合作就能够实现双赢。她变身为一名美妆品牌的代言人,获得了丰厚的合作报酬,同时也为品牌带来了高额的销售额。这展示了粉丝对于个人价值和资产增值的重要性。

同样地,对于企业来说,拥有大量粉丝也意味着获得了广阔的市场和消费者群体。以某家汽车公司为例,该公司拥有数百万名忠实粉丝,这些粉丝热爱购买并收集该公司的汽车产品。他们会主动分享他们使用这款汽车的愉快经历,并向其他人强烈推荐这个品牌。这种口碑相传不仅可以提高公司的知名度和美誉度,还能够吸引更多的潜在消费者购买。通过粉丝经济的模式,该汽车公司实现了快速的品牌扩张,并持续保持着较高的市场占有率。

二、粉丝变现方式

自媒体使得每个人都有了自己的发挥空间,个人粉丝变现的形式多种多样,包括广告收入、电商分成、付费会员、知识付费、品牌合作等。这些形式各有特点,可以根据不同的情况选择相应的方式进行变现。

(一)广告变现

广告收入是最为常见的一种形式,也是最容易实现的一种形式。互联网有一个公式:用户=流量=金钱。广告变现就是最常见的变现方式之一。简单来说,广告变现是在自己产品中加入别人的广告来获取收益。各大新媒体平台都有对接广告的广告分发系统,一方面承接广告主投放广告,另一方面也为粉丝数量及满足平台规定其他条件的博主提供了广告变现的机会和技术支持。

行业观察

小红书千粉变现

小红书平台已经放宽了广告商的入驻条件以及博主接广告的隐性要求,现在只要是达到千粉的博主,就能够开通蒲公英平台,对接广告实现变现。针对想入门小红书变现的博主,目前"千粉变现"是小红书上非常流行的"玩法"之一,它的入门门槛很低,只要能达到 1 000 的粉丝量就有变现机会。"千粉变现"不需要成本,只需要投入时间去更新笔记就行。一般来说,在小红书上只需坚持 15~30 天就能达到千粉目标。

现阶段的小红书,一直在努力将平台更彻底地商业化。因此,在商业化变现上,小红书做了非常多的尝试,包括但不限于引流、投流、广告、直播、带货等。对小红书官方而言,是非常鼓励大家来做"千粉变现"的,因为越多的千粉博主入驻蒲公英平台接广告,小红书自己的收益也会增加。

对品牌、商家而言,通过平台报备的广告费用很高。在广告预算减少、投放变谨慎的大环境下,越来越多的品牌、商家将投放广告的目标放到了千粉号。因为千粉号的报价相对较低,哪怕是投放一大批千粉号,也会比之前的广告投入要少,极具性价比。目前小红书平台上已形成了这样的广告商投放趋势:品牌、商家大批量地投千粉素人账号,最终既省下了钱,还达到了品牌曝光的目的。以知名美妆护肤品牌"丝芙兰"为例,近 360 天在小红书上投放的商业笔记绝大部分都是投放给粉丝数在 1 万以下的千粉博主。

在直播平台或社交媒体上,主播或博主可以通过接受广告投放来获取收益。广告收入的来源包括视频广告、横幅广告、原生广告等,广告收入的大小与广告的类型、数量、时长等因素有关。我们经常在刷快手、抖音的时候,看到达人视频中植入的广告,这是目前最主要的变现方式之一。一般是通过软广植入的方式进行品牌合作营销,能接到广告的大多是真人出镜类账号,像美妆博主、测评博主等,基本上这类账号有 10 多万名粉丝就开始有广告收入。

(二)电商分成

电商分成是指主播或博主在推荐商品时,可以获得一定的佣金。相当于产品变现,这种变现方式是优于广告变现的。随着电商的发展,越来越多的直播平台和社交媒体开始涉足电商领域,通过直播和社交媒体的力量来推广商品,这也为主播和博主提供了更多的变现机会。

利用粉丝资源,根据自己的粉丝匹配产品变现,从渠道找产品进行销售。比如直播带货,卖家展示产品,及时与粉丝互动,最大极限地转化订单,提取佣金。比如你是教别人怎么健身的,那你就可以卖健身的周边产品,比如蛋白粉等。如果你是教别人打篮球,那你就可以卖篮球周边的产品。匹配产品变现能让你有源源不断的经济收益和稳定的现金流。在这个过程中也可以在直播期间插入广告,接受广告资助,或者从粉丝的礼物中获得现金。

根据微信平台发布的最新消息,公众号创作者只要有 100 个或以上的粉丝,就有资格开通返佣商品功能。一旦开通了这个功能,创作者将在编辑图片消息的页面下方看到一个名为"插入返佣商品"的按钮。点击该按钮后,创作者可以选择自己喜欢的带货商品,并为它们添加标签。接下来,创作者只需要将标签拖动到相应的图片位置即可完成设置。这个功能允许创作者在每张图片中添加最多 3 件商品。这些商品链接可以来自京东、拼多多、美团等主流电商平台,也可以来自微信小程序。这几乎涵盖了所有主流电商类目,并且带货佣金最高可以达到80%。

(三) 付费会员

付费会员是指粉丝可以通过支付一定的费用成为主播或博主的会员,获取会员专属的内容或福利。付费会员的好处是可以让主播或博主获得稳定的收益,同时也可以提高粉丝的忠诚度,促进粉丝与主播或博主之间的互动。

(四) 知识付费

知识付费是指主播或博主可以通过出售自己的知识或技能来获得收益。随着教育行业的发展以及知识付费用户对学习内容需求的不断增长,我国线上教育用户规模也在持续扩大,在线教育用户规模和使用时长均保持了两位数以上的持续增长。知识付费已经成为一个热门的话题,越来越多的人开始通过分享自己的知识或技能来获取收益。

(五) 品牌合作

品牌合作是指主播或博主可以与品牌合作,获得一定的赞助费用。品牌合作的好处是可以让主播或博主获得更多的收益,同时也可以提高品牌的曝光率,促进品牌传播和销售。

(六) 粉丝打赏

粉丝打赏是指粉丝在观看直播或阅读博客时,主动给主播或博主打钱的行为。粉丝打赏在直播平台或社交媒体上很常见,也是粉丝经济中比较重要的一个环节。那么,粉丝打赏属于粉丝变现吗?答案是肯定的。粉丝打赏可以看作是粉丝对主播或博主的认可和支持,也是粉丝对主播或博主付出的一种方式。因此,粉丝打赏是粉丝变现中的一种形式。

粉丝打赏对于主播或博主来说,是一种很好的激励和支持。粉丝打赏不仅可以让主播或博主获得更多的收益,还可以提高粉丝的忠诚度,促进粉丝与主播或博主之间的互动。同时,对于粉丝来说,打赏也是一种表达爱和支持的方式,可以让粉丝更好地与主播或博主产生情感联系。

三、粉丝变现策略

在这个流量为王、消费至上的时代,企业是否需要打造"粉丝经济",如何打造"粉丝经济",也是各大企业管理者们与时代博弈下的痛点问题。将自身积累的"粉丝"会员作为企业的核心竞争力,是企业营销战略的体现,而"粉丝"在近距离的消费中,满足了自身需求,拥有更多的归属感。对企业来说,最终的目标是实现品牌宣传和销售转化,企业有自己的品牌和产品,如何通过粉丝变现促进销售额提升,其变现方式和自媒体粉丝变现不太一样,更多集中在产品变现和品牌合作这两种方式。这样稍显单一但目标明确的变现方式,就促使企业必须提前布局粉丝变现策略。

营销学中有一个著名的销售管理工具——销售漏斗,用于形象化地展示销售流程和销售机会的状态分布。它将销售流程分为多个阶段,如潜在客户、接触客户、需求确认、提供解决方案、谈判和关闭交易等。每个阶段的客户数量会随着销售流程的推进而不断减少，最终只有一部分客户能够成为购买客户。销售漏斗的形状类似于一个倒置的漏斗，因为随着销售流程的进展，每个阶段能够转变成订单的销售机会数量会逐渐减少。销售漏斗的统计数据来自销售机会，通过分析销售漏斗的数据，可以找出销售流程中的问题和瓶颈，优化销售流程和资源分配，提高销售效率和效益。

将这个原理借用在企业粉丝变现中也是合适的，如图 6-12 所示。可以将粉丝行为想象为一个漏斗，上面入口大，下面出口小，粉丝从入口进，进入漏斗室。进入销售漏斗的粉丝中，只有一定比例的人会购物，此时漏斗就开始收紧，称为转化率，而购物的粉丝购物的数量和金额存在差异，称为客单价，这时漏斗再次收紧。粉丝购物后，出了这个场，整个销售行为就完成了，但部分粉丝还会二次甚至多次购物，这就是复购率。销售额＝粉丝数量×转化率×客单价×复购率。总之，要想提升粉丝的价值，就得提升转化率、客单价和复购率，从而提升销售额。

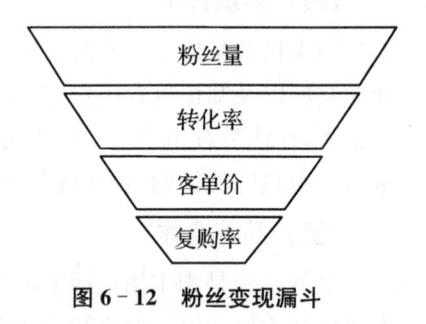

图 6-12　粉丝变现漏斗

（一）有效提升粉丝转化率

1. 不同的产品采用不同的成交策略

按照产品对企业的贡献程度，可以将企业的产品分为引流产品、爆款产品、利润产品三种类型，不同产品的销售策略和成交策略存在一定的差异。

引流产品是指那些能给企业和商家带来客流量的产品，企业和商家一般会将用户刚需、使用频率高的产品作为引流产品，通过低价来吸引流量。引流产品的利润通常在 0～1%，折扣空间在 30%～50%。因此，商家通常会设置几款引流产品，一来可以引流，二来也可以控制引流的成本。引流产品除了吸引流量，通常还起着赢得用户的好感、树立品牌形象的作用。企业可通过牺牲这款引流产品的利润来赢得用户对企业的认可和好感，因此，企业不要忽视引流产品的质量和品质，它是企业的形象代表，反而要更重视。

爆款产品是指那些高流量、高曝光率、高转化率的产品。某种程度上，爆款也起着引流的作用。虽然爆款的成交率和销量都很高，但是因为价格亲民，因此利润率并不高，只能走量。然而，爆款的存在对企业和商家仍然具有很大的意义，一来爆款可以提升企业知名度，二来可以激活用户，三来可以提升用户活跃度，四来可以提高企业的成交额。爆款产品适合走口碑营销路线，通过忠诚用户的社交口碑进行传播。

引流产品是为了获取流量，爆款产品是为了走量、建立影响力，利润产品是为了盈利，不同客单价的利润产品的成交方式有一定的差异。客单价较低的利润产品适合引导粉丝线上购买，而客单价较高的利润产品则适合在线下门店购买。这是因为客单价较高的产品，如果放在线上销售，因为缺乏直观的体验，用户下单率并不高。可以让用户先在门店体验利润产品，然后在线上下单或者是门店付款。

2. 多种方式促进成交

促进成交的方式有很多。第一种促销方式是秒杀，也称为限时抢购，通常用于清库存和提升用户活跃度。玩秒杀时，通常是根据商品属性、定位、价格、活动目的，将"限人＋限时＋限量＋限价"这几种门槛组合在一起，设置不同的方法。例如，热销商品做促销，主要的目的是提升用户活跃度，这时候可以"限人＋限时＋限量"。如果为了清库存，就可以"限时＋限量＋限价"，价格可以设得比较低。秒杀活动比较适合新品，一个单品的秒杀活动不宜长期做，以十次以内为宜。

第二种促销方式是分销。分销的目的是建立销售渠道。随着互联网、社交网络的发展，加上消费者在零售业态中参与度的提升，让消费者成为分销商，发挥消费的价值已经成为很多企业和商家的选择，将粉丝加入分销的团队也是水到渠成的事。分销的优势在于商家可以减少营销方面的投入，从商品的利润中分出一部分给愿意帮你分销的消费者，借助他的社交网络将商品传递给更多的用户。对消费者而言，他不需要付出创业资金，通过社交分享就可以获取收益。因此双方是一种共赢关系。分销的前提是分销商要认可你的产品和服务，企业和品牌粉丝天然带着这种属性，非常信任产品和服务，这也进一步要求企业和商家要提供让消费者满意的产品和服务，奠定分销的根基。

第三种促销方式是预售。预售是提前销售还没到货的产品，能提前锁定客户，做好充足准备，提供更完善的服务。一些特殊的商品特别适合采用预售模式。例如，水果这样的农特产品，有一定的季节性和保鲜期，如果产品准备太多，订单不足，水果容易烂掉，如果储备太少了，万一订单多了，又会延迟发货时间，影响消费者体验。通过预售，根据活动的热度来准备货物量，能大大减少损失。

促销是很多企业和商家经常使用的成交方法，有些商家甚至三天两头搞促销。当然，搞促销需要控制好节奏，还得有些名头，否则促销效果会打折扣。不同时代、不同环境下，促销的玩法可以与时俱进。社交时代，商家除了可以利用自己官方账号促销，可以邀请一些与目标客户匹配的自媒体 KOL、KOC，在他们的社交圈中，给他们的粉丝分享促销活动。

优惠券现在基本上成了商家的标配，消费者经常会领到优惠券，可以冲抵现金。优惠券的好处就是会让消费者觉得便宜，能促进消费。在具体运营时，要和优惠券面额、领取数量、参与人数、领取门槛、领取时间等要素相结合，要根据目标人群、平台规则、商品的定位和商品的利润来设计。

（二）提升客单价，挖掘粉丝终身价值

提高客单价是让用户购买高单价的商品或每次多购买一些商品。这样可以让一个用户花更多的钱，持续贡献更多的价值，放大用户自身价值。这其实就是现在火热的单客经济，即通过深挖用户的终身价值，放大现有的每个用户的价值，进而实现存量价值的最大化。《新零售》一书作者刘润老师给单客经济下的定义是，利用互联网、移动互联网与消费者建立起直接的、高频的互动，从而促进消费者重复购买，最大限度地发挥客户的终身价值。粉丝价值高度吻合这一理论，就是充分挖掘存量的价值，而非一味地开拓增量，并且借助增量服务等方式让这些粉丝持续产生价值，因为企业只需要为获取粉丝流量付费，后期可以反复免费使用。

提高客单价，可以采用以下一些方法：

(1) 建立粉丝容器。粉丝容器其实是培养或维护粉丝的载体。借助粉丝容器,可以设计某些触点有效触达用户,更好地服务用户。App、微信公众号、小程序、个人微信号、会员制都是非常好的粉丝容器,具体使用什么容器要根据企业自身的情况和所处阶段来定。一般的商家可以借助微信公众号、微信小程序、个人微信号这些微信生态矩阵以及会员制来服务用户,具备一定用户规模的企业可以搭配使用 App。

(2) 转变经营理念。随着新消费时代和服务经济时代到来,现在的消费者已经由购买商品转变为购买品质、购买体验、购买感觉了。这就需要企业和商家转变思维,由卖东西变为卖服务,由经营商品到经营客户。

(3) 加强线下布局。线下具备线上不具备的高体验性、即得性、可信任性,可以提升用户的体验,促进其购买高单价的商品,因此企业可以同时加强线上线下布局。在线下销售一些高单价的商品,而线上销售可以以较低单价的商品为主。

(4) 其他方式。代金券是企业和商家常用的一种提高用户销售额和客单价的方法。使用代金券策略的前提是企业要具备一定的实力和信任度,用户要认可代金券。还可以借助大数据做好用户画像,精准满足用户的个性化需求。用户体验好了,才会更愿意多买东西,或者购买一些高端的商品。因为很多时候用户买的不是使用价值,而是感觉。

(三) 提升复购率,增强粉丝黏性

提升粉丝复购率也是放大用户价值的一种方式。提升复购率最重要的是让用户对产品和服务满意,落脚点在于提升用户的体验和黏性。

(1) 强化用户的品牌认知。强化品牌在用户心目中的形象和认知度,让用户需要购买相关产品时,第一时间想到的是你的产品,而非竞品。在具体操作时,企业和商家可以通过实物提醒不断触达来强化用户对品牌的认知,可以通过让商品的品牌 Logo 或者名称变得醒目,让用户每次使用时都能想起你的品牌。也可以赠送一些印有品牌 Logo 或名称的小礼品给用户,这些小礼品以成本较低、用户日常生活中经常使用的物品为宜,比如鼠标垫、手机饰品、钥匙扣、水杯等。

(2) 定期推送活动提醒。通过定期推送活动,比如说上新品、打折促销、会员日等来提醒。一来可以增强用户对品牌的印象,二来可以将活动信息有效传递给用户,三来可以促进用户复购。

比如说小米在没有增加太多成本投入的情况下,将小米的上新品、预售等重要活动信息通过有效途径传递给粉丝,提升其复购率。小米通过小米社区、论坛、QQ 空间、官方微博、官方微信账号等社交媒体官方账号组建了小米社交媒体矩阵。通过社交互动、社交服务能及时地让用户获得小米的活动,让米粉们第一时间去支持小米的活动,购买小米的新品;在微博火爆的时候,增加了微博的运营投入,让微博为小米向用户发声;当微信崛起后,开通了微信公众号、小程序、微商城等微信矩阵,借此来充分触达微信用户。目前抖音小米也占据一席之地。

(3) 提供年卡、套票和赠券。商家可以将产品打包,以比单买优惠很多的价格销售年卡、套票给用户。特别适合一些低边际成本的产品和服务、人工服务要求较少的商品,比如知识付费类产品,边际成本低,多卖一套根本不增加任何成本,只会增加收益,比较适合

进行套餐销售。另外赠送一些抵用券,用户在消费时,比较同类产品会发现还是用抵用券更合适、更划算,由此促使用户二次、三次消费。

(4) 搭建健全的会员体系。会员体系是企业和商家常用的留客、挖掘用户终身价值的武器,大到京东、喜马拉雅这样的互联网巨头,小到饭店、理发店、健身房这样的商家,都会用会员体系将用户的价值最大化。当成为会员后,消费者购买同类产品时,会优先考虑在你这边购买,而会员消费时享受的好处,会让会员增加消费的频率。

目前有两种会员体系。第一种是免费的会员,会员的消费行为,比如累计金额、累计单数达到一定条件就可以成为不同级别的会员,不同等级的会员享受不同的权益。第二种是付费会员。用户支付一定金额的费用便可以成为企业或商家的会员,享受相应的权益。这也是目前国内企业和商家采用得比较多的一种模式。会员权益的设置原则,要增强用户的价值感和体验感,凸显会员与非会员之间的差别,吸引非会员成为会员,从而促进、提高复购率。

同步测试

一、单项选择题

1. 用户拉新活动的指导思想是( )。
  A. 流通思维　　　　B. 用户思维　　　　C. 分享思维　　　　D. 竞争思维

2. ( )是针对从未使用过或从未注册过产品的新用户发放的特定福利。
  A. 奖励福利　　　　B. 新手福利　　　　C. 会员福利　　　　D. 产品福利

3. 采用渠道捆绑合作时,应遵守( )相关规定。
  A. 规范安装卸载　　B. 传统文化　　　　C. 品牌打造　　　　D. 用户需求

4. ( )反映的实际上是一种转化率,即由初期的不稳定的用户转化为活跃用户、稳定用户、忠诚用户的过程。
  A. 用户转化率　　　B. 投资回报率　　　C. 留存率　　　　　D. 激活率

5. 内容粉虽然占粉丝的主力军,但是有( )和活跃度较低两个难点。
  A. 对内容质量要求高　　B. 流失率高　　　C. 转化周期长　　　D. 拉新成本高

二、多项选择题

1. 典型的漏斗模型 AARRR 分别是指( )五个过程。
  A. Acquisition(获取用户)　　　　　B. Activation(提高用户活跃度)
  C. Retention(提高留存率)　　　　　D. Revenue(获取收入)
  E. Refer(病毒式传播)

2. 主流的用户拉新的策略主要有( )三大类。
  A. 产品策略　　　B. 消费策略　　　C. 运营策略　　　D. 市场策略

3. 提高活跃度可以从( )两方面入手。
  A. 完善产品的功能　B. 优化用户体验环境　C. 培养忠实用户　　D. 消费内容升级

4. 无论是对于个人还是企业来说,从粉丝的特性及价值层级来划分,粉丝可以分为( )三种类型。

A. 品牌粉　　　　B. 内容粉　　　　C. 路人粉　　　　D. 铁粉

5. 自媒体使得每个人都有了自己的发挥空间,个人粉丝变现的形式多种多样,包括(　　)品牌合作等。

A. 广告收入　　　B. 电商分成　　　C. 付费会员　　　D. 知识付费

三、简答题

1. 简述粉丝运营中实现用户拉新的主要方法。

2. 简述影响用户留存环节中创造"学习流"方法的核心要点。

3. 简述品牌粉的优缺点。

4. 如何提升粉丝转化率?

5. 简述客单价的含义及对粉丝变现的作用。

项目实训

1. 实训目标

通过实训,加深学生对数字经济背景下粉丝运营理念、策略、方法的认识和应用。

2. 实训任务

挑选自己熟悉的粉丝成功运营案例进行分析,列出其用户拉新、粉丝留存以及变现方式等方面的优点缺点,并进一步提出优化建议。

3. 实训环境:校内实训室。

4. 实训要求

(1) 组长应为小组成员合理分配任务,做到每个成员都有具体任务;

(2) 组内每个成员都必须积极参与,分工合作、相互配合;

(3) 分组展示项目中粉丝运营在拉新、留存和变现方面的特色。

第七章

运营效果的评估与优化

■【知识目标】

1. 掌握移动商务运营效果分析维度与方法；
2. 了解运营效果分析工具及其主要功能；
3. 理解不同平台主要评价指标的含义；
4. 掌握移动商务企业运营效果优化的内容及方法。

■【技能目标】

1. 能够对运营规划提出合理化建议；
2. 能辨别运营效果，根据企业实际进行运营效果分析；
3. 能够根据移动商务企业需求完成数据可视化分析；
4. 能够对移动商务企业运营现状提出优化建议；
5. 能够利用绩效评价指标对运营绩效进行初步评价。

■【素质目标】

1. 提升数据分析能力，根据分析结果为企业运营效果提升提出有效建议；
2. 形成数据运营思维，将数据运营各环节和流程应用于企业移动商务日常经营，提升企业数据资产和价值。

■【内容结构】

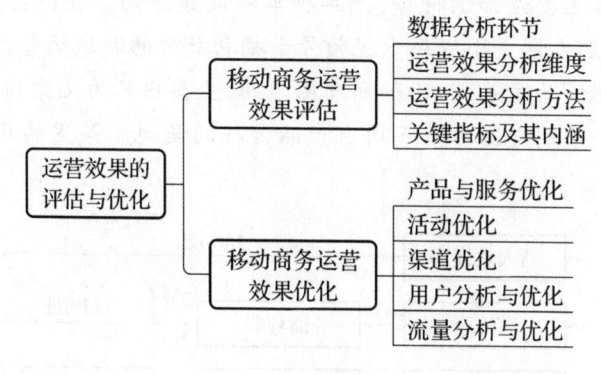

```
                           ┌── 数据分析环节
              ┌─ 移动商务运营 ─┤── 运营效果分析维度
              │   效果评估    ├── 运营效果分析方法
              │              └── 关键指标及其内涵
运营效果的 ───┤
评估与优化    │              ┌── 产品与服务优化
              │              ├── 活动优化
              └─ 移动商务运营 ─┼── 渠道优化
                  效果优化    ├── 用户分析与优化
                             └── 流量分析与优化
```

案例导入

运营策略优化——茶里如何借助私域运营成为行业TOP品牌？

在茶饮行业中，袋泡茶的品牌声量一直表现平平，但随着90后和00后的年轻消费者成为主流消费人群,围绕新一代消费者的新式饮茶需求,茶里品牌凭借丰富产品线、贴心的服务、时尚流行的方式演绎出了最传统正宗的中国袋泡茶。

为了更加清晰地进行市场定位,茶里对用户群体进行了深入调研。通过消费者调研,发现民众处于消费升级阶段,购买力增强,但是对产品质量要求较高,且互联网用户群体消费潜力巨大,属于新式茶饮的主要消费人群,疫情下居民的消费习惯和饮食习惯也更加趋向于线上购物渠道,同时也更加偏向于更加健康营养的饮食和生活方式。对接用户需求,茶里对袋泡茶系列产品进行了升级,开发花草茶、水果茶、养生茶等多系列袋泡茶产品,从口味、喝茶场景(一周茶叶包)、产品质量等多维度满足匹配需求。同时开设线下店,销售茶味冰激凌、奶茶、水果茶和当季特饮。

茶饮行业具备明显的高复购、高分享的特征,私域流量运营更加能够体现消费者终生价值,实现多次重复购买。专注于这一点,茶里建立了以微信平台为核心的私域矩阵,积极运营社群,打造专属的会员体系。同时在抖音、小红书、微博等其他平台都进行了不同程度的私域运营矩阵打造。

茶里的用户画像数据表明,女性用户占比约 80%,年龄主要集中在 18~23 岁,偏年轻化。非常注重情感需求和品牌认同。茶里私域运营策略之一就是打造品牌 IP,其人设为一系列的茶小 X,如茶小桃、茶小仙等。其中最后一个字是附带的核心产品属性,主要在于强化用户对产品的认知,增强用户对品牌的记忆点。比如茶小桃,由 Q 版女孩+桃子的元素组成,Q 版女孩符合品牌用户群体特征,桃子元素则突出了主打产品"蜜桃乌龙茶",形象设计偏白领化,一个美丽年轻女性手拿茶里饮品,面露微笑,周围围绕的花朵元素契合品牌氛围,寓意岁月静好,人生美好。茶里从产品设计、话术设计到互动设计均对标年轻女性,颜值基调也贯穿产品与运营全链条。

茶里在公域流量引流的渠道较多,小红书、抖音、微博均有账号。小红书矩阵共有 4 个账号,累计粉丝 3.5 万以上,内容以产品种草、福利活动、茶知识科普为主。抖音平台则有茶包和茶饮料 2 个账号,以产品宣传、知识科普、直播预告为主。微博粉丝数最多,每日更新的内容主要是知识科普、产品种草和促销活动。在微信渠道内,建立了公众号+企微个人+朋友圈+小程序+视频号+福利社群的私域运营体系。产品宣传方面,整体内容以"美好"为主基调,比如朋友圈运营,主要内容为文案内容生活化+产品,利用评论功能,每一条朋友圈评论下均有产品链接的呈现。茶里的用户引导进入私域路径非常流畅。

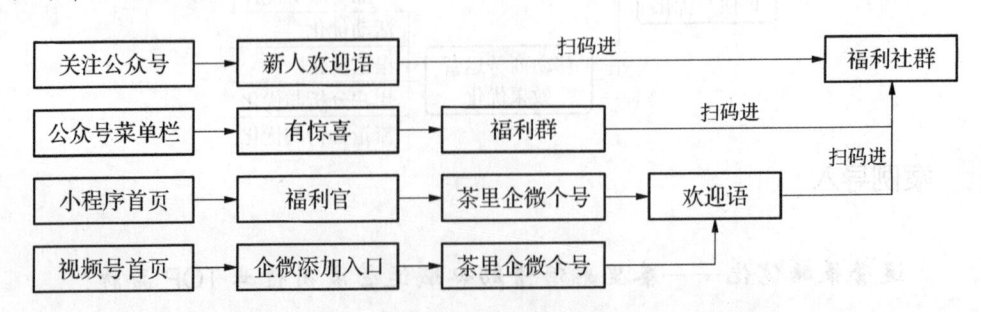

入口	环节	中转	目标
关注公众号	→ 新人欢迎语	→ 扫码进	→ 福利社群
公众号菜单栏	→ 有惊喜	→ 福利群 扫码进	↑
小程序首页	→ 福利官	→ 茶里企微个号 → 欢迎语	扫码进 ↑
视频号首页	→ 企微添加入口	→ 茶里企微个号	↑

为了更好地实现粉丝留存和转化,茶里对微信内用户转化流程进行了深度思考,制定

出了非常流畅的粉丝转化策略。

（1）首单转化策略。包含以新人1元换购作为"钩子"吸引用户转化，设置新人专享礼，比如29.9元购7包茶，叠加1元换购体验装。

（2）多触点布局，增加转化机会。通过公众号关注获赠"1元蜜桃乌龙"；企微个人号新关有礼、社群新关有礼等活动多触点增加转化概率。

（3）复购转化策略。① 整体策略为多活动多触点的方式，比如一周社群内SOP：周一：晒图有礼；周二：低价拼团；周三：0元领茶；周四：5折秒杀；周五：超FUN游戏等。② 积分体系。积分体系可以提升用户黏性，吸引用户持续复购。茶里小程序每项任务均可获取积分，比如注册会员50积分；每日签到10积分等，积分可兑换礼品、优惠券、新品尝鲜等。③ 成长会员：共设5个等级，通过会员福利吸引品牌用户进入私域，等级越高，会员权益越多。

茶里通过深度用户行为的数据分析打造了私域内独有的产品，并通过微信渠道内的私域流量矩阵搭建实现了渠道内的用户触达和用户转化，尽可能地把品牌兴趣用户导入私域进行有效运营，这是一个非常值得其他品牌学习的地方。茶里如今成为袋泡茶行业第一品牌，建立运营良好的私域矩阵，这些成果的取得与其长期以来不断进行运营策略的优化调整是分不开的。

案例启示

移动营销数据分析是确保运营和营销有效性和提升运营效果的关键环节。数据运营贯穿整体运营过程，能够帮助企业更好地理解市场和消费者，优化营销策略，提高销售效果，提升品牌影响力，增强客户忠诚度，发现新的市场机会。因此，对于企业来说，在运营效果评估中进行有效的营销数据分析是至关重要的。

第一节 移动商务运营效果评估

在移动商务运营效果评估过程中，数据发挥着越来越重要的作用。可以说数据运营涵盖了整个移动商务运营的全过程，无论是运营初期的市场状态分析环节，还是运营过程中的产品分析、渠道分析、推广活动分析、用户分析、策略分析等内容，都能够全程看到数据在其中起到至关重要的作用。营销效果评估是基于数据的分析过程，在数据分析过程中可以让移动商务企业更加具备适应市场变化的能力，不断改进和优化运营效果，保证营销活动的有效性并提升营销效果，建立起更加可靠精准的运营策略和运营体系。

那么，如何运用数据分析技术和手段进行运营效果评估呢？我们需要理解并掌握以下内容：一是移动商务数据分析的环节；二是移动商务数据分析的维度和方法；三是不同移动商务运营平台对应的关键评价指标以及内涵；四是通过数据分析工具和技术解读数据,运用自身的数据分析能力发现潜在问题,预测趋势,制定优化措施,优化运营策略,提升业务绩效和市场竞争力等。这四点中,最后一点是最为重要的能力,需要在数据分析实践中才能形成。

一、数据分析环节

移动商务效果分析中所涉及的数据分析,其实是一个数据整体化运营的过程,也是现代企业中非常重要的一个环节,它涉及在日常各类型运营工作中持续不断地收集、处理、分析数据并应用这些数据来指导企业的运营和决策。

(一)数据采集

根据企业运营效果评估目的收集准确、全面、及时的数据,就是数据采集。数据采集是整个数据运营流程的起点,主要任务是从各种渠道来源获取原始数据。应明确需要收集哪些数据,以及如何收集这些数据。

采集的数据类型包括以下几个方面:用户行为数据、营销活动数据、竞品数据、交易数据、设备信息等。收集数据的方法包括埋点移动应用、日志采集、第三方数据等。在收集数据时,需要明确数据指标和采集方式,确保数据的准确性和完整性。

(二)数据存储

为了便于后续处理和分析,需要将这些原始数据进行存储。在数据存储阶段,需要选择合适的存储方案,如关系型数据库、NoSQL数据库或云存储等,确保数据的安全性、可靠性和可扩展性。

(三)数据处理

处理数据是数据运营的关键环节,包括数据清洗、整合、转换等步骤。

由于原始数据可能存在不完整、错误或不规范等问题,需要进行数据清洗,以消除异常值、缺失值和重复值等。数据清洗的目的是提高数据质量,为后续分析提供准确可靠的基础。

同时数据也需要进行整合。比如某些汇总数据需要将多个数据源的数据进行集成,将不同来源、格式、特点的数据在逻辑上或物理上有机地集中,并进行一系列的变换、处理,以便于后续的分析、建模或其他任务。

而数据转换则更侧重于对数据进行规范化处理,转换成适当的形式。例如,从原始数据中选择最有价值的特征或从特征中抽取出更有意义的信息,有助于减少数据维度,提高模型的性能,降低复杂性和拟合的风险等。

思政园地

数据处理过程中的脱敏处理

在数据处理过程中,脱敏处理是一种重要的技术,用于保护敏感数据的安全和隐私。脱敏处理指的是将敏感数据部分或全部隐藏或去除,以避免敏感数据的泄露和滥用。比如个人姓名、身份证号、工作单位等信息。

脱敏处理有多种方法,包括但不限于：
(1) 替换：将敏感数据部分或全部替换为其他字符或字符串；
(2) 遮蔽：将敏感数据部分或全部遮盖掉,通常使用特定的字符或图片；
(3) 匿名化：将敏感数据部分或全部删除或隐藏,同时保持数据的其他特征和关系不变；
(4) 加密：将敏感数据加密后存储和使用,只有授权的人员才能解密和访问。

在处理敏感数据时,应遵循数据脱敏的最佳实践,确保数据安全和隐私保护。同时,应该根据具体情况选择合适的脱敏方法和技术,并定期进行评估和调整。

同时,除了数据脱敏之外,还需要注意的是在移动商务数据运营过程中,需要严格遵守数据安全和隐私保护的相关法律法规。确保数据的合法收集和使用,采取必要的安全措施防止数据泄露和滥用。同时,如果涉及用户数据的收集,需要向用户明确地说明数据收集和使用的目的,并获得用户的同意。

(四) 数据分析

数据分析是整个流程的核心环节,通过对清洗后的数据进行深入分析,以发现数据的内在规律和趋势。常见的数据分析方法包括描述性分析、预测性分析和规范性分析等。通过数据分析,可以发现数据背后的规律和趋势,分析结果将用于指导运营策略的制定,为企业的决策提供有力的精准支持。

(五) 数据可视化

为了更直观地展示数据分析结果,通常需要将数据以图表、图像等形式进行可视化。通过数据可视化,可以更有效地传达数据的意义和价值,帮助团队更好地理解数据和分析结果。

学海启迪

美观且信息丰富的可视化效果

在数据分析与可视化过程中,也会给人们带来巨大的快乐,将原始数据转化为美观且信息丰富的图形,体现了数据可视化效果的力量。这个过程就像是用数据作画,将数据的严谨与复杂转变成为美丽、引人入胜且易于访问的内容,这种数据可视化也是一种艺术,将数字的美创造、启发和改变。在数据可视化的世界,诞生出了不少杰作。

1. Selfiecity——自拍科学

Selfiecity是一个非常具备创新意识的数据可视化项目,它从数千张自拍照的分析中得出可视化图形(见图7-1),同时也具备视觉上的惊艳之感,为这种现代感十足的自拍行为提供了一种独特的分析视角。它提供了关于自拍行为、人口统计和城市位置等的统计信息和宝贵见解,同时其分析结果对营销人员、社会学家和研究人类行为和文化趋势等领域的人员具有非常重要的价值和作用。

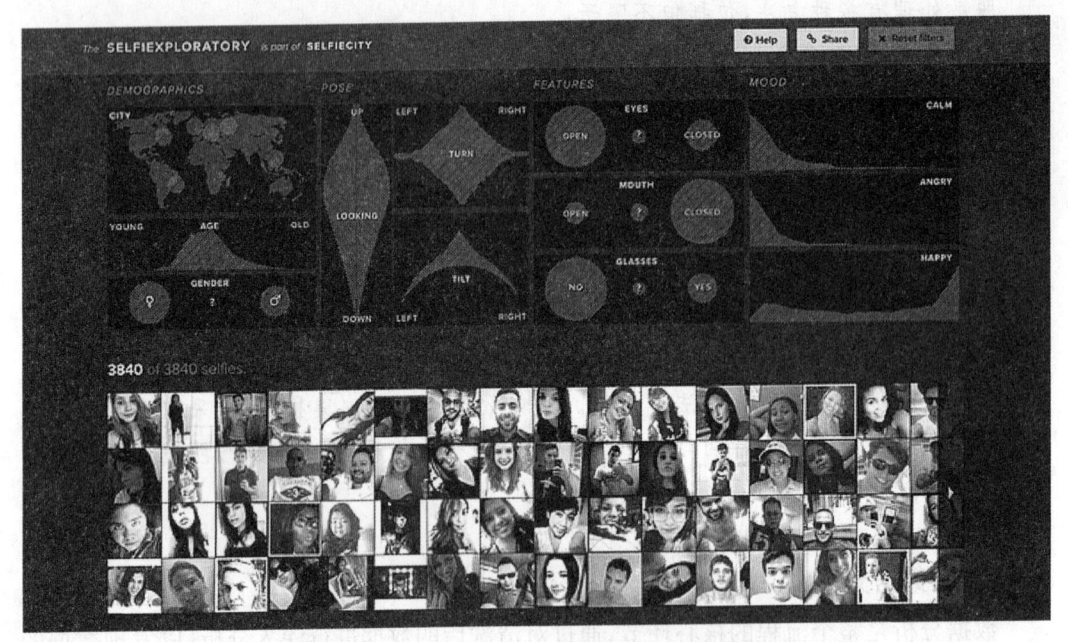

图 7-1　Selfiecity——自拍科学可视化效果图

2. 塑料垃圾污染

这张可视化图表(见图 7-2)非常具备震撼性,视觉冲击效果强大且信息丰富,它讲述了一个关于海洋塑料污染的故事,同时显示了不同国家和地区在塑料废物污染方面的严重程度,传达了地球海洋环境保护的理念,提升了人们对于海洋塑料废物污染及其对海洋环境影响的认识,对环保活动家、政策制定者以及有志于环境保护的个人均非常的有用。

3. 给中国人最爱喝的饮料分级,你最爱的都是 C 和 D

这个作品入选 2023 年数据内容年度案例。事件起因是 2023 年的上海在部分试点商超和便利店对饮料区的各种饮料挂上了"红橙绿"三种标志,用于提示消费者注意控制糖分摄入。该作品依据 2022 年新加坡出台的史上最严格饮料分级标准,对我们日常爱喝的饮料信息进行统计,并生成可视化图表(见图 7-3)。提醒消费者注意过量摄入糖和非糖甜味剂会发生的危害,但同时也点明了如果生活已经够苦,控制不住对糖的渴望,何妨来点糖和代糖?

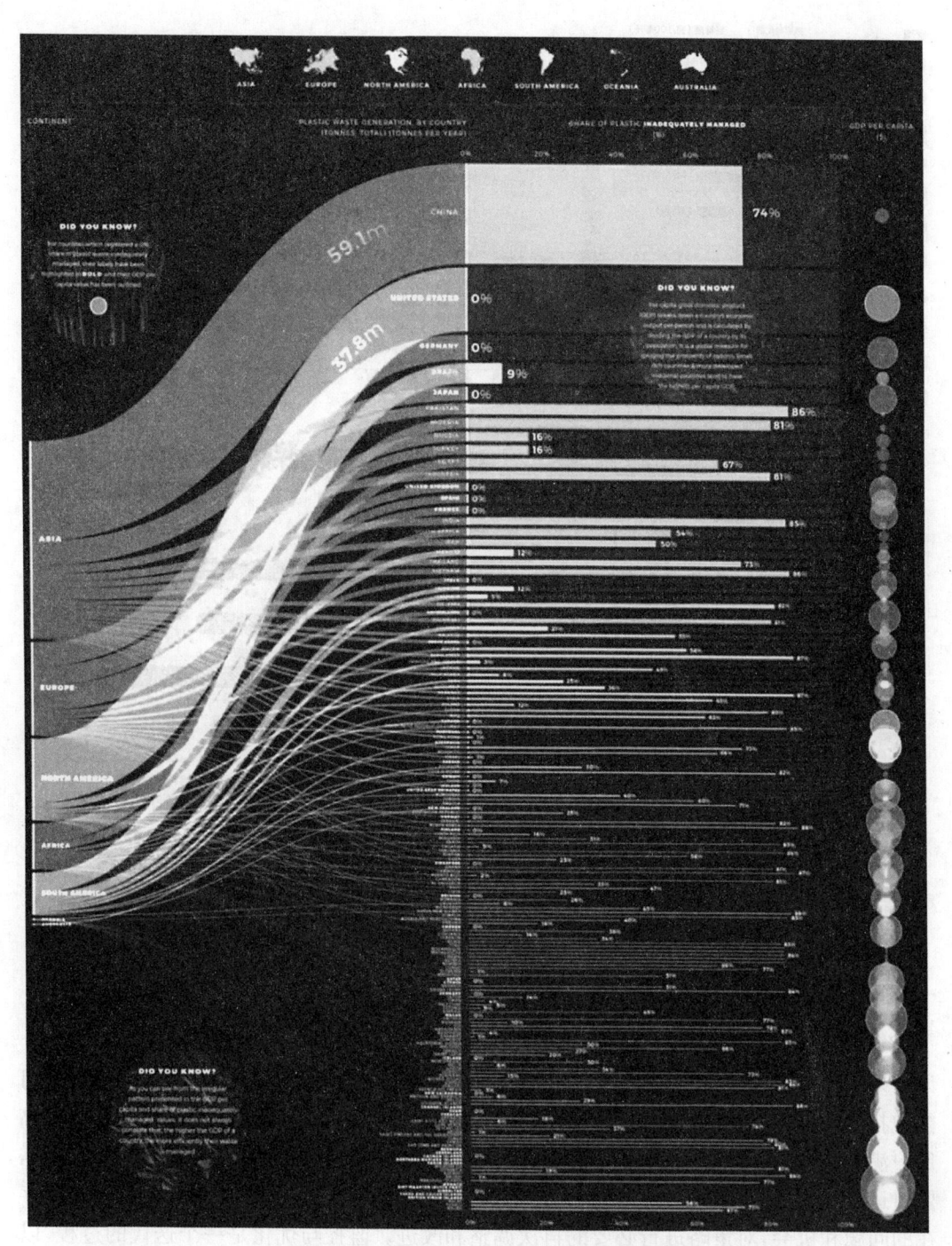

图 7-2 塑料垃圾污染数据可视化效果图

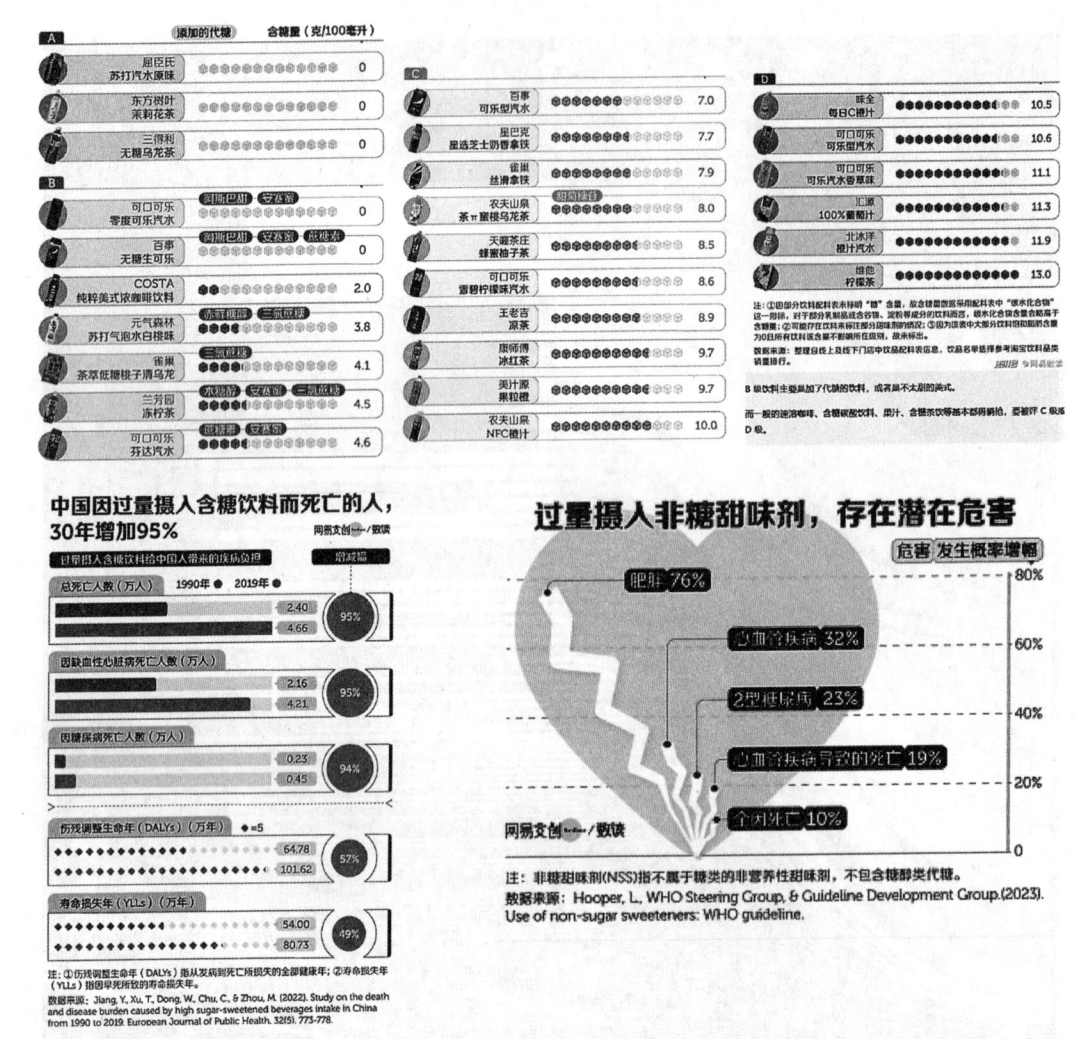

图 7-3 "给中国人最爱喝的饮料分级,你最爱的都是 C 和 D"作品数据可视化图(部分)

(六)运营策略优化与提升

基于数据分析结果和用户行为分析,对原有运营策略进行评价和分析。这些策略可能包括产品功能优化、营销活动策划、用户细分和个性化推荐等。运营策略的目标是提高用户满意度、增强用户忠诚度和提升业务绩效等。在进行运营策略优化的实施之后,还需要对运营过程进行持续监控和优化。通过实时跟踪关键指标(KPIs)的变化,及时发现存在的问题和机会,对策略进行必要的再次调整和改进。监控与优化是一个迭代的过程,以确保运营策略的有效性和可持续性。

通过以上六个环节的移动商务数据运营流程,可以帮助企业更好地理解用户需求和市场趋势,制定有效的运营策略,提升业务绩效和市场竞争力。

思政园地

我国数据相关政策文件汇编

数据作为与土地、资本和劳动力同等重要的生产要素,数据的战略价值被充分重视,已经成为推动经济发展的重要力量,改变着我们的生产生活方式。

2019年11月,党的十九届四中全会首次将"数据"列为生产要素。

2020年3月,《关于构建更加完善的要素市场化配置体制机制的意见》将数据作为与土地、劳动力、资本、技术等传统要素并列的第五大生产要素,把数据作为一种新型生产要素写入国家政策文件中。

2020年5月,《中共中央国务院关于新时代加快完善社会主义市场经济体制的意见》提出,进一步加快培育发展数据要素市场,建立数据资源清单管理机制,完善数据权属界定、开放共享、交易流通等标准和措施,发挥社会数据资源价值。

2020年9月,《国务院办公厅关于以新业态新模式引领新型消费加快发展的意见》提出,安全有序推进数据商用;在健全安全保障体系的基础上,依法加强信息数据资源服务和监管;探索数据流通规则制度,有效破除数据壁垒和"孤岛"。

2021年1月,《建设高标准市场体系行动方案》提到,要加快培育发展数据要素市场,建立数据资源产权、交易流通、跨境传输和安全等基础制度和标准规范,推动数据资源开发利用,积极参与数字领域国际规则和标准制定。

2021年3月,《中华人民共和国国民经济和社会发展第十四个五年规划和2035年远景目标纲要》提出,要对完善数据要素产权性质、建立数据资源产权相关基础制度和标准规范、培育数据交易平台和市场主体等做出战略部署。

2021年11月,《"十四五"大数据产业发展规划》提到,要建立数据价值体系,提升要素配置作用,加快数据要素化,培育数据驱动的产融合作、协同创新等新模式,推动要素数据化,促进数据驱动的传统生产要素合理配置。

2022年1月6日,《要素市场化配置综合改革试点总体方案》提出,建立健全数据流通交易规则。探索"原始数据不出域、数据可用不可见"的交易范式;探索建立数据用途和用量控制制度;规范培育数据交易市场主体。

2022年1月12日,《"十四五"数字经济发展规划》提出,充分发挥数据要素作用。强化高质量数据要素供给,加快数据要素市场化流通,创新数据要素开发利用机制。

2022年12月,中共中央、国务院印发《关于构建数据基础制度更好发挥数据要素作用的意见》(以下简称"数据二十条"),对构建数据基础制度做了全面部署,明确提出推进数据资产合规化、标准化、增值化,有序培育数据资产评估等第三方专业服务机构,依法依规维护数据资源资产权益,探索数据资产入表新模式等要求。

2023年,中共中央、国务院印发《数字中国建设整体布局规划》,进一步指出要加快建立数据产权制度,开展数据资产计价研究等。财政部也高度重视数据资产管理,积极推进数据资产管理工作,2023年相继出台了《企业数据资源相关会计处理暂行规定》《数据资产评估指导意见》等文件,为数据资产合规化制度化打下基础。

2023年12月20日,商务部等十二部门联合印发《关于加快生活服务数字化赋能的指导意见》。12月19日,工业和信息化部等三部门发布关于印发《制造业卓越质量工程实施意见》指出,促进生产制造数字化。12月15日,国家发改委就《"数据要素×"三年行动计划(2024—2026年)(征求意见稿)》公开征求意见。该征求意见稿提出"数据要素×智能制造""数据要素×智慧农业""数据要素×金融服务"等12个方面的数据要素重点行动。

二、运营效果分析维度

移动商务数据存在于整个运营过程中,数据量级属于海量级别。如果不从有效的数据分析维度进行数据的筛选,那么就不能有效聚焦有用的有限性数据,得出能够指导运营的结论。因此,运营效果分析的维度是指从海量数据源中,针对某一个特定的主题或者目的,即移动商务企业评价的目标,去建立数据指标评价体系,选择合适的评价指标,更好地分析、理解和对数据进行分类,以得到更加有针对性的评价结果。

(一)整体维度

1. 行业分析

(1)行业数据采集方式。

行业分析数据可以通过多种方式采集,包括但不限于:

① 调查问卷:通过设计问卷,向相关人员发放并收集数据。

② 行业报告:查阅相关的行业报告,了解行业的发展趋势、市场规模、竞争情况等。

③ 公司年报:上市公司的年报包含公司的财务状况、业务情况、经营策略等信息,是了解公司的重要途径。

④ 新闻媒体:通过新闻媒体了解行业的最新动态和趋势。

⑤ 政府机构:政府机构是重要的数据来源,可以通过其发布的统计数据、政策法规等了解行业的发展情况。

⑥ 行业协会:行业协会通常会发布一些有关行业的统计数据和报告,可以通过其获取相关信息。

(2)行业分析内容。

① 市场规模:了解行业的市场规模、增长速度、市场潜力等信息,从而判断行业的整体发展趋势。

② 竞争情况:分析行业的竞争格局,了解主要竞争对手的市场份额、产品特点、营销策略等,从而帮助企业制定合理的竞争策略。

③ 产业链分析:了解行业的产业链结构、上下游企业的关系、行业的价值链等,从而发现行业的盈利点和商业模式。

④ 技术发展:了解行业的技术发展趋势、新技术应用、产品创新等情况,从而判断企业是否需要跟进新技术或进行技术升级。

⑤ 政策法规：了解行业的政策法规、标准制定、监管要求等，从而判断行业的发展方向和企业的合规问题。

⑥ 市场需求：分析行业的需求结构、消费者偏好、市场需求趋势等，从而帮助企业制定合理的市场策略。

（3）行业数据分析工具。

① 运营数据分析工具之友盟＋。

"友盟＋"由友盟、缔元信、CNZZ 三家公司合并而来，它作为全球领先的第三方全域大数据服务提供商，依托于自主研发的全域数据平台，为客户提供一站式数据化解决方案。一方面提供数据产品，包括 App 开发工具、基础统计工具、广告效果监测工具等；另一方面提供数据输出及专业的数据分析和咨询服务，包括数据管理平台 DMP、垂直领域数据化解决方案、数据运营分析报告等。

在国内，获取用户的渠道是非常多的，如微博、微信、移动运营商商店、操作系统商店、应用商店、手机厂商预装、CPA 日付广告、限时免费等，运营人员可以通过"友盟＋"评估渠道推广效果和用户质量，为后续的广告投放制定正确的推广策略和优化方向。

友盟 track 的链接推广效果跟踪设置如图 7-4 所示。

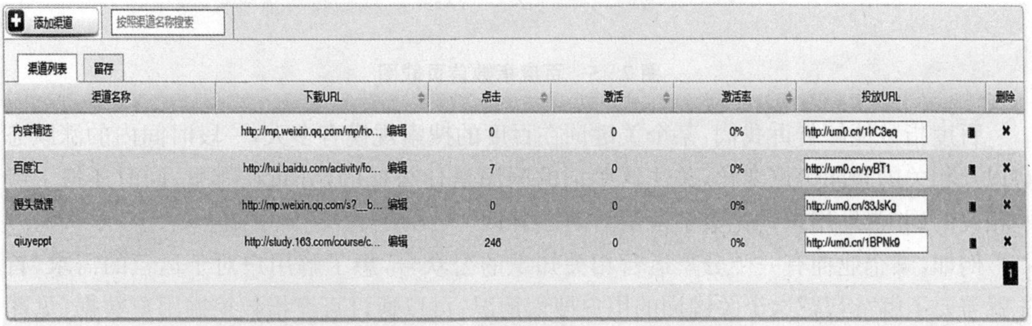

图 7-4　友盟 track 的链接推广效果跟踪设置

另外，在为专题页做推广时，可以用友盟＋App Track 生成一个具有统计作用的友盟短链。它可以快速地生成能够统计链接点击量的友盟短链，实现每一个链接点击情况的跟踪。

② 运营效果分析工具之百度统计。

百度统计是百度推出的一款免费的专业网站流量分析工具，其主要功能有网站统计、推广分析、移动统计。它能够告诉运营"用户是如何找到并浏览用户网站的，访客在网站上都做些什么"。通过这些信息，可以帮助我们改善访客在网站上的使用体验，不断提升网站的投资回报率。

百度统计提供几十种图形化报告，可以全程跟踪访客的行为。同时，和 Google 分析一样，百度统计也集成百度推广的数据，帮助用户及时了解百度推广效果并优化推广方案。

目前百度统计提供的功能包括订单分析、趋势分析、来源分析、页面分析、访客分析和一些搜索引擎优化中的常用工具。对运营人员来说，百度统计最常规的一个使用场景就是在开发 H5 时植入百度统计的代码，这样就可以从百度统计上清晰地掌握 H5 页面的

UV 和流量来源以及在线时长、互动点击情况。

③ 运营数据分析工具之百度指数。

百度指数是以百度海量网民行为数据为基础的数据分享平台,是当前互联网乃至整个数据时代最重要的统计分析平台之一,自发布之日起便成为众多企业运营决策的重要依据。其功能有搜索指数、需求图谱、舆情洞察。图 7-5 为百度指数首页截图。

图 7-5 百度指数首页截图

百度指数能够告诉我们:某个关键词在百度的搜索规模有多大,一段时间内的涨跌态势以及相关的新闻舆论变化,关注这些词的网民是什么样的,分布在哪里,同时还搜了哪些相关的词,帮助用户优化数字营销活动方案。

例如,某企业拥有一个分享运营相关知识的公众号,想了解用户对于运营的需求,首先就需要了解"运营"这个关键词的用户搜索情况,可以通过百度指数挖掘用户数据(见图 7-6),来帮助更好地运营公众号。以下是"运营"百度指数分析的几个示例。

图 7-6 关键词"运营"搜索指数趋势图

从"运营"关键词近5年的搜索指数趋势图来看,运营岗位的关注度在不断升温,说明公众号服务和运营还处于行业的上升期。

从关键词"运营"的30天搜索指数来看,一到周末"运营"关键词搜索量就低(见图7-7),原因可能是由于周末大家需要休息,学习热度不高,所以周末推公众号运营类的文章是一种不明智的选择。

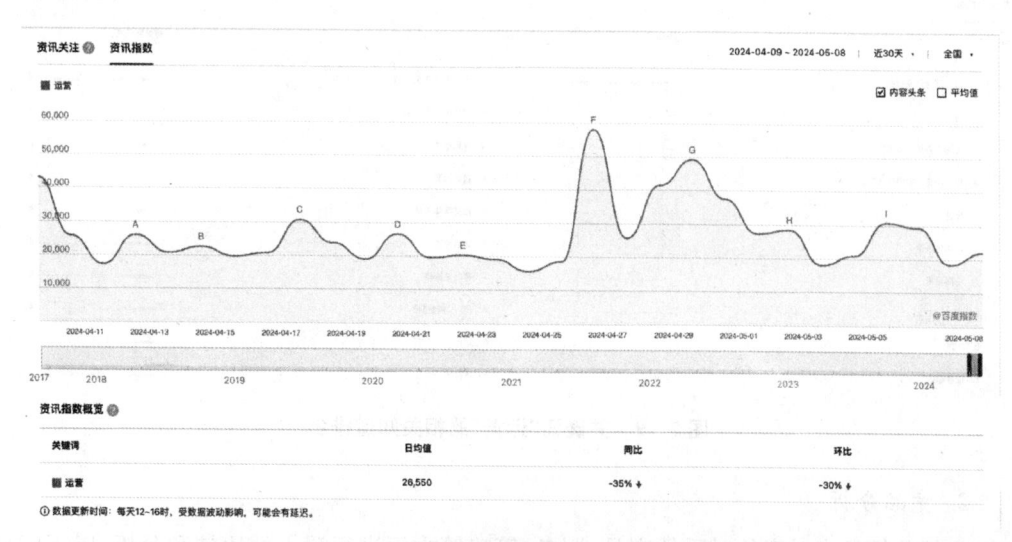

图7-7 关键词"运营"的30天搜索指数

从关键词"运营"的相关联搜索需求,可以看出搜索"运营"关键词的网友,近期对上海迪士尼的关注度也高(见图7-8),可以考虑一些借势迪士尼的文章和内容。"淘宝""公众号"搜索量也不少,后续文章可以考虑加强在淘宝运营方面内容的比重。

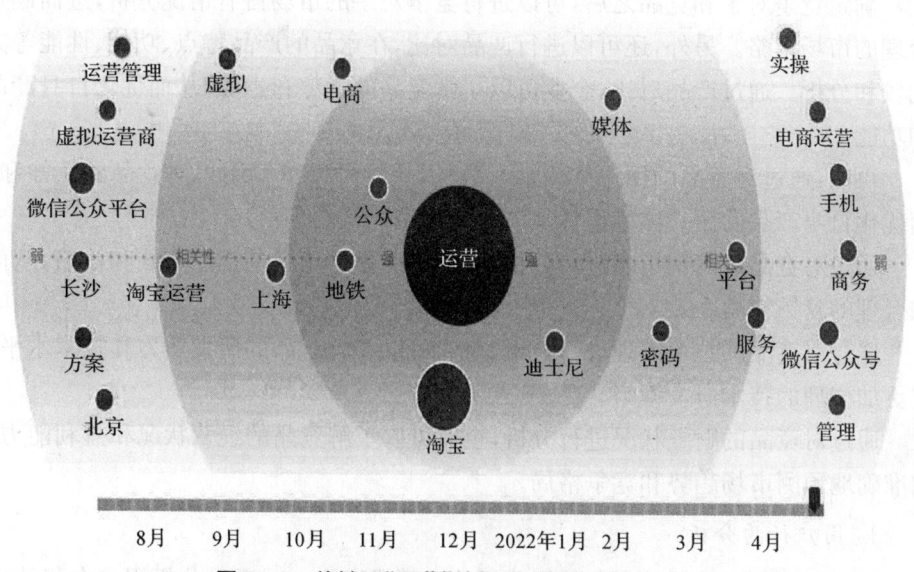

图7-8 关键词"运营"的相关联搜索需求

通过关键词"运营"的相关搜索排名可以了解到,"运营"关键词搜索者,比较关心的问题是电商运营和社群运营及新媒体运营等(见图7-9)。这些内容对于公众号的内容策划选题有着指导作用。通过这些数据分析可以告诉公众号的策划和编辑哪些选题和内容是用户感兴趣的,进而写出更多符合用户需求的内容和文案。

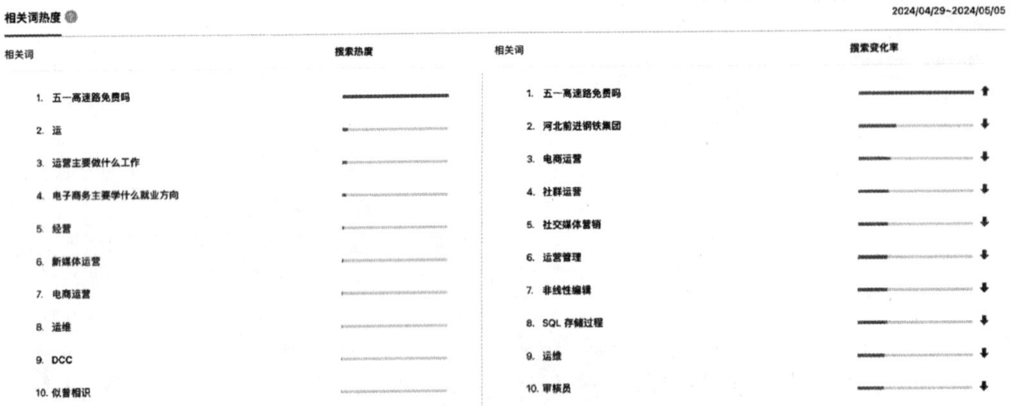

图7-9 关键词"运营"的相关知道排名

2. 竞品分析

竞品分析是指对竞争对手的产品、服务、策略等方面进行深入的比较和分析,以了解竞争对手的优势和劣势,从而为本企业的产品、服务、市场策略等方面提供参考和借鉴。竞品分析可以帮助企业更好地了解市场和用户需求,优化自身产品和服务,提高市场竞争力。

因此,首先要确定竞争对手和竞品究竟是谁?竞品是指与本企业产品或服务具有相似性或替代性的其他企业产品或服务。竞品定义是竞品分析的基础,需要准确、全面地确定竞品的范围,避免遗漏或扩大范围。

确定竞争对手和竞品之后,可以进行竞争对手的市场占有情况分析,进而制定本企业合理的市场策略。另外,还可以进行产品对比,在竞品的产品特点、功能、性能等方面进行比较和分析。通过产品对比,企业可以了解竞品的优势和劣势,从而优化自身产品的设计和功能。

再次,通过对竞品的用户体验进行分析,企业可以了解用户对竞品的认知和评价,从而优化自身产品的用户体验设计。

通过对竞品的营销策略进行分析,企业可以了解竞品的推广方式和策略,从而制定更加合理的营销策略。

通过对竞品的技术实现进行分析,企业可以了解竞品的研发实力和技术水平,从而制定更加合理的技术研发策略。

通过对竞品的财务状况进行分析,企业可以了解竞品的经营状况和盈利能力,从而更加准确地预测市场趋势和竞争格局。

3. 用户行为分析

用户行为分析是移动商务数据分析的重要维度之一。通过分析用户在移动应用或移动网站的浏览、搜索、购买等行为数据,了解用户需求和偏好,为产品优化和个性化推荐提供依据。用户行为分析维度如图 7-10 所示。

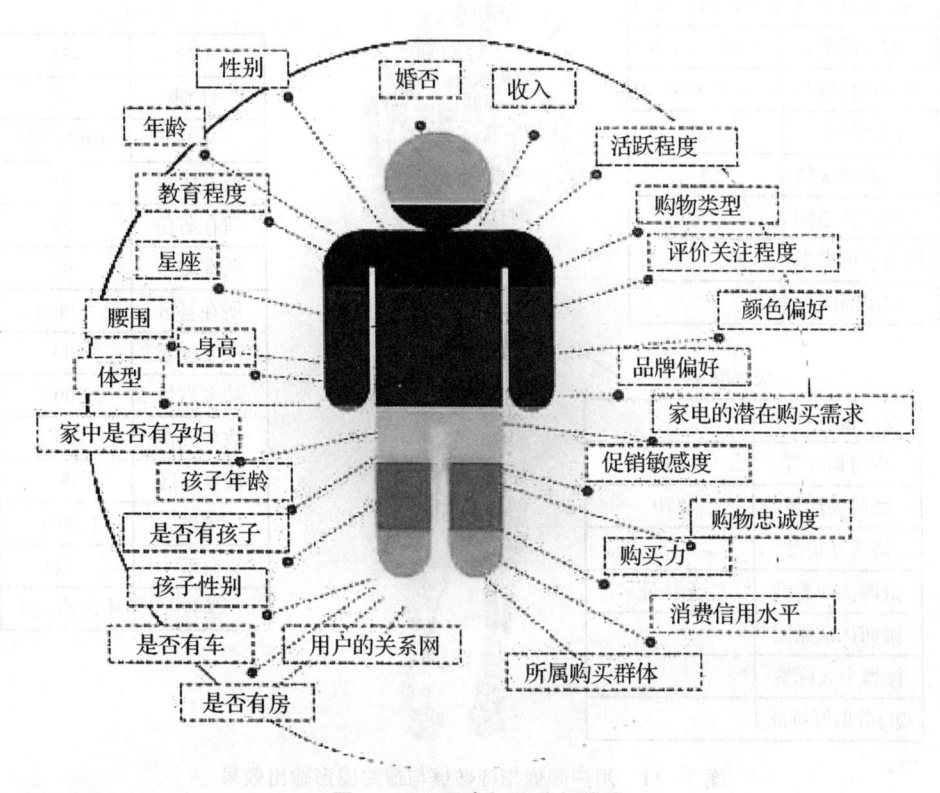

图 7-10 用户行为分析维度

(1) 用户画像法。

用户画像法也叫用户画像构建法。用户画像构建是根据用户行为数据、人口统计信息等,构建出具有代表性的用户模型。通过用户画像,企业可以更好地理解用户需求和市场细分,制定个性化的营销策略。

Alan Cooper(交互设计之父)最早提出了 Persona 的概念:"Personas are a concrete representation of target users." Persona 是真实用户的虚拟代表,通过一系列的真实数据分析,得出的目标用户模型。

通过调研,根据用户的目标、行为和观点的差异,将他们区分为不同的类型,从每种类型中抽取典型特质,赋予名字、照片、场景等描述,构成了一个用户的人物原型(见图 7-11)。

用户画像不是拍脑袋想出来的,是建立在系统的调研分析、数据统计基础之上得出的科学结论。用户画像一般会存在多个,要考虑用户画像的优先级,不能为超过三个以上的用户设计产品,容易产生需求冲突,要分清楚哪些是核心用户,哪些是非核心用户。同时,用户画像不是一成不变的,而是根据实际情况不断修正。

下面是一个滴滴打车软件的用户画像数据采集维度的案例(见表 7-1),可以为其他数据采集维度思路提供参考。

消费购物

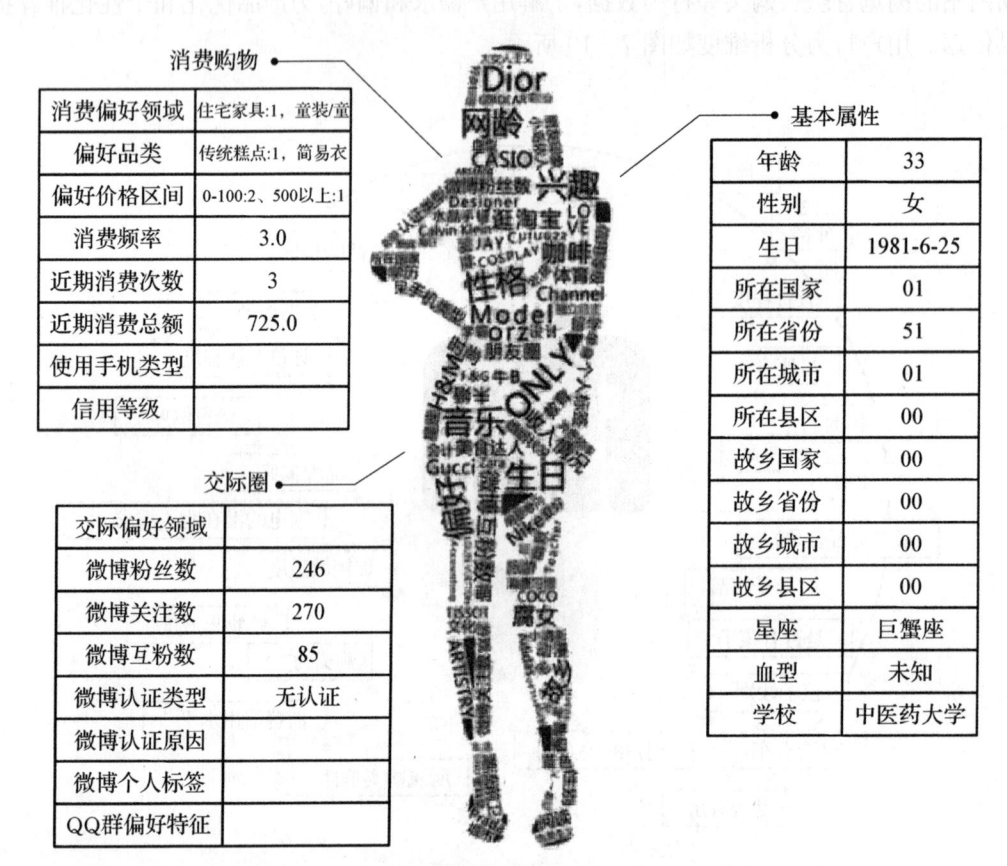

消费偏好领域	住宅家具:1,童装/童
偏好品类	传统糕点:1,简易衣
偏好价格区间	0-100:2、500以上:1
消费频率	3.0
近期消费次数	3
近期消费总额	725.0
使用手机类型	
信用等级	

基本属性

年龄	33
性别	女
生日	1981-6-25
所在国家	01
所在省份	51
所在城市	01
所在县区	00
故乡国家	00
故乡省份	00
故乡城市	00
故乡县区	00
星座	巨蟹座
血型	未知
学校	中医药大学

交际圈

交际偏好领域	
微博粉丝数	246
微博关注数	270
微博互粉数	85
微博认证类型	无认证
微博认证原因	
微博个人标签	
QQ群偏好特征	

图 7-11 用户画像指标数据与最终图形输出效果

表 7-1 滴滴打车用户画像数据分析维度

一级维度	二级维度	举 例
显性画像	基础特征	年龄
		性别
		职业
		地域分布
		兴趣爱好
	网络使用习惯	上网时长
		上网时间
		上网影响因素
	产品使用习惯	使用频次
		使用时间
		使用时长
		行为特征

续 表

一级维度	二级维度	举 例
显性画像	其他特征	了解产品渠道
		注册时间
		用户等级
		活跃情况
		用户分类
		用户分级
隐性画像	目的	使用滴滴的目的就是打车
	偏好	我更喜欢使用滴滴而不是Uber 我更喜欢打快车而不是专车
	需求	使用滴滴是为了快速打到车
	场景	上班,去约会,去机场等
	频次	我一周可能使用滴滴2到3次

（2）构建用户画像的具体步骤。

一般分为三个步骤:基础数据采集、分析建模、结果呈现(见图7-12)。

基础数据采集 → 分析建模 → 用户画像呈现

图7-12 用户画像步骤

第一步:基础数据采集。

数据是构建用户画像的核心依据,建立在客观数据基础上的用户画像才是有说服力的。在基础数据采集方面,可以通过列举法,先列举出构建用户画像所需要的基础数据。具体思路如表7-2所示。

表7-2 数据采集维度参考

一级维度	二级维度	数据举例	数据来源
宏观层	行业数据	用户群体的社交行为 用户群体的网络爱好 用户群体的行为洞察 用户群体的生活形态调研	行业研究报告
	用户总体数据	用户总量 不同级别用户分布 用户活跃情况 转化数据	
	总体浏览数据	PV、UV、访问页面数	

续 表

一级维度	二级维度	数据举例	数据来源
宏观层	总体内容数据	社区产品的用户发帖数量（包含主题数、回复数、楼中楼等不同级别用户发帖数据等）	
中观层	用户属性数据	用户终端设备 网络及运营商 用户的年龄、性别、职业、地域、兴趣爱好等分布	前台和后台 第三方数据平台 研发导出
	用户行为数据	用户的黏性数据： 访问频率 访问时间间隔 访问时段 用户的活跃数据： 用户的登录次数 平均停留时间 平均访问页面数 用户的留存数据	
	用户成长数据	新老用户数据 用户生命周期 用户的等级成长	
	访问深度	跳出率 访问页面数 访问路径等	
	模块数据	产品各个功能模块数据	
	问卷调研	问卷调研过程中各个问题的情况反馈	调研和访谈
	用户访谈	访谈用户的问题和需求反馈	
微观层	用户参与度数据	用户资料修改情况 用户新手任务完成情况 用户活动参与情况	前台和后台 第三方数据平台 研发导出
	用户点击数据	用户各个功能模块和按钮的访问和点击情况等	

　　当然，表格列举的数据维度相对比较多，在构建用户画像过程中会根据需求进行相关的数据筛选。

　　在基础资料和数据收集环节，所采集的数据基本会通过一手资料和二手资料获取。这些资料和数据会有三个方面的来源：相关的文献资料和研究报告；产品数据后台；问卷调研和用户访谈。

　　第二步：分析建模。

　　当对用户画像所需要的资料和基础数据收集完毕后，需要对这些资料进行分析和加工,提炼关键要素,构建可视化模型。接着,对这些报告进行分析和关键词提炼,概括出整个用户的标签。图7-13是一个根据95后用户群体标签提炼出的示意图,图中的文字是具体标签的内容,文字的大小则说明了该用户标签的重要性程度,较大的文字则说明该特点在95后用户的身上较为显著。

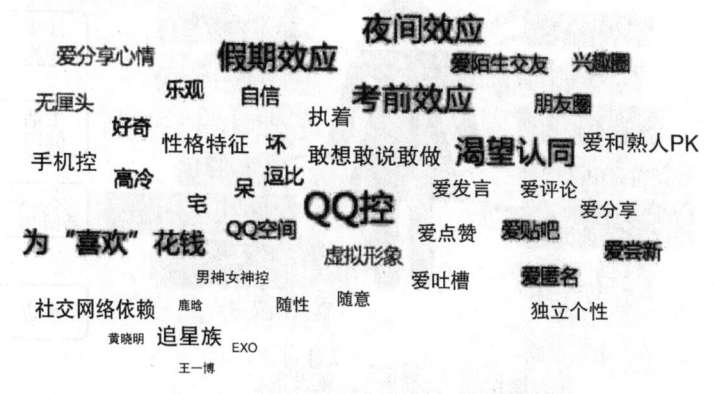

图7-13 用户画像可视化模型构建结果

做用户画像调研,可以通过问卷调查和访谈形式。问卷调查第一要考虑样本的数量,其次是内容的设计,还要考虑研究的目的,毕竟这是一项有目的的研究实践。另外,通过问卷获取的信息,不一定是非常确定的,存在很多变量因素,数据可以作为参考,要以质疑的眼光看待。图7-14为调查问卷思路。

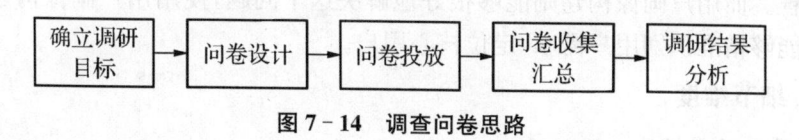

图7-14 调查问卷思路

用户访谈组需要提前列好访谈提纲,围绕用户的想法、行为等,具体步骤为:确定访谈目标、设计访谈提纲、选择访谈对象、访谈和结果记录、访谈结果分析。

在分析访谈结果时,采取关键词提炼法,针对每个用户对每个问题的回答,进行关键词提炼,将共性词汇总,具体思路如图7-15所示。

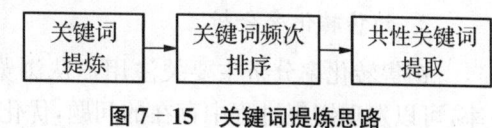

第三步:画像呈现。

图7-15 关键词提炼思路

画像呈现即从显性画像、隐性画像、场景和需求等方面,给用户打标签,同时这一步也要将收集到的信息进行整理和分析并归类,创建出用户角色框架,更全面地反映出用户的状态,然后根据产品侧重点提取出来,进行用户评估分级,并结合用户规模、用户价值和使用频率来划分,确定主要用户、次要用户和潜在用户。用户画像呈现效果如图7-16所示。

根据成功的产品推广案例可知,商家服务的目标市场和目标用户通常都非常清晰,特征明显,体现在产品上就是专注、极致,能解决核心问题。比如苹果的产品,一直都为有态度、追求品质、特立独行的人群服务,赢得了很好的用户口碑及市场份额。又比如豆瓣,专注文艺事业十多年,只为文艺青年服务,用户黏性非常高,文艺青年在这里能找到知音,找到归宿。所以,给特定群体提供专注的服务,远比给广泛人群提供低标准的服务更接近成功。

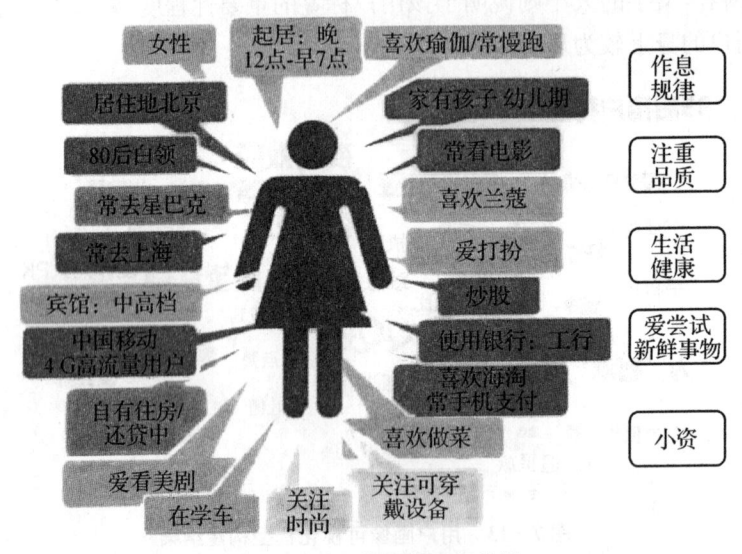

图 7-16 用户画像呈现效果

其次,用户画像可以在一定程度上避免产品设计人员代替用户发声,这是在产品设计中经常出现的现象,产品设计人员经常不自觉地认为用户的期望跟他们是一致的,并且还总打着"为用户服务"的旗号。这样的后果往往是:精心设计的服务,用户并不买账,甚至觉得很糟糕。而用户画像构建则能够很好地解决这个问题,使用用户画像构建这种数据分析方法能够精准识别用户需求,定位核心用户。

(二)细节维度

1. 流量来源分析

流量来源分析可以帮助企业了解用户从哪些渠道进入移动应用或网站,分析各渠道的流量占比和转化率,为营销策略制定提供指导。

2. 销售转化率分析

销售转化率分析主要关注用户从浏览到购买等关键行为的转化率。通过分析转化率,可以发现销售过程中存在的问题,优化产品设计和营销策略,提高转化率。

3. 产品受欢迎度分析

产品受欢迎度分析主要通过分析用户对产品的评价、使用时长、使用频率等数据,评估产品的市场表现和用户满意度。

4. 营销效果评估

营销效果评估主要关注营销活动的效果和投入产出比。通过数据分析,评估营销活动的参与度、转化率、ROI(投资回报率)等指标,为企业制定更有效的营销策略提供依据。

5. 用户留存与流失分析

用户留存与流失分析主要关注用户的忠诚度和满意度。通过分析用户留存率、流失率以及流失原因等数据,发现存在的问题,采取措施提高用户留存率和降低流失率。

6. 客户满意度调查

客户满意度调查通过向用户发放问卷或进行访谈等方式,收集用户对产品、服务等方面的满意度评价。客户满意度调查可以帮助企业了解用户的真实需求和期望,为改进产品和服务提供依据。

三、运营效果分析方法

移动商务数据分析方法有很多,具体包括细分法、归因法、Link Tag 的流量标记、转化漏斗、微转化、AB 测试、热图及对比热图、事件追踪、Cohort 分析等。下面介绍几种典型的分析方法。

(一)转化漏斗分析

绝大部分商业变现的流程,都可以归纳为漏斗。漏斗分析是最常见的数据分析手段之一,无论是注册转化漏斗,还是电商下单的漏斗。通过漏斗分析可以从先到后还原用户转化的路径,分析每一个转化节点的效率。

图 7-17 是电商漏斗分析的一般模型,即 AARRR 漏斗模型。其中有五个环节,每个环节到下一环节可以使用转化率来进行效率的衡量。第一环节主要衡量的是流量的引入情况;第二环节则是通过点击率和访问深度等指标衡量用户参与度;第三环节则通过留存率与复购率等指标衡量用户流失率;第四环节则是衡量变现效果,体现的是流量的最终转化价值,主要指标是转化率、订单数和 GMV 等;而最后一个环节则衡量用户评价和价值扩散情况,主要指标包含转发率和用户满意度等。

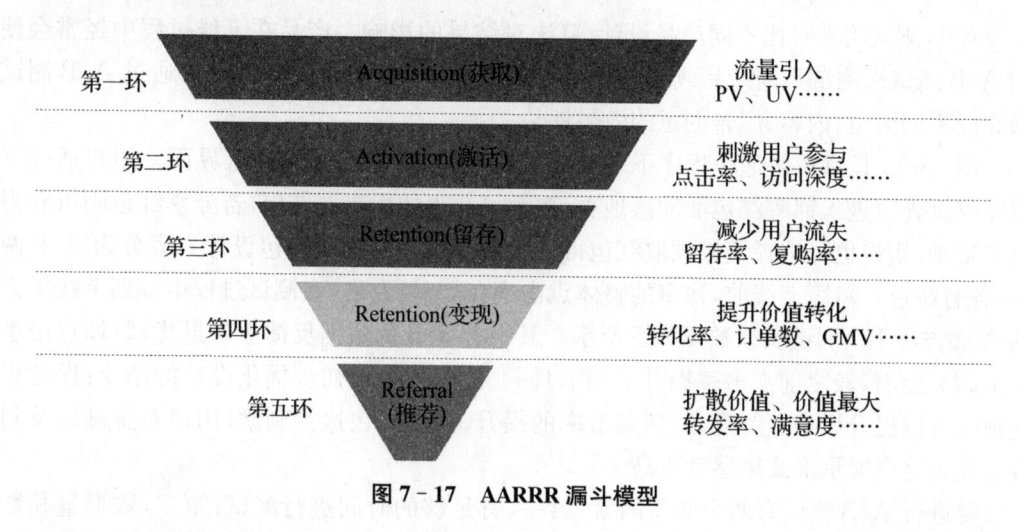

环节	阶段	说明
第一环	Acquisition(获取)	流量引入 PV、UV……
第二环	Activation(激活)	刺激用户参与 点击率、访问深度……
第三环	Retention(留存)	减少用户流失 留存率、复购率……
第四环	Retention(变现)	提升价值转化 转化率、订单数、GMV……
第五环	Referral(推荐)	扩散价值、价值最大 转发率、满意度……

图 7-17 AARRR 漏斗模型

其中,需要关注三个要点:

第一,从开始到结束,整体的转化效率是多少?

第二,每一步的转化率是多少?

第三,哪一步流失最多,原因在什么地方?流失的用户符合哪些特征?

案例分析

某网站注册流程漏斗模型分析

图 7-18 是某网站注册流程漏斗图,图中注册流程分为 3 个步骤,总体转化率为 45.5%;也就是说有 1 000 个用户来到注册页面,其中 455 个成功完成了注册。第二步的转化率是 56.8%,显著低于第一步 89.3% 和第三步转化率 89.7%,可以推测第二步注册流程存在问题。显而易见,第二步的提升空间是最大的;如果要提高注册转化率,应该优先解决第二步。

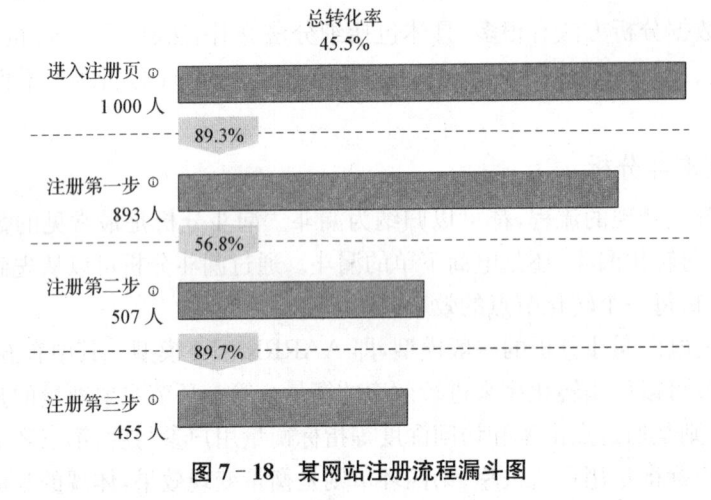

总转化率
45.5%

进入注册页①
1 000 人

89.3%

注册第一步①
893 人

56.8%

注册第二步①
507 人

89.7%

注册第三步①
455 人

图 7-18 某网站注册流程漏斗图

(二) A/B 测试

A/B 测试用来对比不同产品设计/算法对结果的影响。产品在上线过程中经常会使用 A/B 测试来测试不同产品或者功能设计的效果,市场和运营人员可以通过 A/B 测试来完成不同渠道、内容、广告创意的效果评估。

图 7-19 是京东快递小程序下单完成页锦鲤红包弹窗 A/B 测试界面。用户通过下单完成页弹窗进入锦鲤红包活动落地页,提示可获得的优惠券红包,若分享红包则可获得更多奖励,用户也可选择直接领取红包得到小额优惠券奖励。红包设计方案分为 A/B 两种,各有特色。新版上线前,弹窗的整体点击率在 3.5% 左右,在测试过程中分别上线了方案 A 和方案 B。测试反馈数据如图所示。其中方案 B 的数据反馈效果最优,整体点击率在 10.4% 左右,较之前点击率提升了 197.1%。据此可得出初步优化设计的结论:保持更换视觉可以提升用户新鲜度,达到点击率的提升;比起红包这类刺激,用户对金额以及利益点放大这类展示形式敏感度更高。

要进行 A/B 测试有两个必备因素:第一,有足够的时间进行测试;第二,数据量和数据密度较高。因为当产品流量不够大的时候,做 A/B 测试很难得到统计结果。而像 LinkedIn 这样大体量的公司,每天可以同时进行上千个 A/B 测试。所以 A/B 测试往往在公司数据规模较大时使用会更加精准,更快得到统计结果。

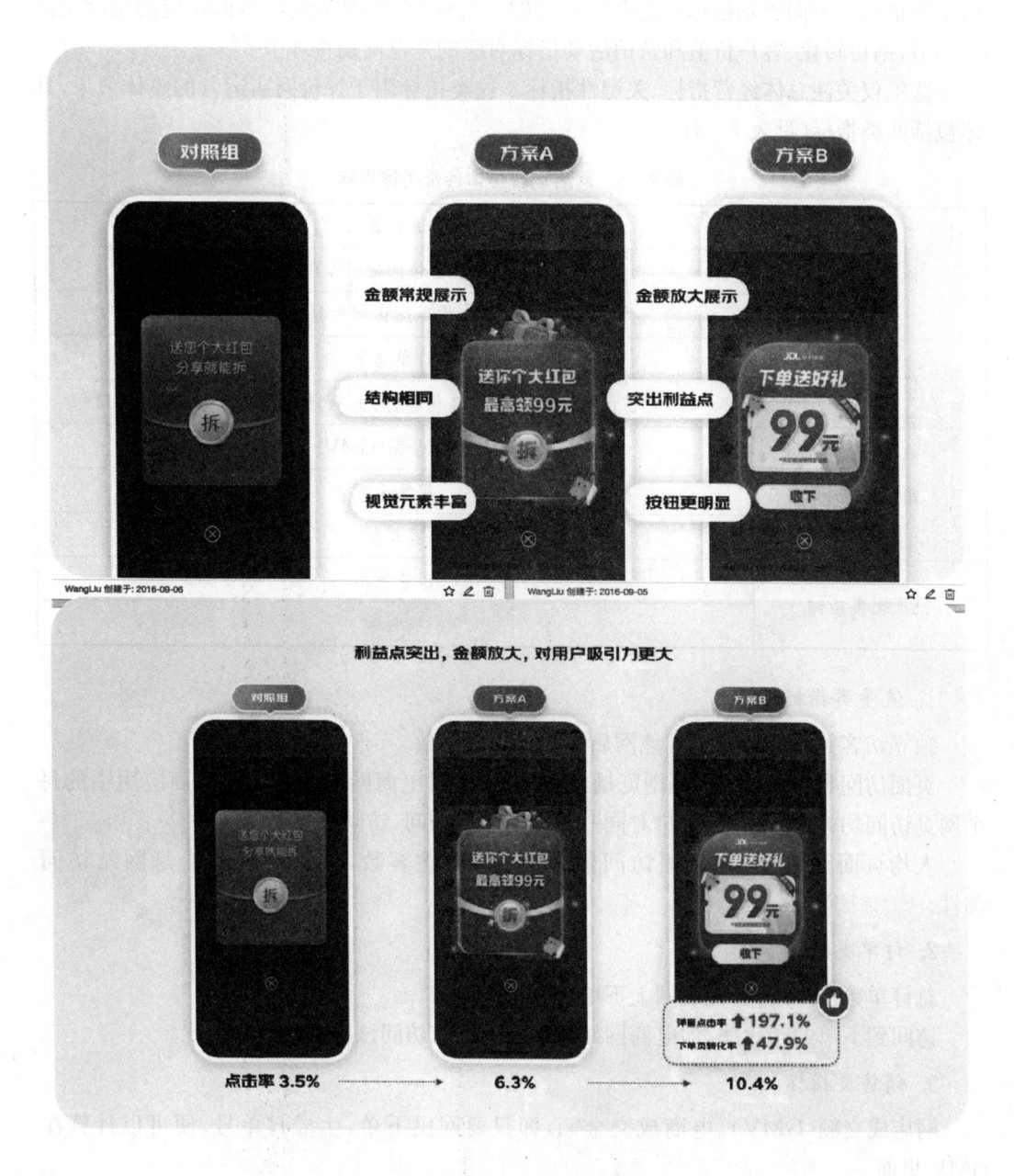

图 7-19 A/B 测试案例

四、关键评价指标及其内涵

(一) 网店运营关键评价指标和内涵

随着网店经营逐渐向移动端转移，移动端网店在整个电商网店中的占比日益增加。网店的电商数据分析指标体系包含的指标类别较多，具体包含总体运营指标、网站流量指标、销售转化指标、客户价值指标、商品及供应链指标、营销活动指标、风险控制指标和市场竞争指标。不同类别指标对应电商运营的不同环节,如网站流量指标对应的是网站运营环节,销售转化、客户价值和营销活动指标对应的是电商销售环节。

这里仅关注总体经营指标、关键性指标。这类指标用于评价网店运营的整体效果,具体包括四类指标(见表 7-3)。

表 7-3　网店运营整体评价关键指标

类别	指标
流量类指标	独立访客数(UV)
	页面访问数(PV)
	人均页面访问数量
订单类指标	订单总量
	访问到下单的各类转化率(点击率、加购率、购买率等)
销售类指标	成交金额(GMV)
	销售金额
	客单价
投产比类指标	销售毛率
	毛利率

1. 流量类指标

独立访客数(UV),指访问该网店的不重复用户数。

页面访问数(PV),即页面浏览量,用户每一次对电商网站或者移动电商应用中的每个网页访问均被记录一次,用户对同一页面的多次访问,访问量累计。

人均页面访问数,即页面访问数(PV)/独立访客数,该指标反映的是网站访问黏性。

2. 订单类指标

总订单数量,即访客完成网上下单的订单数之和。

访问到下单的转化率,即电商网站下单的次数与访问该网站的次数之比。

3. 销售类指标

网店成交额(GMV),电商成交金额,即只要网民下单,生成订单号,便可以计算在GMV 里面。

客单价,即订单金额与订单数量的比值。

4. 营收类指标

销售毛利,是销售收入与成本的差值。销售毛利中只扣除了商品原始成本,不扣除没有计入成本的期间费用(管理费用、财务费用、营业费用)。

毛利率,是衡量电商企业盈利能力的指标,是销售毛利与销售收入的比值。

(二) 内容平台关键评价指标和内涵

内容类平台运营以账号运营为基础。以抖音平台为例,账号的整体运营评价主要围绕内容运营方面的五个维度,分别是播放量、完播率、粉丝净增、互动指数和投稿数(见图 7-20)。

图 7-20 抖音平台账号诊断截图

账号诊断类数据:
(1) 作品播放量:作品被观看的次数。
(2) 作品完播率:作品完整播放次数的占比。每日完播率指当日完播浏览量与总浏览量的比值,每小时级完播率指累计完播浏览量与累计浏览量的比值。
(3) 粉丝净增量:账号净增粉丝数,通过涨粉数减去掉粉数得出。
(4) 互动指数:作品的观看、点赞、评论、转发的综合得分。
(5) 投稿数:根据统计周期内发布的作品个数得出。
这五个关键指标在统计时,可以从多个维度进行统计。
按照不同时间节点进行统计:主要有单日统计数据、近 7 日统计数据和月统计数据等三个统计维度。另外,还会将播放量等指标与同类创作者进行比较,以衡量该账号在同行业同类型中的运营状况(见图 7-21)。

图 7-21 抖音平台账号诊断截图

播放量统计数据,如图 7-22~图 7-26 所示。

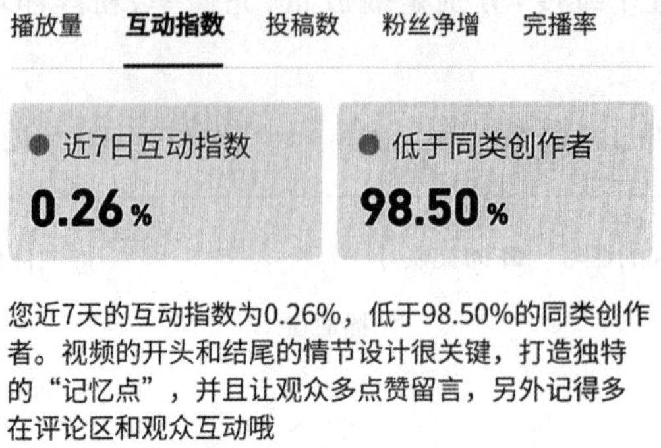

| 播放量 | **互动指数** | 投稿数 | 粉丝净增 | 完播率 |

● 近7日互动指数
0.26%

● 低于同类创作者
98.50%

您近7天的互动指数为0.26%，低于98.50%的同类创作者。视频的开头和结尾的情节设计很关键，打造独特的"记忆点"，并且让观众多点赞留言，另外记得多在评论区和观众互动哦

图7-22 作品与用户的互动指数统计

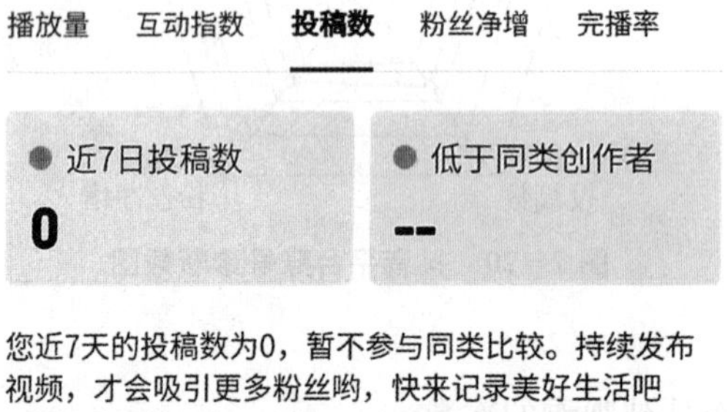

| 播放量 | 互动指数 | **投稿数** | 粉丝净增 | 完播率 |

● 近7日投稿数
0

● 低于同类创作者
--

您近7天的投稿数为0，暂不参与同类比较。持续发布视频，才会吸引更多粉丝哟，快来记录美好生活吧

图7-23 统计期间发布内容作品的统计

| 量 | 互动指数 | 投稿数 | **粉丝净增** | 完播率 |

● 近7日粉丝净增
8

● 超越同类创作者
69.85%

您近7天的粉丝净增为8，已打败69.85%的同类创作者，继续加油哦！

图7-24 粉丝增长情况统计

| 数 | 投稿数 | 粉丝净增 | **完播率** |

● 近7日完播率
30.60%

● 超越同类创作者
90.87%

您近7天的完播率为30.60%，已打败90.87%的同类创作者，继续加油哦！

图7-25 内容作品的完播率统计

图 7-26　单日、7 日、30 日不同周期内指标统计数据

单个指标趋势分析：各类指标在统计过程中还提供了某个周期内（一般为 7 天）的趋势分析图（见图 7-27），以分析该账号在运营过程中的变化趋势。

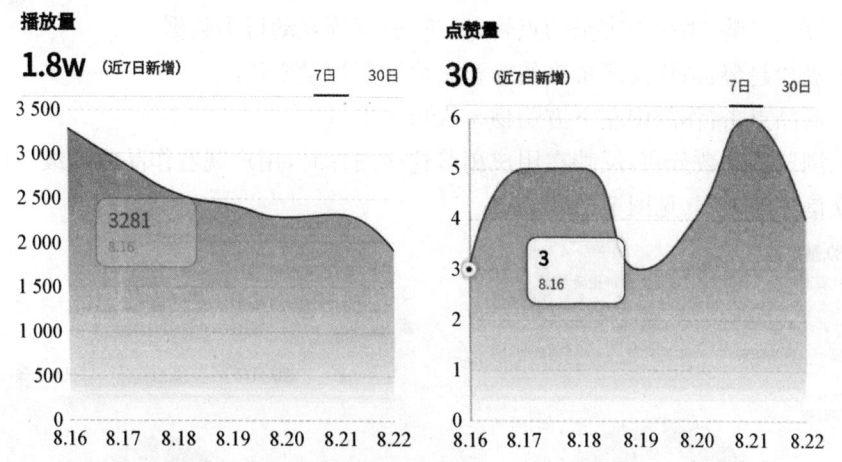

图 7-27　播放量和点赞量近 7 日变化趋势图

作品表现类数据：

除了账号整体运营维度的评价，还可以对账号内某个作品进行单独统计。比如，按照对于单条视频或带货视频作品，分析其内容情况（见图 7-28）。

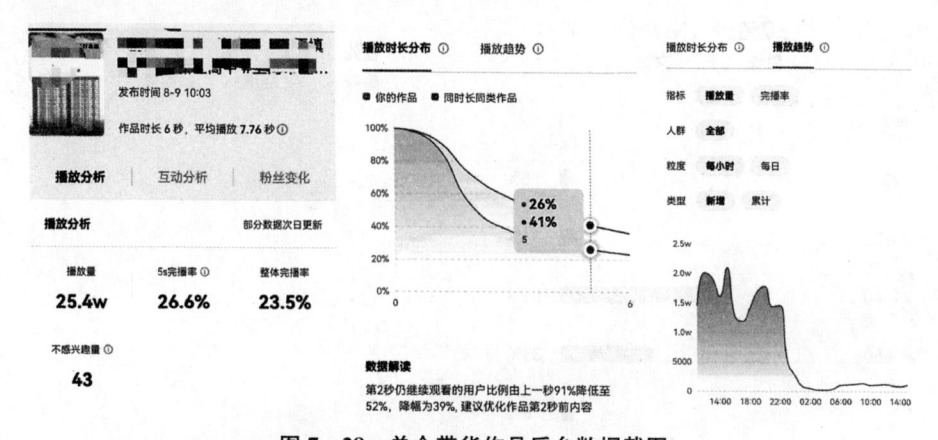

图 7-28　单个带货作品后台数据截图

(1) 作品点赞量:作品获得点赞次数。
(2) 作品分享量:作品获得分享次数。
(3) 作品评论量:作品获得评论次数。
(4) 主页访问量:观众访问创作者个人主页的次数。
(5) 取关粉丝量:取消关注的粉丝数量。
(6) 账号搜索量:账号在对应时间周期内,在搜索结果中用户曝光次数＋账号的所有作品在对应时间周期内因搜索带来的播放量。

播放诊断类数据：
(1) 播放时长分布:反映在作品总时长这段时间内,用户观看作品的持续程度。
(2) 播放趋势:播放量、完播率随时间变化的趋势。
(3) 作品点赞时间分布:在作品播放过程中每一秒点赞者数量占所有观看用户的比例。
(4) 互动趋势:由播放带来的点赞、评论、分享等互动行为数据。
(5) 吸粉趋势:该作品所带来的粉丝新增和累积量变化。
(6) 商品点击:作品中左下方购物车入口点击量。
(7) 浏览图片数分布:反映在用户浏览这些图片时,用户观看作品的持续程度。

受众信息类数据(见图7-29):

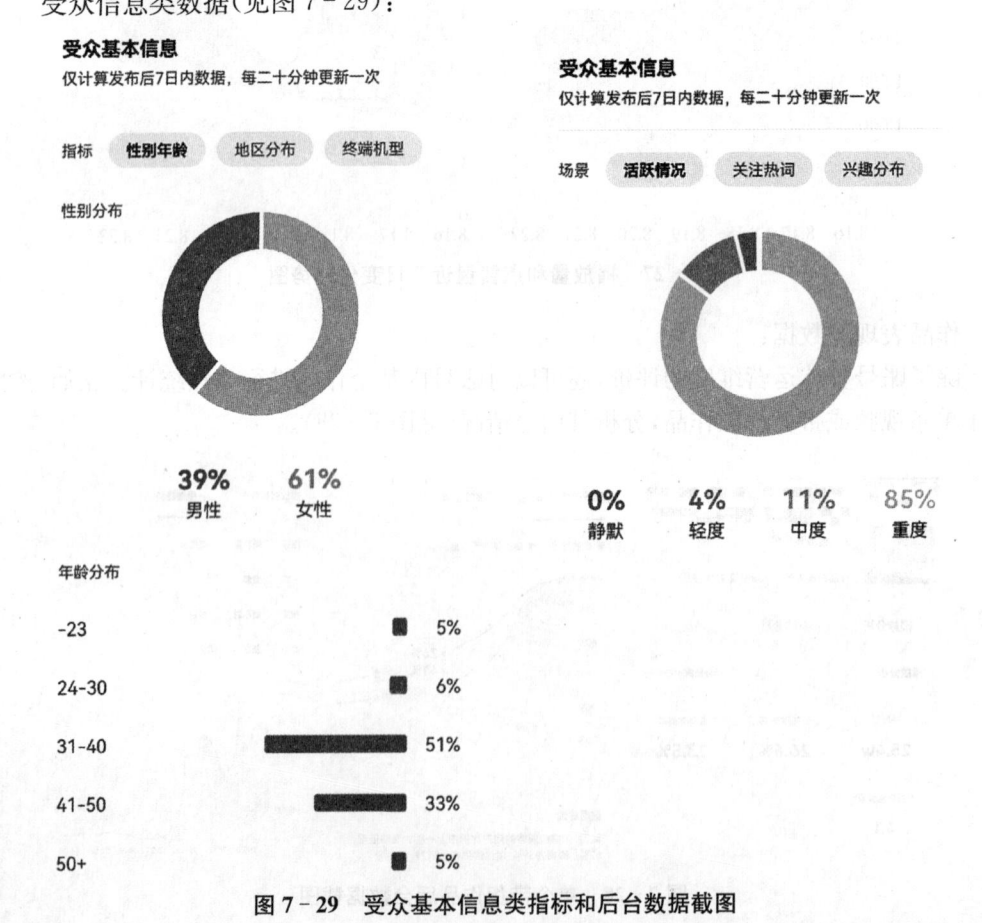

图 7-29 受众基本信息类指标和后台数据截图

(1) 性别年龄：作品受众的性别与年龄分布。

(2) 地区分布：作品受众的地区分布。四舍五入后占比仍不足 1% 的地区，系统默认展示为 0%。

(3) 终端机型：作品受众的观看设备分布。

(4) 活跃情况：作品受众在抖音上的活跃情况分布。

(5) 兴趣分布：作品受众感兴趣的场景分布。四舍五入后占比仍不足 1% 的兴趣，系统默认展示为 0%。

直播数据：

(1) 收获音浪：直播送礼数据。

(2) 观众人数：直播间总看播人数。

(3) 新增粉丝：来自直播间点击关注的人数。

音乐数据：

(1) 音乐使用：使用你所拥有版权的音乐发布短视频和直播 K 歌的使用量。

(2) 音乐播放：你所拥有版权的音乐产生的短视频投稿播放和在流媒体内的播放量。

(3) 音乐收藏：你所拥有版权的音乐在抖音音乐内的收藏量。

(4) 音乐分享：使用你所拥有版权的音乐在抖音内发布短视频的分享量。

商单任务收入数据：

(1) 星图：现金奖励任务每天计算收益，最终收益以到账金额为准。作品过审后，方可参与现金奖励瓜分，奖励收益与作品质量以及播放量、获赞量等数据有关。如果作品内容综合表现不理想，可能会出现收益为 0 的情况。

(2) 游戏发行人：作品收益为参与游戏发行人计划任务实际计算收益，已扣除税费；作品收益将在结算周期结束后支持提现。

(3) Star 计划：作品收益为参与 Star 达人计划任务最终收到的实际到账收益；作品收益会直接打款至抖音钱包，提现规则遵循抖音钱包规则。

(4) Pick 计划：作品收益为参与 Star 达人计划任务最终收到的实际到账收益。

(5) 站外播放激励：合作平台展示和推广分成收益，抖音将为创作者提供站外展示作品的机会，帮助创作者增加变现渠道，获得更多收入，每月累计最多可获得 10 000 元。

DOU＋数据：

(1) 作品播放量：投放 DOU＋带来的作品播放量，不含自然流量。

(2) 作品点赞量：投放 DOU＋带来的作品点赞量，不含自然流量。

(3) 作品评论量：作品投放 DOU＋带来的作品评论量，不含自然流量。

(4) 直播观众量：直播投放 DOU＋带来的直播观众增加量，不含自然流量。

(5) 直播粉丝量：投放 DOU＋带来的粉丝增加量，不含自然流量。

(6) 直播评论量：投放 DOU＋带来的评论增加量，不含自然流量。

DOU＋订单数据为何与自己看到的数据有差异？这是因为 DOU＋订单数据包含重复的播放量及所有用户互动数据，后续如用户取消点赞、删除评论或者评论审核不通过，相关数据不会剔除；抖音统计数据则不包括重复播放量，且会剔除部分异常账号的互动数据，因此两方数据会存在一定差异；若差异较大，可联系 DOU＋官方客服。

（三）App 类产品运营效果指标体系

1. 用户增长类指标

（1）用户总量：衡量产品用户规模的重要指标，包括新用户和老用户。

（2）用户增长率：反映产品用户规模增长的指标，计算公式为：（本期用户数－上期用户数）/上期用户数。

（3）用户留存率：衡量用户对产品黏性的指标，计算公式为：（次日留存率＋7 日留存率＋30 日留存率）/总用户数。

学海启迪

用户留存率计算

用户留存率一般指的是新增用户在后续的时间内的留存情况，本质上是一种转化率，某个移动端产品或者服务通过活动、内容、广告等营销手段获取了新增用户之后，这些用户会经历一个由最初的不稳定用户，逐渐转变为产品的活跃用户、稳定用户并最终成为产品忠实用户和粉丝的过程，而留存率则反映了这种转化过程的进程。

具体计算方法：

$$留存率 = \frac{新增用户中某个时间节点的登录用户数}{新增用户数} \times 100\%$$

如图 7-30 所示为某个产品按天进行的留存率走势，可以看到：

第 1 天，新增用户 200 人；

第 2 天，这 200 名的新增用户中仅有 100 人活跃（表现为登录、浏览、点击、流量等行为），因此次日留存率＝100/200＝50%；

第 3 天，仅有 80 名用户是活跃状态，因此 2 日留存率＝80/200＝40%；

第 8 天，仅有 25 人活跃，因此 7 日留存率＝25/200＝12.5%。

可以看到在趋势图中，随着时间的推移，曲线越来越靠近横轴，且逐渐趋于稳定，说明经过一段时间的沉淀之后，这些最终留存下来的用户已经成了该产品和服务的忠实用户。

××产品按天留存率走势

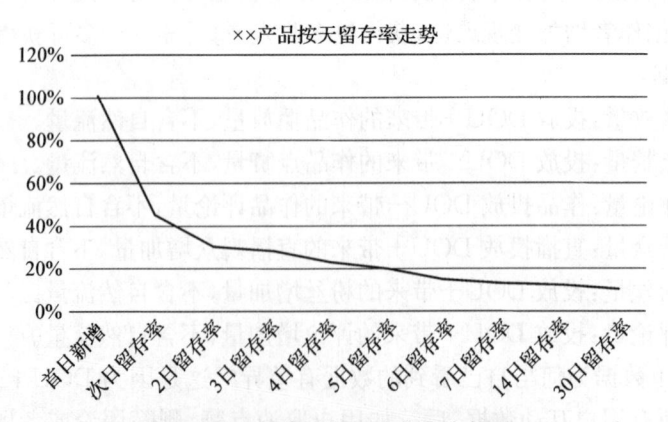

图 7-30 某产品按天留存率走势图

2. 营收类指标

（1）营收总额：衡量产品盈利规模的重要指标，指的是在一个渠道中，所有产品订单带来的公司财务计算口径得出的毛利。计算时间维度一般为月。

（2）营收增长率：反映产品营收增长情况的指标。计算公式为：营收增长率＝（本期营收－上期营收）/上期营收。

（3）付费转化率：衡量用户付费意愿和付费能力的指标。计算公式为：付费转化率＝付费用户数/总用户数。

（4）ROI：通过投资而应返回的机制，即从一项投资中获得的经济回报。计算方法为：ROI＝利润/投资总额×100％。它是衡量一个渠道质量的重要标准。

3. 内容与功能类指标

（1）内容质量：衡量产品提供的内容是否符合用户需求和是否具有价值的指标。

（2）功能完备度：衡量产品功能是否完善和能否满足用户需求的指标。

（3）产品体验：衡量用户使用产品的舒适度和易用性的指标。

4. 市场营销类指标

（1）营销投入：衡量产品市场营销投入的规模和力度。

（2）营销效果：衡量市场营销活动的效果和回报的指标，可以通过转化率、ROI等数据来衡量。

（3）市场覆盖率：衡量产品市场覆盖广度和深度的指标。

5. 竞争分析力类指标

（1）市场占有率：衡量产品在市场竞争中的地位和优势的指标。

（2）竞争者分析：了解竞争对手的产品特点、优劣势和市场占有率等情况。

（3）产品差异化：衡量产品与竞品相比的优势和差异化的指标。

6. 用户行为类指标

（1）使用时长：衡量用户使用产品的频繁程度和使用时间的指标。

（2）访问路径：分析用户在使用产品过程中的行为轨迹和操作习惯的指标。

（3）转化率：衡量用户从潜在客户转化为付费用户的比例的指标。

（4）活跃度：分析用户的活跃程度和忠诚度的指标，可以通过日活、月活等数据来衡量。

（5）满意度调查：通过问卷调查等方式了解用户对产品的满意度和改进建议的指标。

（6）NPS（净推荐值）：衡量用户对产品的忠诚度和口碑传播意愿的指标，计算公式为：NPS＝推荐者数－贬损者数/总用户数。

（7）用户生命周期价值（LTV）：衡量用户对产品价值和贡献的指标，可以通过用户的消费额、使用时长和留存率等数据来计算。

（8）回访率：衡量用户对产品重复使用和回访意愿的指标，计算公式为：回访率＝回访用户数/总用户数。

(四)广告投放效果评价指标体系

广告投放效果评估是衡量广告活动成功与否的关键环节。而好的移动广告,会在合适的时间出现在合适的受众面前,广告内容更加友好,最终使品牌的渗透率增强,用户需求被激发。而指标体系则是优化广告效果的基础。从广告的转化漏斗模型来看,广告主要衡量了四个阶段的效果(见图7-31)。

图7-31 广告评价指标体系图

1. 广告在媒体端的表现指标

(1)曝光量。

曝光量是指广告被展示的次数。这是一个基本的指标,反映了广告的覆盖面和受众规模。曝光量高不一定意味着效果就好,但如果没有足够的曝光,其他效果指标也无从谈起。

(2)点击率。

点击率是指在广告曝光的基础上,用户实际点击广告的比例。这一指标直接反映了广告内容对用户的吸引程度和广告创意的有效性。点击率是衡量广告效果的重要标准之一。

2. 广告着陆效果评价指标——到达量

用户点击广告之后,成功通过链接跳转到着陆页面的用户数量。这也是一种转化率,衡量的是点击用户的流失率,主要用于分析是否有虚假点击,以及判断着陆页的加载速度和页面打开成功率的情况。

3. 广告性价比衡量指标——用户行为数据

用户在着陆页的行为数据是指用户在到达着陆页后的实际行为,比如停留时长、页面内容点击情况等。主要用于了解用户在着陆页的关注内容和用户的浏览习惯和路径,这些数据可用于优化该页面的结构和内容。

4. 广告价值分析数据

(1)用户转化行为数据。

接触广告后的实际转化行为数据,如购买、注册、留言、下载等。这些数据可以提供更深入的用户洞察,帮助优化广告策略,提高转化率。转化率越高,说明广告投放效果越好,也意味着广告投入的回报率越高。

(2) ROI(投入产出比)。

ROI 是指广告投入与产出的比例。通过比较广告投放的直接收益与成本,可以评估广告活动的盈利能力。ROI 越高,说明广告投放效果越好。

(3) 品牌知名度。

品牌知名度是指广告投放后品牌在目标受众中的认知程度。通过衡量品牌知名度,可以了解广告是否有效地提高了品牌在目标受众中的曝光度和认知度。

(4) 用户满意度。

用户满意度是指用户对广告的接受程度和评价。通过调查问卷、在线评价等方式收集用户反馈,可以了解用户对广告的接受度和满意度,进而优化广告内容和创意。

(5) 广告创意评估。

广告创意评估是对广告创意的好坏进行评价的过程。可以从创意独特性、表现力、吸引力等方面进行评价,以指导创意设计和优化。

第二节　移动商务运营效果优化

通过关键数据指标分析,可以帮助运营者识别移动商务运营过程中存在的问题,通过数据与实际业务场景的结合,提出有针对性的优化建议。通过数据分析,企业可以发现市场中的潜在机会和增长点,从而制定更加有效的、更有针对性的市场策略;提供更加个性化的服务和推荐,提升用户满意度和忠诚度;企业可以更合理地分配资源,如广告投放、产品开发等,实现更高效的运营;可以帮助企业实时监控市场动态和竞争对手的动向,从而及时调整自己的策略;最终有助于企业提升品牌知名度和认知度,从而在竞争中获得优势。

以上这些都是移动商务运营效果优化的内容和方向,但是在提出移动商务运营效果优化建议的过程中,存在一系列的难点。其中最需要注意的是数据分析不仅仅是数字和图表,更重要的是解读这些数据背后的业务意义,将数据与实际业务场景相结合,才能提出有针对性的优化建议。本小节以案例形式呈现如何将数据转化为业务语言,并确保分析结果被正确理解和应用。

一、产品与服务优化

移动电商运营市场环境日趋激烈,持续优化产品与服务对于企业的长期发展至关重要。

【案例一】　　　　　　　抖音小店产品服务优化

某抖音小店在经营中发现某些产品用户评价不好,退货率较高,店铺整体经营的

DSR关键性指标用户口碑、服务态度均有所下降。为了改善这一情况,店铺需要对产品和服务相关数据进行分析,定位商品问题,持续性地改善用户评价。

(一) 数据获取渠道和路径

使用抖音电商罗盘全新改版的评价分析模块,这里可以展现店铺DSR(卖家服务评级系统)、口碑、服务、发货分数,定位好/差评指标表现,能够非常直观地了解用户对店铺印象和商品评价,为改善和优化重点商品的用户体验提供数据支持。

操作入口:"抖音电商罗盘"—"服务"—"评价分析"。

(二) 数据分析

1. 店铺DSR分数

可以快速了解店铺的用户口碑、服务态度、发货速度一大总分和三项重点分数,以及每日环比变化(见图7-32)。

图7-32 店铺DSR评分

分数定义如下:

用户口碑:分值来源于近60天用户评价中"商品评分"指标;

服务态度:分值来源于近60天用户评价中"商家服务"指标;

发货速度:分值来源于近60天用户评价中"物流服务"指标。

根据每日分数环比变化,可以发现并及时定位DSR分数下降原因,对商品评价、服务指标、物流服务进行拆解分析。

2. 定位评价数据表现

根据近1日/7日/30日/自然日/周/月和大促时间筛选查看数据的时间范围,查看好评、差评、总评数以及比例,根据所筛选的时间范围,和上个周期的同指标数据进行对比,定位指标环比表现优秀/退步。

可查看自身比率在同行同层商家中所处位置,实现和自身以及同行同层商家的比较与定位,明确是否应该重点改进店铺的评价数据。

指标定义如下:

- 差评数:选择日期内评价总分小于等于6分的评价数;
- 差评率:差评数/评价数;
- 好评数:选择日期内评价总分大于等于12分的评价数;
- 好评率:好评数/评价数;
- 评价数:选择日期内评价订单总数;

• 评价率：选择日期往前推 14 天所在日期签收的订单在后续 14 日内评价的订单数占比。例如，今天 1 月 14 日，那么就是 1 月 1 日签收的订单截至今天买家评价的订单量的占比。

3. 查看评价指标趋势

选择指标后，右侧展示所选时间范围内的该指标变化趋势。例如，选择一个自然周，趋势图展示这一周的趋势变化；选择一个自然日，趋势图仅展示该日数据。

移动鼠标至趋势图上，可展示单日时间点的指标数据。

了解表现较差的指标后，可通过下方的店铺印象词模块定位具体商品和评价内容。

通过数据解读，发现店铺的差评数、差评率等指标均优于同行，但是近 30 日的品质退货率较前 30 日提升了 23.55%（见图 7-33）。

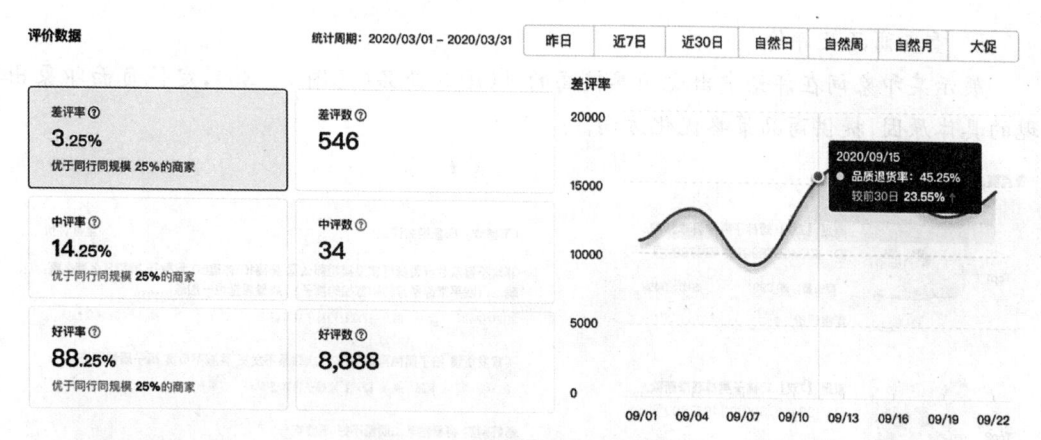

图 7-33　店铺基本评价数截图

4. 店铺印象词

直观了解用户对店铺商品的评价总结，可分别查看商品、服务、物流维度的用户正向/负向印象，印象词的大小反映评论中出现该印象的频率。

在差评率上升时，可选择印象维度为商品，印象类型为负向，查看用户的主要负向印象，点击该印象词，可定位影响评价指标的具体商品以及明细评价。点击不同印象词，可切换影响该印象词的商品榜单，针对不同的负面印象，对商品做出优化和改进。印象词是对评论的概括，并不完全从评论中截取，具体印象内容可查看下方评论详情。

通过印象词分析，可以发现用户差评的主要原因在于不喜欢，以及价格与品质并不相符、质量差、有色差、材质问题等（见图 7-34）。

图 7‑34 店铺印象词截图

5. 重点商品及评价

展示某印象词在评论中出现频率较高的 TOP 3 商品(见图 7‑35),定位负面印象出现的具体原因,提供商品策略优化方向。

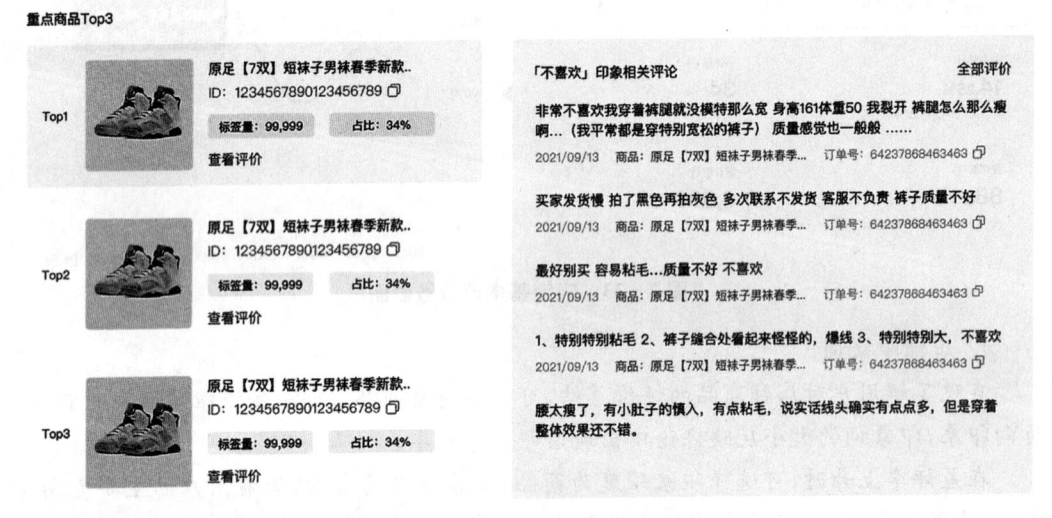

图 7‑35 重点商品评价数据截图

点击"查看评价",可切换右侧评论展示,支持查看全部评价;

点击商品名称可进入商品详情页,了解商品成交情况。

可以看到用户不喜欢的原因,还是在于商品质量,比如粘毛等。因此,建议改善产品质量。

(三)优化建议的提出

1. 提升用户口碑和店铺评价

(1) 查看店铺分数变化。

在店铺 DSR 或商品、服务、物流分数下降时,及时向用户提醒,用户发现分数下降后,可在评价数据中定位具体指标。

(2) 分析具体指标。

若好评指标环比下降、差评指标环比上升或相较于同行同层商家表现较差,可通过趋势图查看指标下降时点,关注该时点用户对店铺的印象和重点影响商品。这里发现用户对于某些商品的质量、色差、材质等均有不好评价,因此需要改善商品质量。

(3) 定位用户感受。

定位店铺差评变多后,可分别从商品、服务、物流维度查看负向印象词,了解用户对商品的感受,服务和物流痛点,定位影响店铺评价的原因。针对色差、材质、粘毛、质量等负面评价,需要从源头解决,从商品质量改善方面解决问题。

(4) 优化商品策略。

找到影响严重/最大的负向印象词后,点击印象词查看造成该负向印象的重点商品和用户的真实原声,这里需要重点从商品维度进行优化和改善,减少店铺差评。

2. 持续优化产品与服务

在当今竞争激烈的市场环境中,持续优化产品与服务对企业的长期发展至关重要。根据数据分析结果,店铺需要重点关注产品质量提升,需要从以下3方面进行改善:

(1) 严格把控产品质量:确保产品从设计到生产都符合高质量标准。
(2) 持续改进:根据用户反馈和数据分析,不断优化产品的性能和功能。
(3) 引入质量管理体系:如 ISO 9001 等,提升产品的可靠性和稳定性。

同时,还需要提升和改善服务体验,主要措施如下:

(1) 服务流程优化:简化服务流程,提高服务效率。
(2) 服务人员培训:提高服务人员的专业知识和服务意识,提升服务质量。
(3) 服务渠道多元化:提供多种服务渠道,如线上客服、电话、社交媒体等,以满足不同用户的需求。

对于用户反馈的不值这个价格等负向评价,需要完善产品定价策略,具体如下:

(1) 成本分析:精确分析产品的成本结构,为定价提供依据。
(2) 竞争定价研究:了解竞品的定价策略,制定具有竞争力的定价方案。
(3) 灵活定价策略:根据市场变化、成本变动等因素,灵活调整产品价格。

二、活动优化

促销活动已经成为移动商务运营过程中的常用方式和手段,活动效果评估与优化是运营中非常重要的一个环节。通过对销售数据的分析和用户反馈的调查,可以了解促销活动的实际效果,并针对性地进行优化。同时,不断优化促销策略和后续服务,可以提高用户的满意度和购买体验,促进店铺的长期发展。

【案例二】 某蜂蜜天猫旗舰店年货节活动效果评价与优化

某蜂蜜品牌天猫旗舰店在过年期间推出了年货节推广活动,企业一直以来都是采用与中腰部达人合作在直播间带货推广的,年底打算利用平台年货节活动启用自己培育的新生态主播,期待实现低成本高收益运营,因此年货节活动力度很大。图7-36所示为旗舰店年货节活动页面。

图 7-36　某旗舰店年货节活动页面

年货节的活动目的是最终的成交转化率达到 3.5%，新生态主播吸引新粉 1W。活动结束后，通过查看企业生意参谋后台的数据图表（见图 7-37），转化漏斗图显示最终的支付转化率为 4.16%（见图 7-38），达成目标。而新生态主播吸粉仅有 8 269 人，未达到 1 万人，目标未完成。那未完成的原因是什么？

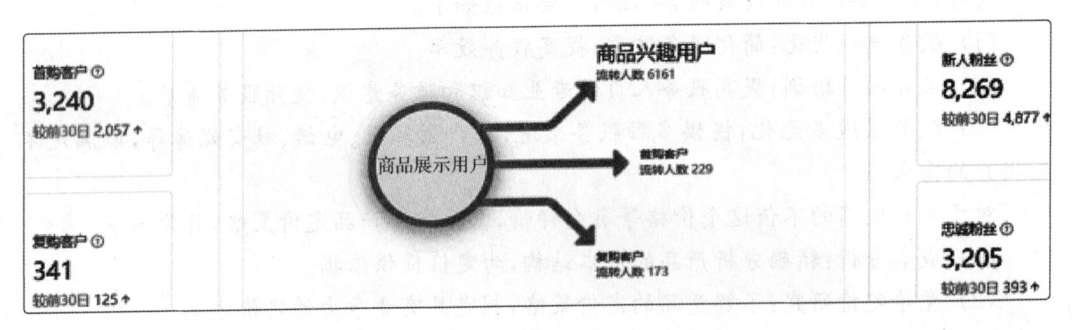

图 7-37　企业生意参谋后台基本数据

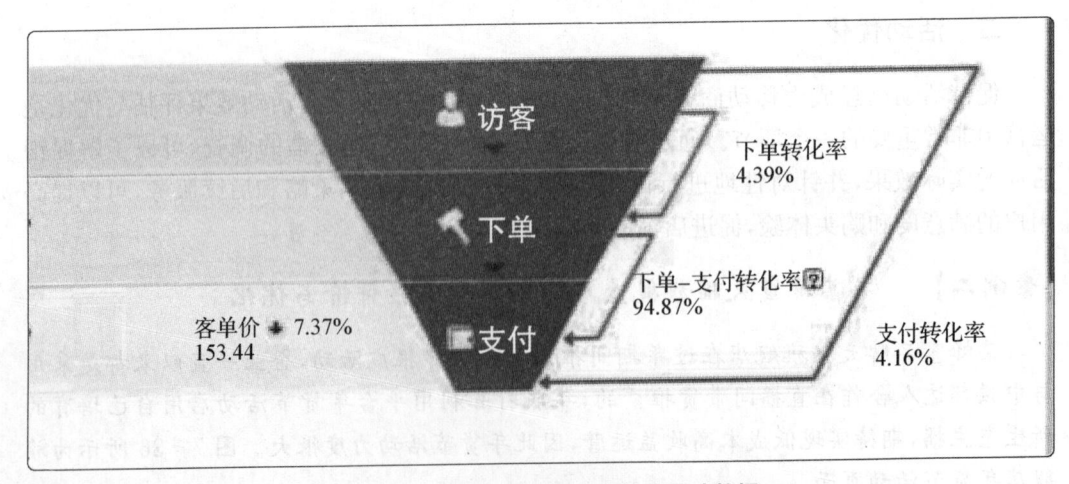

图 7-38　企业生意参谋后台转化漏斗数据

回顾企业在年货节期间关于拉新的活动具体措施,发现拉新相关活动主要包括活动方案策划和设计、广告投放(年货节活动页面广告资源位)、内容和短视频种草、优惠券发放等,主要发生在筹备期和预热期(见图7-39)。

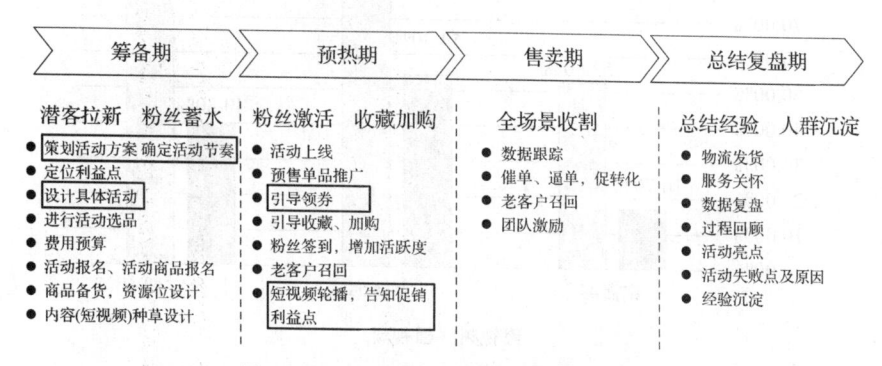

筹备期 ▶ 预热期 ▶ 售卖期 ▶ 总结复盘期

潜客拉新　粉丝蓄水	粉丝激活　收藏加购	全场景收割	总结经验　人群沉淀
● 策划活动方案 确定活动节奏 ● 定位利益点 ● 设计具体活动 ● 进行活动选品 ● 费用预算 ● 活动报名、活动商品报名 ● 老客户召回 ● 商品备货,资源位设计 ● 内容(短视频)种草设计	● 活动上线 ● 预售单品推广 ● 引导领券 ● 引导收藏、加购 ● 粉丝签到,增加活跃度 ● 老客户召回 ● 短视频轮播,告知促销利益点	● 数据跟踪 ● 催单、逼单,促转化 ● 老客户召回 ● 团队激励	● 物流发货 ● 服务关怀 ● 数据复盘 ● 过程回顾 ● 活动亮点 ● 活动失败点及原因 ● 经验沉淀

图 7-39　企业年货节活动策划具体措施

(一) 短视频内容引流效果分析

通过对短视频内容相关数据进行分析发现,两个引流短视频中视频1的数据表现不足,对企业官方账号的粉丝贡献率较低。同时,从内容上看,视频1的完播率较低,5秒完播率也仅有54.3%,说明该视频没有在开始前5秒抓住用户眼球,视频内容设置不佳:前面10秒,短视频讲述的是营销信息,缺乏吸引力。重点关注5秒完播率,视频1的5秒完播率为54.3%,也就是说前5秒流量流失近一半。结合作品播放时长分布数据,视频1播放时长曲线拐点就在5秒,回顾内容,这时视频正处于营销信息播放中,说明视频开头出现了问题,需要优化视频标题和文案。但是与同时长同类作品相比,这个视频还是优于下方同时长同类型作品曲线所代表的平均值的。如图7-40,图7-41所示。

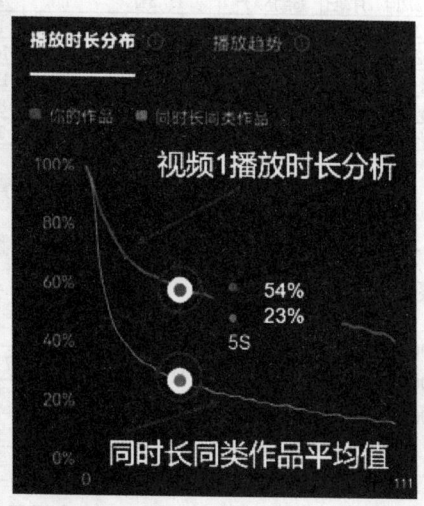

图 7-40　抖音账号后台数据截图

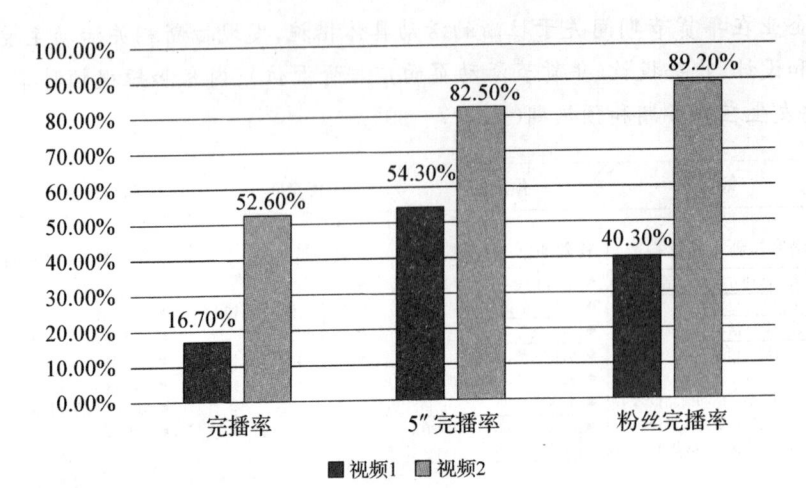

图 7-41 短视频作品完播率等 3 项指标对比分析图

(二)主播细分能力评价

评估吸粉能力的指标。我们采集直播间浏览次数、平均观看时长、直播间新增粉丝数等指标(见图 7-42)。另外,转粉率、互动率也是评价主播吸粉能力的重要指标,需要计算得出。

根据公式计算转粉率和互动率。

$$转粉率 = \frac{直播涨粉人数}{观看总人数}$$

$$互动率 = \frac{新增粉丝数 + 点赞量 + 评论量 + 转发量}{观看总人数}$$

时间	主播名称	直播间浏览人数	平均观看时长(s)	客单价	点赞数	分享数	评论	直播间新增粉丝数	互动率	转粉率
2021年12月1日—2021年12月20日	腰部达人一	197,840	157	130.5	103,802	56	23,460	6878		
2021年12月1日—2021年12月20日	腰部达人二	154,928	142	132.3	83,984	43	19,650	5703		
2021年12月1日—2021年12月20日	腰部达人三	202,087	163	140.65	73,904	76	16,308	6468		
2021年12月21日—2022年1月9日	新生态主播一	214,935	134	112.54	87,890	40	20,468	3212		
2021年12月21日—2022年1月9日	新生态主播二	230,483	163	89.34	74,670	45	22,509	2302		
2021年12月21日—2022年1月9日	新生态主播三	173,084	146	92.43	85,908	35	25,609	2755		

图 7-42 直播数据计算表

最后一步,分析效果。通过对新生态主播和之前腰部达人的数据做对比分析(见图 7-43~图 7-45)。

图 7-43 直播间浏览人数对比图

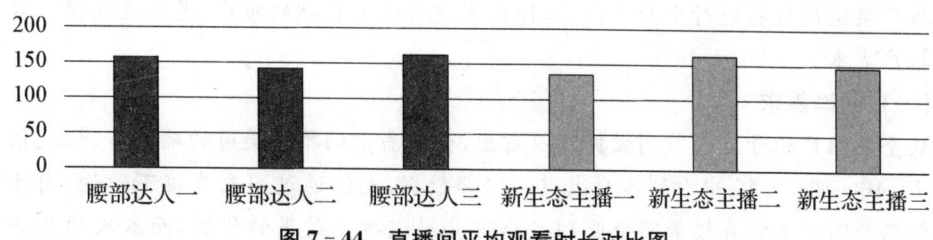

图 7-44 直播间平均观看时长对比图

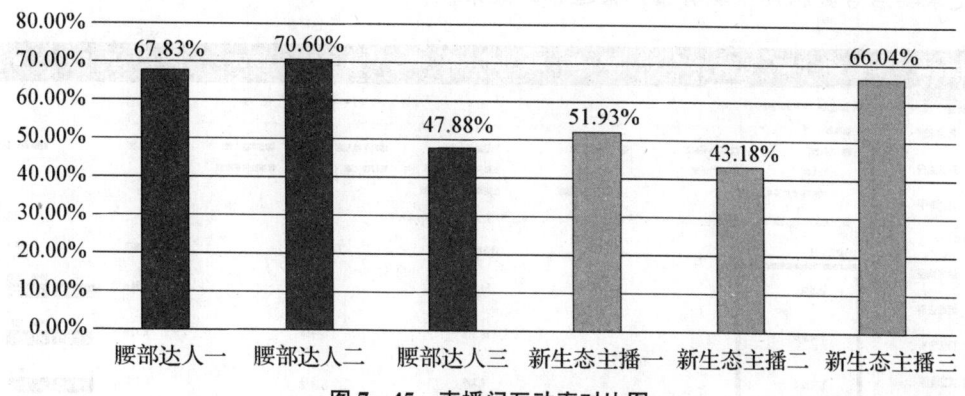

图 7-45 直播间互动率对比图

新生态主播在直播间浏览次数、平均观看时长、互动率等方面与中腰部达人差别不大,说明当两类主播接到平台同样数量级的直播间流量推荐后,新生态主播在承接流量、留住用户方面,以及引导互动营造直播间氛围方面的能力差距不大。但是涉及最终吸粉效果的新增粉丝和转粉率指标,新生态主播吸粉人数只有腰部达人的一半,说明引导用户关注主播成为粉丝方面的能力,与腰部达人相比有很大差距。与转粉率标准作对比,数据达到1%即为合格,2%为中等,4%为优秀,也仅为合格,并未到达优秀水平。因此,建议增强新生态主播的转粉能力。

三、渠道优化

在市场竞争日益白热化的现在,实践中企业目前较为推崇的是全渠道全链路触达用户进行推广,包括官网、微信公众号和小程序、微博、抖音等各类型的渠道,其出发点在于改善与消费者的触点。因此,企业各个渠道均需要数据采集和数据追踪。在这个过程中对不同推广渠道实施不同的运营策略是非常重要的,渠道数据分析和优化建议提出的重要性不容忽视。通过渠道数据分析,可以了解各个推广渠道的转化率、点击率、曝光量等关键指标,从而发现哪些渠道更有效,哪些渠道需要改进。基于数据分析的优化建议,能够有针对性地调整推广策略,提高推广效果,降低推广成本,提升用户体验,促进业务增长和市场竞争力。

【案例三】 某企业渠道推广效果评价与优化

某蜂蜜企业为了打响品牌,推广过程中选择了很多渠道(包括官方旗舰店、微信公众号、微信小程序、抖音小店等7个渠道)进行推广。但是,由于资金的限制,需要对企业目前的推广渠道的优劣进行全面评价，选择出优质渠道做长期的推广，进而提高推广效果和降低推广成本。

（一）明确需求

从企业推广账号后台监测数据可以看出，企业当前的推广渠道的确很多，但我们仅能从图7-46～图7-49中看到各个渠道的内部数据，无法通过图表直接下结论，因此这些后台数据截图并不能直接帮助企业判定出这些渠道推广效果的优劣，而本次的业务需求就是采集后台数据评估现有推广渠道推广效果。

图7-46 企业生意参谋后台截图1

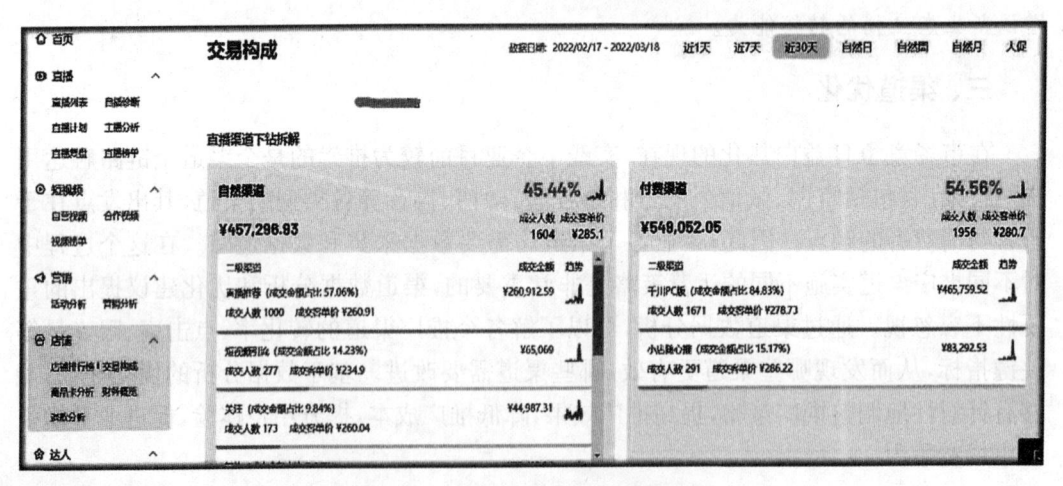

图7-47 企业生意参谋后台截图2

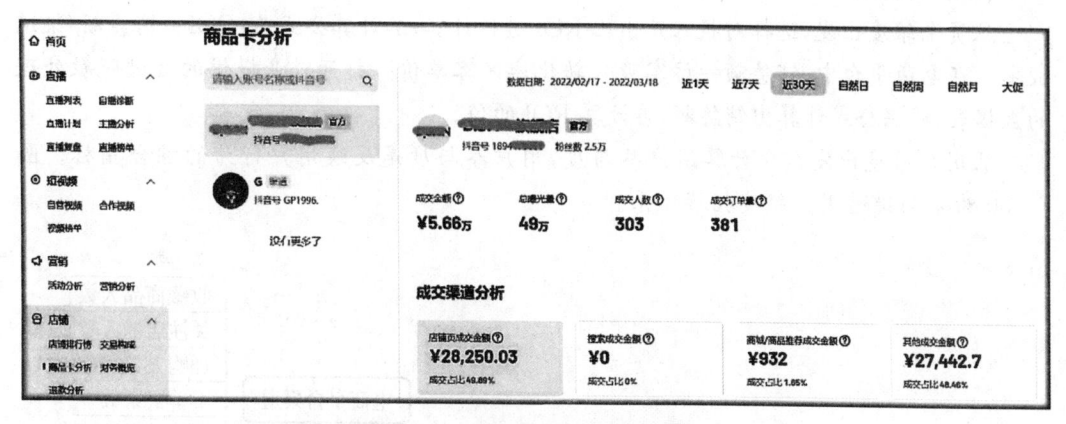

图 7-48　企业生意参谋后台截图 3

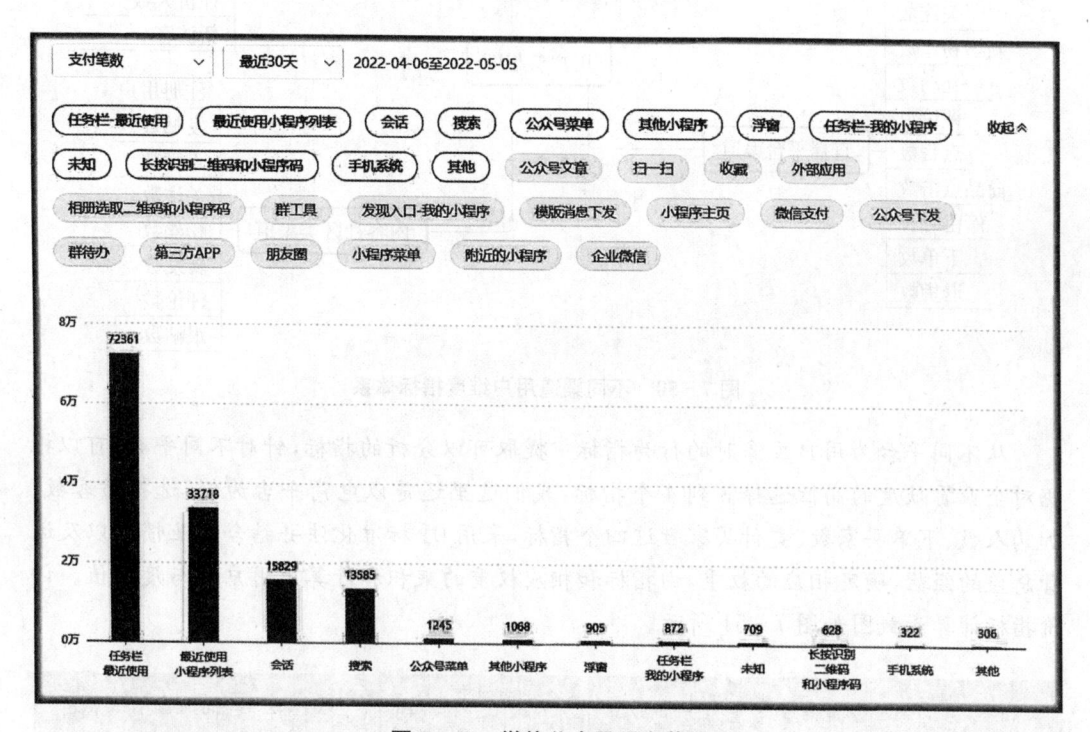

图 7-49　微信公众号后台截图

(二) 选择维度

所谓的维度,其实就是理清推广渠道效果评估的角度。用统一的指标去比较各个推广渠道之间的优劣性。那么,应该从哪些维度去进行评价呢?首先,从资金投入的维度来看,如果某一渠道花钱很少而能产生很高的利润,这一定是好的渠道。从另一方面来说,如果某一渠道用户非常活跃,但是暂时还没有带来利润;有些渠道用户虽然不活跃但是却能够持续带来利润。此时可以从这些渠道的客户价值,即用户角度进行评价。因此,此次渠道评价从资金和用户两个维度对推广渠道效果进行评估。

(三) 计算指标

从资金维度出发,选择对投入产出比 ROI 进行计算,其计算公式为:ROI＝销售额/渠道成本。在电商平台中,销售额＝访客数×转化率×客单价。打开企业提供的经过脱敏处理的数据表,根据公式计算出销售额,再计算 ROI 的值。

从用户维度出发需要计算用户参与度,用户参与度是反映用户行为的综合指标。图 7-50 为不同渠道用户维度指标体系。

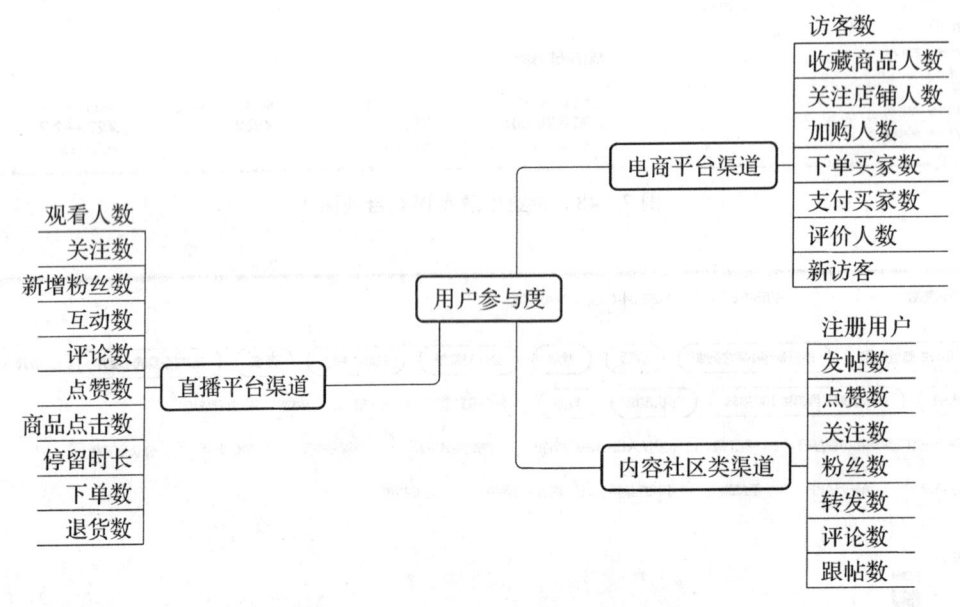

图 7-50 不同渠道用户维度指标体系

从不同平台为用户画像时的行为指标中提取可以分析的指标,针对不同平台,可以根据对企业贡献度的高低选择 3 到 4 个指标,我们这里还是以电商平台为例,选择访客数、加购人数、下单买家数、支付买家数这四个指标,采用 01 标准化法并结合行业惯例以及运营总监的经验,确定相应的权重,由指标和相应权重的乘积和计算出用户参与度的值。评价指标计算表截图如图 7-51 所示。

时间	渠道名称	访客数	收藏商品买家数	加购人数	下单买家数	支付买家数	客单价	支付转化率	花费	销售额	ROI
4月1日-4月30日	渠道1	5,542	3,028	1,108	554	449	68	8.10%	30383.8	5.52	
4月1日-4月30日	渠道2	3,543	910	850	425	344	66	9.71%	22628.3	4.92	
4月1日-4月30日	渠道3	2,422	691	581	291	233	63	9.62%	14597.5	2.28	
4月1日-4月30日	渠道4	833	97	403	201	169	66	20.29%	11160.8	2.11	
4月1日-4月30日	渠道5	3,312	569	596	328	262	63	7.91%	16595.1	3.97	
4月1日-4月30日	渠道6	3,983	430	357	196	177	63	4.44%	11193.5	2.24	
4月1日-4月30日	渠道7	15,906	1,710	753	242	182	68	1.14%	12386.9	1.72	

图 7-51 评价指标计算表截图

(四) 分析效果

计算好相关指标值,接下来采用四象限矩阵分析法进行渠道分析。首先,利用数据分析工具,比如 Excel 等,绘制出四象限矩阵图(见图 7-52)。

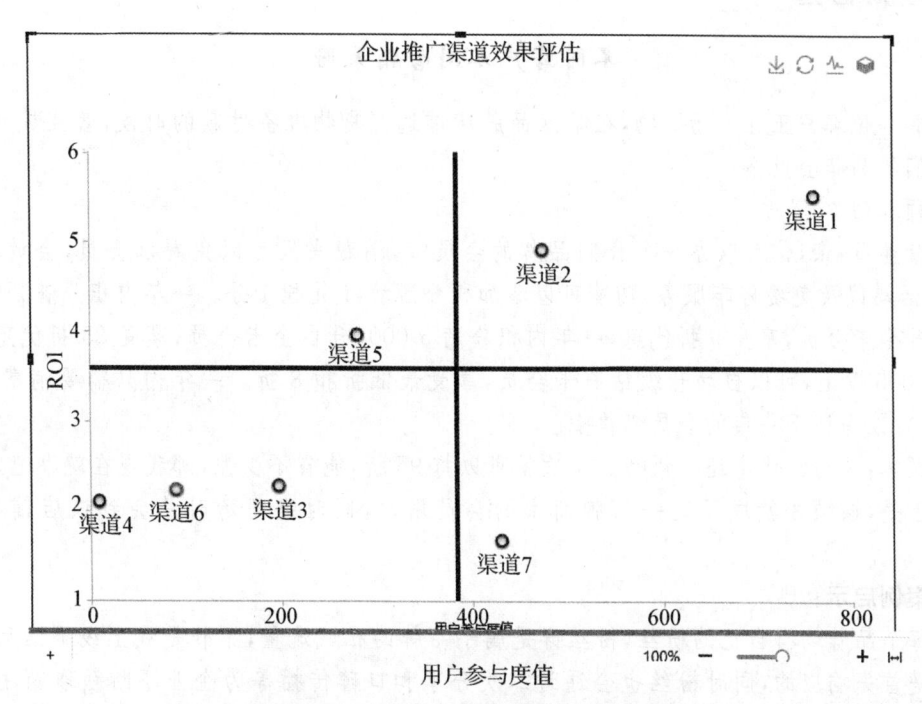

图 7-52 企业推广渠道效果评估四象限图

在绘制好的四象限矩阵图中,可以清晰地看到,渠道 1 和 2 位于第一象限,这里说明用户参与度和投入产出比非常好,是企业的核心渠道,推广效果很好,建议持续投入。

渠道 5 落入第二象限,虽然用户的参与度情况一般,但投入产出比非常合算,说明这一渠道带来的客户是精准用户,是企业的高价值用户,因此该渠道也是企业的优质渠道,推广效果良好,建议继续投入。

而渠道 3、渠道 4 和渠道 6 位于第三象限,两项指标都很低,表明其的用户行为参与度及投资回报率都比较差,是低质渠道,推广效果不好,可以考虑放弃。

渠道 7 位于第四象限,该渠道可能成本过高,或者很多用户对东西感兴趣却没有完成最终转化,属于潜力渠道,推广效果暂时无法给出定论。这里需要进一步结合企业预算,如果企业预算充足,建议持续关注一段时间再给出最终结论。

四、用户分析与优化

在当今数字化时代,用户数据是企业和组织最重要的资产之一。通过对用户相关数据的深入分析,可以更好地了解用户需求、优化产品设计、提升用户体验、制定有针对性的营销策略等,从而推动业务的持续增长。用户分析相关指标较多,可以进行活跃度分析、留存率评估、转化率洞察、用户满意度调查、客户价值评估、用户画像构建等。

学海启迪

不同客户不同营销策略

有一位客户正在商场购物,在某家品牌店铺选好货物准备付款的时候,营业员问:你是我们的品牌会员么?

顾客回答:不是。

营业员:亲,你可以办一个我们品牌的会员哦,消费当天可以免费加会员,会员享受95折活动以及免费停车服务,购物可以参加积分活动,1元积1分。一年内积分满2 000,可以升金卡会员,享受9折优惠,一年内积分满5 000,升白金卡会员,享受85折优惠,积分10 000以上,可以自动升级钻石卡会员,享受最低折扣8折。一年内只需要消费满3次,就可以保留下一年的会员资格哦。

顾客:是吗?优惠还不错哦。本次就可以打95折,能省不少呢,那我现在就办吧。

于是,该顾客就成了这一品牌商家的会员用户,同时逛商场时总会到该店铺去逛一逛。

案例启示:

每个品牌均有自己的粉丝,粉丝群是属于品牌的私域流量,不管是线上线下活动,粉丝总是首先响应的,同时粉丝也会通过二次分享和口碑传播等为企业不断获取新用户。同时,这些用户数据还可以让品牌制定个性化营销策略:针对不同类型的粉丝,制定个性化的营销策略。例如,针对忠实粉丝提供专属福利,针对新粉丝提供试用装或优惠券等,让粉丝感受到品牌的关怀和重视。因此,品牌粉丝运营需要用心去经营,提高粉丝的忠诚度和参与度,从而为品牌的长远发展打下坚实的基础。

【案例四】 **某企业使用RFM模型分析客户价值**

某蜂蜜企业在企业后台发现某些老客户处于沉默状态,于是计划针对品牌粉丝和之前购买过该企业的用户进行一次促销活动,以唤醒沉默用户,增加企业粉丝的黏性,提升品牌影响力。但是,如何针对企业的不同类型客户制定有针对性的促销手段,以提高促销活动效果呢?该企业决定在对老客户价值进行分析的基础上,更加有针对性地制定促销策略。

1. 客户价值分析模型

RFM模型是由用户的三个关键行为指标英文单词Recency、Frequency、Monetary的首字母组成,每个指标代表一个维度。

(1) R(Recency):R是最近一次消费的时间间隔,反映了用户最近消费的热度,用以衡量用户是否流失。理论上,最近一次消费时间越长即R值越大,流失概率越高;R值越小,用户的活跃度越大,用户的价值就越高;最近有消费,也有可能是新客。

(2) F(Frequency):F是消费频率,反映了用户对产品、品牌的忠诚程度。理论上,一定时间内的购买频率越高,用户忠诚度越高,即为常客。

(3) M(Monetary):M是消费金额,反映了用户的购买力。消费金额越高,即M值越大,用户的购买力就越大,即为贵客,用户的价值就越高。

举个例子,今天是2024年1月31日,查看某网店客户的历史数据,发现客户小王,最近一次在店铺买东西是这个月12号,本月消费了2次,总共消费1 314元;客户小李,最近一次在店铺买东西是这个月25号,本月消费了8次,总共消费640元。

如果我们对"一段时间"的定义是1个月的话,那么,最近一次消费距离现在过去了19天,所以小王的最近一次消费时间间隔(R)是19天。该月小王在店铺有2次消费记录,那么小王的消费频率(F)是2次。小王在2次消费过程中共消费1 314元,则小王的消费金额(M)为1 314元。同时,对于小李来说,R就是6天,F为8次,M为640元。

2. 利用RFM模型计算客户价值

RFM模型是根据R、F、M三个指标维度的高低将客户分层,整体划分成8类客户,如图7-53所示,是一个RFM三个维度的立体图,根据R、F、M高低值不同,形成了8类客户(见表7-4)。

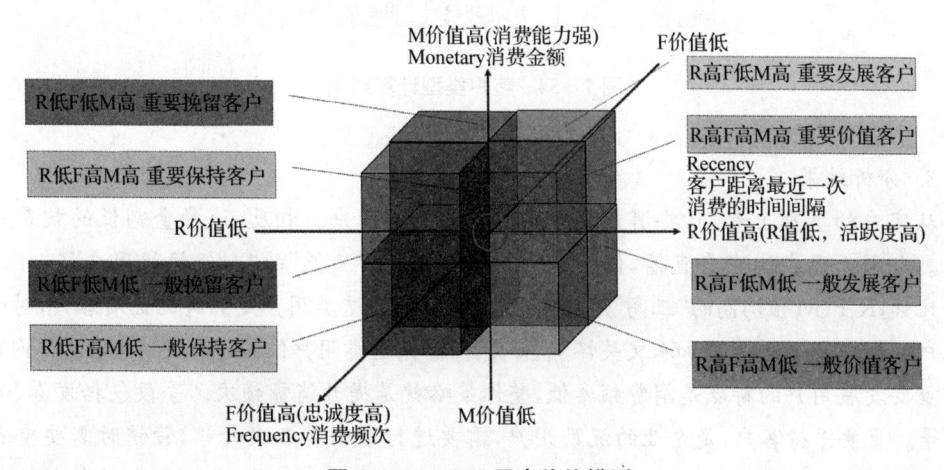

图7-53 RFM用户价值模型

表7-4 客户分层对照表

用户分类	R值的价值	F值的价值	M值的价值
重要价值用户	高	高	高
重要发展用户	高	低	高
重要保持用户	低	高	高
重要挽留用户	低	低	高
一般价值用户	高	高	低
一般发展用户	高	低	低
一般保持用户	低	高	低
一般挽留用户	低	低	低

根据店铺后台数据,采集不同用户在一年内的消费数据,包括该客户在该年内最近一次消费距离今天的天数、客户年度消费总次数和消费总金额这三个指标。

进行数据清洗和预处理之后,通过RFM的数值,判断出每一位顾客的类型,数据(仅显示部分)如图7-54所示。

	A	B	C	D	E
1	用户	R	F	M	客户类型
2	1	25	3	2104	重要发展客户
3	2	112	6	776	一般保持客户
4	3	36	7	1356	一般价值客户
5	4	54	8	993	一般保持客户
6	5	54	10	2163	重要保持客户
7	6	11	5	1863	一般发展客户
8	7	32	5	1657	一般发展客户
529	528	45	7	2817	重要价值客户
530	529	34	9	1417	一般价值客户
531	530	45	13	884	一般价值客户
532	531	12	2	2753	重要发展客户
533	532	56	6	409	一般挽留客户
534	533	56	8	2548	重要保持客户
535	534	60	1	2453	重要挽留客户
536	535	57	12	3404	重要保持客户
537	536	94	3	629	一般挽留客户
538	537	34	4	3848	重要发展客户

图7-54 客户类型计算结果

3. 分析结果

从客户的类别上看,只要消费金额高的就是重要用户。相反,消费金额低的就是一般用户。如果天天在淘宝看直播,但是不购物,也是属于"三低"的"一般挽留用户"。

比如,R、F、M值均高的"三高"用户是重要价值客户,这类用户是品牌的优质客户,对于这类客户不要过多打扰,多增加人文关怀、节日关怀即可,这类用户仅需通知促销活动具体内容。

重要发展用户的特点是消费频率低,整体策略就是提升消费频次。手段包括发券、新品推荐等。重要保持客户,是企业的沉默用户,需要进行召回和二次营销,营销时需要重点放在活动的优惠力度和针对老客户专项回馈内容方面,重点在于建立联系,增加品牌与粉丝黏性,因此手段可以是优惠券、会员卡积分和打折等。重要挽留客户则需要同时提升消费频次和增强粉丝黏性。对于重要客户,在进行宣传时主要注重高价值产品的内容和宣传物料制作。

一般用户与高价值用户分类类似,但是在促销产品推介和内容宣传时需要挑选中低价值商品。

五、流量分析与优化

随着电商行业的不断向纵深发展,流量红利时代已经结束,获取流量变得越来越困难。要提升运营成效,对流量进行精细化运营已经成为标配,精细化流量运营有助于提高企业的运营效率。通过对流量进行精细化管理,企业可以合理分配资源,优化流程,降低成本,提高产出;有助于企业在激烈的市场竞争中取得优势,实现可持续发展。精细化流量运营的最终目的是价值创造。通过精细化的流量运营,企业可以提升品牌影响力,扩大市场份额,提高盈利能力。因此,精细化流量运营对于企业的发展具有重要意义。通过掌握用户细分、数据驱动、用户体验、运营效率、价值创造等方面的要点,企业可以制定更加精准的营销策略,提升运营效率,创造更大的商业价值。

【案例五】　　　　　　　　咖啡抖音小店直播流量复盘分析

某小众咖啡品牌为了扩大销售和打响品牌,于近期开始在抖音直播间进行产品售卖,在其中的两场直播结束后,发现直播间流量获取、流量利用等方面均存在较大问题。

(一) 数据来源

数据主要从手机抖音账号后台,以及抖音罗盘采集直播流量相关数据。

(二) 数据分析

1. 直播整体数据分析

第一场直播金额151元,千次观看成交金额394.26元,互动率达到41.85%。第二场直播金额达460元,千次观看成交金额1 732.07元,互动率39.61%(见图7-55)。总体销售目标未达成,实际成交611元,成交额偏低;场均点赞目标4万次,实际4.6万次;增加新增粉丝21人,均明显小于目标额。

图7-55　两场直播大盘截图

2. 直播间流量分析

第一场直播流量在中间段存在大幅度下降趋势(见图7-56),需要结合直播时的内容、活动、主播状态等进行综合分析原因。这场直播的重点问题在于对流量未能有效利用。

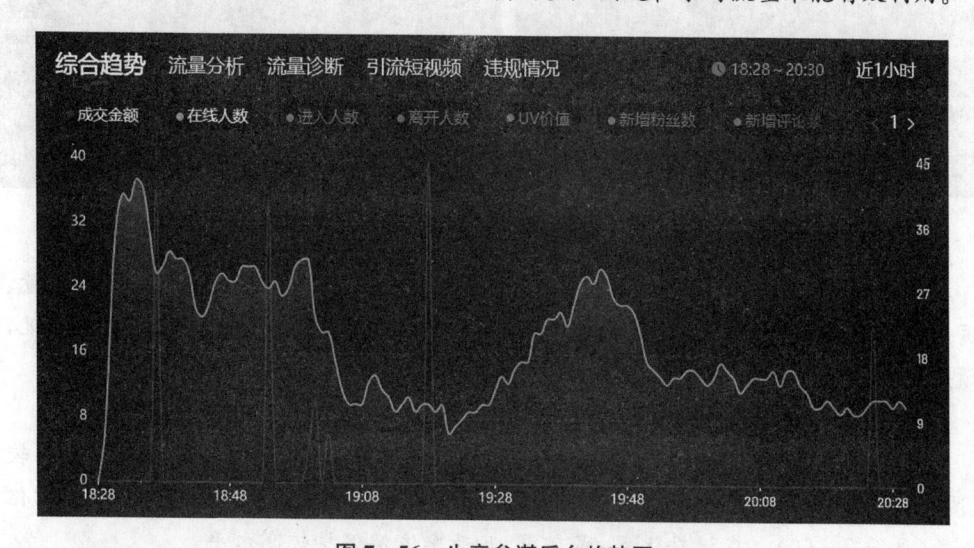

图7-56　生意参谋后台趋势图

第二场直播流量较为平稳(见图7-57)，但是存在开场流量较小的问题，说明该场直播前的预热和宣传不到位。

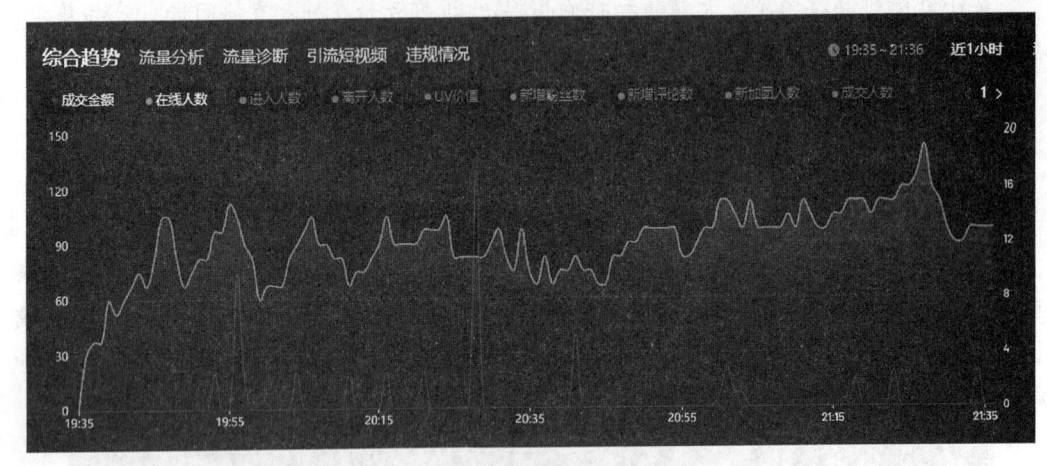

图7-57 生意参谋后台趋势图

3. 直播间流量来源分析

从流量来源看，本次直播主要是自然流，无任何付费推广。

自然流量来源分析表明，第一场流量来自关注、个人主页和店铺(见图7-58)；而推荐流量占比不足5%。调整策略后，第二场直播时，推荐流量则占据了近35%。但是整体上，流量获取渠道还是较为单一，后期可考虑增加付费流量。

图7-58 生意参谋后台直播间流量来源图

从理论上看，直播间流量来源主要包括直播间推荐流量，即Feed流量；粉丝流量、推荐页短视频引流、其他流量、竞价直播推广、DOU+、品牌广告等。对比该场直播情况，存在预热短视频引流效果不明显、直播预告不精准、缺乏付费流量等诸多问题。

4. 直播间流量转化分析

第一场成交转化漏斗数据可见，首先直播间曝光不足，但直播转化率和成交率则较高(见图7-59)。互动漏斗数据说明了直播间互动较好。第二场直播间曝光有了提升，但仍显不足(见图7-60)。直播转化率、成交率、互动率依然保持较高水平。

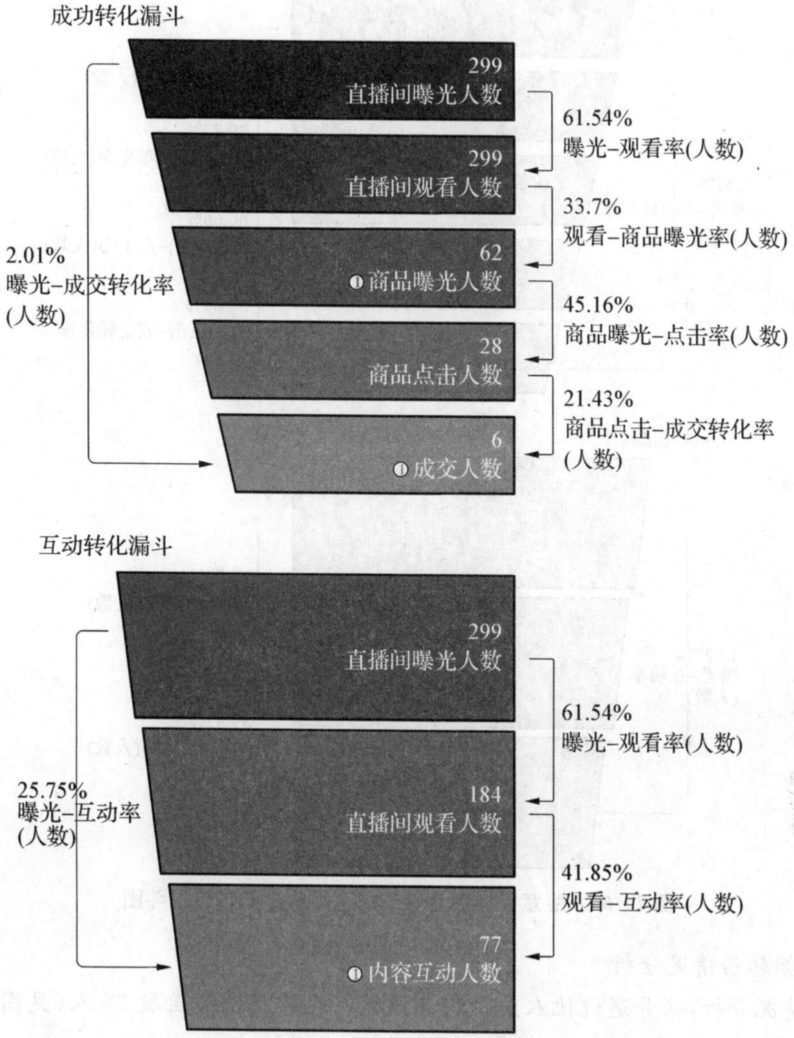

图 7-59　生意参谋后台第一场直播间流量转化漏斗图

成功转化漏斗

- 直播间曝光人数 497
- 30.78% 曝光-观看率(人数)
- 直播间观看人数 153
- 39.87% 观看-商品曝光率(人数)
- 商品曝光人数 61
- 60.66% 商品曝光-点击率(人数)
- 商品点击人数 37
- 37.84% 商品点击-成交转化率(人数)
- 成交人数 14

2.82% 曝光-成交转化率(人数)

互动转化漏斗

- 直播间曝光人数 497
- 30.78% 曝光-观看率(人数)
- 直播间观看人数 153
- 39.87% 观看-互动率(人数)
- 内容互动人数 61

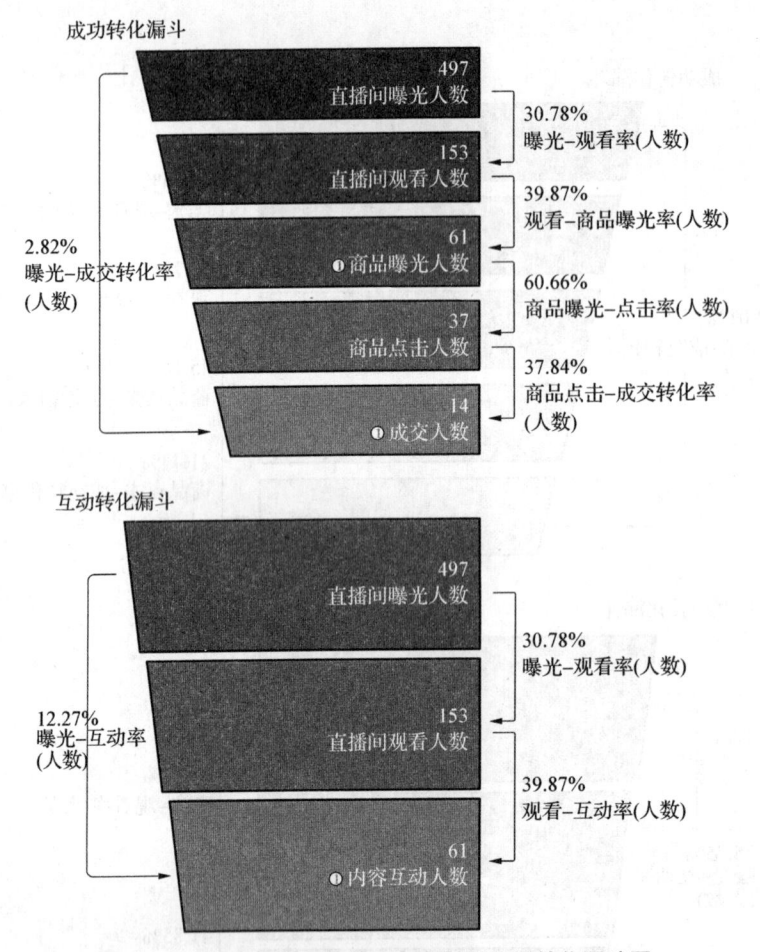

12.27% 曝光-互动率(人数)

图 7-60　生意参谋后台第二场直播间流量转化漏斗图

5. 直播转粉情况分析

转粉情况分析，账号通过他人主页和直播渠道共计新增粉丝数 58 人（见图 7-61、图 7-62）。

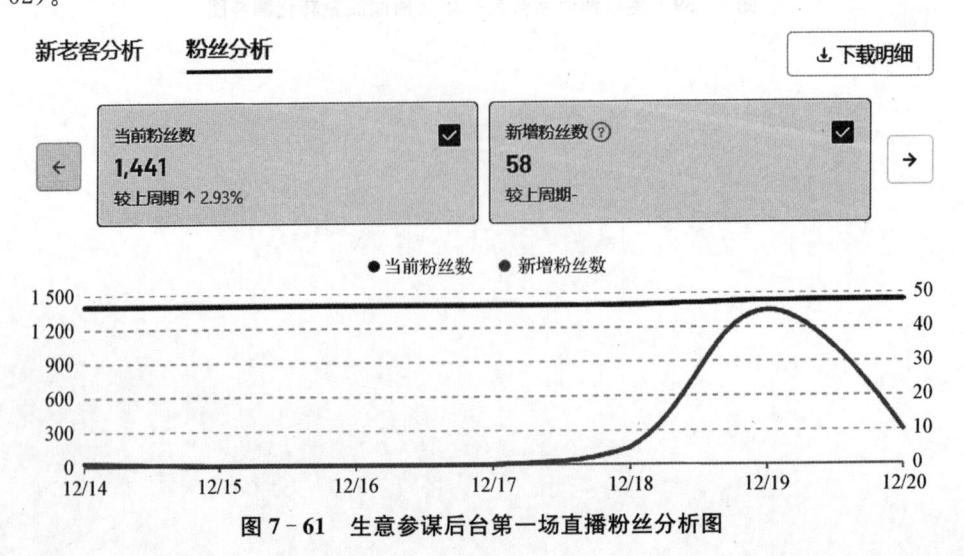

图 7-61　生意参谋后台第一场直播粉丝分析图

图 7‑62　生意参谋后台第一场直播粉丝来源分析图

（三）复盘建议

第一，从内容上看，整场直播中互动较好，粉丝对内容的接受度较高；咖啡＋音乐，打造线上咖啡厅的创意好。缺点有两项：一是需要减少违规次数，保证账号健康度；二是直播画面需要继续优化。

第二，直播间流量诊断。首先，需要重视开场流量的获取。开场时，可以通过直播预告、短视频、粉丝群预告等，扩大流量。其次，直播中做好流量承接，避免出现断层。考虑通过发布短视频、鼓励粉丝分享和转发等途径获取流量。另外，建议进一步拓展直播间流量来源，增加付费流量。

本场直播建议如下：① 持续提升内容吸引力；② 拓展直播间流量来源，增加曝光；③ 增强主播控场能力；④ 提高直播间粉丝数量。

通过上述案例分析，不难发现，该案例流量不足的问题在于其没有充分拓展流量来源。直播流量的短视频流量、同城流量、关注流量、广场流量和广告流量五大来源，在该品牌直播间仅有短视频流量和关注流量两类。直播的同城流量、广场流量和广告流量均未开通。

其次，需要特别关注推荐流量的获取，以及流量的有效转化。直播间运营的本质就是基于考核指标对每一个用户进行运营。如果将一个用户从看到直播间到在直播间完成购买的整个动线展开，会得到以下几个环节，每个环节都有对应的考核指标(见图 7‑63)：

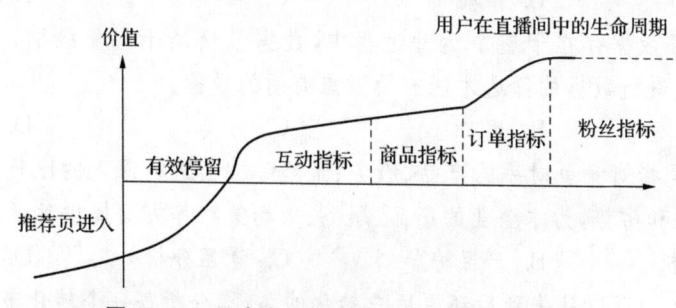

图 7‑63　用户在直播间的生命周期与对应指标

用户从推荐页进入直播间,直到产生有效停留前,用户对于直播间来说都是没有价值的。而随着用户的停留时间越长,用户的互动行为越多,单个用户的价值才越高。而在这个过程中又会包含不同的考核指标。

互动指标:体现的是用户对于直播内容的兴趣度,进而影响直播间的热度,以及系统基于直播间热度的推荐。具体体现为用户停留时长、粉丝团、关注、评论、点赞等行为。

商品指标:体现的是用户对于商品的兴趣度,进而影响系统基于商品的人群推荐。商品指标体现为商品曝光、商品点击、订单生成、订单购买。

订单指标:体现的是直播间的变现效率,越成熟的直播间对于该指标的考核力度就越大,如 GMV、UV、GPM(千次展示成交额)、购买转化率等。

粉丝指标:体现的是粉丝对直播间的兴趣。粉丝指标也很重要,因为粉丝是最容易看到直播间的人群,一旦粉丝对直播间的兴趣度降低,会影响直播间整体的流量。粉丝指标包括活跃粉丝看播占比、粉丝 UV、粉丝互动率等。

这些指标就是我们要想方设法在直播间内去运营的核心,只有运营好这些指标,直播间才能够进行正向的成长。

因此,流量的有效转化和利用需要从以下方面努力:

首先,通过秒杀、福利等活动能有效地提升自然推荐流量的获取效率,而能否获得自然流量最根本的在于能否有效提升系统所考核的指标。

其次,做好短视频。短视频是为直播间引流、撬动更多直播间自然推荐流。

此外,除了直播推荐流量和广告流量外,直播间内的流量还会由三种渠道所构成,分别是关注、搜索、同城。

最后,直播间内的精细化运营和短视频就是一个电商类直播间撬动"直播推荐—推荐 Feed 流"的最佳手段。而"推荐 Feed 流"则是一个垂直类电商直播间最主要的流量来源。

同步测试

一、单项选择题

1. 数据采集是根据企业运营效果评估目的收集准确、全面、及时的数据,这是数据运营的(　　)。

A. 核心　　　　　　B. 基础　　　　　　C. 拓展　　　　　　D. 效果

2. 处理数据是数据运营的关键环节,包括数据清洗、整合和(　　)等步骤。

A. 归类　　　　　　B. 增减　　　　　　C. 转换　　　　　　D. 挖掘

3. 移动商务数据存在于整个运营过程中,数据量级属于海量级别。需要从整体和(　　)分析维度进行数据的筛选才能有效聚焦有用的数据。

A. 细节　　　　　　B. 用户　　　　　　C. 分类　　　　　　D. 销售

4. (　　)是指对竞争对手的产品、服务、策略等方面进行深入的比较和分析,以了解竞争对手的优势和劣势,为本企业的产品、服务、市场策略等方面提供参考和借鉴。

A. 用户分析　　　　B. 产品分析　　　　C. 竞品分析　　　　D. 内容分析

5. 通过(　　)可以从先到后还原用户转化的路径,分析每一个转化节点的效率。

A. 柱形图分析　　　B. 漏斗分析　　　C. 折线分析　　　D. 散点图分析

二、多项选择题

1. (　　)都是常见的行业数据分析工具。
   A. 友盟+　　　B. 百度统计　　　C. 百度指数　　　D. 巨量引擎
2. A/B测试必须具备(　　)两个必备条件。
   A. 有足够的时间进行测试　　　　B. 数据量和数据密度较高
   C. 有足够资金支持　　　　　　　D. 足够多的产品参与
3. 百度指数的功能有(　　)。
   A. 搜索指数　　　B. 需求图谱　　　C. 数据分享　　　D. 舆情洞察
4. 构建用户画像的具体步骤是(　　)。
   A. 客户流量　　　B. 基础数据采集　　C. 分析建模　　　D. 结果呈现
5. 反映企业盈利能力的比率指标很多,主要包括(　　)等。
   A. 销售毛利率　　B. 销售净利率　　C. 总资产报酬率　D. 净资产收益率

三、简答题

1. 简述移动商务运营中的数据分析。
2. 简述移动商务数据运营流程。
3. 销售转化率分析的作用是什么?
4. 如何提升粉丝转化率?
5. 简述AARRR漏斗模型的五个环节。

项目实训

1. 实训目标

通过实训,掌握移动商务运营效果分析维度与方法,能够利用绩效评价指标对运营绩效进行初步评价。

2. 实训任务

团队结合自身项目,对运营实际数据进行效果的评估与优化,撰写运营效果评估与优化文案。

(1) 从百度统计和百度指数网站搜集项目数据,从AB测试、转化漏斗、粉丝转化率等关键指标方面,进行数据统计分析。

(2) 找出运营策略和具体活动开展过程中存在的问题,做出运营效果的综合判断分析。

(3) 提出优化改进的具体措施方案,注意结合运营各阶段的关键数据指标进行分析。

3. 实训环境:校内实训室。

4. 实训要求

(1) 组长应为小组成员合理分配任务,做到每个成员都有具体任务。

(2) 组内每个成员都必须积极参与,分工合作、相互配合。

(3) 撰写运营效果评估与优化文案。

(4) 将分析的结果形成Word文档,上传至课程线上平台作业区。